Hans-Ulrich Horster

Briefe aus dem Jenseits

Hans-Ulrich Horster

Briefe aus dem *Jenseits*

Covergestaltung: Beate Lennartz, www.beatelennartz.de
Coverabbildung: Corbis, Düsseldorf, Fotolia

Printed in Germany

Vorhang auf, das Spiel beginnt!

Das silbergraue Internat mit dem stets mustergültig gepflegten Vorgarten lag breit und anspruchsvoll an der Hamburger Elbchaussee in der Mitte zwischen Reeperbahn und Blankenese.

Die Straßenfront war über zweihundert Meter lang und hatte zwei große Einfahrtstore, durch die an manchen Wochenenden Dutzende eleganter Personenwagen von überall her – und nicht nur aus der Bundesrepublik – rollten.

Hier waren ständig etwa dreihundert junge »Herren« zwischen acht und achtzehn Jahren zu Gast. Nicht nur, um zu lernen, was man so im Leben zwischen vulgärem Wissen und höherer Bildung braucht, sondern auch um sich etwas von der gewissen näselnden Hamburger Großmannsart anzueignen, die zuweilen nach Snobismus schmeckt und die Hamburger Kaufleute ihre Nasen stets ein bißchen höher tragen, aber nie und nimmer nach dem Winde drehen läßt. Hamburg ist schließlich das Tor zur Welt, und von hier sind schon Abertausende weltumspannender Beziehungen geknüpft worden.

Seinen Sohn hier unterzubringen, mußte man sich etwas kosten lassen, und ohne besondere Beziehungen genügte auch das keineswegs. Dafür wurde den Jungen nicht nur alles Notwendige beigebracht, damit sie sich auch in den feinsten Kreisen selbstsicher bewegen konnten, sondern – und das war gewiß nicht weniger bedeutungsvoll – hier kamen sie nur mit den Söhnen hochangesehener, das heißt vor allem: gutbetuchter, Familien zusammen. Und das wiederum schuf wichtige, kaum überschätzbare Freundschaften fürs ganze Leben.

Das Internat genoß einen mehr als hundert Jahre alten Ruf, obwohl das ehemalige Gebäude, eine riesige Villa, die schon Generationen zukünftiger Reeder beherbergt und mehr einem Zuchthaus als einem Erziehungsheim geähnelt hatte, kurz vor Ende des Zweiten Weltkrieges von einer amerikanischen Bombe hinweggefegt worden war. An seine

Stelle hatte dann der prominente Hamburger Architekt Pinnau ein neues Heim mit zierlich schlanken Säulen und rhythmisch gegliederten Bogenfenstern gesetzt, dessen silbergrauer Anstrich nur sparsam von dünnen weißen Linien unterbrochen wurde.

Das vornehm wirkende imposante Gebäude lag fünfzig Meter hinter der autoüberfluteten Elbchaussee. Der Schulhof hingegen – vom gemeinen Volk gut abgeschirmt – lag hinter dem Hause, mit einem herrlichen Blick über Elbe und Hafen hinweg, nach Süden.

Die fernen Geräusche der Werften und das gelegentliche tiefe Röhren der ein- und auslaufenden Dampfer störten nicht. Sie gehörten ebenso zu Hamburg wie der stets windüberblasene Jungfernstieg.

Eigentümer und Leiter des Instituts war der Sohn des Begründers, Professor Dr. vom Drachenhorst, ein Pädagoge von hohem Ansehen, den seine Zöglinge insgeheim den Drachen nannten, obwohl er nichts von einem Drachen an sich hatte. Ein Herr von vornehmer Zurückhaltung, der sich dem alten Adel seiner Familie zutiefst verpflichtet fühlte.

Der Tag, an dem diese dramatische Geschichte begann, war ein Sonntag. Ein Sonnentag.

Am Abend zuvor hatte man die neuen Abiturienten mit großem Zeremoniell gebührend verabschiedet. Die Speisen und Getränke hatte in nicht zu überbietender Qualität das Haus Michelsen vom Neuen Wall geliefert, das die echten Hamburger vornehm Michélsen nennen.

O dieser herrliche Sonntagmorgen!

Werner drehte sich im Halbschlaf von der einen Seite auf die andere und träumte weiter: von einer Zukunft, die bunter und reicher und köstlicher sein würde als alles, was nun glücklich hinter ihm lag.

Dies war die letzte Nacht gewesen, die er im Internat verbrachte.

Morgen schon, morgen in aller Herrgottsfrühe, würde der Flug in sein neues Leben beginnen. In ein herrliches Leben an der Seite des geliebten Vaters, eines Stauwerksingenieurs, der bald hier, bald da in der weiten Welt gigantische Wasserkraftwerke baute und von einer kaum vollendeten Arbeit schon wieder zu einer neuen, noch größeren, noch reizvolleren gerufen wurde, ohne auch nur einmal ein paar Wochen Urlaub einlegen und seinen Jungen in die Arme schließen zu können.

Doch nun stand sein letztes und größtes Werk bei Rio de Janeiro vor der Vollendung, und bei der feierlichen Inbetriebnahme würde Werner stolz neben seinem weltberühmten Vater stehen. Dann würden sie nach den vielen, allzu vielen Jahren der Trennung eine Reise um die Welt machen. Das hatte ihm der Vater versprochen.

Vergessen all die bitteren Jahre, in denen er von Weihnachten zu Weihnachten vergeblich auf ein Zusammensein gehofft hatte, vergessen die bitteren Stunden des Alleinseins, wenn alle andern zu ihren Eltern in die Ferien fahren durften.

Morgen schon, morgen schon! Tag und Traum verschwammen in einem nie zuvor gekannten Glücksgefühl.

Er rieb sich im Halbschlaf den Sand aus den Augen und blinzelte mit gefurchter Stirn in den sonnigen Tag. Dann wandte er sich gähnend zur Seite: »Axel!«

Keine Antwort.

Er richtete sich auf und sah sich um. Das Bett nebenan war leer.

Schon abgereist? Das gibt's doch nicht!

Durchs offene Fenster kam nun der Lärm von ein paar hundert Knabenstimmen, und irgendwo auf der nahen Elbe röhrte ein Kahn.

Er sah auf die Uhr. Schon zehn nach zehn. Gähnend sank er zurück und schloß wieder die Augen. Erst jetzt spürte er das dumpfe Hämmern in seinem Kopf. Gestern bei der Abschiedsfeier der Abiturienten war es heiß hergegangen. Hoch die Tassen!

Und das ihm, der noch nie einen Tropfen Alkohol getrunken hatte; er haßte Alkohol.

Er hatte sich gesträubt, solange es ging. Doch dann hatten ihm die andern das Zeug einfach eingetrichtert. Allen voran Axel, dieses Rindvieh.

»Limonadenheini! Besteht das Abitur mit Auszeichnung und hat sich wie die letzte Hamburger Jungfrau.«

Daß er bestanden hatte – na ja... Wenn der strohblonde Finne ihn bei den Mathematikaufgaben nicht mit ebenso viel Mut wie Hilfsbereitschaft gespickt hätte, weiß der Kuckuck! Dann hätte er trotz aller übrigen Leistungen zu einer Nachprüfung mindestens noch vier Wochen im Internat büffeln müssen.

Und ob er's dann geschafft hätte?

Mathematik war nun einmal seine schwache Seite. Wo selbst die Dümmsten ihre Zahlen und Formeln speichern, dachte er, da habe ich ein Vakuum. Keine noch so wichtige Geschichtszahl, kein Geburtsdatum, kein Namenstag, keine Telefonnummer blieb da haften. Es war oft zum Verzweifeln.

»Ich lüge, wenn ich Zahlen nenne«, hatte er einmal offenherzig bekannt. »Also fragt mich so was nicht.«

»Weißt du denn wenigstens, wann du geboren bist?« frotzelten ihn seine Freunde. Dann lachte er, obwohl er wußte, daß er sechs Jahre lang den 22. August statt den 23. genannt hatte. Und in der Geschichte? Da hatte ihn nur seine phantasievolle Schilderung des Kampfes in den Thermopylen vor dem Untergang gerettet. In welchem Jahr sie stattgefunden hatte, ob vor oder nach Christi Geburt – keine Ahnung. Ein Glück, daß keiner danach gefragt hatte.

»Im Turnen ist er Spitze«, hatte Axel ihn einmal bewundernd gelobt. »Aber im Wasser nimmt es jede bleierne Ente mit ihm auf.«

Nun, das hatte man schließlich erstaunt zur Kenntnis genommen, doch was man nicht wußte und was er selber nicht ahnte: Beide Mängel standen in einem ursächlichen Zusammenhang, den er erst viel später erfahren sollte.

»Ohne Rettungsring geht der nicht einmal in die Badewanne«, flachste Axel, ohne es beweisen zu können, denn im ganzen Internat gab es nur Duschen. Und andere meinten: »Der ist als Kind bestimmt zu heiß gebadet worden!«

Trotz aller gegenseitigen Anpflaumereien waren er und Axel die besten Freunde. Die zwei klebten wie Pech und Schwefel aneinander, obwohl Axel ihn nicht nur um sein gutes Aussehen, sondern auch um seine überragende Intelligenz beneidete. Werner galt als der Beau des Internats, während Axels unterdurchschnittliche Intelligenz den andern oft zur Verzweiflung brachte.

Wer oder was mochte diese notorische Schlafmütze heute schon so früh aus den Federn gescheucht haben? Das hatte bestimmt was zu bedeuten, denn zum Aufstehen war er sonst nur zu bewegen, wenn ihm die Bettdecke weggezogen wurde.

Daß Axel sich davongeschlichen hatte, ärgerte Werner. Das dumpfe Hämmern in seinem preisgekrönten Verstandskasten ließ ein wenig nach, dafür aber schmerzte das grelle Sonnenlicht in seinen Augen um so mehr. Er strich sich die dunklen, wildwuchernden Locken aus der hohen Stirn und verkroch sich unter der Decke.

Das Geschrei vom Schulhof war jetzt kaum noch zu hören und verstummte wenige Minuten später ganz.

»Na, rück mal 'n bißchen. Ich habe ein ganzes Bündel Neuigkeiten für dich.« Axel ließ sich auf den Bettrand fallen und schubste Werner unsanft zur Seite. »Was verkriechst du dich denn unter der Decke?«

»Kopfschmerzen von der verdammten Sauferei.«

»Du verschläfst den halben Tag, während ich schon um halb sieben mit der ganzen Familie zum Dankgottesdienst im Michel war.«

»Dazu hattest du auch allen Grund, denn für die Dummen sorgt Gott.«

»Wie für dich der blonde Finne. Also hör zu! Neuigkeit Nummer eins: Meine alten Herrschaften sitzen unten im Empfangsraum und wünschen dich Wundertier zu sehen. Papa hält dich mir immer wieder mal als Musterknaben vor, Mama findet dich – wie sie unablässig sagt – bewundernswert, und Erika, die dumme Gans, ist überhaupt nur mitgekommen, um dich zu sehen. Ich glaube, die möchte dich so bald wie möglich vernaschen.«

»Quatsch! Und Nummer zwei?«

»Die steht direkt unter deinem Fenster.« Axel riß ihm die Decke weg und sagte: »Nimm sie zur Kenntnis und platze vor Neid!«

»Mach bloß nicht so 'nen Wind!«

»Der neueste Porsche.«

»Und das sagst du erst jetzt?« Werner sprang aus dem Bett und stürzte ans Fenster.

»Für das mit Ach und Krach bestandene Examen«, sagte Axel und warf sich grinsend in die Brust.

»Jetzt brauchst du dir nur noch die dazu passende Puppe anzulachen.« Werner musterte den blitzblanken Wagen mit bewundernd vorgeschobener Unterlippe. »Muß natürlich gleich ein Porsche sein!«

»Prestige, meint Papa. Zahlt die Firma.«

»Darf ich den auch mal fahren, ehe du ihn zu Schrott machst?«

»So oft du willst. Ich bin gar nicht scharf drauf, den Chauffeur zu spielen.«

»Aber ich. Sogar in Chauffeuruniform, wenn's sein muß.« Werner kroch wieder in die Federn.

»Neuigkeit Nummer drei.« Axel zog ein Flugticket aus der Tasche und hielt es Werner unter die Nase. »Ich war auch schon bei der Lufthansa. Ich begleite dich nach Rio! Geschenk von Mama, die dich wohl am liebsten als ihren wahren Sohn und mich als eine Art Kuckucksei ausgäbe.«

Werner riß das Ticket an sich, legte sich auf den Bauch und studierte es kritisch. »Wahrhaftig, das nenne ich eine Überraschung.«

»Oder besser Freundschaft.«

Werner strahlte: »Mein erster Flug – und den machen wir zusammen. Prima!«

»Ja, und da ist dann noch eine Neuigkeit, die Nummer vier.«

Axel zog einen kleinen Briefumschlag aus der Tasche. »Ein zarter Liebesbrief.« Er hielt Werner die Rückseite hin. Sie zeigte ein großes rotes pfeildurchbohrtes Herz.

»Von Inge oder Adelheid oder...?«

Axel schüttelte grinsend den Kopf. »Lies den Absender.«

»Tavio Kirjaleinen – und das Herz hast du dazugetan.«

Tavio war der einzige Sohn eines Finnen, dessen riesige Wälder den Rohstoff für viele Tageszeitungen Europas lieferten.

Werner riß den Brief auf und hielt ihn Axel gleich zum Mitlesen hin. Das bereute er allerdings kurz darauf.

»Lieber Werner! Es heißt Abschied nehmen. Vielleicht für immer, und dieser Gedanke tut mir weh. Aber ich möchte nach all den Jahren, die wir gemeinsam verlebt haben, nicht von Dir gehen ohne ein paar Worte der Dankbarkeit.«

»Oho! Dankbarkeit? – Wofür?« frotzelte Axel.

Werner überhörte den Einwurf und las weiter:

»Meine Maschine geht morgen vormittag. Laß mich hoffen, daß Du mir die Freude machst, heute abend mein Gast zu sein. Ich habe Dir viel zu sagen und vielleicht noch mehr ungesagt zu lassen. Im ›Scherrer‹...«

»›Scherrer‹ natürlich. Teurer geht's wohl nicht!«

»...habe ich für acht Uhr einen Tisch für zwei Personen bestellt.

Solltest Du verhindert sein, dann laß es mich bitte rechtzeitig wissen. Ich werde dem Schicksal auch dann dankbar sein für die Zeit, die ich in Deiner Nähe sein durfte. Dein Tavio.«

Werner schwieg betreten. Diese wenigen sentimentalen Zeilen rührten ihn fast schmerzhaft an.

»Na, deinen heimlichen Anbeter sind wir ja nun glücklich los!« sagte Axel, während Werner den Brief in den Umschlag zurücksteckte.

»Ja, der Mohr hat seine Schuldigkeit getan, der Mohr kann gehen«, antwortete Werner mit einem bitteren Unterton in der Stimme. »Wolltest du doch sagen, oder nicht?«

»Edle Taten tragen ihren Lohn in sich selber«, gab ihm Axel ironisch zurück, und es war nicht herauszuhören, ob das eine seiner hinterfotzigen Bemerkungen war oder einer seiner vielen, stets griffbereiten frommen Sprüche.

Während Werner noch in seinen Zügen zu lesen suchte, klopfte es. Der Schuldiener.

»Klatt zum Direktor!«

»Herr Klatt, und bitte, wenn man bitten darf!« rügte ihn Axel.

Werner sprang auf. »Sagen Sie ihm bitte, ich hätte bis jetzt mit Kopfschmerzen zu Bett gelegen. Aber in zehn Minuten...«

»Klatt zum Drachen!« echote Axel. »Extra-Empfang für den Musterknaben.«

»Hm.« Über Werners Gesicht legte sich ein Zug von Skepsis. »...oder sie haben die Mogelei spitzgekriegt.«

Professor Dr. Ottmar vom Drachenhorst saß bei Werners Eintritt nicht – wie gewöhnlich – auf seinem etwas erhöhten Sessel, dem »Thronsessel«, wie ihn die Schüler heimlich nannten; er lief nervös in seinem Zimmer auf und ab.

Ihm war an diesem Morgen nicht nach Nimbus zumute. Er hatte eine Aufgabe zu erledigen, die ihn schon seit Monaten quälte und mitunter wie ein Nachtmahr überfiel.

Er hatte sie bis zur letzten Minute hinausgezögert; nun gab es kein Entrinnen mehr. Was es jetzt zu sagen galt, war mehr, als ihm je in seiner vierzigjährigen Tätigkeit als Pädagoge zugefallen war.

Als es klopfte, unterbrach er sein unruhiges Hin und Her und verharrte mitten in dem großen Raum, den schon so mancher berühmte und erfolgreiche Mann aus Politik und Wirtschaft mit klopfendem Herzen als Kind betreten und als gereifter Anwärter auf das Leben in der weiten Welt verlassen hatte.

»Bitte!«

In der Tür stand mit einer kleinen diskreten Verbeugung so, wie er's gelernt, sauber, aber ein wenig blaß und mit einem nicht ganz reinen Gewissen, der junge Mann, den man ihm als Kind anvertraut und der als einziger auch alle Ferien im Lyzeum verbracht hatte.

Ein Kind ohne ein richtiges Zuhause, ein grundgescheites Kerlchen, das ihm inzwischen mehr ans Herz gewachsen war als alle andern. Er streckte ihm die Hand entgegen und zog ihn schweigend zu dem breiten hohen Fenster, das den Blick über die Elbe, den riesigen Hafen und eine endlos scheinende Weite freigab.

Dann sah er ihm lange forschend in die Augen, als wollte er darin bestätigt sehen, daß er als Pädagoge an diesem jungen Mann seine Pflicht getan hatte. Dabei glitt langsam die Andeutung eines zufriedenen Lächelns über seine Lippen.

Werner spürte, daß in diesen wenigen Sekunden etwas vorging, das er nicht zu deuten wußte. Seine anfängliche Verkrampfung löste sich. Er senkte den Blick, als gelte es, einen Urteilsspruch entgegenzunehmen.

»Werner...«

Weshalb klang sein Name diesmal so ganz anders aus dem Munde des verehrten Lehrers?

Und noch einmal: »Werner...«

Es klang fast wie ein freundschaftliches Du. Die alten Hände legten sich auf seine Schultern und packten zu, als wollten sie ihn stützen.

»Sie werden uns heute oder morgen verlassen.«

Das »Sie«, auf das er nun schon seit zwei Jahren Anspruch hatte, klang auf einmal trennend und befremdend.

»Ja«, sagte Werner, »und das tut weh. Ich habe hier mein Zuhause gehabt.«

»Das ist das schönste Abschiedswort, daß ich mir wünschen konnte. Um so schwerer fällt es mir, Ihnen das zu sagen, was Ihnen bisher mit größter Disziplin vorenthalten worden ist.«

Werners Augen weiteten sich. Es war auf einmal etwas wie Angst in ihnen.

»Um es kurz zu machen«, der Alte straffte sich und atmete tief durch, »Sie sind nicht der, der Sie bis heute zu sein glaubten. Sie haben hier mit Erlaubnis der Behörden all die Jahre unter einem falschen Namen gelebt. Ihr richtiger Name steht in diesem versiegelten Umschlag, den ich Ihnen hiermit pflichtgemäß gegen Quittung übergebe. Was er darüber hinaus enthält, weiß ich nicht.«

Das klang nicht gut. Nach einem kurzen Zögern riß Werner den Umschlag mit zitternden Händen auf und las:

»Herrn Werner von Kling, bisher Werner Klatt.

Sehr geehrter Herr von Kling, Sie werden hiermit davon in Kenntnis gesetzt, daß Sie auf Antrag Ihres Vormundes Dr. jur. Albrecht Florath, Hamburg 1, Ballindamm 7, bis zum Erreichen Ihres achtzehnten Lebensjahres statt Ihres richtigen Namens Werner von Kling den Namen Werner Klatt geführt haben.

Die auf diesen Namen ausgestellten Papiere sind seit Ihrem 18. Lebensjahre ungültig. Sie werden deshalb gebeten, alle auf den Namen Klatt lautenden Dokumente bei der untengenannten Dienststelle gegen neue, auf Ihren richtigen Namen lautende Papiere umzutauschen. Außer Ihrem Personalausweis werden Sie dort auch einen ordnungsgemäßen Reisepaß erhalten.

Zwei Paßfotos sind mitzubringen.

Alle weiteren Auskünfte erhalten Sie bei dem obengenannten Vormund.

Einwohnermeldeamt, Abteilung Sonderausweise.«

Werner war blaß geworden. Er ließ die Hand mit dem kurzen, aber schicksalsschweren Schriftstück sinken, wischte sich über die Stirn und starrte den Lehrer schweigend an. Ihm war, als hätte er plötzlich den Boden unter den Füßen verloren. »Was hat das zu bedeuten?« stammelte er. »Weshalb bin ich hier unter einem falschen Namen versteckt worden? Und wer ist dieser Vormund? Ich höre seinen Namen zum erstenmal.«

»Daß Herr Dr. Florath als Vormund mit der Wahrung Ihrer Interessen beauftragt war, habe ich von Anfang an gewußt. Auch, daß Sie bei uns unter einem andern Namen geführt werden mußten. Im übrigen war ich zu strikter Geheimhaltung verpflichtet.«

»Und den Namen von Kling?«

»... erfahre auch ich heute zum erstenmal. Aber ich glaube, dies ist der Augenblick, in dem Sie Kontakt zu Herrn Dr. Florath aufnehmen sollten.«

Werner barg sein Gesicht kopfschüttelnd zwischen beiden Händen. Ihm war, als hätte ein Blitz den dunklen Vorhang zerrissen, hinter dem all das bisher verborgen gewesen war, was ihn mit bangen Ahnungen erfüllt hatte.

Da waren Träume, in denen er nur Betten sah. Unendlich lange Reihen weißer Betten und kühle, ewig gleichgültig lächelnde Nonnengesichter. Angstträume, aus denen er meist schweißgebadet erwachte.

Da war die wunderschöne Märchenfee, die sich zu ihm ans Bett setzte, ihn unter Tränen streichelte und dann wieder wie eine Lichtgestalt im Nichts zerfloß.

Träume der ersten Jahre.

Die Erinnerungen an sein Leben begannen erst an dem Tage, an dem man ihn in dieses Haus gebracht hatte, das sein Zuhause werden sollte. Hier hatte er Freunde finden und Freude empfinden können.

Erst als er älter wurde, hatte er sich gefragt, warum er nicht Eltern und Geschwister hatte wie alle andern.

Und dann hatte er immer wieder versucht, etwas über seine Familie zu erfahren.

Oft hatte er stundenlang in Hamburger Adreß- und Telefonbüchern geblättert. Da gab es viele Klatts: Lehrer, Büroangestellte, Kaufleute, Handwerker, ledige und verheiratete Frauen, aber nirgends einen ernstzunehmenden Anknüpfungspunkt.

Ein paarmal hatte er sogar angerufen und gesagt: »Hier ist Werner. Kann ich meinen Vater oder meine Mutter sprechen?«

»Hier gibt's keinen Werner«, hatte er jedesmal zur Antwort erhalten.

Klatt – er wußte nicht einmal den Vornamen seines Vaters.

Und seine Mutter? Es mußte doch auch eine Frau Klatt geben, obwohl sein Vater sie in keinem seiner Briefe erwähnt hatte.

War das Suchen in Hamburger Adreßbüchern überhaupt sinnvoll? Er konnte doch ebenso gut aus jeder anderen Stadt stammen.

In den letzten zwei Jahren hatte er aus dem Verpackungsmaterial die Geschäfte feststellen können, in denen seine Weihnachts- und Geburtagsgeschenke gekauft worden waren. Doch wer die Sachen gekauft hatte, daran konnte man sich nicht erinnern.

Manchmal hatte er mit Axel über diese quälenden Fragen sprechen wollen, doch damit war er an der gutmütigen Gleichgültigkeit des Freundes wie an einer ölglatten Wand abgeglitten.

Vielleicht bin ich ein Findelkind, für das irgendein geheimnisvoller Wohltäter die Kosten übernimmt, sagte er sich.

Gewiß: Axel hatte ihn schon ein paarmal eingeladen, die Ferien in Fürth bei seinen Eltern zu verbringen, doch ein solches Geschenk klang ihm zu sehr nach Barmherzigkeit. Es anzunehmen, war er zu stolz.

Ich bin doch nicht allein, sagte er sich dann. Ich habe doch einen Vater!

Das war der Mann, der ihm immer wieder aus den fernsten Winkeln der Erde schrieb, wo er den Bau gigantischer Wasserkraftwerke leitete.

»Wenn ich diese Arbeit hinter mir habe«, schrieb er jedesmal, »dann werden wir uns endlich sehen!« Aber kaum, daß das eine Werk fertig war, wurde er schon wieder zu einer anderen, noch wichtigeren Aufgabe gerufen.

Erst der letzte Brief, den Werner wenige Wochen vor seinem Abitur erhalten hatte, brachte die Gewißheit: Er würde den Vater in Rio de Janeiro finden. Endlich – nach den vielen schmerzvollen Jahren des Alleinseins.

»Ist es Ihnen recht, wenn ich jetzt die Verbindung mit Herrn Dr. Florath herstelle?«

Werner nickte.

»Herr Rechtsanwalt, ich habe Hern von Kling eben in Ihrem Sinne unterrichtet. Darf ich übergeben?« Er reichte den Hörer weiter.

»Werner Klatt – eh, von Kling«, meldete sich Werner ein wenig hilflos.

»Wir müssen morgen vormittag wegen der Namensänderung zum Amtsgericht, und vorher möchte ich noch einiges mit Ihnen besprechen.«

»Morgen vormittag? Mein Flug nach Rio beginnt schon kurz nach neun.«

»Dazu brauchen Sie vor allem einen gültigen Reisepaß. Mit Ihrem inzwischen ungültig gewordenen Personalausweis würden Sie weder hier noch in Rio durch die Personalkontrolle kommen.«

Schweigen. Werner schluckte. Eine Weile war nur das leise Rauschen der Leitung und der Atem des fernen Mannes zu hören.

»Wenn es Ihnen paßt, können Sie auch heute zu einem ersten Gespräch kommen.«

»Gewiß. Und wann darf ich bei Ihnen sein?«

»So bald wie möglich; ich habe immer Zeit für Sie.«

»Danke sehr. Ich mache mich gleich auf den Weg.« Werner hielt den Hörer noch eine Weile in der Hand. Dann legte er ihn kopfschüttelnd auf. »Ich bin ein bißchen durcheinander. Ich habe gestern zu viel getrunken.«

»Das haben andere wohl auch. So eine Feier endet nie mit einem Dankgebet, obwohl mancher wohl allen Grund dazu hätte.«

»Wahrhaftig!« pflichtete ihm Werner spontan bei, während er an den blonden Finnen und seine Spickzettel dachte.

Der Direktor atmete auf. Die Aufgabe, vor der er sich bis zum letzten Augenblick gedrückt hatte, hatte er nun glücklich hinter sich. Daß seinem Zögling noch einige Überraschungen bevorstanden, ahnte er.

Werner verabschiedete sich. Er zog die schwere Eichentür des Direktorenzimmers leise hinter sich zu und lehnte sich dagegen.

»Von Kling. Werner von Kling«, sagte er mit geschlossenen Augen und schüttelte den Kopf.

Ballindamm 7. Piekfeine Gegend. Zu dem Besuch mußte er sich noch rasch umziehen. Doch so weit sollte es nicht kommen, denn Axel saß auf seinem Bett und schmökerte in einer Pornozeitschrift. Bei Werners Eintritt faltete er sie schnell zusammen und versteckte sie in der Schublade seines Nachtschränkchens unter der Bibel.

»Axel vor der Himmelstür auf Stellungssuche«, sagte Werner ironisch.

»Die habe ich eben zwei vierzehnjährigen Knirpsen abgenommen.«

»Der Himmel wird es dir danken. Und die unmittelbare Nähe der Bibel macht das Blättchen sogar für dich gefahrlos.«

Axel lief rot an. »Stimmt. Während du darauf mit erstaunlichen Gefühlsaufwallungen reagierst.«

»Was willst du damit sagen?«

»Was wohl?«

»Deine Diskretion ist bemerkenswert.«

»Dein Besuch beim Drachen war ja kurz und schmerzlos. Um was ging's?«

»Um die peinliche Tatsache, daß das fünfzehnjährige Töchterchen des Pedells ein Kind erwartet.«

»Von dir natürlich.«

»Als trauriges Resultat der Pornos, die du hier immer herumliegen läßt.«

»Was du nicht sagst! Und nun im Ernst: Gab's einen Orden oder Ärger?«

»Weder noch. Er hat mir offenbart, daß ich einen Vormund habe, einen Rechtsanwalt. Da muß ich gleich hin.«

»Wozu brauchst du einen Vormund? Ich hielt dich für erwachsen.«

Werner zuckte die Schultern.

»Dann nichts wie los. Ich bring' dich hin.«

»Ich muß mich erst noch umziehen.«

»Ach was. Mit Jeans ist man überall salonfähig.«

»Ich glaube, du hast recht. Ich gehe, wie ich bin.«

»Also komm mit runter und sieh dir die Karre an.«

Sie stand immer noch – wie zu Reklamezwecken – mitten auf dem Schulhof, von Jungen aller Klassen wie von einem Bienenschwarm umringt und fachmännisch begutachtet.

Axel kämpfte sich zu seinem Renommierstück durch und ließ Werner einsteigen. Dann setzte er sich ans Steuer, drehte den Zündschlüssel und gab Gas, daß es nur so dröhnte.

Werner sah sich in dem Wagen kaum um. Normalerweise hätte ihn die Neugier bei einer solchen Gelegenheit fast zerrissen, doch sie war angesichts der zu erwartenden Enthüllungen völlig verschüttet.

Axel sagte: »Und das alles für ein weniger als mittelmäßiges Abgangszeugnis mit lauter Dreien. Da wird dir dein Alter in Rio bestimmt eine Vedette schenken.« Er lenkte den Wagen langsam auf die Elbchaussee. »Du sagst ja nichts.«

»Mir ist nicht danach.«

»Gefällt dir etwa die Farbe nicht?«

»Mich macht der Neid stumm.«

»Wenn du lieber fahren möchtest, wechseln wir die Plätze.«

»Ach Axel!«

»Hast du Sorgen?«

»Mehr als genug.«

»Mensch, was ist heut bloß mit dir los? Also mit Vollgas zu deinem Vormund.«

Die Fahrt dauerte zwanzig Minuten, in denen kein Wort mehr gesprochen wurde. Werner fühlte sich bedrückt. Da lag was in der Luft, das ihn beunruhigte. Und daß es nichts Gutes sein würde, hatte er schon bei den ersten Worten des Anwalts gewittert.

»Ballindamm 7«, trompetete Axel schließlich im Ton eines Straßenbahnschaffners. »Und nun? Soll ich dir beim Kampf mit dem Rechtsverdreher helfen?«

»Nein, danke. Das muß ich jetzt allein durchstehen. Es wird bestimmt stundenlang dauern.«

»Gut, ich fahre zurück in die Zwangsanstalt und hole dich ab, wenn du anrufst.«

»Inzwischen kannst du deine Pornos weiterlesen und dabei für mein Seelenheil zehn Vaterunser und zwanzig ›Gegrüßt seist du, Maria‹ beten.«

»Ich wüßte nicht, was ich für dich lieber täte«, sagte Axel, während Werner die Tür hinter sich ins Schloß warf. »Halt, halt!« rief er noch durchs offene Fenster. »Wir essen heute abend en famille in den ›Vier Jahreszeiten‹. Papa hat eine Tafel für fünfunddreißig Personen bestellt. Und du sitzt zwischen Mama und… na wem wohl? …Erika. So was nennt Mama Familienplanung. Aber wenn sie von dem Töchterchen des Pedells erfährt…« Er gab Vollgas, daß die Reifen quietschten.

»Angeber!« rief Werner ihm nach. Dann betrat er das Haus, in dem so vieles auf ihn zukommen sollte.

»Dr. jur. Albrecht Florath, Rechtsanwalt und Notar« stand auf dem ständig blankgeputzten großen Messingschild, dessen Altehrwürdigkeit schon daran zu erkennen war, daß die ehemals tief eingravierten Buchstaben total verschliffen und teilweise kaum noch zu entziffern waren.

Das Büro lag im ersten Stock des pompösen, ganz mit weißem Marmor ausgekleideten Hauses, in dessen Mitte man »Nur für Herrschaften« einen engen, mit allzu viel schmiedeeisernen Jugendstilschnörkeln überladenen Fahrstuhl nachträglich eingebaut hatte.

Werner ging zu Fuß.

Noch ein tiefes Atemholen, dann zog er die Klingel.

Ihm öffnete eine freundliche alte Dame, die ihm keinerlei Fragen stellte, sondern wie einem guten Freund gleich die Hand entgegenstreckte. »Ah, der junge Herr Baron! Mein Gott, ganz der Vater! Treten Sie nur ein, der Herr Doktor erwartet Sie schon.« Sie stieß eine der hohen, dick gepolsterten Türen zum Sprechzimmer auf und ließ ihn eintreten. Dabei meldete sie mit einem nicht überhörbaren Ton von Feierlichkeit: »Herr Baron von Kling.«

Ein schlanker weißhaariger Herr kam schnell hinter dem mächtigen Schreibtisch hervor und streckte Werner beide Hände entgegen. »Nein, diese Ähnlichkeit! Junge, bist du hübsch und groß geworden!« Und dann, nach einer kurzen Verlegenheitspause: »Entschuldigen Sie den spontanen Gefühlsausbruch. Das sollte einem alten Esel wie mir nicht passieren. Aber Ihr Vater ist einer meiner besten und liebsten Freunde und Klienten gewesen. Als Sie eintraten, da war mir fast, als stände er selber vor mir, strahlend in seiner unbändigen Schöpferkraft.« Er zog Werner auf das breite Ledersofa. »Wie schön, daß wir die schrecklichen Internatsjahre nun hinter uns haben. Ich hoffe, daß auch wir gute Freunde werden, und bin sicher, daß sich darüber keiner mehr freuen würde als Ihr Vater.«

Werner atmete auf. Ihm war auf einmal wohler. Einen so herzlichen Empfang hatte er nicht erwartet. »Morgen abend bin ich schon bei ihm. Ein Wiedersehen nach so vielen Jahren der Trennung! Ich kann mich kaum noch an ihn erinnern. Nicht einmal das kleinste Foto habe ich von ihm, nur die Briefe aus aller Welt, die er mir von Zeit zu Zeit geschrieben hat. Diese zärtlich besorgten Briefe... Jeden von ihnen habe ich wohl hundertmal gelesen. Und oft unter Tränen.«

»Ich konnte es mir denken, aber auch ich konnte Ihnen nicht entscheidend helfen, bevor Sie Ihren wahren Namen erfahren durften. Keiner ist glücklicher, daß diese Heimlichtuerei nun ein Ende hat.«

»Weshalb hat man meinen Familiennamen denn überhaupt geändert?«

»Diese Änderung war notwendig. Ich selber habe sie beantragt, weil ich verhindern wollte, daß Ihre Jugend von jenem Namen überschattet werden sollte, mit dem leider allzu viele tragische Ereignisse verbunden sind. Heute, nach zwölf Jahren, sind sie in dieser schnellebigen Zeit Gott sei Dank so gut wie vergessen.«

»Ereignisse, die mit dem Namen von Kling verbunden sind? Was für Ereignisse? Ich habe nie davon gehört. Selbst meinen Familiennamen hörte ich heute zum erstenmal. Mein Vater, der als Ingenieur den Bau der größten Wasserkraftwerke leitete...«

»Diesen Ingenieur gibt es nicht. Er ist eine erdachte Figur.«

»Was?« Werner sank zusammen. »Und diese Briefe, diese rührenden Briefe eines Vaters an seinen Sohn? Wer anders als mein Vater könnte sie geschrieben haben?«

»Niemand anders. Diese Briefe hat Ihr Vater tatsächlich geschrieben.«

»Das verstehe ich nicht.«

»Noch nicht. Und das ist verständlich.«

»Wo ist denn mein Vater? Wo kann ich ihn finden?«

»Ihnen diese allzu berechtigte Frage zu beantworten ist allein die Aufgabe jenes Mannes, über den alle Briefe Ihres Vaters an Sie gelangt sind.«

Werner sah eine Weile stumm vor sich hin. Das alles klang, als gelte es, ein Geheimnis zu verschweigen. Plötzlich kam ihm ein bestürzender Gedanke. »Sie sprachen von tragischen Ereignissen. Ist mein Vater am Ende gar in einer Anstalt für unheilbar Kranke untergebracht worden?«

»Nein.«

»Dann werde ich ihn also sehen können.« Werners Züge hellten sich auf. »Heute schon oder morgen? Wo kann ich ihn finden? Ich vergehe vor Ungeduld.« Er faltete die Hände wie zu einem Gebet.

Der alte Rechtsanwalt zog sie behutsam zu sich heran. »Werner...«

»Können Sie das nicht verstehen?«

»Diesen Wunsch kann ich allzu gut verstehen. Es wäre unnatürlich, wenn es anders wäre. Und ich werde Ihnen helfen, wie ich Ihrem Vater zu helfen versucht habe.« Er machte eine Geste der Hilflosigkeit. »Sie müssen nur Vertrauen zu mir haben.«

Werner sprang auf und lief nervös im Zimmer hin und her. »Das heißt doch, daß ich morgen nicht nach Rio fliege.«

»Weil es sinnlos wäre. Aber Sie werden schon heute auf alle Fragen eine erschöpfende Antwort erhalten. Und zwar hier in Hamburg.«

Werner blieb stehen. »Jetzt fürchte ich mich fast vor dieser Antwort«, sagte er mit tonloser Stimme und weit geöffneten Augen.

Der Alte schwieg. Sein Blick wanderte die hohen Bücherwände entlang.

Ganz oben, nur auf der höchsten Leitersprosse erreichbar, stand die Akte »von Kling«. Eine der vielen abgeschlossenen Akten über Menschenschicksale, bei denen er helfen konnte – oder zuweilen auch nicht.

Er ging kurzentschlossen zu seinem Schreibtisch und notierte eine Adresse. »Gehen Sie heute noch zu diesem Mann; ich werde Sie inzwischen bei ihm anmelden. Ihm können Sie jede Frage stellen – und er wird sie Ihnen wahrheitsgemäß beantworten. Morgen vormittag würde ich Sie dann gerne wieder bei mir sehen.«

»Pfarrer Arnold Lenzer, Gorch-Fock-Wall 57« stand auf dem Zettel, den ihm der Anwalt beim Abschied gegeben hatte.

Zum Gorch-Fock-Wall, das war nur ein Spaziergang von einer Viertelstunde. Immerhin Zeit genug, darüber nachzudenken, was ausgerechnet ein Diener Gottes mit dieser Sache zu tun haben könnte. Da Doktor Florath ihn darauf nicht besonders hingewiesen hatte, war das offenbar bedeutungslos.

Doch dann gab es eine Überraschung, die Werner fast umwarf: Gorch-Fock-Wall 57, das war der Eingang zu Norddeutschlands größter Strafanstalt.

Sollte Herr Lenzer hier als Anstaltsgeistlicher tätig sein?

Werner lief es kalt über den Rücken. Plötzlich erschienen ihm gewisse Redewendungen des Anwalts in einem andern Licht. Nun überfiel ihn Angst.

Ohne es zu wissen und zu wollen lief er an dem Haupteingang des riesigen Gebäudekomplexes vorbei und weiter bis zum Bismarckdenkmal. Dort sank er auf die nächste Bank, unschlüssig, was er tun sollte.

War es denkbar, daß ihm der Anwalt versehentlich eine falsche Hausnummer aufgeschrieben hatte?

Er ging langsam auf der rechten Straßenseite zurück und studierte in allen Hauseingängen die Namen der Bewohner. Schließlich betrat er eine Fernsprechzelle und rief den Doktor an.

Nein, die Hausnummer sei richtig. Er habe inzwischen mit dem Geistlichen gesprochen und ihn, Werner, avisiert.

»Dieser Ingenieur ist eine erdachte Figur«, hatte der Anwalt schon bei Beginn ihres Gesprächs gesagt. War das die Erklärung dafür, daß alle Briefe seines Vaters auf geheimnisvollen Umwegen zu ihm gekommen waren? Keiner aus seinem angeblichen Ursprungsland, keiner mit Briefmarke und Poststempel, keiner mit der Adresse des Absenders. Jeden dieser Briefe hatte ihm der Direktor in einem völlig neutralen Umschlag überreicht. In seiner Freude hatte er noch nie darüber nachgedacht.

Er mußte sich also in der Haftanstalt melden.

»Sie sind schon angesagt«, sagte der Beamte an der Pforte. »Mein Kollege bringt Sie hin.«

Schwere Eisentüren und Männer mit Schlüsseln und nochmals schwere Eisentüren und wieder Männer mit Schlüsseln, dann stand er in dem engen Raum, in dem ihn ein etwa vierzigjähriger Mann begrüßte, der einem Sportsmann ähnlicher sah als einem Diener Gottes.

»Setzen Sie sich«, bat er. »Ich bin bereit, Ihnen alles zu sagen, was ich über das Schicksal Ihres Vaters weiß. Viel ist es nicht, und es wird Sie schmerzen.« Er sah Werner bei diesen Worten forschend an.

»Ich bin hier, um die Wahrheit zu erfahren, und auf alles gefaßt«, sagte Werner mit fester Stimme.

»Also gut.« Lenzer blätterte in einer Akte. »Ihr Vater wurde hier eingeliefert, nachdem auch eine dritte Revision des Urteils verworfen worden war.«

Werner umklammerte die Kanten des Schreibtischs, als wollte er sie zerbrechen. »Und wie lautete das Urteil?«

»Lebenslänglich. Das bedeutet, daß dem Verurteilten bei guter Führung nach etwa zehn Jahren der Rest der Strafe erlassen werden kann.«

Werner wollte fragen, wofür sein Vater bestraft worden sei, doch er brachte vor Entsetzen kein Wort heraus. Alles in ihm war blockiert.

Der Mann gegenüber schwieg eine Weile, dann fuhr er fort: »Ich habe Ihren Vater täglich in seiner Zelle besucht. Das war meine Pflicht. Doch schon nach wenigen Tagen wurde es mehr. Ich gewann zunehmend Interesse an diesem ungewöhnlichen Mann und begnadeten Maler. Fast möchte ich sagen: Wir freundeten uns an… Es ist nicht mein Recht, die Urteilssprüche des Hohen Gerichts zu kritisieren, denn ich kenne ihre Gründe nicht. Trotzdem riet ich ihm eines Tages dringend, ein Gnadengesuch einzureichen. Er reagierte darauf mit einem Tobsuchtsanfall. ›Ich bitte nicht um Gnade, ich fordere mein Recht! Nur Schuldige bitten um Gnade‹, brüllte er mich an, hochrot bis hinter die Ohren. Es war ein Wutausbruch, wie ich ihn in diesen Mauern selten erlebt habe, und ich habe in diesen Mauern weiß Gott viel erlebt. Nach diesem Ausbruch strafte er mich fünf Tage mit Verachtung. Erst am sechsten Tag erwiderte er meinen Gruß. ›Beschaffen Sie mir bitte etwas Zeichenpapier und etwas schwarze Tusche‹, bat er. ›Ich komme sonst vor Verzweiflung um.‹ Ich sprach mit dem Direktor, und er erhielt, was er wollte. Zu sehen bekam ich aber lange Zeit nichts von seinen Arbeiten. Erst nach etwa zwei Wochen gab er mir ein Blatt mit der Bitte, es dem Direktor vorzulegen. Es war ein Bild des Gekreuzigten und von erschütternder Ausdruckskraft. ›Sagen Sie dem Direktor, mit dieser Darstellung möchte ich die weiße Wand der Kapelle gegenüber dem großen Fenster ausmalen. Was ich dazu brauche, sind nur ein paar Pinsel und schwarze Farbe.‹ Das könne er nicht ohne weiteres gestatten, antwortete der Direktor. Außerdem müsse er den Entwurf erst einer Kommission vorlegen.«

»Und?« fragte Werner, leicht vorgebeugt.

Der Geistliche erhob sich. »Kommen Sie mit!« Er führte Werner in die Kapelle.

Von der Nachmittagssonne hell bestrahlt, schwebte das Bild des Gekreuzigten in Überlebensgröße, wie losgelöst, vor der weißen Wand.

Werner erstarrte. Noch nie zuvor hatte er ein Gemälde seines Vaters gesehen. Tief ergriffen setzte er sich auf eine Bank. Seine Augen schwammen in Tränen. Ohne es zu wissen und zu wollen, faltete er die Hände.

Der Geistliche legte nach einer Weile die Hand auf seine Schulter und führte ihn langsam in seine Klause zurück. »Das Bild und seine Geschichte erregten natürlich erhebliches Aufsehen. Ein Kunstverlag erwarb die Reproduktionsrechte etwa ein Vierteljahr später von Ihrem Vormund. Der Druck wurde meines Wissens in vielen tausend Exemplaren über die ganze Welt verbreitet und als Kunstwerk von hohem Rang bezeichnet... Nachdem Ihr Vater das Gemälde vollendet hatte, ging eine seltsame, zuweilen unheimlich wirkende Wandlung in ihm vor. Er wurde ruhiger, begehrte nicht mehr auf, und es schien, als hätte er sich mit seinem Schicksal abgefunden, um nun wie fast alle anderen Gefangenen die Jahre, Monate und Tage bis zu seiner etwaigen vorzeitigen Entlassung zu zählen. Völlig in sich gekehrt, sprach er mit niemand außer mir. Auch bei den täglichen Rundgängen im Gefängnishof blieb er verschlossen. Er sprach immer nur von seinem Jungen und von der Schande, die nun an Ihrem Namen hängen bleibe... Da kam er eines Tages auf eine seltsame Idee: Er schrieb eine stattliche Anzahl vordatierter Briefe an Sie. Eben jene Briefe, die Ihnen dann im Lauf der Jahre zugestellt worden sind. Für jeden Brief mußte ich ihm anderes Papier und einen anderen Umschlag besorgen. Mal schrieb er mit Tinte und Feder, mal mit Bleistift, mal mit Kopierstift, mal mit einem Kugelschreiber. Über jedem dieser Briefe hat er tagelang gebrütet. Sie sind ihm offenbar sehr schwer gefallen. Einmal sagte er: ›Jeder dieser Briefe ist eine Lüge, ein Betrug an dem einzigen Menschen, an dem mein Herz noch hängt. Aber es muß leider sein. Er wird es später einsehen und mir dafür danken.‹«

Der Geistliche machte eine Pause. Es war eine Pause von bedrükkender Schwere. Werner wagte kaum zu atmen. Jetzt – er fühlte es –, jetzt würde er die letzte bittere Wahrheit erfahren. Etwas wie Todesangst kam in ihm hoch und würgte ihn. »Und dann?« preßte er schließlich heraus, die Augen starr auf den Geistlichen gerichtet.

»Eines Morgens fanden wir ihn tot in seiner Zelle. Er hatte sich erhängt.«

Werner schrie entsetzt auf. Sein Kopf sank auf seine Arme. Ein Schluchzen, das kein Ende nehmen wollte, erschütterte seinen Körper.

Der Geistliche verharrte lange in ehrfürchtigem Schweigen. »Und dies ist sein letzter Brief«, sagte er dann. »Er hat mich beschworen, ihn Ihnen erst nach Erreichen Ihres achtzehnten Lebensjahres zu übergeben. Und zwar persönlich.«

Werner nahm den Brief schluchzend entgegen. Auf dem Umschlag stand – er konnte es unter Tränen nur mühsam entziffern: »Lieber Junge! Dies ist mein letzter Brief an Dich. Bitte lies ihn aber erst, nachdem mein Freund und Anwalt Albrecht Florath Dir über den Prozeßverlauf berichtet hat. Doch was Du dabei auch erfahren wirst, habe Vertrauen zu Deinem Vater.«

»Wir haben Ihren Vater – wie das damals noch üblich war – auf dem Friedhof der Anstalt beigesetzt. Wenn Sie das kleine Grab zum Abschied noch sehen möchten...«

Werner nickte stumm. Er folgte dem Geistlichen mit gesenktem Kopf zu dem kleinen trostlosen Friedhof, der von schmutzigroten Ziegelsteinmauern mit engvergitterten Fenstern umgeben war, aus denen hier und da ein hohlwangiges Gesicht auf sie herunterschaute.

Auf einem der schlichten grauen Steine stand staubbedeckt: »U. v. K. 4. 6. 64.« Werner wischte mit der Hand darüber. Es war wie ein Streicheln.

Aus einem der Fenster kam ein höhnisches Kichern, aus einem andern ein entnervendes Heulen, und eine geile Stimme rief ihnen unflätige Aufforderungen zu.

Werner schauderte.

»Männer hinter Gittern«, sagte der Geistliche. »Das ist eines unserer größten Probleme.« Es war, als wollte er sich für die Unflätigkeiten entschuldigen. Dann faßte er Werner am Arm und zog ihn langsam fort. »Es hat mich sehr interessiert und gefreut, den Sohn jenes Mannes kennenzulernen, der seine Schuldlosigkeit noch bis zuletzt beteuert hat... Recht oder Unrecht – wer kann das wissen. Die Richter haben mit Verstand und Gerechtigkeitssinn die Wahrheit zu ergründen versucht und erst dann ihr Urteil gesprochen.«

»Es wäre nicht das erste Fehlurteil gewesen«, sagte Werner.

»Und es wäre auch nicht das letzte«, ergänzte der Geistliche.

Werner drückte ihm dankbar die Hand und ging von schweren Gedanken bedrückt über die Reeperbahn zur Elbchaussee mit ihren stolz dastehenden Villen, zurück zu dem silbergrauen Haus, das acht Jahre lang so etwas wie sein Elternhaus gewesen war.

Er traf Axel beim Kofferpacken.

»Mensch, Werner, ich dachte schon, dieser Vormund hätte dich gleich vereinnahmt.«

»Du räumst schon das Feld?«

»Ich ziehe zu den Alten ins Hotel. Du kommst am besten gleich mit. Ich habe ein Zimmer mit zwei Betten, und morgen früh haben wir nur wenig Zeit.«

»Der Flug nach Rio fällt aus.«

»Was?« Axel hielt mit dem Packen inne. »Der Flug ist doch schon gebucht und bezahlt.«

»Ruf an und sag ab. Für mich gleich mit.«

»Bist du bescheuert?«

Werner setzte sich auf den Bettrand und stützte den Kopf auf seine Arme. »Denk, was du willst, aber ruf an!«

Axel setzte sich zu ihm. Erst jetzt sah er den verzweifelten Ausdruck in den Augen des andern. »Was ist denn los? Ist irgendwas passiert?«

»Sag den Flug ab und laß mich in Frieden.«

»Aber bei heute abend bleibt's doch!«

»Auch das nicht.«

»Das kannst du doch nicht machen! Es sei denn, du hast einen ernsthaften Grund.«

»Den habe ich.«

»Dann laß ihn hören!«

Schweigen.

»Du weißt, daß mein Alter dich mehr schätzt als seinen eingeborenen Sohn. Er will dich heute sogar einladen, nach der Reise vier Wochen mit auf unser Gut zu kommen. Dich Musterknaben kriege ich ja ohnehin bei jeder passenden Gelegenheit aufs Butterbrot geschmiert. Wie soll ich das der Familie beibringen?«

»Erzähl ihnen das Märchen vom Töchterlein des Pedells, und du bist sofort alle Sorgen los.« Werner richtete sich halb auf. »Axel, du bist ein guter Kerl. Aber glaub mir wenigstens diese eine Mal: Nach all dem, was heute auf mich niedergeprasselt ist, kann ich beim besten Willen nicht.«

Axel sah so viel echte Verzweiflung in den Augen des Freundes, daß er schlagartig umschaltete. »Entschuldige, ich habe das bisher für Theater gehalten, aber mir scheint…«

»Gut«, sagte Werner nach einer langen Pause. »Du würdest die Wahrheit ja ohnehin erfahren: Ich habe hier all die Jahre unter einem falschen Namen gelebt.«

Axel starrte ihn mit offenem Munde an. »Gibt es denn so was in unserer Gesellschaft?«

»Ich heiße in Wirklichkeit Werner von Kling und…«

»Von Kling? Das ist doch kein Grund zur Trauer!«

»…und mein Vater ist im hiesigen Gefängnis gestorben. Ich habe vor einer Stunde an seinem Grab gestanden.«

Die Worte wirkten auf Axel wie ein Keulenschlag. »Das darf doch nicht wahr sein!« stammelte er. »Und was soll denn nun werden?«

Werner schüttelte den Kopf.

Axel sagte: »Ich werde natürlich bei dir bleiben. Ich kann dich in diesem Zustand doch nicht allein lassen.«

»Das ist zwar gut gemeint, aber unmöglich. Denk an den Empfang, den dein Vater gibt. Mir kannst du in diesem Augenblick doch nicht helfen.«

Axel ging wieder zu seinen Koffern.

»Vielleicht treffe ich mich heute abend mit dem Finnen. Er ist ja auch so ein armes Schwein. Außerdem fühle ich mich in seiner Schuld. Das quält mich.«

»Wo willst du denn nun bleiben? – Wenn du Hilfe brauchst, meine Eltern und ich sind immer für dich da. Jetzt mache ich mir ernsthaft Sorgen um dich.«

»Das wird sich legen.«

»Als ob man so was einfach abschütteln könnte!«

»Es wird dir gar nichts anderes übrigbleiben.«

»Nach einer achtjährigen Freundschaft?«

»Vielleicht wirst du eines Tages froh sein, sie vergessen zu können.«
»Ich wüßte nicht, weshalb. Nun doch erst recht nicht!«
»Laß uns morgen darüber reden.«
Eine halbe Stunde später half er Axel die Koffer in den Wagen schaffen. Dann rief er Tavio an. »Wir sind doch heute abend zusammen, oder?«
Tavio schluckte zunächst einmal. »Ist das dein Ernst?«
»Selbstverständlich. Überrascht dich das?«
»Ein bißchen schon. Aber es freut mich mehr, als du ahnst.«
»Da wäre ich an deiner Stelle nicht so sicher. Aber über diesen Punkt können wir uns ja an diesem Abschiedsabend in aller Ruhe unterhalten...«

Es war nicht der Stolz auf das mehr oder weniger ruhmreich bestandene Examen seines einzigen Sohnes, was den Fürther Nähmaschinenfabrikanten Alois Körner veranlaßt hatte, in den »Vier Jahreszeiten« ein großes Bankett zu veranstalten; dazu war Herr Körner viel zu nüchtern. Es war – so wie er es sah – eine unauffällige Gelegenheit, mit einem guten Dutzend wichtiger norddeutscher Großabnehmer nach allzu langer Zeit wieder einmal in ein zwangloses persönliches Gespräch zu kommen und ihnen seinen endlich flügge gewordenen Filius vorzustellen.

Es war auch nicht die Absicht, Axel damit eine besondere Anerkennung zugute kommen zu lassen. Dazu bestand Herrn Körners Meinung nach nicht viel Anlaß.

Axel hatte sein Abitur in der Tasche. Wie gut oder schlecht, war egal. Danach würde kein Teufel fragen. Jetzt konnte jedenfalls der Einstieg in das väterliche Unternehmen beginnen, zumal der schlanke Bursche gut aussah und Manieren hatte. Beides hatte er zwar nicht vom Vater, denn der neigte zu echt bayrischer Körperfülle und war zuweilen reichlich drastisch.

Das gute Aussehen hatte er zweifellos von der mütterlichen Seite. Und die guten Manieren – die hatten ja auch eine gehörige Stange Geld gekostet.

Sogar der Porsche war nicht etwa als Zeichen einer übertriebenen Anerkennung zu sehen: Axel sollte einen repräsentativen Wagen fahren und damit beweglich genug sein, auch kleinere Kunden besuchen zu können. Kontaktpflege nannte Herr Alois Körner das. Und da das wirklich so gemeint war, hatte er auch keine Skrupel, den Wagen auf Firmenkosten zu kaufen und als Geschäftswagen von der Steuer abzusetzen.

Herr Körner hielt eine kurze Ansprache, aber keine Festrede zu Ehren seines Sohnes, den er selber nicht allzu rühmenswert fand. Er sprach nur von einer kleinen Familienfeier, die ihm eine willkommene Gelegenheit sei, die allzeit regen geschäftlichen Beziehungen auch menschlich ein bißchen fester zu knüpfen. Daß er bei dieser Gelegenheit sein neuestes wahrhaft verblüffendes computergesteuertes Modell unaufdringlich zeigen konnte, war ein nicht zu überschätzender Nebeneffekt.

Ganz anders bewertete seine mit achtunddreißig Jahren noch immer blendend aussehende Frau Brigitte die Situation. Sie stammte aus einer kleinbürgerlichen Familie von »zugereisten« Berlinern und war in Westdeutschlands heimlicher Hauptstadt unter recht erbärmlichen Verhältnissen aufgewachsen. Durch die Heirat mit dem steinreichen, immer recht sportlich wirkenden und damals noch wahrhaft ranken Fürther Fabrikanten fühlte sie sich rasch den dortigen Kreisen zugehörig, wenngleich ihr das Städtchen zuweilen bedrückend klein und spießbürgerlich vorkam.

Axel hatte sie viel von ihrem norddeutschen Erbgut mitgeben können, und darauf war sie stolz. Erika dagegen würde wohl nie eine heimliche Berlinerin werden.

Frau Körner sah in dieser Feier eine willkommene Gelegenheit, ein paar Münchener Modehäuser zu besuchen und nicht nur sich, sondern diesmal auch die nun schon sechzehnjährige Erika großstädtisch, aber dezent auszustaffieren.

Axel sah die Feier als das, was sie war, und fühlte sich deshalb auch nicht als deren Mittelpunkt.

Mama hatte ihm noch rasch einen dunkelblauen Zweireiher gekauft, doch er fühlte sich darin mehr gehemmt als gehoben.

Und dann die Krawatte! Er hatte sich so ein Ding noch nie um den Hals geschlungen und erst nach hundert verzweifelten Versuchen einen halbwegs ordentlichen Knoten zuwege gebracht. Am liebsten hätte er sich nach dem Essen heimlich verdrückt, um wieder in seine guten alten Jeans zu schlüpfen.

Daß Werner nicht erschienen war, war zunächst nicht weiter aufgefallen. Nur Erika – im Vollgefühl ihrer weltstädtischen Aufmachung – hatte nach seinem »netten« Intimus gefragt.

Erst nach dem Essen nahm Herr Körner seinen Sohn beiseite. »Wo bleibt denn der Werner? Du hast doch wohl nicht vergessen, ihn einzuladen?«

Vor dieser Frage hatte Axel sich schon den ganzen Abend gefürchtet. Wie sollte er der Familie klarmachen, was ihm selber einen so fürchterlichen Schock verpaßt hatte?

»Er hat leider in letzter Minute absagen müssen.«

»Ihr habt euch doch wohl nicht verkracht?«

»Nicht die Spur. Ihm ist nur etwas sehr Wichtiges dazwischengekommen.«

»Dann erscheint er wohl noch im Lauf des Abends.«

»Das glaube ich nicht.«

»Habt ihr denn alles für euren morgigen Flug klar?«

»Wir hatten alles klar, aber dann...« Axel kam ins Stottern.

»Aber dann?«

Axel holte tief Luft. »Der Flug fällt aus.«

»Das heißt, dein Flug fällt aus; er fliegt allein.«

»Nein.«

Der Vater sah ihn eine Weile mit gerunzelter Stirn an. »Du wirst ja rot bis hinter die Ohren. Da ist doch was im Busch!« Er wandte sich kopfschüttelnd wieder seinen Gästen zu.

Axel fühlte sich geohrfeigt. Der Alte behandelt mich zuweilen wie einen Blödian. Verwirrt und hilflos drehte er sich ein paarmal um sich selbst, unschlüssig, wo er nun Kontakt suchen sollte.

Zum Glück kamen ihm in diesem Augenblick seine Mutter und Erika entgegen.

Wenn er seine Mutter so sah, war er immer stolz und gerührt zugleich. Wie sie sich in die Fürther Verhältnisse eingelebt hatte, war ihm erst in den letzten Jahren zum Bewußtsein gekommen. Sie hatte sich durchgesetzt. Man wußte zwar – und sie hatte es nicht verheimlicht –, daß sie von Berliner »Zugereisten« abstammte und daß sie nach dem

Zusammenbruch bettelarm in München in einer Art Nissenhütte Unterkunft gefunden hatte, aber man bewunderte gleichzeitig die Sicherheit ihres Auftretens ebenso wie ihre manchmal etwas großzügigen moralischen Ansichten.

Am meisten aber wirkte ihr »schmuckloses« Auftreten. Erst in den letzten Jahren trug sie bei festlichen Anlässen ein Brillantencollier, dessen Sechskaräter von einigen wenigen Rubinen umrahmt war.

Mama war stets gut gekleidet, aber sie fiel trotzdem immer aus dem Rahmen. Die Wahl der Stoffe sowie der von Künstlerhand sorgfältig aufeinander abgestimmten Farben und der dezente Schnitt ihrer Kostüme – das war schon Klasse!

Erika dagegen hatte allzu lange das »Dirndl« gespielt. Heute endlich hatte sie sich unter dem Einfluß von Mama fast elegant angezogen. Man konnte sie beinahe schon als junge Dame nehmen.

»Junge, was ist los?« flüsterte Mama. »Dein Freund hat uns versetzt.«

Erika nickte zustimmend.

»Der Direktor hat ihn heute zu sich bestellt, und als er wiederkam, war er völlig verstört. ›Ich kann an eurer Feier nicht teilnehmen‹, sagte er. ›Der Direx hat mir heute ein Ding verpaßt, da muß ich erst drüber wegkommen.‹«

»Und das glaubst du?« sagte Erika. »Nach dem glänzenden Examen kann er ihm doch nur noch einen Hausorden um den Hals gehängt haben.«

»Vielleicht hatte er heute abend etwas anderes vor«, sagte die Mutter in verständnisvollem Ton.

Und Erika ergänzte schnippisch: »Mit irgendeiner kleinen Freundin.«

»Das hätte er mir sagen können und gesagt.«

»Dann kommt er vielleicht noch«, sagte Frau Körner.

»Nein, schlagt euch das aus dem Kopf. Nach dem, was er heute erfahren hat…«

Die beiden Frauen horchten auf.

»Er hat nämlich erfahren, daß er hier all die Jahre unter einem falschen Namen gelebt hat.«

»Was?« Große erstaunte Augen. »Das ist doch nicht möglich.«

»Und schon gar kein Grund, uns zu versetzen«, sagte Erika. »Am Ende wird sich dein Freund als verkappter Prinz entpuppen! Du fällst aber auch auf jeden Blödsinn rein.«

»Wie heißt dein Freund denn jetzt?« fragte Frau Körner. Axel wirkte so verstört, daß sie stutzig geworden war.

»Werner von Kling.«

»Klingt viel zu schön, um wahr zu sein«, spottete Erika. »Frau Baronin von Kling – da würde ich ihm sofort mein Herz zu Füßen legen.«

»Laß diese Witze!« verwies die Mutter sie. »Irgendwas wird an der Geschichte schon dran sein. – Das heißt also wohl auch, daß euer Flug nach Rio ausfällt.«

»Bestimmt. Und ob er sich bei uns überhaupt noch einmal sehen läßt…«

»…der hohe Herr Baron von Kling«, ergänzte Erika. »Und morgen lacht er dich aus, daß du auf den Quatsch hereingefallen bist.«

»Jetzt platzt mir aber der Kragen!« knurrte Axel. »Das war kein Witz und keine dumme Ausrede, das war ihm bitter ernst. So verstört wie heute habe ich ihn noch nie erlebt.« Er wandte sich an seine Mutter: »Sagt dir der Name von Kling denn nichts?«

»Nur, daß er tatsächlich klingt.«

»Es hat einmal einen bedeutenden Maler dieses Namens gegeben.«

»Das wäre in der Tat ein schwerwiegender Grund, bestürzt zu sein. Ein Baron – mit einem Pinsel in der Hand… Wie kommst du bloß darauf? Nein, mein Junge, vergiß die kleine Enttäuschung und kümmere dich um unsere Gäste. Sie sollen dich alle persönlich kennenlernen. Das gehört zum Geschäft.« Sie wandte sich ab und zog Erika mit.

Axel preßte die Lippen aufeinander. Bin ich wirklich so bescheuert? Sollte Werner ihn doch beschwindelt haben und jetzt mit dem schwulen Finnen zusammensitzen? Nein, nein, undenkbar! Er ließ sich vom nächsten Kellner ein Glas Sekt geben und stürzte es hinunter. Dann gleich ein zweites. Darauf wurde ihm schon etwas leichter ums Herz.

Das Thema war vorläufig vom Tisch.

Aktuell wurde es erst wieder am nächsten Morgen, als alle beim gemeinsamen Frühstück saßen.

»Dein Freund fliegt anscheinend allein nach Rio. Es hat also doch wohl einen Krach zwischen euch gegeben.«

»Weder noch. Sein Vater ist tot.«

Peinliche Pause. Es war, als hätte der Blitz eingeschlagen.

»Ach – so plötzlich?« fragte Frau Körner.

»Ja, ja, Rio ist ein gefährliches Pflaster«, sagte Herr Körner, während er genüßlich eine Scheibe Schinken zum Munde führte. »Man liest es ja fast täglich in den Zeitungen. Mir war schon nicht ganz wohl bei dem Gedanken, daß du Werner begleiten und gleich mehrere Wochen da bleiben wolltest. – Wann ist er denn gestorben?«

»Schon vor acht Jahren.«

»Was?« riefen Papa, Mama und Erika wie aus einem Munde.

Axel sah eine Weile schweigend vor sich hin. Jetzt blieb ihm wohl nichts anderes übrig, als Farbe zu bekennen. »Er ist zu lebenslänglich verurteilt worden und schon kurz darauf im Zuchthaus gestorben.«

»Kein Wunder. Bei diesen Wilden und bei diesen ständigen politischen Unruhen!« knurrte Körner unüberlegt drauflos. »Dann will Werner wohl bloß sein Grab besuchen.«

»Nein. Sein Vater ist in der hiesigen Strafanstalt am Gorch-Fock-Wall gestorben.«

»Hier? In Hamburg?« fragte Frau Körner, als könne sie es nicht glauben. »Und schon vor acht Jahren?«

Herr Körner legte sich empört zurück. »Oho! Und das erfahren wir erst jetzt, nachdem unser Sohn acht Jahre mit dem Sohn eines Schwerverbrechers zusammengelebt hat?«

»Das hat keiner gewußt, denn sein Vater hieß nicht Klatt, sondern von Kling.«

»Kling? Von Kling? War da nicht vor acht oder zehn Jahren so ein schrecklicher Mordprozeß mit einem total verrückten Maler und so einer vom Tingeltangel?« sagte Herr Körner auf einmal hellwach. »Natürlich: Kling, Udo Baron von Kling. Ich erinnere mich noch genau an den verrückten Vornamen.«

»Ja, jetzt erinnere ich mich auch«, sagte Frau Körner. »Aber deine sogenannte Tingeltangeldame war eine bezaubernde junge Opern- oder Operettensängerin. Ich habe sie damals noch als Gräfin Mariza gesehen. Wenn die das ist...«

»Richtig! Rita Schenk, ein blutjunges bildhübsches Ding.«

»Sie hat in der Operette ›Das kleine Hofkonzert‹ sowohl auf der Bühne wie im Film die junge Sängerin gespielt.«

»Und die hat dieser Maler, dieser verrückte Zigeuner aus Eifersucht vergiftet oder erschossen oder erwürgt – so genau weiß ich das jetzt nicht mehr. Eines steht jedenfalls fest: Der uneheliche Sohn aus dieser wilden Ehe ist kein anderer als Werner. Ein Bankert, den der Maler wohl später nolens volens adoptiert hat. Und den jungen Herrn hätten wir unsern Gästen beinah als Freund des Hauses vorgestellt! Eine feine Geschichte!«

»Für die Werner doch nichts kann«, sagte Axel hart. »An der ganzen Geschichte ist bestimmt kein wahres Wort!«

»Er war wenigstens so taktvoll, selber die einzig mögliche Konsequenz zu ziehen und unsern Festabend nicht mit seiner Gegenwart zu belasten«, fuhr Körner fort. »Aber was sich dieses Internat da geleistet hat... Da bringt man seinen Sohn in eines der vornehmsten Erziehungsheime...«

»Na, so schrecklich vornehm ist dieses Internat ja nun auch nicht gerade. Es gibt noblere. Zum Beispiel in der Schweiz«, entgegnete ihm seine Frau, doch Herr Körner ereiferte sich immer mehr.

»Und dieses Internat bringt den unehelichen Sohn eines weltbekannten Zuchthäuslers unter falschem Namen mit den Söhnen aus den besten Familien zusammen. Solche Duzfreundschaften, die da entstehen, können einem ein ganzes Leben lang wie Klötze am Bein hängen.«

»Bis jetzt habt ihr an Werner alle nicht das Geringste auszusetzen gehabt. Mir habt ihr ihn doch als Musterexemplar vorgehalten. Mit Recht, wie ich gerne zugebe. Er war mein einziger und bester Freund und wird es bleiben. Ich war immer stolz auf diesen Freund.«

»Auch falsche Brillanten glitzern«, sagte Herr Körner, nicht ohne diese Bemerkung gleich darauf zu bereuen.

»Manche sogar mehr als echte«, sagte Frau Körner. Sie dachte dabei an den Sechskaräter in ihrem Collier, dem sie von Anfang an ein bißchen mißtraut hatte. Später, bei einer kleinen Reparatur, hatte ihr der Juwelier dann anvertraut, daß alle Rubine zwar echt waren, daß der Sechskaräter aber ein meisterhaft gearbeiteter Simili war. Sie hatte es geschluckt und später nie mit einer Silbe erwähnt.

»Du fährst also mit nach Hause«, bestimmte Herr Körner. »Und diesem Internatsdirektor werde ich von Fürth aus einen Brief schreiben, der es in sich hat.«

Frau Körner zog dabei ein etwas unglückliches Gesicht, denn derartige Briefe ihres robusten Mannes zeigten nur zu oft peinliche Wirkungen. Später zog sie ihren Sohn still beiseite. »Ich brauche dir wohl nicht zu sagen, daß ich Papas Ansichten in dieser Sache nicht ganz teile. Versuche mit Werner Kontakt zu halten. Vielleicht braucht er gerade jetzt einen Freund, der zu ihm hält. Bleib also vorläufig noch hier. Ich werde das mit Papa schon regeln.«

Axel war von der Stellungnahme seiner Mutter ebenso überrascht wie begeistert. »Danke, Mama! – Wenn er nur nicht schon über alle Berge ist!«

Als Axel mit seinem schwerbeladenen Porsche abgedonnert war, zog Werner sich noch sonntäglich um. Diesen Abschied von Tavio wollte und konnte er nicht wie eine mehr oder weniger lästige moralische Verpflichtung »erledigen«, obwohl ihm Tavio nie viel mehr als alle anderen Klassenkameraden bedeutet hatte. Gewiß: Er war auf eine feine, diskrete Art anhänglicher, hatte ihm hier und da unaufdringliche Gefälligkeiten erwiesen und, wenn er ein Paket aus Helsinki bekam, ihm immer eine kleine Spezialität des Landes als Kostprobe angeboten.

Tavio hatte ihn in all den Jahren wohl mehr als hundertmal fotografiert, und Werner hatte es – gutmütig und wohl auch ein bißchen eitel – über sich ergehen lassen. Doch bei all dieser schüchternen Verehrung war Tavio nie aufdringlich geworden.

Erst in den letzten Jahren hatte Werner zuweilen das Gefühl, als stecke hinter dieser mitschülerhaften Zuneigung etwas mehr, und dazu bedurfte es auch nicht mehr Axels indiskreten Hinweises. Werner nahm es ohne Erstaunen mit einem entwaffnenden »Na und?« zur Kenntnis und änderte sein Verhalten Tavio gegenüber nicht die Spur.

Tavio kannte Werners merkwürdige Schwäche in Mathematik; er hatte sie ihm offen eingestanden. Daraufhin hatte sich Tavio einen Platz neben Werner erkämpft und ihm beim Examen entscheidend helfen können. Werner hatte es ihm anschließend mit einem langen kräftigen Händedruck gedankt.

Als er das Hotel betrat, erwartete ihn Tavio schon im Foyer.

»Wenn es dir recht ist, lasse ich das Essen in mein Zimmer bringen. Im Restaurant stehen die Tische so nahe beieinander, daß eine ungezwungene Unterhaltung unmöglich ist.«

Werner nickte; das war ganz nach seinem Sinn.

Es wurde ein feierliches, aber auch etwas steifes Abendessen. Erst als der Tisch aus dem Zimmer geschafft worden war und sie sich zwanglos gegenübersaßen, lockerte sich die Unterhaltung.

Bei einem bedächtig getrunkenen Glas Sekt vergaß Werner, was ihn den ganzen Tag gehetzt und gequält hatte. Und Tavio vergaß, daß es nur noch wenige Stunden bis zum Abschied gab.

Werner begleitete ihn am nächsten Morgen zum Flughafen. Sie umarmten sich beim Abschied und sagten »Auf Wiedersehen!«, obwohl sie glaubten, daß es dieses Wiedersehen nicht geben werde...

Werner fuhr anschließend gleich zum Ballindamm.

Als Werner das Arbeitszimmer seines alten Freundes betrat, saß der hinter seinem mächtigen Schreibtisch vor einem Berg von Akten.

»Kommen Sie näher und setzen Sie sich mir gegenüber. Wir haben Zeit. Viel Zeit. Ich sitze gerade hinter meinem Reißwolf und vernichte Akten. Das ist seit Jahren meine Hauptaufgabe. Leider kann ich sie keinem andern anvertrauen, denn jedes Blatt muß ich überfliegen, damit nicht am Ende doch ein wichtiges Dokument verloren geht... Sehen Sie die Zeichnung da neben dem Fenster? Die hat Ihr Vater bei der ersten Gerichtsverhandlung nur so hingeworfen. Der Mann mit der großen theatralischen Geste bin ich. Verblüffend, diese Ähnlichkeit! Er hat mir das Blatt nachher geschenkt.«

Das war das zweite Blatt von der Hand seines Vaters.

»Weiß Gott, Ihr Vater ist ein Genie gewesen. Um dieses Genie habe ich gekämpft. Ich hätte ihn verteidigt, selbst wenn er schuldig gewesen wäre... Was ich aus seinem Leben weiß, werde ich Ihnen anhand der Akten erzählen, und Sie werden sich dann selbst ein Bild der Geschehnisse machen können.« Er stand auf und erkletterte mit erstaunlicher Geschicklichkeit eine der hohen Bibliotheksleitern. »Kommen Sie mit und nehmen Sie die Akten entgegen... Hier Band 1. Udo von Kling.

Lebenslauf und Kritiken. Legen Sie ihn bitte auf den Abstelltisch neben dem Sofa.«

Werner drückte die Akte einen Augenblick an sich. Was würde sie ihm über den Mann erzählen, dem er sein Leben verdankte?

»Band 2. Rita Schenk. Lebenslauf und Kritiken.«

Rita Schenk. Er hatte den Namen noch nie gehört. War sie die sogenannte Geliebte seines Vaters? Am Ende gar seine Mutter? Der Band wog schwer in seinen Händen. Er legte ihn nur zögernd zu dem andern.

»Und jetzt kommen noch drei dicke Bände über den Prozeßverlauf.«

Drei mächtige Aktenbündel, die auch mit seinem eigenen Schicksal aufs engste verknüpft waren. Was würde ihr Studium für sein künftiges Leben bedeuten?

Während er sie zu den andern trug, kam Dr. Florath langsam Stufe für Stufe herunter. »Der Anstaltsgeistliche hat mich heute morgen schon über Ihren Besuch unterrichtet«, sagte er.

»Er hat mich überraschend freundlich empfangen.«

»Wieso überraschend?«

»Nun ja.« Werner machte eine Geste der Hilflosigkeit, als wollte er sagen: »In einem solchen Fall.«

Der Anwalt blieb auf halber Höhe stehen. »Moment, mein Junge, das wollen wir doch gleich einmal klarstellen: Selbst wenn die ungeheuerlichen Anschuldigungen gegen Ihren Vater berechtigt gewesen wären – sie waren es nicht! –, selbst dann hätte doch keiner das Recht, Sie damit auch nur im geringsten zu belasten. Das ist eine der wichtigsten Voraussetzungen für all unsere weiteren Überlegungen. Eher könnte man mich verurteilen, weil ich Ihren Vater bis zur letzten Stunde verteidigt habe. – Leider erfolglos, wie ich gestehen muß. Doch in dieser Sache ist auch heute noch nicht das letzte Wort gesprochen.«

»Mein Vater ist seit acht Jahren tot«, sagte Werner mit dumpfer Stimme. »Ich habe an seinem armseligen Grab gestanden.«

»Aber sein Name als Mensch und Künstler ist nicht tot. Er ist gewiß ein Hitzkopf gewesen, aber nie und nimmer ein hinterlistiger, kaltblütiger Mörder.«

»Der Anstaltspfarrer hat mir das Bild des Gekreuzigten in der Kapelle gezeigt. Es war für mich die größte Überraschung meines Lebens. Mir war, als zeige jeder Pinselstrich die geliebte Handschrift, die ich aus seinen Briefen kenne.«

»Hat er Ihnen auch gesagt, daß inzwischen mehr als zwanzigtausend Kopien auf teurem Kunstdruckpapier verkauft worden sind, daneben Millionen von Postkarten und Tausende von Mappen mit den letzten Zeichnungen, die Ihr Vater kurz vor seinem Tode im Gefängnis geschaffen hat? Ein Erfolg ohnegleichen. Und nebenbei eine großartige Bereicherung Ihres Vermögens.«

»Meines Vermögens?«

Dr. Florath stieg die letzten Leitersprossen herunter und setzte sich wieder hinter seinen Schreibtisch. »Ihres Vermögens, das mir in meiner Eigenschaft als Notar auf Wunsch Ihres Vaters vom Gericht ebenso anvertraut worden ist wie die Sorge um Ihr persönliches Wohl bis zum Tage Ihrer Großjährigkeit. Sie können von jetzt an über sich und über Ihr gesamtes Vermögen selbständig entscheiden. Ich und die Bank, die Ihr Vermögen verwaltet, können Sie nur noch beraten... Bei der Bank werden Sie schon in den nächsten Tagen vorsprechen, damit Sie dort Ihre Unterschrift hinterlegen und man Sie über den Stand Ihres Kontos unterrichten und Ihnen ein Scheckbuch übergeben kann.«

Werner begann aufgeregt im Zimmer hin und her zu laufen. »Verzeihen Sie – aber mir kommt das alles wie ein Märchen vor: die plötzliche Freiheit, tun und lassen können, was ich will, und sogar ein Bankkonto... Das kommt alles so überraschend. Und daneben das furchtbare Wissen um den Tod meines Vaters – es ist fast beängstigend. Jetzt, fürchte ich, werde ich nur Dummheiten machen.«

»Das ist nicht zu befürchten, wenn Sie mir ebenso viel Vertrauen entgegenbringen wie Ihr Vater. Kommen Sie in den nächsten Tagen zu mir, wann immer Sie wollen.«

»Wenn ich das wirklich dürfte...«

»Es wird sogar dringend nötig sein, denn bevor Sie jetzt den Weg ins Leben gehen, müssen Sie wissen, wie es zu dieser Tragödie kam, welche Rolle Ihr Vater dabei gespielt hat, wer die Menschen waren, die ihn geliebt und gehaßt haben, und wie es überhaupt zu diesem himmelschreienden Fehlurteil kommen konnte, ja, geradezu kommen mußte. Am besten, Sie ziehen morgen vormittag in das Hotel ›Vier Jahreszeiten‹. Ich werde dort ein Zimmer für Sie bestellen. Einverstanden?«

»Mit allem, was Sie für gut und richtig halten. Und wann darf ich mich morgen wieder sehen lassen?«

»Sobald Sie im Hotel Ihr Zimmer haben.«

Die Vorgeschichte rollt ab

»Udo von Kling heißt er. Jetzt fallt's mir wieder ein«, sagte das Mädchen, das jeden zweiten Tag kam, um den Boden aufzuwischen und die Bilder abzustauben. »Und heut mittag will er wiederkommen mit seine Bilder.«

»Aha«, machte Herr Eckhard Zandel, Inhaber der angesehenen Münchener Galerie Zandel & Ebermayr, gleichgültig. Daß Maler kamen und ihm ihre neuesten »Meisterwerke« anboten, war nichts Ungewöhnliches, aber manchmal ganz unterhaltsam.

Herr Zandel saß täglich in seinem kleinen Büro, das zugleich sein Atelier war, und entwarf von Zeit zu Zeit einen neuen Prospekt, oder er plante gar eine Sonderausstellung, oder – und auch das kam zuweilen vor – er untersuchte im Schein besonderer Lampen ein Bild, das ebenso gut das Werk eines großen Meisters wie eines Fälschers sein konnte.

Dabei kamen oft wundersame Dinge ans Tageslicht. So zum Beispiel bei einer alten Leinwand, deren wertloses Originalgemälde zweifellos im Stil eines berühmten Meisters übermalt worden war.

Doch es gab auch Fälle – echte »Ausgrabungen« –, an denen es nichts zu zweifeln gab. Herr Zandel war ein hochgeschätzter Experte. Ihm genügten oft wenige Minuten, um ein unantastbares Urteil zu fällen.

Sein ehemaliger Teilhaber war aus dem Ersten Weltkrieg nicht mehr zurückgekehrt. Gefallen? Verschollen? Man wußte es nicht. Man wußte nur, daß Herr Zandel sein Geschäft im Grunde nur noch aus Liebhaberei betrieb.

Sein Ausstellungsraum war der ehemalige Tanzsaal einer längst vergessenen »Blue Bar«, in der man nach dem Ersten Weltkrieg so sündhafte Tänze wie Jazz, Foxtrott, One-Step, Rag und English Waltz getanzt und sich bei der Serenata von Toselli schmachtend in die Augen gesehen hatte. Den Saal konnte Herr Zandel durch ein kleines Guckloch bequem überblicken.

Es gab Wochen, in denen Herr Zandel nicht ein einziges Bild verkaufte.

»Das gehört zu unserm Geschäft«, sagte er dann. »Man sitzt wie die Spinne im Netz und hofft, daß ein Unbekannter eintritt, die Ausstellung durchwandert und schließlich an einem Bild hängen bleibt.«

Glanzstück war ein Gemälde des in Köln geborenen Wilhelm Leibl. Ein Jugendwerk, um das ihn sogar die Münchener Pinakothek beneidete.

Er hatte das Bild, das von drei namhaften Leibl-Kennern als grobe Fälschung bezeichnet worden war und das auch er nie für echt gehalten hatte, eines Tages seines hohen Reizes wegen doch für einen Apfel und ein Ei gekauft und mit dem Hinweis: »Unverkäuflich, da Echtheit zweifelhaft« in seine Galerie gestellt.

Da stand es – von allen als Kuriosität betrachtet und von vielen trotzdem geliebt, bis eine alte Bäuerin es eines Tages im Schaufenster entdeckt und zu seiner größten Überraschung als ein Jugendwerk ihres heißgeliebten, unvergeßlichen »Willy« bezeichnet hatte.

So konnte Zandel seinen »falschen« Leibl doch noch als echt deklarieren und diese Echtheit durch eine eidesstattliche Erklärung der alten Bäuerin und zweier Zeugen belegen.

Es war eine Sensation gewesen, und Herr Zandel stand seitdem, von allen Kollegen beneidet und bewundert und von der Münchener Presse hochgelobt, in besonderem Ansehen.

Das Schild »Unverkäuflich« blieb zwar, denn er wollte sich von seinem Leibl um keinen Preis trennen, aber darunter hing eine Fotografie der amtlich beglaubigten Echtheit.

»Ja, da schaun S' her!« sagte das Mädchen nach einer Weile. »Der Zigeuner von gestern ist wieder da. Er hat diesmal eine ganze Fuhre seiner Bilder mitgebracht. Wird fei was Rechts sein, wia der scho ausschaut mit seine Hoar!«

Der Mann war tags zuvor zur Mittagzeit gekommen, während Herr Zandel im nahen Franziskaner seinen geliebten Sauerbraten mit Semmelknödeln aß.

Herr Zandel warf einen Blick durch das Guckloch.

Der Besucher stand – offensichtlich beeindruckt – mitten im Ausstellungsraum und sah sich um. Ein Typ, der äußerlich gewiß aus dem Rahmen fiel und mit seinem bronzefarbenen Teint, den wildwuchernden schwarzen Haaren und den braunen Augen tatsächlich etwas Zigeunerhaftes an sich hatte.

Zandel kannte diese Typen mit ihren zuweilen reichlich saloppen Manieren und Redensarten, ihrem Hang zum Größenwahn und ihrer menschlichen Unzuverlässigkeit. Doch er liebte sie trotzdem, denn Tausende hatten sich und ihre Werke bei ihm schon vorgestellt, und mit manch einem war er ins Geschäft gekommen. Doch diesen Mann hatte er noch nie gesehen.

Er schätzte ihn auf achtundzwanzig. Vielleicht war das einer, den er an sein Geschäft binden konnte, sofern er einigermaßen in seine gepflegte Kollektion paßte. Wenn auch nicht im Stil, so doch wenigstens im Niveau. Und das wollte bei dem guten Ruf, den sich die Galerie in mehr als vierzig Jahren erworben hatte, schon etwas heißen.

»Bitte ihn, einen Augenblick Platz zu nehmen.«

Das sagte er in solchen Fällen immer. Es war erfahrungsgemäß heilsam, die Herren vom Größenwahn erst einmal etwas warten zu lassen, damit sie gleich den nötigen Respekt bekamen, denn in seiner Galerie glänzten Namen wie hochkarätige Brillanten.

Herr Zandel führte noch ein Telefongespräch, dann betrat er mit der Miene des wohlwollenden, aber selbstbewußten Kunsthändlers die Szene.

Er war mittelgroß und hatte trotz seiner fünfundsechzig Jahre noch keinen Bauch angesetzt. »Zandel«, stellte er sich einfach vor.

»Kling, wie Klingelingeling«, sagte der andere. »Im Nebenberuf noch völlig unbekannter Maler, im Hauptberuf Inspizient beim Neuen Theater, also so was wie Kulissenschieber.«

Er sagte das mit einem so reizenden selbstbewußten Lächeln, daß Herr Zandel ihm gleich impulsiv die Hand entgegenstreckte. Der Bursche gefiel ihm. Da war nicht die Spur von Größenwahn oder Verschludertsein.

»Aha, dann finden Sie bei Ihrer Arbeit ja Anregungen genug.«

»Schwerlich. Ich suche Typen, Leute aus dem Volk, wie sie einem täglich begegnen. Sagen wir: das gemeine Volk.«

»Interessant!« sagte Zandel, nur um etwas zu sagen.

»Und dieses gemeine Volk soll mir nun mit Ihrer Hilfe zum wohlverdienten Weltruhm verhelfen.«

»Ihre Art ist entwaffnend. Hat Sie jemand an mich empfohlen, wenn ich fragen darf?«

Udo war nicht aufs Geratewohl in diese Ausstellung gegangen. Er hatte sich lange nach einem besonders geschätzten Galeristen umgesehen, Kritiken studiert, mit Kunstkennern gesprochen und war schließlich hier gelandet.

Zandels Urteil war für ihn von größter Bedeutung. Jetzt stand er vor der Entscheidung, die sein ganzes künftiges Leben beeinflussen konnte.

»Empfohlen?« tat er lässig. »Eigentlich nicht. Ich komme täglich an Ihrem Laden vorbei, und da dachte ich...«

Bei dem Wort Laden zuckte Zandel leicht zusammen. »Sie sind also, wenn ich Sie richtig verstanden habe, Amateur.«

»Das nun auch wieder nicht. Ich habe in meiner Freizeit die hiesige Kunstakademie besucht. Das war mein wahres Ziel. Und nur um das zu erreichen, habe ich den Job am Theater angenommen.«

»Daß man Sie bei der sehr kritischen Kunstakademie aufgenommen hat – alle Achtung! Das spricht für Sie.«

»Wieso? Ich habe den hohen Herren einfach aus freier Hand ein paar Skizzen hingelegt, und dann war die Sache klar.«

Zandel kam aus dem Staunen nicht heraus.

»Für Sie«, fuhr der seltsame Besucher fort, »habe ich heute erst mal sechs Porträts mitgebracht. Wilde Typen. Also machen Sie sich auf allerlei gefaßt.« Er neigte sich zu seinem dicken Paket und begann, die Schnüre zu lösen. »Darf ich?«

»Selbstverständlich. Junge Talente zu fördern und im geeigneten Augenblick zu starten ist mein Geschäft.«

Herr Kling begann mit dem Auspacken.

Merkwürdig: Dieser Mann wirkte auf den ersten Blick wie ein typischer Bohémien, doch schon auf den zweiten Blick – mit dem blitzsauberen Hemd, der gebügelten Hose und den blankgeputzten Schuhen – wie ein junger Mann aus gutbürgerlichem Hause.

»Wo und an wen haben Sie bisher verkauft? Haben Sie schon einmal ausgestellt?«

»Nichts von alledem! Ich habe zunächst mal in aller Stille – sagen wir unter Ausschluß der Öffentlichkeit – fünfzig Bilder gemalt.«

»*Fünfzig* Bilder?« Herrn Zandel schwante Fürchterliches.

»Mit weniger als fünfzig wollte ich gar nicht erst auf dem Markt erscheinen. Sonst fällt man nicht genügend auf und allzu leicht durch. Am Hungertuch brauchte ich während dieser Jahre ja nicht zu nagen.«

»Das nenne ich konsequent!«

»Ich wollte schon von Jugend auf Maler werden. Um dieses Ziel zu erreichen, habe ich in den letzten Jahren wie ein Irrer gearbeitet und alles auf eine Karte gesetzt.«

Fünfzig Bilder – das klang reichlich übertrieben, fast unglaubhaft. Herr Zandel begann mißtrauisch zu werden.

»Ich bin kein ›Neutöner‹«, sagte Kling nebenher. »Ich bin Expressionist und habe meine eigene Technik.«

»Die sogenannten Modernen, die mit ein paar genialen Strichen, Klecksen oder geometrischen Figuren wahre Offenbarungen auf ihre Leinwände zaubern und dabei eine beachtenswerte Käuferschicht finden, führe ich nicht, denn ich habe zu diesen Künstlern – trotz ehrlichen Bemühens – keine innere Beziehung finden können: Ich verstehe sie einfach nicht. Für sie gibt es ja auch genügend renommierte Galerien.«

Inzwischen hatte der Besucher das erste Gemälde ausgepackt und einfach vor ein anderes Bild auf die Staffelei gestellt. »Sie gestatten doch.« Er strich sich die schwarze Mähne aus dem Gesicht.

»Machen Sie ruhig weiter.«

»Also das hier ist der Prinz von Giesing. Ein frecher Hund, sage ich Ihnen. Aber echt. Hoffentlich habe ich den richtig hingekriegt. Den liebe ich geradezu.«

Herr Zandel trat einen Schritt zurück und schwieg überrascht. Das Bild zeigte einen achtzehnjährigen Lümmel in zerfransten Jeans, die tätowierten Arme verschränkt und mit einem frechen Grinsen auf den wollüstig dicken Lippen. Sie waren das Tollste an dem Burschen.

Verdammt noch mal: Das Bild lebte, der Lümmel lebte! Gleich würde er von der Leinwand springen und sich eine Zigarette zwischen die Lippen werfen: »Feuer?«

»Das also ist Ihr Prinz von Giesing. Wo haben Sie denn den aufgetan?«

»In Giesing natürlich. Aber von den Burschen gibt's doch in jeder Bar ein halbes Dutzend. Wenn die erst spitzkriegen, daß sie ›in Öl‹ gemalt und nicht etwa vernascht werden sollen, ja, da werden die doch geil.«

»Die Haltung von dem Bengel und dieses Grinsen«, sagte Herr Zandel, »die reinste Provokation!«

»Genau wie der ganze Typ: So bin ich, und so bleibe ich, und im übrigen könnt ihr mich alle!«

Zandel dachte: Der ist genau so echt wie dieser Maler. Gleich wird er »Scheiße« rufen und mit stolz geschwollenem Kamm davongehen. Die Wirkung des Bildes war jedenfalls verblüffend.

»So, und nun schmeißen Sie mich raus. – Oder?«

Der Galerist sagte nichts als: »Oder!«

Der Maler stellte inzwischen ein zweites Bild auf. »Das ist seine sogenannte Frau, die Rauschgifthilde. Die handelt mit so 'nem Zeug, hängt nachts in allen Bars herum und ist hinter dem Prinzen her wie der Teufel hinter einer zehnjährigen Jungfer.«

Die Hilde war das saftige Gegenstück zum Prinzen. Aus ihren graugrünen Katzenaugen sprach alle Lüsternheit dieser Welt. Ihre Haltung war an sexueller Herausforderung nicht zu überbieten, und ihre geilen, strammen Brüste drückten sich wie zwei platzreife Knospen durch den hauchdünnen Stoff ihrer Bluse.

»Eine Münchener Monroe«, sagte Zandel bewundernd, während er noch einen Schritt weiter zurücktrat.

»Und geil für zehn. Vom Prinzen behauptet sie, er sei so mordsmäßig beschlagen, daß nach ihm kein anderer noch eine Chance hätte.«

Zandel sah staunend, wie der Maler ein Bild nach dem andern vor ihm aufbaute. Eines frecher, aber auch gekonnter, als das andere.

Da war zum Beispiel die versoffene und total verkommene Alte mit der Schnapsbuddel, die ständig über ihre Zirrhose und ihre vom Fusel und vom Brennspiritus total zerfressene Leber jammerte, während sie ihren Schmerz in Alkohol ertränkte.

Da war das vierzehnjährige Ding, das mit der Miene personifizierter Unschuld auf den Babystrich ging und den Männern das Geld mit einer Dreistigkeit sondergleichen aus den Hosentaschen klaute.

Da war der breit schmunzelnde urgemütliche Bayer in seinem blau-weiß gestreiften Arbeitskittel, der die Welt über seine Maß hinweg mit lustig-lüsternen Augen anzwinkerte.

Und da war der zweifellos schwule Lustknabe, dem man ansah, daß es ihm – und damit auch seinen Freiern – schon lange keine Lust mehr machte.

Mein Gott, und das alles in den heiligen Hallen der Galerie!

Dieser Maler war zweifellos ein Genie. Den konnte man nicht einfach als zu frech oder zu vulgär abtun. Das war Kunst von hohem Niveau.

Nur: Wie sollte man den Münchnern diesen Satansbraten schmackhaft machen?

»Sie haben tatsächlich fünfzig solcher Typen- und Milieuschilderungen fertig?« fragte Zandel nach einer langen Pause. Er konnte es kaum glauben.

Der Maler nickte wortlos. Er wußte, das war der Augenblick, in dem schon eine Vorentscheidung fiel.

In dem ehrenwerten Herrn Zandel knisterte es. Die Frage nach dem Ja oder Nein war längst im Keim erstickt. Die Frage nach dem Wie und Wo dagegen beunruhigte und reizte ihn zugleich.

»Frech – aber interessant und gekonnt«, sagte er schließlich bewundernd. »Wo und wann kann ich Ihre übrigen Bilder sehen? Daß sie nicht in diese Kollektion passen, ist Ihnen natürlich klar. Wenn alle Ihre Bilder so ausdrucksstark sind, möchte ich sie in einer Sonderausstellung zeigen. Das wird eine Schau werden, von der man in ganz Deutschland spricht, von der die Zeitungen und Zeitschriften voll sein werden, bei der die Herren Kritiker sich in die Wolle kriegen und wir beide womöglich in der Luft zerrissen werden.«

Kling sah ihn überrascht an: »Na, macht doch nichts. Sie sind also bereit?«

Der Kunsthändler schien es längst zu sein. Er musterte seinen Besucher mit heimlicher Bewunderung und sagte nach einer Weile: »Kling – den Namen habe ich doch erst kürzlich irgendwo gelesen.«

»Dann vergessen Sie das bitte so schnell wie möglich!«

»Haben Sie nicht… Ja, richtig! Es stand doch in der ›Abendzeitung‹! Haben Sie nicht die Bühnenbilder und den Spezialvorhang für die Festvorstellung der ›Zauberflöte‹ entworfen? Irgendein Kritiker fand sie kongenial.«

»Leider sind sie nur Musterbeispiele für eine Verniedlichung und Verschandelung meiner Entwürfe.«

»Wieso?«

»Ich habe dem Münchener Opernintendanten bei einem geselligen Zusammensein einmal so aus dem Handgelenk ein paar farbige Skizzen aufs Papier geworfen. Er fand sie zumindest originell, und das waren sie wohl auch. Mein eigener Intendant war begeistert. Aber was die Bühnenmaler dann daraus gemacht haben! – Was ich mit einem groben Pinsel hingeworfen hatte, das vergrößerten sie mit ihren feinen Pinseln, so daß der besondere Reiz des Skizzenhaften völlig verloren ging. Es war nur eine traurige Kopie. Als ich sie sah, bat ich, meinen Namen wegzulassen. Zu spät...«

»Ist Kling Ihr richtiger Name?«

»Nicht ganz: von Kling. Dr. Udo von Kling. Die Schmuckwörtchen habe ich mir beim Kulissenschieben abgeschminkt.«

»Udo von Kling – das klingt, das prägt sich ein. Und nun sagen Sie mir noch, wann und wo ich Sie morgen besuchen darf. Ich glaube, wir haben dann einiges zu besprechen.«

Udo schrieb seine Adresse auf einen Zeitungsfetzen. »Die sechs Schinken kann ich doch hier lassen?«

»Wie Sie wünschen.« Zandel sah auf die Uhr. »Es ist gleich sieben. Darf ich Sie noch zu einem kleinen Imbiß und einem Glas Wein einladen?«

»Leider ganz unmöglich; ich muß schleunigst ins Theater.«

»Dann bis morgen!«

Sie drückten einander kräftig die Hände.

Herr Zandel verzichtete an diesem Abend auf das gewohnte Glas Wein und bummelte sinnend durch die Stadt. Was da heute auf ihn zugekommen war, grenzte ans Wunderbare. Dieser Maler war eine der größten Überraschungen seines Lebens. Wenn er ihn richtig startete, gab das ein mächtiges Rauschen im Blätterwald.

Und die Konkurrenz würde platzen vor Neid.

Udo ging nach dem Gespräch mit Zandel auf dem kürzesten Wege zum Theater in der Schwanthalerstraße.

Er war mit sich und seiner Welt zufrieden. An dem nötigen Selbstvertrauen hatte es ihm zwar nie gefehlt, aber Zandels Zusage hatte seine Erwartungen dennoch erheblich übertroffen.

Wie festlich die Stadt an diesem Abend aussah: anheimelnd, gemütlich mit ihren frischgewaschenen Straßen! Dazu das Flimmerlicht unter dem weitgespannten blauen Sommerhimmel.

Auf der Neuhauserstraße, kurz vor dem Stachus, wehte ihn der Duft frischer Bratwürste an. Erst in diesem Augenblick spürte er, daß sein Magen knurrte. Er hätte doch mit dem Galeristen etwas essen sollen, auf die Gefahr hin, daß er dann eine Viertelstunde zu spät kommen würde. Zum Glück war die Theaterkantine um diese Zeit schon geöffnet. Also weiter...

Udo fühlte sich in München wohl. Er liebte diese Stadt wie keine sonst, obwohl er aus einer ganz anderen Ecke der Bundesrepublik stammte.

Seine Familie lebte in Mannheim. Sie lebte dort schon seit über zweihundert Jahren und hatte neben einigen mehr oder weniger bedeutenden Politikern etliche recht tüchtige und weitblickende Kaufleute hervorgebracht, bis dann eines Tages jene furchtbare Erbkrankheit über sie hereinbrach...

Sein Vater – ein hoher Offizier – und sein fünf Jahre älterer Bruder waren gegen Ende des Ersten Weltkrieges gefallen, während sein etwa drei Jahre älterer Bruder irgendwo im Verborgenen verdämmert war: das erste Opfer jener tückischen Krankheit, die wahrscheinlich der Vater seiner Mutter in die sonst so gesunde Familie eingeschleust hatte.

Seinem Wunsch, die Münchener Kunstakademie zu besuchen, hatte sich die Mutter lange Zeit widersetzt. Er sollte, wie all seine Vorfahren, etwas »Vernünftiges« lernen, und das hieß: erst mal seinen Doktor machen. Sie fand sich schließlich damit ab, daß er Kunst- und Theaterwissenschaft studierte und sich dann – halb zog es ihn, halb sank er hin – dem Theater zuwandte. Sie hatte es zwar noch erfahren, doch es war infolge dieser verfluchten, langsam fortschreitenden Krankheit schon nicht mehr zu ihr durchgedrungen.

Das Theater interessierte ihn – nachdem er erst einmal hineingerochen hatte – nur wenig. Es schien ihm eine allzu wirklichkeitsfremde, meist geschönte Scheinwelt, in der er zwar seinen Lebensunterhalt verdienen konnte, die ihn aber niemals ausfüllen würde.

Regisseur, Theaterdirektor oder Intendant zu werden – was nahe lag und worauf er bei seiner Vorbildung und seinen künstlerischen Fähigkeiten einen gewissen Anspruch hatte – reizte ihn nicht, und so begann er eines Tages unter dem Eindruck einer modernen Kunstausstellung, seine Pläne in die Tat umzusetzen: Als die Kunstakademie ihn aufgenommen hatte, begann er zu malen.

Nicht in irgendeinem gerade von den Kunstkritikern hochgelobten, alljährlich wechselnden -ismus. Er warf die Dinge und die Menschen so auf die Leinwand, wie er sie sah: mit harten Strichen und kräftigen Farben. Und gerade damit schuf er – im Gegensatz zu allen »Neutönern« – einen neuen Stil: gegenständlich, aber nicht altmodisch.

Diese Tätigkeit kam seinem dreiundzwanzigjährigen Drang nach eigenschöpferischer Arbeit so entgegen, daß er die Kulissenschieberei, wie er seine Tätigkeit ironisch nannte, nur noch als Broterwerb betrachtete.

Sie währte trotzdem volle sechs Jahre.

In ein paar Monaten wurde er nun schon achtundzwanzig. Da fehlte nicht mehr viel an dreißig, und die Dreißig sind nun mal im Leben eines Mannes ein sehr markanter Einschnitt: Man ist kein »junger Mann« mehr, man ist ein Mann...

Einer seiner Lehrer hatte ihnen eingehämmert, wer mit dreißig noch nicht gezeigt habe, was in ihm stecke, der werde es wohl nie zeigen. Was zweifellos heißen sollte: In dem steckt auch nichts.

Das hatte er sich wohl gemerkt. Und wohl bemerkt hatte er auch an den ersten grauen Fäden in seinem Haar, daß er diesen Dreißig bedenklich nahe rückte.

Heute hatte er einen entscheidenden Schritt getan. Eine Sonderausstellung der angesehenen Galerie würde ihn schlagartig ins Blickfeld der Öffentlichkeit und zugleich ins Visier der Kritiker rücken.

Gewiß, der Alte mochte recht haben: Der Spiegel, den er den Münchnern da vorhielt, konnte übelgenommen werden. Möglich, daß sich einige moralinsaure Kritiker sogar frömmelnd entrüsteten. Möglich, daß man in ihm einen neuen Picasso zu sehen hoffte, dessen Venus ihr rechtes Auge auf dem linken Busen, ihr linkes auf der Ohrmuschel und das männliche Symbol ihrer geheimen Sehnsüchte als Horn auf der Stirn trug. Oder daß man gar ein Genie erwartete, das Rechtecke und Quadrate zu angeblich bestaunenswerten Meisterstücken ineinanderfügte und das man dann mit neutönerischem, phrasenhaftem und selbstgefälligem Kunstgeschwätz zu Meisterwerken der »neuen Zeit« hochstilisieren konnte...

Besser das, besser ein Verriß als eine lasche, süßliche, nichtssagende Kritik. Bisher hatte er über diese Fragen noch nie nachgedacht. Solche Überlegungen hatten mit seiner Auffassung von Kunst nichts zu tun, und Zandel war zweifellos gewillt und imstande, dieses Risiko auf sich zu nehmen. Er hatte gesagt: »Kunst muß dem Volk verständlich bleiben!«

Im Theater war während der letzten Wochen der Teufel los gewesen. Man hatte mit hohen Erwartungen und großem Aufwand die amerikanische Operette »Rosemarie« von Friml angenommen, nachdem sie in Berlin und Hamburg schon wahre Triumphe gefeiert hatte. Nun sollte sie auch in München mindestens ein halbes Jahr auf dem Spielplan bleiben.

Jetzt lief sie schon in der zweiten Woche.

Rita Schenk, die neue Sängerin aus Berlin, ein junges blondes Ding mit einer kristallklaren, fein modulierbaren Stimme, hatte sich als Magnet erster Ordnung erwiesen.

»Es ist«, so schrieb ein Kritiker begeistert, »als hätte man ihr die Rolle der Rosemarie geradezu auf den Leib geschrieben.

Ihre Mutter ist Deutsche, ihr Vater Brasilianer. Eine Tatsache, die sie für die Rolle der Rosemarie besonders geeignet erscheinen ließ. Schon ihr Auftrittslied riß die sonst etwas zurückhaltenden Münchner zu Beifallsstürmen hin.«

Als Udo die Kantine betrat, war sie noch fast leer.

Wie alles hinter der glänzenden Scheinwelt der Kulissen war auch sie wenig anheimelnd.

»Der Intendant hat nach Ihnen gefragt«, sagte der Kellner.

»Sie meinen ›schon wieder‹.« Udo kannte das. Es gab also wieder etwas auszubügeln, an was der Chef sich gern vorbeidrückte. Lieber saß er allabendlich im Parkett, erste Reihe, Mitte, und überwachte den Spielverlauf. Er wußte aus Erfahrung, daß eine noch so meisterhaft inszenierte Aufführung mit der Zeit verschlampt: Man machte es sich auf der Bühne immer gemütlicher, besonders die Statisterie. Wenn sie nicht ständig kontrolliert wurden, standen die Damen und Herren, statt mitzuspielen, wie Schaufensterpuppen herum. So, als ginge sie alles nichts an – ganz abgesehen von den Beleuchtern, die manche Effekteinstellung einfach »vergaßen«.

Der Intendant machte sich jedesmal Notizen, und die lösten dann am nächsten Tag Rügen und Strafgelder aus.

»Mit der Alten hat es heute schon wieder Ärger gegeben«, sagte der Kellner nach einer Weile. »Ich glaube, da sollten Sie mal gehörig auf die Pauke hauen, denn wenn die Zanktippe so weitermacht, ist bald ein kleiner Aufstand fällig.«

»Was war denn los?«

»Vorhin hat sie wieder eine Separatvorstellung gegeben. Angeblich ist der Kaffee nur lauwarm in ihre Garderobe gebracht worden.«

»War er's? Hand aufs Herz!«

»Wenn der Junge mit dem brühendheißen Kaffee durchs halbe Theater laufen muß... Soll sie sich doch den Kaffee, wie alle andern Solisten, in ihrer Garderobe selber aufbrühen!«

»Frau Schenk ist schwierig, ich weiß.« Udo schüttelte besorgt den Kopf. »Sie ist früher eine weltberühmte Sängerin gewesen und...«

»... und glaubt, sich ihre Starallüren auch hier noch leisten zu können.«

»Nicht für sich, sondern für ihre Tochter.«

»Das arme Ding leidet doch selber unter der Fuchtel dieser Hexe. Wenn Sie hörten, was die Garderobiere darüber erzählt... Aber diesmal ist der Intendant dazugekommen.«

»Prima!«

»Meinen Sie! Er beobachtete den Auftritt in der Tür stehend und zog sich dann unbemerkt zurück. Erst als die Alte gegangen war, trat er ein.«

»Und?«

»Ich soll Ihnen ausrichten, daß er Sie sprechen möchte. Sonst nichts.«

»Genauso habe ich mir das gedacht«, sagte Udo. »Jetzt soll ich das wieder mal ausbügeln. ›Sie machen das mit Ihrem jugendlichen Charme am besten!‹ sagt er dann immer.«

Er sagte es auch diesmal.

»Wir haben leider fast täglich unsern kleinen Ärger mit Frau Schenk. Daß wir in diesem Fall nicht energisch mit der Faust auf den Tisch hauen können, ist Ihnen klar. Ein schiefes Wort – und ihre Tochter wird zwei Tage krank. Mein Hamburger Kollege hat da seine Erfahrungen machen müssen und mich gewarnt.«

»Also Marschrichtung Diplomatie.«

»Der Fotograf hat mir heute die Fotos gebracht, die er gestern während der Vorstellung geschossen hat. Bringen Sie sie ihr mit einem Gruß von mir und bitten Sie sie bei der Gelegenheit...«

»... sie soll sich künftig gefälligst benehmen. Eine überaus dankbare Aufgabe.«

»... für einen Mann mit Ihrem jugendlichen Charme! Sie wird vor Liebenswürdigkeit zerfließen. Für gutaussehende Männer hat sie – wie alle Welt weiß – immer noch eine unverblümt gezeigte Schwäche.«

Udo nahm die Fotos und blätterte sie langsam durch. »Bezaubernd!« sagte er. »Daß eine solche Hexe eine so reizvolle Tochter hat!«

»Wundert Sie das? Frau Schenk ist eine der schönsten Opernsängerinnen ihrer Zeit gewesen. Ihr Verschleiß an Männern hat der Skandalpresse immer neuen Zündstoff geliefert. La belle Otéro war ein Waisenkind dagegen.«

»Ach! Und deshalb läßt sie ihre Tochter wohl auch keine Sekunde aus den Augen. Als ich vor ein paar Tagen versuchte, mit ihr ein paar Worte zu wechseln, warf sie sich gleich dazwischen.«

»Wahrscheinlich aus Eifersucht. Machen Sie ihr schöne Augen, und sie wird es Ihnen danken!«

»Wenn ich dabei endlich ein paar Worte mit ihrer Tochter sprechen könnte...«

Der Intendant sah Udo überrascht an. »Ach, so ist das! Na, von mir aus viel Glück! – Also rein in die Höhle der Löwin!«

Ariane Schenk war eine stets elegant gekleidete Frau, die sich nie ohne jenen hoch versicherten Schmuck sehen ließ, von dessen Wert die Zeitungen Sagenhaftes zu berichten wußten: allesamt Geschenke großzügiger Verehrer.

Mit dreißig hatte sie auf allen namhaften Opernbühnen Europas Triumphe gefeiert, und eine Gloriole aus wahren und unwahren Klatsch- und Tratschgeschichten, Eifersuchtstragödien, märchenhaften Heiratsanträgen und noch mehr peinlich anrüchigen Liebesverhältnissen hatte sie dabei umweht.

Als sie endlich die sehnlichst erwartete Einladung zu einem Gastspiel an der New Yorker Oper erhalten hatte, war dann das Unheil über sie hereingebrochen: Das Flugzeug, das sie zum Ziel ihrer Karriere bringen sollte, mußte kurz vor New York notlanden.

Es war ein halber Absturz. Es gab Tote und Verwundete.

Ariane hatte es – wie man zunächst glaubte – nur wenig getroffen: ein Bruch des Unterkiefers, der schnell heilen würde.

Doch als der Unterkiefer geheilt war, zeigte es sich, daß seine Beweglichkeit stark gehemmt war.

Sie konsultierte die berühmtesten Chirurgen der Welt und ertrug mit dem Mut der Verzweiflung eine schwierige Operation nach der andern.

Doch verbittert und aufs schwerste enttäuscht mußte sie schließlich erkennen, daß mit dem Unterkiefer auch ihre Karriere zerbrochen war. In ihrer Verzweiflung dachte sie an Selbstmord, denn ihr Name verblaßte allzu schnell.

Das einzige, was sie vielleicht von dem letzten Schritt zurückhielt, war die zuversichtliche Hoffnung auf eine glückhafte Entwicklung ihrer Tochter Margerita, und sie war entschlossen, diese Entwicklung fest in ihre Hände zu nehmen.

Margerita war das Kind eines ungewöhnlich gut aussehenden Brasilianers, dem sie wie einem Rauschgift verfallen war. Dieser Mann war die erste tiefgehende Liebe ihres Lebens gewesen. Doch das Glück hatte nur ein knappes Jahr gedauert: Eines Tages war er mit einer steinreichen Landsmännin auf und davon.

Noch ehe sie diesen ersten Schicksalsschlag überwunden hatte, fühlte sie, daß sie schwanger war.

Sie empfand dieses Kind wie ein Vermächtnis. Zäh und verbissen überwand sie alle Schwierigkeiten, die sich aus dieser Situation schon vor ihrer Niederkunft und erst recht nach der Geburt ergaben. Und als sie erkennen mußte, daß ihre Karriere als Sängerin zu Ende war, galt all ihre Sorge Margerita.

Dabei zeigte sie allerdings zuweilen eine Härte, die das heranwachsende Mädchen kaum ertragen konnte.

»Du dressierst mich wie ein Zirkuspferd!« hatte Margerita eines Tages geschrien.

Oft bis zur Unerträglichkeit umsorgt und gedrillt, wuchs Margerita heran wie eine Treibhauspflanze, ein bildhübsches Mädchen, in dem sich die Merkmale beider Rassen aufs harmonischste vereinigte hatten und dessen Stimme – von der Mutter ausgebildet – zu den schönsten Hoffnungen berechtigte. Als Margerita ihren zwanzigsten Geburtstag feierte, lag der Vertrag mit dem Hamburger Operettenhaus auf dem Tisch. Man hatte ihr die Rolle der Rosemarie anvertraut.

Es wurde für Mutter und Tochter ein Bilderbuchstart.

Ariane sah ihr hochgestecktes Ziel erreicht.

»Sie wird vor Liebenswürdigkeit zerfließen«, hatte der Intendant gesagt. Udo glaubte es zwar nicht, aber er faßte sich ein Herz und klopfte an.

Die Garderobentür wurde aufgeklinkt, Rita wehte schnell zurück zu ihrem Schminktisch und ordnete ihren weißen Kittel. »Hast du alles bekommen?«

»Verzeihung – ich wollte…«

Erschrecken. Ein Hauch von Chanel. »Bitte?«

»Mein Name ist Udo von Kling.«

Ein freundliches Lächeln. »Ich weiß.«

»Ich bin der Inspizient.«

Wieder dieses ermutigende Lächeln. »Auch das weiß ich schon.«

»Es ist wegen der Fotos…«

»Ach, die Aufnahmen, die gestern gemacht worden sind!«

Die ist ja noch hübscher als auf den Fotos, dachte er. Er trat langsam näher und überreichte sie ihr.

Jemand klopfte.

Rita stürzte wieder zur Tür.

Die Mutter. »Was ist denn hier los?«

»Mama, die neuen Fotos. Ein ganzes Dutzend – eines schöner als das andere!«

»Und deshalb läßt du diesen Mann in deine Garderobe?« Die Alte wandte sich an Udo. »Um Ihre Bilder zu verkaufen, hätten Sie auch einen weniger aufdringlichen Weg wählen können.«

Udo blieb ruhig. Das war genau der Empfang, den er erwartet hatte.

»Herr von Kling ist der Inspizient«, erklärte Rita.

Die Alte musterte ihn, als sähe sie ihn zum erstenmal. »Aha.«

»Ich komme im Auftrag des Intendanten.«

»So, so!« Sie maß ihn noch einmal mit einem kritischen Blick von oben bis unten, trat dann zu ihrer Tochter und beugte sich mit ihr über die Bilder. »Können wir die Fotos behalten?« fragte sie nach einer Pause, ohne aufzuschauen.

»Selbstverständlich, gnädige Frau.«

»Dann sagen Sie Ihrem Intendanten unsern verbindlichen Dank und daß ich gern noch fünf Sätze davon hätte.«

Jetzt galt es, geschickt auf die diversen Vorkommnisse hinzuweisen, die im Theater Unruhe ausgelöst hatten. »Ich werde es ihm ausrichten. Übrigens ...«, Udo zögerte einen Augenblick, »... hat mich der Intendant beauftragt ...«

»Das sagten Sie ja schon!« fertigte die Alte ihn ab, ohne von den Fotos aufzublicken.

Udo verharrte noch eine Weile hilflos, aber der Rausschmiß war deutlich genug. Er verbeugte sich mit einem freundlichen »Guten Abend«, während Rita versuchte, ihm hinter dem Rücken der Mutter wenigstens mit einem Lächeln zu danken.

»Warum hast du diesen Mann eigentlich hereingelassen, statt ihm die Bilder schon an der Tür abzunehmen?« fragte die Mutter vorwurfsvoll.

»Ich hatte dich zurückerwartet und die Tür aufgeklinkt, ohne erst hinzusehen.«

»So, so!«

»Außerdem machte er doch einen ganz seriösen Eindruck.«

»Den machen auch die größten Strolche. Du wolltest wohl sagen, daß er besonders gut aussieht.«

»Fandest du das? Ich habe es nicht bemerkt.«

»So, so!« sagte die Mutter skeptisch.

Derartige versteckte Vorwürfe waren seit der Geschichte mit Patrick an der Tagesordnung – dieser ebenso dummen wie harmlosen Geschichte, die die Mutter zu einem fürchterlichen Wutanfall gereizt hatte.

Was war denn damals passiert? Du lieber Himmel, was war denn schon passiert!

Daß ein junger Eleve, der mit seiner Ballettgruppe für zwei Wochen in Berlin gastiert und während dieser Zeit – wie das international üblich ist – in einer Ballettschule das tägliche Training mitmacht, daß dieser hübsche, talentierte Junge in ihr seine künftige Partnerin sieht, sie anhimmelt, ihr von seiner harten Jugend erzählt und daß sie dabei schmerzvolle Ähnlichkeiten mit ihrer eigenen Jugend entdeckt, ist das nicht ganz natürlich und harmlos?

Patrick hatte in jeder Pause ungeniert auf sie eingeredet. »Ich glaube, ich liebe dich«, hatte er sogar einmal gesagt. Ganz offen, ganz unbefangen, so wie man sagt: »Ich glaube, es wird morgen regnen.« Eine ernstzunehmende Liebeserklärung war es jedenfalls nicht gewesen.

Margerita war damals gerade neunzehn geworden, und die Mutter hatte sie mit äußerster Konsequenz von allem ferngehalten, was ihre Pläne gefährden konnte. Und das waren Männer.

»Laß uns morgen das Training schwänzen – es gibt doch noch so viel zu sagen zwischen uns!«

Er hatte sie in ein kleines Café geführt, und dort waren sie sich näher gekommen, ohne sich zu nahe zu kommen. Und so waren sie zwei Stunden später auch auseinandergegangen:

Er mußte ins Theater.

Sie mußte nach Hause.

Dort hatte die Mutter sie mit Ohrfeigen und maßlosen Vorwürfen empfangen.

Weil Rita nicht pünktlich nach Hause gekommen war, hatte sie in der Ballettschule angerufen, und irgendein dummes Gänschen hatte ihr – vielleicht ein bißchen neidisch – von der kleinen Romanze erzählt.

Ariane riß die kaum begonnene Freundschaft in Fetzen. Den jungen Tänzer überfiel sie in seiner Ballettgruppe mit einer Flut peinlichster Verdächtigungen.

Ein Skandal, der keiner war, aber Rita die Augen geöffnet und zu einem Riß zwischen Mutter und Tochter geführt hatte.

Rita hatte schon seit Jahren geahnt, daß es etwas gab, das die Mutter sorgfältig vor ihr verborgen hielt. Doch was sie geahnt und gefürchtet und dennoch für unmöglich gehalten hatte, war dann eines Tages doch zur bedrückenden Gewißheit geworden, als sie feststellen mußte, daß die Mutter die Wohnung nachts mitunter heimlich verließ und erst spät nach Mitternacht wieder in ihr Zimmer schlich.

Hatte sie ein Verhältnis, oder suchte sie gar von Zeit zu Zeit gewisse Abenteuer?

Rita hatte bisher kaum gewagt, ernsthaft darüber nachzudenken, aber sie hatte in wachsendem Maße mit Verständnislosigkeit und Widerwillen beobachtet, daß die Mutter wildfremde Männer aller Schichten mit den Augen einer Raubkatze musterte.

»So, so!« hatte die Mutter in Gegenwart des Inspizienten nur gesagt. Sehr kalt und mit einem häßlichen Unterton. O wie sie dieses skeptische »So, so!« haßte!

Rita schwieg. Das war die beste Methode, der Mutter nicht immer wieder Wasser auf die Mühle zu gießen. Ich muß dem Inspizienten ein paar Zeilen schreiben und mich entschuldigen, dachte sie.

Udo wagte sich erst nach einigem Zögern zu seinem Intendanten.

»Glatter Rausschmiß, wie ich erwartet habe. Außerdem wünscht sie noch fünf Sätze Fotos. Für Reklame – und natürlich kostenlos.«

»Hat sie das tatsächlich gesagt?«

»Nein, aber unüberhörbar gedacht.«

»Die soll sie gefälligst beim Fotografen bestellen und selber bezahlen«, sagte der Intendant wütend.

»Daß dieser Drache eine reizende Tochter hat! Heute würde ich Ihren Platz einmal mit dem größten Vergnügen einnehmen.«

»Das zweifelhafte Vergnügen können Sie haben«, sagte der Intendant grinsend.

Anschließend ging Udo auf die Bühne.

Dekoration erster Akt.

Einige Arbeiter schleppten die letzten Versatzstücke heran.

Alles lief wie am Schnürchen.

Udo behandelte seine Leute gut, und sie mochten ihn, weil er nicht nur angab, sondern, wenn es nötig war, mit anpackte.

So recht schlau wurden sie aber trotzdem nicht aus ihm. Was sie irritierte, war die in dieser Umgebung recht ungewöhnliche Eigenheit, sich mit niemandem zu duzen.

Vorname – und Sie.

Einige hatten ihn zwar frechweg geduzt, doch das hatte ihn nicht im geringsten beeinflußt. Er war trotzdem beim Sie geblieben, und so hatten sie schließlich seine »Eigenart« akzeptiert.

Manche sahen in dem Verhalten ihres Chefs eine gewisse Hochnäsigkeit, andere ein bewußtes Abstandhalten.

»Jungs, heute müßt ihr mal hundertprozentig auf euren Posten sein, denn heute vertrete ich den Intendanten als Aufpasser vom Dienst. Und wer von euch will nun mich vertreten?«

Schweigen.

»Na, drängelt euch mal nicht so vor; ihr wißt doch alle, wie der Laden läuft.«

Sie wußten es zwar alle, aber die Verantwortung übernehmen war nicht ihre Sache.

»Na, na?« Udo sah sie der Reihe nach an. Erst als er den jüngsten von allen musterte, kam ein Echo.

»Trauen würd' ich mich schon...«

»Also dann trauen Sie sich, und nichts wie ran an die Rampe!«

»Was ist denn los?« fragte einer. »Hat der hohe Herr heute mal Ausgang?«

»Nein, aber ich wollte mir die Vorstellung endlich mal ansehen.«

Gelächter.

»Im Ernst: Ich stehe immer zwischen den Kulissen und passe wie ein Schießhund auf, daß ja nichts schief läuft, sehe aber vor lauter Bäumen den Wald nicht. – Also: Sind wir klar?«

Allseitige Zustimmung.

»Dann treffen wir uns zum Schluß bei einem Drink in der Kantine.«

Während sie auseinandergingen, kam eine grauhaarige Garderobiere und steckte ihm einen Brief zu. Er drehte ihn überrascht um und um.

»Von der Schenk«, sagte die Alte. Und als sie sein unwilliges Gesicht sah: »Nein, nein, nicht von der Hexe. Den hat mir die Kleine heimlich übergeben.«

Heimlich? Oho!

Er riß den Umschlag auf. Ein leichter Hauch von Chanel, ein Kärtchen mit vier Zeilen.

»Lieber Herr von Kling, ich bedaure sehr, daß Sie heute infolge eines Mißverständnisses recht unfreundlich behandelt worden sind. Verzeihen Sie! Ich werde versuchen, es wieder gutzumachen. Rita.«

Das war eine Überraschung. Er drehte die Karte noch ein paarmal hin und her.

Er sah wieder ihr halbverstecktes Lächeln hinter dem Rücken ihrer Mutter und schmunzelte vor sich hin. Der Rausschmiß tat auf einmal nicht mehr weh.

Kurz darauf betrat er den schon verdunkelten Zuschauerraum.

Das Orchester brauste auf, das Spiel lief an.

Die Bühne war im Nu voller Menschen: Statisten und Tänzer.

Dann endlich – Rita!

Auftrittsapplaus.

Himmel, Himmel, war das nun Traum oder Wirklichkeit?

Er saß wie verzaubert.

Er sah nur sie.

Er hörte nur sie.

Der Klang ihrer Stimme umhüllte und umnebelte ihn.

Sie war Musik.

Jede ihrer Bewegungen war voller Grazie, jede ihrer Gesten schien ihm eine Offenbarung.

Hatte sie nicht sogar einmal zu ihm heruntergeschaut und gelächelt? Ihm wurde kalt und warm.

Seine Hand griff heimlich zu dem Brief in seiner Brusttasche und hielt ihn fest.

Ganz fest...

Nachher traf er sich mit seinen Leuten in der Kantine. »Habt ihr alles prima gemacht!«

»Sie strahlen ja wie 'n Weihnachtsbaum«, sagte einer der Männer.

»Reine Begeisterung. Ist schon toll, unser Theater!«

»Wenn wir nur besser bezahlt würden«, sagte ein anderer.

»Ach, Hunger leiden gehört zur Kunst! – Prost!«

»Sie sind heute so aufgekratzt.«

»Bin ich das? Sagen wir: begeistert. Übrigens die Neue…« Er schnippte mit den Fingern.

»Dachten wir uns. Aber da halten Sie sich mal ran, Udo! Die Konkurrenz schläft nicht. Die teuren Blumen, die ihr jeden Abend irgend so ein Knilch in die Garderobe schickt…«

»Davon hab' ich nie was gesehen.«

»So? Inspizieren, Herr Inspizient, inspizieren!«

»Wollt ihr mich verkohlen?« Er sah sich mißtrauisch um.

»Aber Udo! Keinem würden wir sie so von Herzen gönnen wie Ihnen«, sagte einer treuherzig.

»Na, dann prost!«

Eigentlich hatte er sich für den Heimweg ein Taxi nehmen wollen, doch dann ließ er's und bummelte gemütlich die Sonnenstraße hinunter bis zum Stachusbrunnen.

Den Brunnen liebte er. Da hatte sich ein Architekt mal was einfallen lassen: ein riesiger Kreis, an dessen Rand hundert starke Düsen ihren Strahl in kühnem Bogen auf die Schale im Zentrum spritzten.

Er ließ sich auf einen der kreisförmig angeordneten Sitzsteine am Rande nieder und dachte: Als ob da hundert Jungs um die Wette pinkelten. Als Kinder hatten sie das zuweilen als eine Art Sport betrieben.

Das Wasser plätscherte kühlend in die schwüle Herbstnacht.

Udo verschränkte die Arme hinter dem Kopf und reckte sich. Heute, das war ein Tag mit was dran gewesen! Erst der Zandel – das sah doch gut aus – und dann die Rita Schenk – das war eine Frau nach seinem Herzen!

Eine, von der man wie ein Pennäler schwärmen konnte.

Wenn bloß die alte Hexe nicht gewesen wäre!

Er legte den Kopf in den verschränkten Armen weit zurück und schloß die Augen.

Er hatte schon ein gutes Dutzend mehr oder weniger reizvolle Liebschaften hinter sich; ein Kostverächter war er nie gewesen, und die Frauen hatten es ihm oft leicht gemacht. Leichter, als ihm lieb war... Denn da war diese Krankheit, die wie ein Fluch auf seiner Familie lastete und ihn immer wieder zu Vorsicht und Besonnenheit mahnte.

Es gab zwar Mittel und Möglichkeiten genug, das zu verhüten, was verhütet werden mußte, doch sie anzuwenden widerstrebte ihm. Infolgedessen war es zweimal schon so weit gekommen, daß er alle Überredungskunst anwenden mußte, um zu erreichen, daß ein verliebtes Mädchen mit zu einem befreundeten Arzt kam, um durch einen Eingriff drohendes Unheil zu verhüten. Es erschien ihm stets wie ein Eingeständnis seines Makels, doch die Verantwortung gegenüber einem neuen Leben war ein Zwang, dem er sich nicht entziehen konnte. Die Leidensgeschichte seines inzwischen verstorbenen Bruders und jetzt auch die seiner Mutter waren Warnung genug.

Zuweilen hatte er sich selber wohl auch allzu blöd benommen. Wenn er da nur an seinen letzten Schwarm, die Gisi, dachte! Mit ihr hätte er offen über das Problem seines Lebens sprechen können. Sie hätte ihm das nötige Verständnis entgegengebracht und wäre auch zweifellos bereit gewesen, eine etwaige Schwangerschaft nötigenfalls zu unterbrechen. Aber da hatte er so lange gezögert, bis der Paul, dieser Hund, kam und sie ihm vor der Nase wegschnappte.

Ausgerechnet die Gisi, die einzige, die echtes Verständnis für seine Bilder gezeigt hatte.

Jetzt lebte sie mit dem Barbesitzer zusammen. Der hatte ihn dann eines Tages getroffen, ihm strahlend die Hand gedrückt und »Dankeschön« gesagt. »Dankeschön für die Gisi und alles, was sie bei dir gelernt hat.«

Das hatte gesessen. Das hatte ihn beinahe umgehauen.

Und nun Rita Schenk – ja, das war die Frau, hinter der sogar Gisi verblassen würde!

Er stand auf. Sprühwasser wehte ihm ins Gesicht. Ihm war so wohl wie lange nicht mehr. Rita Schenk – der Gedanke an sie ließ ihn für ein paar Stunden sogar seine Skrupel und Zweifel vergessen...

Die Nacht war voller Sternenschimmer und die Straßen der Stadt immer noch voller Menschen.

Wie er diese Stadt und ihre Menschen liebte!

Ganz langsam ging er den weiten Weg zu seiner Wohnung.

Herr Zandel hatte eine schlaflose Nacht hinter sich. Was da auf ihn zukam, war fast beängstigend: Ein junger völlig unbekannter Maler wirft mit einem Schlag fünfzig Bilder auf den Markt. Und was für Bilder! Das hatte es noch nie gegeben.

Alle Maler hatten klein angefangen. Mit einem Bild, mit zwei Bildern und niedrigen Preisen. Ein Maler, der nur zwei Bilder herzuzeigen hat, zählt nicht, den kennt man nicht. Erst mit den Jahren würden die Bilder – die ersten wie die letzten – an Wert gewinnen.

Die sechs Bilder, die dieser Bursche ihm gestern abend einfach so hingestellt hatte, ließen ihn schon bei dem Gedanken schaudern, welches Aufsehen eine solche Erstausstellung hervorrufen würde. Manchmal kamen ihm sogar Zweifel an der eigenen Urteilsfähigkeit.

Das alles war so urwüchsig, so souverän hingehauen. Würden damit nicht neue Maßstäbe gesetzt werden?

Voller Unruhe war er schon um sechs Uhr aufgestanden, und dann hatte er stundenlang vor diesen Bildern gesessen, versucht zu deuten, zu analysieren, einzuordnen, Beziehungen zu dem Stil anderer Maler zu knüpfen.

Ja, es gab Ähnlichkeiten: in der Raumaufteilung, in der Technik, sogar in der Wahl der Farben, die der Neue mit einer Kühnheit nebeneinandersetzte, die fast herausfordernd wirkte.

Trotzdem: Das war einmalig.

Drei Stunden hatte er vor den sechs Bildern zugebracht. Dann warf er noch einen flüchtigen Blick auf den Zettel mit Udos Adresse: Arabellahaus, Wohnung 1631.

Das Haus war eine erst vor etwa zehn Jahren gebaute Nobelherberge am Ostrand der Stadt. Mit seinen mehr als tausend Zimmern war es teils Hotel, teils Mietshaus.

Die Wohnung 1631 lag im sechzehnten Stock. Und unter dem Klingelknopf stand der Name Klecksel.

Zandel stutzte einen Augenblick, bis er dahinterkam, daß sich Udo hier unter dem Namen jenes von Wilhelm Busch erfundenen Malers versteckte.

Er drückte den Klingelknopf.

Ein leises Summen.

Eine weit aufgerissene Tür, und vor ihm stand im ehemals weißen, jetzt aber mit Farbflecken aller Schattierungen beschmierten Malerkittel Udo von Kling.

»Herr Zandel von der weltberühmten Galerie Zandel und Ebermayr, welch eine Ehre!« Eine weitausholende einladende Geste. »Darf ich bitten?«

Herr Zandel trat ein und blieb überrascht stehen. Das erste, was er sah, war eine ganz aus Glas bestehende Fensterfront ohne Vorhänge und in weiter Ferne die Zwiebeltürme der Frauenkirche.

Ein großer Raum mit einer Schlafcouch, einem Rauchtisch, zwei Sesseln und einem Speisetisch direkt an der Durchreiche zur Küche. Ein paar Stühle, Radio, Fernseher, Plattenspieler und sonst gar nichts.

»Mein trautes Heim«, sagte Udo. »Sie finden es hoffentlich idyllisch.«

»Ich finde es spartanisch«, sagte Zandel trocken.

»Mit Ihrer Hilfe soll das ja nun anders werden.«

Udo hatte als frischgebackener Dr. phil. schnellentschlossen das letzte noch freie Studio bezogen und sich darin ganz wohl gefühlt… bis er zu malen begann. Da wurde das Studio mit der wachsenden Zahl der Bilder schließlich so eng, daß er sich entschließen mußte, im sechzehnten Stock eine zufällig frei gewordene sogenannte Luxuswohnung zu mieten. Ein Luxus, den er sich erst erlauben konnte, nachdem ihm der Intendant eine Gehaltsaufbesserung bewilligt hatte.

Er lebte bescheiden, er hielt sich kein Auto, kleidete sich einfach und schlug nur sehr selten über die Stränge, obwohl die Damenwelt es ihm leichter als leicht machte…

Herr Zandel sah sich suchend um.

Udo stieß die Tür zum Nebenzimmer auf. »Und das ist das zweckentfremdete Schlafzimmer.«

Wieder ein großer, schöngeschnittener Raum mit riesiger Fensterfront. Die Staffelei, umgeben von Farbtöpfen, Pinseln, Tuben, Skizzenblättern – dem typischen Malerwerkzeug –, aber kein Bild an der Wand. Die Bilder standen, eins an das andere gelehnt und von zwei

Bettlaken vor dem Verstauben geschützt, an der linken Seitenwand.

Udo holte einen Sessel aus dem Nebenzimmer und rückte ihn für seinen Gast zurecht. »Machen Sie sich's gemütlich und lassen Sie sich Zeit. Kaffee, Tee, Zigaretten oder sonst was?«

Zandel winkte dankend ab. Er war viel zu aufgeregt, um an irgend etwas anderes zu denken als an die vierundvierzig Gemälde, die vor ihm standen.

Udo zog die Bettlaken weg und faltete sie zusammen. Herr Zandel schloß eine Weile die Augen, um sich zu sammeln.

»Dieses Bild habe ich erst vor einigen Tagen gemalt. Sie werden sicher wissen, wen es darstellt.«

Herr Zandel wußte es nicht. Vor ihm saß, halb an eine schmuddelige Ziegelsteinwand gelehnt, ein typischer Stadtstreicher mit seinem Bastard. Er hatte die Schnapsbuddel neben sich gestellt und hielt sie mit der rechten Hand fest. Der Hund schlief. Der stoppelbärtige Alte blinzelte den Beschauer blöde an.

»Das ist der Spittelmax. Er hat fünfzehn Jahre unter dem Torbogen vom Spittelmarkt gesessen und stumm gebettelt. Dabei hat er es trotz der Sauferei auf zweiundsiebzig gebracht. Gestern haben sie ihn in der Anatomie abgeliefert, damit er wenigstens im Tode zu etwas nütze ist. Er muß wohl geahnt haben, daß es mit ihm zu Ende ging, denn während ich ihn zum Ärger der Passanten mit meiner Staffelei unter dem Torbogen malte, hat er immer mit dem Daumen nach oben gezeigt und gemurmelt: ›I geh' hoam.‹«

Zandel schauderte. Dies Bild war ein Blick in Abgründe. Er sah plötzlich nicht mehr das Bild, er sah nur noch die armselige Kreatur, verkommen, verloren, ein Mensch ohne Halt und Hoffnung.

Der Maler sagte etwas, er hörte es nicht. Dieses Bild war ein Meisterwerk in Komposition und Farbe. Es allein würde genügen, die ganze Aussagekraft des Malers zu dokumentieren.

Udo sagte noch irgend etwas über den Hund, dann nahm er das Bild und stellte es neben den andern Bildern an die Wand. Zandel atmete auf, wie von einem Alp befreit.

Das nächste Bild. Ein Bild mit vielen bunten Farben und sehr viel Sonne.

»Das ist die Blumenliesl vom Viktualienmarkt. Ein uraltes, immer kreuzfideles Münchener Original mit einem Mundwerk ohnegleichen.«

Sie saß da, spreizbeinig, zwischen ihren Blumen, ein dickbelegtes Butterbrot in der Hand, und lachte aus vollem Hals. Es war ein Lachen, das ansteckte. Die Frau, wie sie so dasaß, gesund und unbeschwert, war charakteristisch für den Viktualienmarkt schlechthin.

Herr Zandel hatte sich weit vorgebeugt und starrte kopfschüttelnd auf das Bild, das in seiner Lebensfreude so völlig aus dem Rahmen fiel.

Nun folgten in einem bunten Reigen immer wieder andere Typen. Junge, Alte, kraftstrotzende Bierkutscher und stämmige Bauernburschen in ihren reizvollen bunten Feiertagstrachten, dann wieder ein halbverhungertes Mannequin, das sich gegen eine Wand lehnte und nicht zu fassen schien, daß nicht im nächsten Augenblick ein Pressefotograf erschien, um sie für die Titelseite des »Stern« abzulichten.

Da war eine junge Kellnerin, die ihre prallen Brüste ebenso kühn vor sich hertrug wie die sechs vollen Maß in jeder Hand. Dann das Bild eines zwölfjährigen Jungen, der vor einem Zigarettenautomaten stehend seine Groschen zählte, den abgebrannten Stummel noch zwischen den dünnen Lippen.

Bilder und immer wieder Bilder. Zwei Stunden lang. Zandel war von der Fülle der gezeigten Motive wie benommen.

»Das wär's«, sagte Udo schließlich, während er die Bettlaken wieder über die Gemälde legte. Der Eindruck, den seine Bilder gemacht hatten, war ihm nicht entgangen.

Zandel erhob sich und umarmte ihn spontan. »Udo, Sie sind ein Genie!«

Udo winkte ab. »Das wäre ich vielleicht, wenn ich all die Bilder in einem halben Jahr hingehauen hätte. So ist das aber nicht. Hinter diesen Bildern stehen sechs Jahre harter, selbstkritischer Arbeit, in denen ich mir manchen Wunsch versagt und mich immer wieder gefragt habe, ob ich mich am Ende nicht selbst überschätze.«

Er führte seinen Gast ins Wohnzimmer zurück. Dort sprachen sie lange Zeit kein Wort. Zandel warf nur ab und zu einen Blick auf den jungen, lebensstrotzenden Maler mit dem schwarzen Wuschelkopf und den brennenden Augen.

Als Zandel ging, sagte er: »Ich habe von Ihrer Arbeit den besten Eindruck und bin sicher, daß wir zu einer freundschaftlichen und einträglichen Zusammenarbeit kommen.«

Udo blieb sinnend zurück. Das war alles viel besser gelaufen, als er je zu hoffen gewagt hatte.

Den ganzen Tag über arbeitete er in seiner Wohnung. Er räumte auf. Vor allem im Atelier. Ihm war, als gelte es, sein Leben neu zu ordnen.

Er putzte die Fenster, er schrubbte den Boden, er brachte vieles, was jahrelang herumgelegen hatte, in Schränken unter. Es war ein volles Tagewerk. Er beschloß es gegen sieben Uhr mit einer Dusche und bummelte dann, fröhlich vor sich hinsummend, quer durch die Stadt zum Theater.

Als er an diesem Abend während des zweiten Aktes zwischen den Kulissen stand, sprach Frau Schenk ihn überraschend an.

»Meine Tochter hat mir gestern Ihretwegen Vorwürfe gemacht. Ich hätte Sie unfreundlich behandelt.«

»Nicht der Rede wert«, sagte Udo kühl und wandte sich wieder der Bühne zu.

»Vielleicht hat sie sogar recht – dann möchte ich mich bei Ihnen entschuldigen. Ich kannte Sie ja nicht. Stellen Sie sich doch bitte meinen Schrecken vor: ein fremder Mann in der Garderobe meiner Tochter, während…« Sie unterbrach sich und schüttelte unwillig den Kopf. »Da – hören Sie! Es ist immer wieder dasselbe: Das Orchester setzt bei diesem Liebesduett jedesmal viel zu stark ein. Dagegen kommt meine Tochter doch nicht an! – Ich muß das diesem Dirigenten nun wohl doch einmal sagen. Bisher hatte ich gehofft, er würde es selber merken.«

Udo versuchte sie zu beruhigen. »Ich werde den Intendanten bitten, dem Dirigenten einen kleinen Hinweis zu geben.«

Doch die Frau neben ihm hörte schon nicht mehr, was er sagte. Sie stand da, lauschte mit geschlossenen Augen und sang unhörbar mit. Erst als der stürmische Applaus einsetzte, kehrte sie zur Erde zurück.

»Meine Schule!« sagte sie stolz. Dann wandte sie sich wieder direkt an Udo: »Sind Sie schon lange hier beim Theater?«

»Sechs Jahre.«

»Ach! Schon sechs Jahre!« Sie maß ihn mit einem kurzen bewundernden Blick. »Und immer noch als Inspizient?«

Es klang, als wollte sie sagen: »Dafür ist ein Mann wie Sie doch viel zu schade.«

»Ich habe andere Pläne«, sagte Udo kühl.

»So? Wollen Sie zur Regie überwechseln?«

Keine Antwort.

Doch die Frau ließ nicht locker. »Was sind denn das für Pläne, wenn ich fragen darf?«

Sie war auf einmal strahlende Liebenswürdigkeit. Udo überhörte ihre Frage. Auf der Bühne sank Rita in die Arme ihres Anbeters. Sie spielte diese Szene mit einer Überzeugungskraft, die fast ein Gefühl von Eifersucht in ihm aufkommen ließ.

»Heißt das, daß Sie Ihren Beruf aufgeben wollen?«

»Meinen Beruf? Das hier ist nicht mein Beruf. Ich male.«

»So?« Es klang etwas Zweifel durch. »Sie malen? Und welches Genre?«

»Typen aus dem Volk.« Udo wandte kein Auge von der Bühne.

»Interessant! Und wo sind Ihre Gemälde ausgestellt?«

»Noch nirgends. Ich hoffe aber...«

»Ach so!« Das klang enttäuscht.

Rita kam von der Bühne. Die Mutter im Gespräch mit dem Inspizienten? Sie hatte ein unangenehmes Gefühl. »Herr von Kling, ich hoffe, Sie tragen uns den unfreundlichen Empfang nicht nach«, sagte sie mit einem feinen Lächeln.

»Ich habe mich bei Herrn von Kling deshalb eben entschuldigt.«

»Es war mir ein Vergnügen, Sie bei dieser Gelegenheit endlich persönlich kennenzulernen. Ich hätte mich Ihnen schon während der Proben vorstellen sollen, aber...« Er machte eine Geste der Hilflosigkeit. »Der Start dieser Operette mit völlig neuen Dekorationen und Kostümen – im Fundus gab's da nichts. Übrigens hatte ich gestern abend zum erstenmal das Vergnügen, Sie als Theaterbesucher zu bewundern.«

»Ich weiß«, sagte Rita mit einem feinen Lächeln.

»Ich war entzückt.«

Frau Schenk wurde das Gespräch zwischen den beiden offensichtlich zu persönlich. »Sie entschuldigen«, sagte sie, »wir müssen in die Garderobe. – Du mußt dich etwas nachpudern, mein Kind.« Sie zog Rita kurzerhand mit sich.

Udo sah beiden kopfschüttelnd nach. Dann wandte er sich wieder der Bühne zu.

Das Gespräch gab ihm zu denken.

Udo grübelte unschlüssig: Zurück in die Wohnung?

Nein, erst mußte er mal alles loswerden, was dieser Tag ihm an Überraschungen gebracht hatte.

Ob er nicht doch einmal zu Gisi gehen sollte?

In der Bar war er noch nie. Da war wohl ein bißchen verletzte Eitelkeit im Spiel.

Die Bar lag zentral. Feiner Laden und gutbürgerliches Publikum. Viel zu gutbürgerlich für eine Nachtbar.

Die Gisi sitzt bei einem Gast. Als sie ihn sieht, steht sie gleich auf. »Udo – du! Läßt du dich endlich auch mal sehen? Der Paul ist schon ganz sauer auf dich. Er meint, du wärst eifersüchtig.«

»Na, vielleicht nicht, wo der dich mir vor der Nase weggeschnappt hat?«

»Ach, Quatsch – wir müssen uns doch mal aussprechen. Der kommt gleich, und dann hab dich mal nicht so.«

»Du hast bei dem ja ganz schön aus der Schule geplaudert.«

»Ich habe dich und deine diversen Talente über den grünen Klee gelobt.«

»War das nötig? Mich hat das ja glatt umgehauen. – Und wie klappt's denn mit euch zwei?«

»Wie meinst du das?«

»Genau so.«

»Prima. Der Paul ist ein Goldstück.«

»Im Gegensatz zu mir.«

»Das wollte ich damit nicht sagen. Aber bei dir hat manchmal der Herr Doktor durchgeschimmert, und da habe ich immer eine gewisse Distanz verspürt.«

»So was zu hören tut weh. Und das sagst du mir ausgerechnet in dem Augenblick, in dem ich dir verraten will, daß ich vielleicht das große Los gezogen habe.«

»Vielleicht? Hast du – oder hast du nicht?«

»Ich war heute bei Zandel und Ebermayr. Das wird. Der Zandel macht mir eine große Sonderausstellung.«

»Udo, daß du das geschafft hast!« Gisi strahlte. »Hat er schon alle Bilder gesehen?«

Udo nickte.

»Auch das Contergan-Kind?«

»Alle.«

»Du, das ist das stärkste. Wie die Frau sich das arme Wurm ansieht... das dreht einem das Herz um. Gib das Bild ja nicht her – das muß der Mittelpunkt der Ausstellung werden.«

»Im Ernst? So weit habe ich überhaupt noch nicht gedacht.«

»Das Bild wird dich berühmt machen. Das geht durch die ganze Weltpresse, verlaß dich drauf!«

»Ich verlass' mich lieber auf dich. Ach Gisi, du bist sicher die Zwanzigste in meinem Lotterleben, aber...«

»Du untertreibst.«

»...aber du bist die einzige mit Bilderverstand und Interesse an meiner Arbeit.«

»Deshalb hast du mich wohl auch sitzen lassen. Und deine Neue?«

»Die steht allabendlich als hellglänzender Star auf der Bühne... und für mich leider noch als Stern in weiter Ferne. An die ist nicht leicht ranzukommen. Die Mutter... mit der ist nicht gut Kirschen essen.«

»Also die Rita Schenk! Muß ich mir mal ansehen. Die Kritiker waren ja von ihr begeistert.«

»Bestimmt nicht mehr als ich. – Soll ich euch zwei Karten besorgen?«

»Das wäre sehr nett. Aber wir können nur montags, weil wir dann den Laden geschlossen halten. Übrigens hat der Winfrid schon dreimal nach dir gefragt.«

»Hier? Wieso hier? Der hat doch meine Telefonnummer und weiß, wo ich wohne. Das ist bestimmt nur eine Finte von ihm, damit du ihn reinläßt.«

»Ich fürchte, der hängt wieder an der Nadel.«

»Schade um den. Ein netter Junge und kolossal gutmütig. Wenn er Hunger hat, kann er immer kommen, das weiß er.«

»Und hinterher beklaut er dich um ein paar Hunderter.«

»Aber Gisela!«

»Gisela hieß ich mit vierzehn.«

»Verzeihung, Gisi. Aber du tust ja gerade, als ob die blauen Lappen bei mir nur so rumlägen. Gefehlt haben mal zwanzig, und die betrachte ich als Mundraub. Beweisen hab' ich's ihm nicht können. Da hab' ich lieber den Mund gehalten und gedacht, besser die zwanzig Mark verlieren als einen Freund. Anhänglich ist er ja. Ich hab' ihn immer wie einen verlassenen Köter gesehen, der sein Herrchen sucht.«

»Als er damals aus der Ostzone gekommen ist, war er öfters mit einem fiesen Typen zusammen. Einem so um die Vierzig. Den hab' ich nicht gemocht. Der machte sich immer an ältere Frauen heran.«

»Hab' ich nie bemerkt. Verkehren in deinem sittenstrengen Laden denn auch ›einsame Herzen‹?«

»Mitunter – ich kann sie mir nicht aussuchen.«

»Aber ich!«

»Ach laß das mal, die liegen dir bestimmt nicht! Mach du dich lieber an deinen Star ran!«

Am nächsten Abend zog ihn die Garderobenfrau in eine Ecke und tat äußerst geheimnisvoll. »Haben Sie zu der Alten gesagt, Sie wären Kunstmaler?«

»Wie kommen Sie denn darauf?«

»Weil sie schon ein paarmal das Gespräch auf Sie gebracht hat – aber immer nur, wenn ihre Tochter nicht dabei war. Ich habe gesagt, das könnte wohl sein. Und ob Sie verheiratet oder so gut wie verheiratet wären, und was Sie so für einen Ruf hätten ... Manchmal hatte ich das Gefühl, sie hat Angst, ihre Tochter könnte sich in Sie verlieben, doch dann wurde ich wieder das Gefühl nicht los, daß sie selber – Sie verstehen ...«

Udo verstand nur zu gut.

»Einen der Beleuchter, einen besonders gutaussehenden Burschen, hat sie kürzlich in ein auffallend langes Gespräch verwickelt; der Mann hatte bei ihr wohl mehr Chancen, als er mochte.«

Udo zog die Stirn kraus. Daß ihn diese Frau, die sich sonst nur für sich und die Karriere ihrer Tochter interessierte, nach seinen Bildern gefragt und sogar ein gewisses Interesse an seinem Beruf gezeigt hatte, nun, das hatte er für ein paar konventionelle Höflichkeitsfloskeln gehalten, mit denen sie den schlechten Eindruck vom Vortag hatte verwischen wollen. Aber daß ihr Interesse an ihm weitergehen könnte... nein!

»Überhaupt«, fuhr die Alte fort, »was die alles wissen will! Jedesmal, wenn sie mit mir allein ist, fängt sie an, mich auszufragen.«

»Über mich?«

»Nur über Sie. Man könnte denken...« Sie schlug sich auf den Mund, als hätte sie schon zu viel gesagt.

»Und Rita? Hat sie einmal von mir gesprochen?«

»Als wir einmal für wenige Sekunden allein waren, hat sie natürlich gefragt, ob ich Ihnen den Brief übergeben habe und was Sie dazu gesagt hätten. Aber in Gegenwart der Mutter von Ihnen zu sprechen, das würde sie nie wagen.«

»Wenn sich einmal die Gelegenheit dazu bietet, dann sagen Sie ihr bitte, ich hätte mich über ihren Brief außerordentlich gefreut.«

Herr Zandel meldete sich nachmittags telefonisch. »Ich schicke Ihnen jetzt durch Boten den Vertragsentwurf. Bitte nehmen Sie sich die Zeit, ihn sorgfältig zu prüfen. Generell möchte ich dazu sagen, der Vertrag ist ein Normalvertrag, was aber nicht heißen soll, daß er nicht geändert werden könnte. Und damit Sie wissen, wie ich Sie schätze, versichere ich Ihnen, daß ich keinem anderen Maler günstigere und nur sehr wenigen Malern gleich gute Vereinbarungen angeboten habe. Über einen etwaigen Vorschuß können wir uns – wenn Sie wünschen – nach Übergabe der Bilder unterhalten.«

Vorschuß? Daran hatte Udo bisher überhaupt noch nicht zu denken gewagt.

Der Bote kam schon eine Viertelstunde später.

Udo setzte sich mit dem Vertrag an den Tisch und studierte ihn in aller Ruhe. Es war ein sehr nobler Vertrag.

Herr Zandel hatte beide Exemplare schon unterschrieben.

Udo unterschrieb kurzentschlossen das für Herrn Zandel bestimmte Exemplar.

Auf dem Weg zum Theater reichte er es ihm dann persönlich hinein.

Während Rita an diesem Abend im dritten Akt noch auf der Bühne stand, brachte ein Bote einen Zweig Orchideen in einem glasklaren Cellophankarton. »Für Frau Schenk.«

Ariane nahm sie entgegen und wandte sich an Udo: »Darf ich Sie bitten, die Blumen meiner Tochter nachher auf die Bühne zu schikken?«

»Das werde ich mit Vergnügen sogar selber tun«, sagte Udo, während er den Karton entgegennahm.

Einen Augenblick war sie zwar versucht, den Brief zu öffnen, aber dann unterließ sie es doch.

»Orchideen...«, hauchte sie. »Wie oft hat man mir die teuersten Orchideen auf die Bühne geschickt! Ein französischer Verleger hat sie sogar eigens aus Italien einfliegen lassen.« Sie lächelte wehmütig.

Udo nickte. Orchideen? Wer mochte Rita Orchideen schicken? Sie kamen offenbar von einem wohlhabenden Verehrer, vielleicht sogar einem Freund...

Was wußte man im Theater schon über das Privatleben der beiden Frauen, das Frau Schenk mit einem undurchsichtigen Schleier umgab? Die Damen kamen – und gingen.

Kein überflüssiges Wort, keine menschlichen Beziehungen, aber immer wieder das Gezänk der Alten.

Er spürte, daß sie ihn von der Seite beobachtete. »Sie haben große Triumphe gefeiert«, sagte er, um nicht allzu muffelig zu erscheinen. »Meine Mutter hat oft von Ihnen geschwärmt.«

»Vorbei und vergessen. Zum Glück habe ich meine Tochter. Mir ist immer, als seien ihre Erfolge auch meine Erfolge. – Zum Teil sind sie es ja auch.«

»Hoffentlich sind Sie in der Stadt gut untergebracht«, sagte Udo.

»Vorzüglich. Wir wohnen im ›Sheraton‹. Die Direktion hat uns zu einem Vorzugspreis eines ihrer schönsten Appartements überlassen.«

»Dann wohnen wir einander ja direkt gegenüber. Ich wohne schon seit vielen Jahren im Arabellahaus.«

»Haben Sie da auch Ihr Atelier?«

»Atelier möchte ich es nicht nennen. Ich habe das Schlafzimmer schamlos zweckentfremdet und kampiere im Wohnzimmer auf einer Couch«, antwortete er lachend.

»Würden Sie uns nicht einmal einige Ihrer Bilder zeigen?«

Sie hatte »uns« gesagt. Das war eine Chance, die er wahrnehmen mußte, solange die Bilder noch in seiner Wohnung standen.

»Gewiß, mit dem größten Vergnügen. Das müßte dann aber schon recht bald sein, denn die Galerie will sie schon in den nächsten Tagen abholen lassen.«

»Ich bin gespannt«, sagte sie, »denn wenn der Vorhang und die Bühnenbilder zu der ›Zauberflöte‹ auch nicht Ihren Entwürfen entsprechen, so lassen sie doch eine starke persönliche Note erkennen.«

»Sagen Sie mir, wann ich Sie beide erwarten darf.«

»Na, dann könnten wir doch gleich morgen nachmittag kommen, wenn es Ihnen paßt.«

»Ich kann mich ganz nach Ihnen richten.«

»Sagen wir also um fünf?«

»Ich werde Sie unten in der Empfangshalle erwarten.«

Udo war von der schnellen Entschlossenheit der Alten überrascht – sie machte ihn ein wenig stutzig. Aber was auch hinter dem Interesse der Alten stecken mochte, es konnte seinem Ziel nur förderlich sein.

Als Rita beim Schlußapplaus stürmisch, wie jeden Abend, gefeiert wurde, trat er in seinem weißen Kittel auf die Bühne und überreichte ihr den Orchideenzweig.

Sie sah ihn überrascht an, nahm dann die Blumen mit einem reizenden Lächeln und drückte sie dekorativ an ihre Brust.

In der Garderobe fiel ihr der ungeöffnete Umschlag in die Hand. Sie öffnete ihn und gab ihn sofort an Ihre Mutter weiter.

»Für dich!«

»Der großen Opernsängerin in tiefer Verehrung von einem ihrer Bewunderer«, las sie laut vor, während sie die Blumen an sich nahm. »Tja, mein Kind, ganz vergessen bin ich doch noch nicht!«

So betraten sie das »Sheraton«. Rita in ihrem unauffälligen silbergrauen Kostüm, ihre Mutter glitzernd im Schmuck ihrer Brillanten mit dem Orchideenzweig – ganz Primadonna.

Während sie sich vom Portier den Schlüssel zu ihrer Suite geben ließen, applaudierte jemand hinter ihnen.

Sie wandten sich überrascht um und sahen in das strahlende Gesicht eines etwa fünfunddreißigjährigen Mannes.

»Ariane Schenk«, sagte er. »Ich freue mich, daß Sie meiner bescheidenen Blumenspende diese Ehre zuteil werden lassen...«

Der Herr war groß und schlank, dunkelblond, dezent gekleidet, ein Mann von unerhörter sexueller Ausstrahlung, der jedes Frauenherz schneller schlagen ließ, Typ des mitten im Leben stehenden erfolgreichen Industriemanagers.

»Grenzer«, stellte er sich vor.

Ariane lächelte huldvoll. Durch diese allgemein auffallende Huldigung sah sie sich plötzlich im Mittelpunkt der herumstehenden Hotelgäste.

Rita, eher etwas peinlich berührt, nahm den Schlüssel, ging zu den Fahrstühlen und wartete dort auf ihre Mutter.

Doch Frau Ariane – strahlend wie beim Schlußapplaus einer Opernaufführung – rührte sich nicht von der Stelle; erst nach einigen Minuten löste sie sich aus der Menge. Neben ihr kam der Herr, der ihr den überraschenden Empfang bereitet hatte.

»Herr Grenzer möchte uns noch zu einem kleinen Drink in die Bar einladen, aber ich denke, du gehst besser schon zu Bett.«

Grenzer verbeugte sich.

»Aufrichtigen Dank«, sagte Rita, »aber ich bin wirklich zu müde...«

»Um Himmels willen! Ich möchte Sie nicht um Ihre wohlverdiente Ruhe bringen, gnädiges Fräulein. Hoffentlich darf ich Ihnen aber Ihre hochverehrte Frau Mama noch auf ein paar Minuten entführen.«

Ariane strahlte.

Rita erstarrte.

Ariane übergab ihr den Karton mit den Orchideen. »Also dann bis gleich, Kind.«

Rita wurde von den übrigen Gästen in den Fahrstuhl gedrängt. »Unfaßbar!« murmelte sie in ihrem Zimmer vor sich hin. »Ein wildfremder Mann, und schon...« Schmerzliche Erinnerungen tauchten auf und quälten sie. Sie legte den Karton mit den Orchideen auf einen Beistelltisch und ging zu Bett.

Ruhe fand sie dennoch nicht.

Als die Mutter endlich kam, stellte sie sich schlafend. Ein heimlicher Blick auf die Uhr: Es war kurz vor halb vier.

»Ein hochinteressanter, netter Mann, dieser Herr Grenzer«, sagte die Mutter am nächsten Tag beim Frühstück.

Rita überhörte es und sah schweigend vor sich hin. Sie hatte plötzlich einen bitteren Geschmack auf der Zunge.

Ariane sah den Karton mit den Orchideen auf dem Beistelltisch, sagte aber nichts, sondern klingelte dem Hausmädchen und bat um eine geeignete Vase.

Rita fragte den Portier später, wie lange die Bar geöffnet war.

»Bis um eins.«

»Danke.« Rita wurde rot und blaß. Am liebsten wäre sie hinaufgestürmt, um die Mutter zur Rede zu stellen. Aber hatte sie ein Recht dazu?

Nein. Doch es fraß sich in ihr fest...

Der Tag begann mit Blitz und Donner. Dann gab es einen wolkenbruchartigen Regen.

Udo sprang von seiner Couch, zog sich an und fuhr gleich hinunter ins Erdgeschoß. Es gab einiges einzukaufen: Kuchen, Zucker, Dosenmilch und... Blumen.

Natürlich Blumen! Da er keine Vasen hatte, kaufte er zwei Töpfe mit lebenden Pflanzen.

Dann begab er sich ans Reinemachen. Als alles einigermaßen blitzte, klingelte das Telefon.

Jetzt sagen sie ab, dachte er.

Irrtum: Am anderen Ende der Leitung hing Winfrid. »Udo, endlich krieg' ich dich mal zu fassen!«

»Ist ja auch schwer«, sagte Udo ironisch.

Winfrid hüstelte verlegen. »Ich war gestern bei Gisi. Schönen Gruß. Ich hatte immer wieder gehofft, dich da mal zu treffen.«

»Glaub' ich dir aufs Wort.«

»Stimmt es, daß du demnächst ganz groß mit einer Ausstellung deiner Bilder herauskommst?«

Um Himmels willen, jetzt muß ich der Gisi schleunigst sagen, daß sie ihre gutgemeinte Reklame für mich sofort einstellen soll! »Vielleicht, vielleicht – aber wir wollen noch nicht darüber sprechen, denn wenn das nicht klappt...«

»Ach so!« sagte Winfrid enttäuscht. »Ich hatte schon gehofft, dich um einen Fünfziger anpumpen zu können.«

»Geht's dir so mies?«

»Ach was, ich schlängle mich so durch.«

»Hattest du denn nicht monatelang einen steinreichen Amerikaner?«

»Der ist schon vor vier Wochen zurück zu seinen Büffeln.«

»Hm.« Udo schoß ein verwegener Gedanke durch den Kopf.

»Was heißt hm?«

»Ich hab' da so eine Idee... Vielleicht wäre das was für dich.«

»Männlich oder weiblich?«

»Es heißt ›die Idee‹. Meine Ideen sind immer weiblich.«

»Die bringen zwar im allgemeinen weniger – denn das dicke Geld haben nun mal die Männer...«

»Du studierst doch Medizin, wie ich höre«, fragte Udo lachend.

»Wie eh und je! Vor allem praktisch. Mit viel Liebe und Leidenschaft.«

»Prima; sagt man dir auch nach. Bleiben wir also dabei.«

»Von mir aus.«

»Ich kriege heut nachmittag Besuch. Zwei Frauen...«

»Also eine zu viel.«

»Die sollst du mir vom Hals schaffen. Die mußt du so verrückt machen, daß sie lieber heute als morgen mit dir ins Bett ginge.«

»Und du meinst, das wäre zu machen?«

»Wenn du richtig rangehst, bestimmt.«

»Ich will's versuchen.«

»Eine tolle Frau. Ehemalige Operndiva mit Geld...«

»Das Geld stört mich nicht.«

»...und viel überschüssigem Temperament.«

Winfrid pfiff durch die Zähne. »Genau das, was ich zur Zeit dringend brauche.«

»Wenn du heute nachmittag so gegen zwanzig nach fünf rein zufällig hereinschneitest...«

»Kann ich.«

»...prima in Schale, so seriös wie möglich und so sexy wie möglich und ein bißchen auf Kerl.«

»Das ist ein schwarzer Schimmel; aber ich versuch's«

»Du wirst das schon hinkriegen.«

»Und wie weit soll ich gehen?«

»Von mir aus so weit wie möglich.«

»Und wer ist die andere?«

»Ihre Tochter. Und da liegt das Problem. Auf die bin ich nämlich scharf, aber ohne die Alte kommt man da nicht ran. Die paßt auf wie ein Schießhund und ist offenbar scharf auf mich.«

»Wenn du mit der Tochter einig bist, müßte das doch trotzdem zu machen sein!«

»Leider weiß die nur noch nichts von ihrem Glück!«

»Tolle Situation, muß ich sagen!«

Udo stand in der Empfangshalle und spähte durch die Vorhänge hinaus. Drüben – schräg gegenüber – lag das »Sheraton«.

Er sah auf die Uhr. Fünf nach fünf.

Hoffentlich versetzt mich die Alte nicht!

Zehn nach fünf!

Verdammt, in fünf oder zehn Minuten kommt der Winfrid, der Windhund, und dann sieht das so aus, als hätte ich ihn bestellt. Wenn sie wenigstens nicht hier in der Halle zusammentreffen...

Zwölf nach fünf!

Endlich! Drüben erscheinen die beiden Damen. Tatsächlich beide. Im stillen hatte er schon befürchtet, die Alte käme allein: Meine Tochter fühlt sich leider nicht wohl...

Sie kamen quer über die Straße. Die Alte aufgedonnert, wie immer mit einem allzu großzügig aufgetragenen Make-up. Wie für die Bühne. Rita in einem schlichten hellgrauen Kostüm, zierlich, fast zerbrechlich wirkend neben der fest und selbstsicher auftretenden Mutter.

Ein Glück, daß Winfrid noch nicht zu sehen war!

Kurze Begrüßung. Die Alte strahlte ihn an. Rita war freundlich, aber etwas zurückhaltend. Wenn sie wüßte, wie er diesem Augenblick entgegengefiebert hat!

»Ich hoffe, Sie werden von meiner Luxuswohnung nicht allzu enttäuscht sein.«

»Wir sind gekommen, um Ihre Gemälde zu sehen, nicht um Ihre Wohnung zu begutachten. Wissen Sie schon, wann Ihre Ausstellung eröffnet wird?«

»Bisher weiß ich nur, wo: im ›Hilton‹.«

»So?« Die Alte machte große Augen. »Gleich so vornehm?«

»Arrangement meines reichlich optimistischen Galeristen.«

Er führte sie zu den Fahrstühlen.

Sechzehnter Stock, rechts ab, Wohnung 1631.

Er öffnete die Tür und ließ die Damen eintreten.

Frau Schenk ging gleich in die Mitte des Raumes, drehte sich um sich selbst und sagte: »›La Bohème‹, erster Akt.«

Rita lachte kurz auf.

»Die Szene ist echt«, sagte die Alte. »Mein Gott, ja… Wie oft habe ich in dieser Dekoration die Mimi gesungen! Es war eine meiner schönsten Rollen. Überhaupt Puccini! Das ist doch ganz was anderes als diese modernen Musicals. – Meine Tochter hat übrigens die Mimi und die Butterfly studiert. Hoffentlich…« Sie seufzte.

»Traumrollen«, sagte Rita. »Aber ich bin mit der Rolle der Rosemarie ganz glücklich.«

»Kein Wunder – Sie werden darin doch allabendlich umjubelt.«

»Und wo sind Ihre Gemälde?« Die Alte sah sich suchend um.

»Hängen im ersten Akt der ›Bohème‹ Bilder an den Wänden?«

Ariane überlegte. »Merkwürdig, nicht eines! Daß mir das nie aufgefallen ist…«

»Gemälde im Stübchen des armen Poeten?« sagte Rita.

»Ach, richtig, Kind!« Und zu Udo: »Ihre Bilder hängen ja, wie Sie sagten, im Schlafzimmer.«

»Hängen? Nein, sie stehen da – eines an das andere gelehnt – an der nackten Wand.«

»Ich bin gespannt…«

Udo rückte zwei Stühle zurecht, mit dem Rücken zur Fensterfront. »Darf ich bitten? Ich werde Ihnen – wenn Sie wünschen – alle fünfzig...«

»Fünfzig Gemälde?« Das war Rita.

»...alle fünfzig vorführen und Ihnen einiges über die porträtierten Typen erzählen, wenn Sie so viel Zeit und Geduld mitgebracht haben. – Darf ich Ihnen vorher noch eine Tasse Tee anbieten?«

»Danke. Vielleicht nachher«, sagte Ariane.

Rita lächelte. Sie schien an diesem Nachmittag nur lächeln zu wollen.

Udo holte das erste Bild und stellte es vor den Damen auf.

Die Augen der Alten weiteten sich. »Mein Gott, das ist doch der Weiß Ferdl, wie er leibte und lebte. Wie ich den verehrt habe! Tränen habe ich über ihn gelacht. – Haben Sie den denn noch erlebt?«

»Er war mein erstes Opfer; das ist nun schon fast sieben Jahre her. Wenige Monate später ist er gestorben.«

»Und so ein Meisterwerk verstecken Sie in einem ›zweckentfremdeten‹ Schlafzimmer, wie Sie sagen! Das gehört in die Pinakothek!«

Udo warf einen heimlichen Blick auf Rita. Sie hatte die Arme verschränkt, starrte auf das Bild und lächelte nicht einmal mehr.

»Darf ich jetzt das zweite Bild...«

Die Alte nickte. »Ich bin sprachlos.«

Diesmal lächelte Udo. Er trug das Bild ins Nebenzimmer und brachte ein zweites. »Das ist die Zenzi aus dem Hofbräuhaus.«

Es war die junge pralle Kellnerin mit ihren zwölf gefüllten Maßkrügen.

Die Alte schüttelte fassungslos den Kopf.

Udo holte ein drittes Bild, dann ein viertes, ein fünftes.

Da klingelte es.

»Verzeihung!« Er stellte das Bild an die Wand.

»Sie sind ein Genie!« sagte die Alte.

»Vielleicht ein guter Maler – aber ein Genie?« Udo ging zur Tür, um zu öffnen.

»Winfrid, du? Was treibt dich denn ins Arabellahaus?«

Winfrid trat näher. Zögernd, scheinbar verlegen. »Entschuldige... Ich hatte zufällig hier zu tun. Ich komme wohl besser ein andermal.«

»Warum denn? Hast du Angst? Komm rein und laß dich den Damen vorstellen.«

Winfrid trat nicht ein, er trat auf; man kann es nicht anders nennen.

Eine Show! Wie der Bursche aussah – zum Anbeißen. So was gab's weit und breit kein zweites Mal. Einsachtzig groß, blond und blauäugig, mit breiten Schultern und unglaublich schmalen Hüften – ein junger Gott.

»Ja, das also ist Winfrid – einer meiner Freunde. Erst vierundzwanzig... Stimmt doch?«

Winfrid nickte, zeigte lachend seine weißen Zähne und verbeugte sich formvollendet.

»Ostberliner«, fuhr Udo fort, »und immer bis über beide Ohren verliebt. Von der BRD freigekauft – warum, wissen die Götter. Wieviel haben sie eigentlich für dich bezahlt?«

»Weiß ich nicht. Jedenfalls viel zu viel.«

»Die Damen interessieren sich für meine Bilder«, sagte Udo. Ich muß allmählich ans Verkaufen denken.«

»Prima Idee! Vielleicht biete ich mit, wenn du erlaubst.« Winfrid griff sich einen Stuhl und setzte sich neben die Alte. »Sie gestatten?«

Frau Schenk war von Winfrids Erscheinen völlig überrascht. Neben dem schwarzhaarigen glutäugigen Zigeuner wirkte der Blonde wie eine Lichtgestalt.

»Sie leben jetzt also in München. Und was machen Sie hier?«

»Ich hänge Tag für Tag in den Hörsälen der medizinischen Fakultät herum und versuche, mich in diese wenig anheimelnde Welt hineinzufinden.«

»Sie studieren Medizin?«

»Im vierten Semester.«

Gestern war er noch im dritten. Aber der Bursche machte seine Sache gut.

Udo warf einen verstohlenen Blick auf Rita und zwinkerte ihr zu.

Diesmal lächelte sie wieder, aber es war ein gefrorenes Lächeln.

Verdammt, kann sie heute nichts anderes als lächeln?

Winfrid hatte Stimmung mitgebracht. Er war locker, witzig, er machte den Damen geschickt Komplimente und schien Feuer und Flamme für die Alte.

Als Udo den Damen zehn Bilder gezeigt hatte, sagte er: »Den Rest darf ich Ihnen vielleicht ersparen. Ich werde Sie aber gerne durch meine Ausstellung führen, wenn es soweit ist.«

Als der Tee serviert war, wagte Udo sich neben Rita zu setzen und ein paar Worte mit ihr zu wechseln. Winfrid versuchte ein paarmal, sie durch eine lustige Geschichte aus seinem Leben aufzuheitern, doch Rita blieb, wie sie gekommen war: einsilbig, still, verhalten, liebenswürdig und... lächelnd.

Udo war völlig konsterniert. Das war nicht die Rita, die er kannte. Das ist Dressur, brummte er in sich hinein.

Als die Damen eine Viertelstunde später gingen, ließ Winfrid es sich nicht nehmen, sie in ihr Hotel zu begleiten. Zehn Minuten später war er wieder da. »Mensch, Udo, die Alte! Wie die mich immer wieder von oben bis unten gemustert hat... Die Sorte Frauen kenne ich. Ganz meine Kragenweite. Die beißt an.«

»Kompliment!«

»Ich habe sie bis zu ihrer Fürstensuite begleitet und dann heimlich gefragt, ob ich sie einmal anrufen dürfte.«

»Dabei ist sie dir natürlich um den Hals gefallen.«

»Dabei hat sie mit einem Seitenblick auf ihre Tochter nur genickt. Sie schien völlig überrascht.«

»Also Sieg auf der ganzen Linie. Und Rita?«

»Die hat mich dauernd kritisch beobachtet. Ist dir das nicht aufgefallen? Ob die was gemerkt hat?«

»Kann schon sein. Und wie findest du sie?«

»Ebenso schön wie langweilig. Die kann wohl nur blöde lächeln.«

»Was sie sonst noch kann, weißt du also nicht?«

»Wie sollte ich? Das herauszukriegen überlasse ich dir, wie vereinbart.«

»Sag, hast du schon mal was von der Operette ›Rosemarie‹ gehört?«

»Klar!« Er sang gleich lauthals los: »Über die Prärie klingt mein Lied durch die Nacht...«

»Stimmt. Und von der Darstellerin der Rosemarie?«

»Keine Ahnung.«

»Mann, Mann, das ist die Hauptrolle in dem Stück. Das ist der Star des Abends, der Schwarm von ganz München und Umgebung.«

»Wird das bei euch gespielt? Willst du mich dazu einladen?«

»Die Rosemarie, das ist die Rita Schenk.«

Winfrid schnappte nach Luft. »Die soll das gewesen sein?«

»Ja, die, die nur blöde lächeln konnte.« Udo kramte einen Fünfzigmarkschein heraus. »Fürs Taxi. Bleib am Ball und melde dich, wenn's was zu berichten gibt. Gut Holz!«

»Danke, hab' ich immer!«

»Hoffentlich habe ich mich so zurückhaltend benommen, wie du wolltest«, sagte Rita ärgerlich und warf ihre Handtasche auf den Tisch.

»Du hast dich leider nicht zurückhaltend, sondern ganz unmöglich benommen! Da zeigt uns ein hochbegabter Maler seine Bilder, und du sitzt gelangweilt da. Nicht die kleinste Reaktion. Kein Wort der Anerkennung. Nicht einmal ein Dankeschön beim Abschied. Was muß der Mann von dir denken!«

»Bestimmt genau das, was du wolltest: daß weder er noch seine Bilder mich interessieren.«

»Es ging nicht um ihn, es ging um seine Bilder; nur um seine Bilder!«

»Aha!« tat Rita sehr erstaunt.

Frau Schenk fuhr auf: »Was heißt das?«

Rita schwieg. Um ihre Mundwinkel hing ein ironisches Lächeln.

»Willst du damit etwa sagen...«

»Genau das! – Mich hast du doch nur mitgenommen, um den Schein zu wahren. Seit wann interessierst du dich denn für Gemälde? Dich interessieren nur Männer. Selbst in die Neue Pinakothek warst du nicht zu kriegen.«

Die Alte wurde fahl. »Deine Frechheit läßt ja an Deutlichkeit nichts zu wünschen übrig.«

»Meinst du denn nicht auch, daß es an der Zeit sei, mit deinem Versteckspielen endlich aufzuhören?«

Die Alte ließ sich in einen Sessel fallen. Ihre Lippen zitterten. »Kind«, schrie sie, »was erlaubst du dir?«

»Ich bin kein Kind mehr, ich bin eine Frau – ob dir das nun recht ist oder nicht!«

»Und wenn ich diesen Mann nun wirklich liebte? Ich bin noch keine Matrone.«

Rita lachte höhnisch. »Liebte?«

Die Alte straffte sich. »Ja, liebte!«

»So nennst du das? Gib es auf; ich habe jahrelang genug gemerkt und unter deinen heimlichen Eskapaden gelitten.«

»Gemerkt? Es gab nichts zu merken.«

»...daß du die Wohnung nachts oft heimlich verlassen hast und manchmal erst am nächsten Morgen zurückgekommen bist... wie eine läufige Hündin!«

Ariane schrie auf; alles Blut war aus ihrem Gesicht gewichen, sie flog am ganzen Körper. »Das ist zu viel, das ist weiß Gott zu viel!«

Es war wirklich zu viel. Das einer Frau vorzuwerfen! Der eigenen Mutter vorzuwerfen!

Rita fühlte selber, daß sie in ihrer Erregung zu weit gegangen war, doch sie war nicht mehr zu halten. »Meinst du, ich hätte nicht hundertmal beobachtet, wie du die Männer – und was waren das manchmal für üble Kerle – wie du sie mit deinen Blicken buchstäblich ausgezogen und abgetastet hast? Ich habe es bemerkt, und ich habe mich geschämt – für dich!«

Frau Schenk sank stöhnend zusammen.

Alles, was sich in Rita während der letzten Jahre an still ertragenem Ärger angesammelt hatte, brach nun aus ihr heraus. Es war, als sei die Mauer eines Stauwerks unter dem Überdruck der Wassermassen zerbrochen. Auch der letzte Rest von Selbstbeherrschung wurde von der Last der Verbitterung erdrückt.

»Du hast mich wie ein dressiertes Pferd in die Manege getrieben. Mein Erfolg war immer nur dein Erfolg. Das hast du mich tausendmal wissen und spüren lassen. Du hast über mich verfügt wie über eine Sklavin.«

»Was wärst du denn wohl ohne mich? Die besten Jahre meines Lebens habe ich nur deiner Entwicklung geopfert. Alles, was du bist, bist du durch mich. Nur durch mich!«

»Jawohl, das bin ich gewesen: eine Marionette, die an deinen Fäden hing und keinen eigenen Willen zeigen durfte.«

Frau Schenk zitterte am ganzen Körper.

Rita stürzte ins Nebenzimmer und warf sich schluchzend auf ihr Bett.

Dieser Nachmittag! Das war einfach zu viel gewesen. Ständig hatte die Mutter sie eifersüchtig beobachtet. Würde sie nicht auf jeden Mann eifersüchtig sein, der ohne ihre Regie in ihrer Nähe aufkreuzte? Auf jeden?

Kaum daß der blonde Freund des Inspizienten erschienen war, hatte sie doch auch ihn mit den Augen einer Raubkatze abgetastet.

An diesem Abend ging Rita zum erstenmal allein ins Theater.

Schon als sie kurz nach sieben das Hotel verließ, wußte sie: Von jetzt an würde jeder ihrer Schritte schwierig sein, denn jeden Stein hatte die Mutter ihr mit starker Hand aus dem Weg geräumt. Dem harten Leben gegenüber stand sie rat- und hilflos da. Nicht im geringsten hatte die Mutter sie auf den Schritt in ein selbständiges Leben vorbereitet, weil sie sie fest in ihren Händen halten wollte!

»Kind, tu dies – Kind, tu das!« Und sie hatte gehorcht...

Sie war ein Star, allabendlich bewundert und umjubelt, und war doch allein. Sie hatte eine Schar von Verehrern, aber keine Freunde.

Sie fröstelte.

Etwas war zerbrochen. Das fühlte sie schlagartig, als sie sich in ihrer Garderobe umsah.

Eine quälende Fessel war zerbrochen.

Nur eine Fessel? War nicht sehr viel mehr zerbrochen?

War nach dieser fürchterlichen Auseinandersetzung ein Zusammenleben mit der Mutter überhaupt noch möglich?

Rita ohne die Mutter? Das hatte es noch nicht gegeben und erregte sofort Aufsehen. War sie krank oder bloß verhindert, oder war man sie glücklich für immer los?

Die Wahrheit ahnte keiner, und eine beiläufige Bemerkung ihrer Garderobiere überhörte Rita geflissentlich. Nur eines war sofort sichtbar: Über dem stets sonnigen Wesen Ritas lag ein Schatten.

Zwei Auftritte hätte sie beinahe verpaßt, wenn der Inspizient nicht das übliche Klingelzeichen gegeben hätte, und wer sie täglich beobachtet hatte, merkte sogar an kleinen Nuancen auf der Bühne, daß etwas nicht stimmte.

Udo begann unruhig zu werden. Gestern dieses völlig unerklärliche sterile Lächeln ohne die Spur einer echten Kontaktnahme – es war, als hätte die Alte eine Puppe mitgebracht – und heute nur ein karges Erwidern seines Grußes. Kein Wort über den gestrigen Besuch und über den Eindruck, den seine Bilder auf sie gemacht hatten… Da stimmte doch was nicht!

Am nächsten Tag kam Rita wieder allein.

Jetzt wagte Udo eine Frage: »Ihre Frau Mutter ist hoffentlich nicht unpäßlich!«

Rita sah ihn groß an, als hätte diese Frage sie erschreckt, und schüttelte nur den Kopf. »Nein. – Danke für die Nachfrage.«

Am dritten Tag schnappte Udo sich die Garderobiere. »Sollten wir das Glück haben, daß Frau Schenk uns künftig erspart bleibt?«

Die Frau rang die Hände. »Ob das wirklich ein Glück wäre? Ich werde aus der Geschichte nicht schlau. Sicher ist nur, daß Rita Sorgen hat. Sie ist fahrig, vergißt und sucht bald dies, bald das und ist stumm wie ein Fisch.«

Am nächsten Morgen erhielt er einen Anruf, der ihn überraschte. Frau Schenk. Sie wolle ihn gerne einmal unter vier Augen sprechen, aber nicht im Theater.

Das konnte er sich denken, aber was wollte sie von ihm?

»Ich werde Sie im Hotel besuchen. Sagen Sie, wann es Ihnen paßt. Es ist ja nur ein Katzensprung.«

»Leider nicht mehr; ich bin ins ›Hilton‹ umgezogen.«

»Wann darf ich mich bei Ihnen melden?«

»Würde es Ihnen morgen nachmittag gegen fünf passen?«

Udo sagte zu.

Was hatte dieser Anruf zu bedeuten? Unmöglich, daß diese Frau immer noch hinter ihm her war.

Er ging hin.

Die Alte empfing ihn in der Bar, aufgedonnert, wie immer, aber etwas zurückhaltender. »Sie werden sich gewiß über meinen Anruf gewundert haben«, sagte sie ohne eine lange Einleitung. »Eigentlich sollte ich diese Sache ja mit Ihrem Intendanten besprechen. Dann hätte ich ihn aber im Theater aufsuchen müssen – und das widerstrebt mir… aus gewissen persönlichen Gründen.«

Udo atmete heimlich auf. »Ich stehe zu Ihrer Verfügung.«

»Um es kurz zu machen: Ich habe mich von meiner Tochter getrennt. Sie ist jetzt alt genug, um auch ihre geschäftlichen Dinge selber zu regeln. Das ist alles, was ich Ihnen zu sagen habe. Wenn Sie die Güte hätten, dem Intendanten auszurichten, daß er sich künftig direkt an sie wenden soll; ich habe mit den Angelegenheiten meiner Tochter nichts mehr zu tun.«

»Selbstverständlich.«

»Ich selber«, fuhr sie fort, »werde mir nun die Welt ein bißchen ansehen, nachdem ich die letzten zwanzig Jahre nur an die Entwicklung meiner Tochter denken durfte.«

»Sie wollen München also wieder verlassen?«

»Sobald ich meine Pläne für eine Weltreise zusammengestellt habe. Hoffentlich bekomme ich vorher noch Ihre Ausstellung zu sehen! Mich hat selten ein Maler so fasziniert.«

»Danke für das Kompliment.« Udo wußte zwar nicht, ob es ihm persönlich oder seinen Bildern galt. »Übrigens trage ich mich mit dem Gedanken, Ihre Tochter in dem besonders reizvollen Kostüm der Rosemarie zu malen.« Er sagte das betont kühl und sachlich, fast geschäftsmäßig.

Frau Schenk war von diesem Plan offensichtlich überrascht, aber keineswegs begeistert.

»Ob sie dazu wohl bereit wäre?« fuhr er fort.

Achselzucken.

»Ein solches Gemälde – noch während der Ausstellung gezeigt – würde auch für die Aufführung eine gewisse Werbewirkung haben.«

Die Alte nickte, als stimme sie ihm zu, äußerte sich aber nicht. »Schade, daß ich nur ein paar Ihrer Bilder sehen konnte«, wich sie aus.

»Der Galerist hat sie inzwischen abholen lassen. Die Staffelei und das Handwerkszeug habe ich in einem Nebenraum untergebracht, und nun kann ich endlich daran denken, ihn seiner eigentlichen Bestimmmung zu übergeben, zumal mir der Galerist einen beachtlichen Vorschuß angeboten hat.«

Die Erwähnung seines Schlafzimmers hatte eine überraschende Wirkung: Ohne jede Überleitung brachte Frau Schenk das Gespräch auf Winfrid. »Hat sich Ihr Freund die Vorstellung inzwischen einmal angesehen?«

»Da wir ständig auf Wochen im voraus ausverkauft sind, war es selbst mir bisher nicht möglich, ihm eine Eintrittskarte zu beschaffen.«

»Sie sagten damals, die Bundesrepublik habe ihn aus Ostberlin freigekauft. War das ein Scherz oder...«

»Nein, diesen Menschenhandel gibt es.«

»Welches besondere Interesse hat man denn hier an Ihrem Freund?«

»Wahrscheinlich keines. Er ist nur ein junger Mann, der sich drüben unbeliebt gemacht hat. Dazu genügt mitunter schon ein unbedachtes Wort.«

»Und hier – fühlt er sich hier wohl?«

»Bis vor kurzem. Zur Zeit läßt er die Nase hängen, denn seine bisherige Freundin – eine Amerikanerin aus Baltimore – hat ihm geschrieben, daß sie nun doch nicht, wie versprochen, nach Europa zurückkehren könne«, schwindelte Udo. »Ihr Mann habe sie in München beobachten lassen und platze vor Eifersucht.« Er holte tief Atem und wartete einen Augenblick. Ariane horchte auf. »Winfrid hat an dieser Frau sehr gehangen und sie an ihm. Acht Monate hat das gedauert. Er fühlte sich während dieser Zeit wie im Himmel... und sitzt nun auf dem Trockenen.«

»Hm – tut mir aufrichtig leid um den netten jungen Mann. Ich fand ihn ungewöhnlich sympathisch und amüsant.«

»Er wäre sicher froh, wenn er sich einmal bei Ihnen melden dürfte«, sagte Udo vorsichtig.

Ariane nickte. »Ja, weshalb eigentlich nicht? Vielleicht kann ich mich ein bißchen um ihn kümmern.«

Von ihrer Tochter kein Wort.

Anschließend rief Udo gleich bei Gisi an. »Winfrid soll sich so bald wie möglich melden. Ich habe eine gute Nachricht für ihn.«

Winfrid rief ihn noch am selben Abend an. »Was gibt's? Ich fange schon an zappelig zu werden.«

»Ruf die Alte an; ich bin sicher, daß sie sich freut!«

»Oho!«

»Sie wohnt jetzt im ›Hilton‹, und zwar ohne ihre Tochter.«

»Was hat denn das zu bedeuten?«

»Daß sie sich langweilt. Und in solchen Situationen sind Seelentröster immer ein Geschenk des Himmels. Vielleicht ist für dich sogar eine Weltreise drin.«

»Mann, Udo, mach mich nicht irre!«

»Ruf an, aber halte dein Temperament etwas zurück!«

Während dieses Gesprächs hatte Gisi neben Winfrid gestanden. »Was ist? Gibt's was Neues?«

»Ja, Gisi, ja. Ich glaube, ich glaube...« Winfrid legte den Hörer behutsam in die Gabel, als hätte er Angst, ihn zu zerbrechen.

»Was hat dir Udo denn erzählt?«

»Ach, Gisi, wenn das stimmt...«

»Na sag's schon!«

»Sie finde mich ungewöhnlich sympathisch und interessant.«

»Kannst du ja auch sein, wenn du willst.«

»Will ich doch immer. Und ich gebe mir auch jedesmal die größte Mühe.«

»Glaub' ich dir sogar.«

»Aber dann ist es eines Tages immer wieder aus. Warum, weiß ich nie.«

»Nur Sex, das ist auf die Dauer auch zu wenig.«

Winfrid starrte in seine Cola und fuhr mit dem Mittelfinger der rechten Hand sinnend über den Glasrand. »Gisi, du kennst doch uns Männer.«

»Bißchen.«

»Woran kann das liegen?«

»Im Gegensatz zu euch Männern suchen die Frauen vor allem Liebe.«

»Na und?«

»Sex ist nicht Liebe.«

»Oho! Was denn dann?«

»Ich meine: Sex allein.«

»Verstehe. Aber oft ist das doch wahrhaftig viel zu viel verlangt. Ich kann mir nicht lange aussuchen, mit wem ich ins Bett gehe. Nicht nur die Kunst geht nach Brot, auch die Liebe. Da liegt doch der Hund begraben.«

Wie er so dasaß, versunken, mit gefurchter Stirn, tat er ihr auf einmal leid.

»Winfrid, du bist ja auch ein verdammt liederlicher Hund.«

»Ein Rumtreiber, ich weiß. Aber wo soll ich denn bleiben, wo könnte ich denn bleiben?« Während er sie so treuherzig ansah, schimmerte es verdächtig in seinen Augenwinkeln. Er wischte daran herum. »Anders kann ich doch nicht. Und selbst wenn ich was Ordentliches gelernt hätte, wo gibt es denn heute Arbeit? Sex ist doch das einzige Geschäft, das immer geht. Und in letzter Zeit ist auch da nicht mehr allzu viel zu holen.«

Gisi winkte dem Barmann. »Trink 'nen Whisky mit! Ausnahmsweise mal.«

»Ach Gisi, dich könnt' ich lieben. Richtig lieben. Ehrlich! Liebhaben nennt man so was wohl.«

»Prost! Und nimm's jetzt mal ernst. Ich halt' dir beide Daumen. Vor allem: Laß ja die verdammte Spritzerei!«

»Ich hab' in letzter Zeit oft nicht die Butter aufs Brot, geschweige denn Zaster für so was. Ich bin sauber, ich schwör's dir.«

»Hm – dein komischer Ostzonenfreund hat sich auch mal wieder sehen lassen«, sagte Gisi ein bißchen lauernd.

»Ostzonenfreund? Hab' ich nicht.«

»Aber gehabt.«

»Doch nicht hier!« Winfrid sagte das, als wäre ihm schon der bloße Gedanke unangenehm.

»Na, dann nicht!« maulte Gisi verstimmt. »Dann hab' ich deinen Witwentröster wohl geträumt.«

»Haste bestimmt. Träum mir lieber meine strohblonde Schwedin zurück.«

»War das nicht ein Amerikaner?«

»Nein, mein Schatz, das war eine Sie!«

»Ach die! Dann hängt die doch sicher wieder an der goldenen Kette ihres Juweliers.«

»War 'ne ganz flotte Person. Mit der ließ sich leben.«

»Klasse, wie die damals deinen Freund hat abblitzen lassen«, erinnerte sich Gisi lachend.

»Wen?« Winfrid schüttelte verständnislos den Kopf.
»Na, den! – Aber wenn du ihn partout nicht wahrhaben willst…«
»Wahrhaben? Dir glaub' ich doch alles, denn Liebe macht dumm.«
»Soll das heißen…«
»…daß ich dich liebe. Ganz, ganz große Seelentour!«
Gisi lachte: »Laß das bloß den Paul nicht hören! – Und ob du überhaupt noch lebtest, wollte er wissen. Und schöne Grüße.«
»Von Paul?«
»Nein: von deinem Dingsda, diesem Gigolo, der dann eines Tages mit der lustigen Witwe…«
»Ach, du lieber Himmel – der! Das war doch keiner aus dem Osten. Der hat mich doch hier erst gesehen und gleich am ersten Abend angequatscht.«
»Und dann wart ihr doch ständig wie Bruder und Schwester.«
»Ach was, der machte nur immer Klebe.«
»Ausgegeben hat der allerdings nie einen für dich.«
»Der hatte doch selber nichts.«
»Was hat er denn dann von dir gewollt?«
»Gisi, Gisi, du kannst einem aber auch ein Loch in den Bauch fragen. Der war doch nur auf Witwen aus.« Winfrid versuchte abzulenken: »Kommt der Udo heute noch rein?«
»Er meinte, ob du immer noch hier verkehrtest.«
Winfrid drehte die Augen gen Himmel. »Der Udo? Oder bist du immer noch bei deinem Witwentröster? Ich bin froh, wenn ich den nicht sehe.«
In Gisi stieg ein schrecklicher Verdacht auf. »Hat der etwa mit solchem Zeug gehandelt? Laß dich damit ja nicht ködern!«
»Was du dir so denkst! Ich fand ihn lästig und widerlich und auf eine penetrante Art süßlich!«
»Entschuldige, Winfrid. Bisher hatte ich das alles aus Sorge um dich ganz anders gesehen.«
»Ach, deshalb die Fragerei! – Dann hattest du dich eben versehen. Macht ja nichts. Den hab' ich sowieso gefressen wegen dem Feuerzeug.«
»Ach ja, jetzt erinnere ich mich dunkel. Tröste dich: Ich werde dir zum Geburtstag ein neues schenken.«

»Lieb von dir. Aber ob du's nun glaubst oder nicht: Das war echt Gold.«

»Du meinst, echt vergoldet.«

»Aus Gold. Mein Ami hat's mir damals aus Paris mitgebracht. Als Trost, weil er mich nicht mitnehmen konnte. Du weißt: wegen meinem Paß. Der war damals noch nicht ganz in Ordnung. Es war von Hermès und ist bestimmt irrsinnig teuer gewesen.«

»Und was hat dieser... dieser Witwentröster damit zu tun?«

»Eines Tages war's verschwunden. Geklaut. Und von wem?«

»Ich ahne es.«

»Hat er natürlich bestritten, aber... Na ja, ein Wegwerfdings tut's ja auch.«

»Du kriegst von mir ein neues – echt vergoldet.«

»Gisi, dann fang langsam schon an zu sparen; in vier Wochen werde ich vierundzwanzig.«

»Wie weit bist du denn mit der Alten gekommen?«

»Udo meinte, ich könnte sie ruhig mal anrufen. Sie wohnt jetzt allein, und zwar im ›Hilton‹.«

»Na, dann nichts wie los.«

Er nahm das Telefonbuch und blätterte nervös darin herum. Endlich fand er's unter »Hotels und Gaststätten«. »Sie heißt doch Schenk, oder? Bei Künstlern weiß man das ja nie.«

Er wurde sofort verbunden.

»Schenk.«

»Hier ist Winfrid. Gnädige Frau, Sie erinnern sich vielleicht...«

»Wieso vielleicht? Halten Sie sich für so unscheinbar?«

»Nein, nein – vielmehr doch, doch. Ich meinte nur...«

»Ihr Freund Udo hat Ihnen also meine Telefonnummer verraten.«

»Ja, ja – gewissermaßen. Er meinte, ich sollte Sie recht bald mal anrufen.«

»Das finde ich sehr nett von ihm.«

»Ja und...« Er hing fest.

»...und?«

»Sie haben ja gesagt, daß ich Sie mal anrufen dürfte.«

»›Gesagt‹ ist ja wohl ein bißchen zu viel gesagt. Wenn ich mich recht erinnere, habe ich auf Ihre diesbezügliche Frage nur genickt.«

»Genau! Und deshalb...«

»...rufen Sie erst jetzt an?«

»Ich wußte ja nicht... und so richtig getraut habe ich mich auch nicht gleich.«

»Ihr Freund Udo hat Ihnen also Mut gemacht.«

»Ja, und er meinte, ob ich Sie nicht mal im Hotel besuchen wollte.«

»Wollen Sie denn?«

»Gewiß. Wann darf ich denn mal kommen?«

»Kommen Sie doch morgen zum Tee. Ich freue mich, Sie zu sehen.«

»Ganz auf meiner Seite!«

Winfrid fand selber, daß diese Phrase ziemlich blöde war, aber du lieber Himmel, wenn so ein armes Schwein endlich mal Kontakt mit so einer reichen und vornehmen Dame hat, also da fallen einem ja auch nicht immer gleich geistreiche Redensarten ein.

Er legte auf. »Geschafft!«

»Du aber anscheinend auch. Wie sieht's denn aus?«

»Bestimmt prima. Morgen bin ich zum Tee bei ihr.«

»Na, dann auf zum fröhlichen Treiben!«

Winfrid lachte. »Bißchen mulmig ist mir ja bei der Sache.«

»Wieso?«

»Wie die am Telefon... Also das war das reinste Katz-und-Maus-Spiel.«

»Nicht schlecht. Das hilft über alle Peinlichkeiten hinweg.«

»Ob ich da in meinen toll sitzenden Jeans hingehen soll?«

»Beim ersten Mal bestimmt nicht. Und wenn sie dich einlädt wiederzukommen, dann frag sie danach, denn wenn eine alte Dame einen jungen Mann in ihrem Appartement empfängt, dann muß schon etwas auf die Form geachtet werden.«

»Danke für den Hinweis.«

»Übrigens hat Udo mir heute Theaterkarten für kommenden Montag geschickt. Paul kann aber nicht, denn da hat er seinen Kegelabend.«

»Kegelabend? Gibt's denn so was noch?«

»Sogar piekfein und hochmodern.«

»Ich hatte schon krumme Gedanken.«

»Komm doch mit, wenn du frei bist.«

»Ich bin leider fast immer frei – und wenn ich's nicht bin, für dich mache ich mich frei.« Er lachte dreckig.

Gisi überhörte es. »Du kommst also mit. – Und für morgen viel Glück! Sag mir nachher gleich, wie's war.«

Der Auftrag, den ihm Frau Schenk gegeben hatte – war es nun wirklich ein so wichtiger Auftrag oder nur ein Vorwand, um den Kontakt zu ihm oder Winfrid nicht zu verlieren, oder war es am Ende nur Langeweile, die sie veranlaßt hatte, ihn ins Hotel zu bitten? Wie dem auch sei, er hatte einen Auftrag übernommen und mußte ihn nun auch ausführen: das Gespräch mit dem Intendanten. Und das wiederum würde ihm dann die willkommene Gelegenheit zu einem Gespräch mit Rita geben.

Aber diesmal nicht zu einem flüchtigen Gespräch zwischen Tür und Angel oder zwischen den Kulissen, sondern...

Er könnte sie zu einem Gespräch in die Kantine bitten. Das konnte von ihr wenigstens nicht mißdeutet werden. Aber war das der rechte Ort für ein Gespräch, wie er es sich wünschte?

Und weil dieses Gespräch für ihn im Augenblick wichtiger als alles andere war, tat er etwas, was er sonst verabscheute: Er stellte den Wecker auf halb acht und rief am nächsten Morgen gleich im Friseursalon des Hauses an, um sich anzumelden. Wenn er dann pünktlich kam, brauchte er nicht zu warten.

Die längst überfällige Prozedur dauerte fast eine Stunde. Dann sah er in den Spiegel – viel länger als sonst – und fand, daß er so hingetrimmt doch etwas bürgerlicher aussah.

Jetzt noch in den Laden für Herrenmoden – gleich nebenan – ein neues weißes Hemd, eine dunkelblaue Jacke und eine sonnengelbe Krawatte... Winfrid würde sagen: »Schnieke!«

So ungewöhnlich feingemacht, nahm er sich, ganz gegen seine Gewohnheit, ein Taxi. Er betrat Münchens größtes Einrichtungshaus in der vornehmen Briennerstraße und bummelte darin stundenlang zwischen den Meisterschöpfungen moderner Möbelarchitekten umher.

Doch während er noch nach einer animierenden Schlafzimmereinrichtung mit einem verführerischen Doppelbett Ausschau hielt, wurde ihm klar, daß sie zu den allzu schlichten Möbeln seines »Wohnzimmers« in einem geradezu grotesken Verhältnis stehen würde, daß er diese alten Klamotten also erst durch neue ordentliche Möbel ersetzen mußte. Da half nun kein Zögern mehr, jetzt hatte Zandel ihm mit seinem großzügigen Vorschuß die Möglichkeit gegeben, mit der Bohèmewirtschaft Schluß zu machen, und das sollte nun auch über die Bühne gehen.

Er bummelte gemütlich durch die Stadt und aß dann am Stachus zu Mittag.

Anschließend ging er zu Zandel.

Eine schicke dunkelblaue Jacke, ein blütenweißes Hemd und eine sonnengelbe Krawatte, die schwarzen Haare kunstvoll zurechtgestutzt, aufgelockert und von Meisterhand so zurechtgelegt, als seien sie nach wie vor verstrubbelt...

Herr Zandel traute seinen Augen kaum.

Da er Udo erst kurze Zeit kannte, ahnte er natürlich nicht, daß sich in dem jungen Mann das vollzogen hatte, was die Liebe bei jungen Leuten seit eh und je fertigbringt, wenn sie nach vielen Irrwegen endlich die Richtige gefunden haben. Er besah ihn sich, angenehm erstaunt, und sagte: »Ich habe jetzt endlich den Termin. Wir haben noch vier Wochen Zeit. Genug, um auch die letzten Einzelheiten in aller Ruhe zu durchdenken.«

Er legte Udo die ersten Korrekturabzüge des Prospektes vor. Beide hatten diese Arbeit gemeinsam und mit besonderer Sorgfalt vorbereitet. Sie hatten einem der erfolgreichsten Grafiker die drucktechnische Gestaltung übertragen und den besten Drucker Münchens gewählt.

Der in Handsatz liebevoll hergestellte Text enthielt eine kurze Lebensbeschreibung des Malers und ein Foto, das ihn bei der Arbeit zeigte: ein ausdrucksvolles Bild, das selber fast wie ein Gemälde wirkte.

Acht Seiten im Briefbogenformat mit der Reproduktion von sechs Gemälden, die Udo und Zandel nach tagelangem Hin und Her ausgewählt hatten.

Das Titelbild sollte die strahlende Zenzi zeigen, denn das war München schon auf den ersten Blick, und man wußte sofort, was man von dem Maler zu erwarten hatte: Heimatliches, Uriges.

»Dieser Prospekt wird wie eine Bombe einschlagen«, sagte Zandel.

»Er kostet bei einer Erstauflage von fünftausend Exemplaren eine Mark pro Stück. Wir werden von den Interessenten eine Schutzgebühr von zwei Mark fordern und damit einen kleinen Teil der Unkosten hereinholen.«

Udo war mit dem Gang der Dinge zufrieden. Das konnte ein Start werden, wie er ihn sich nicht zu träumen gewagt hätte. »Was halten Sie davon«, fragte er, »wenn ich die Wochen bis zur Ausstellung dazu benutze, ein lebensgroßes Bild der Rita Schenk zu malen? Und zwar im Kostüm der Rosemarie?«

»Eine gute Idee! Wenn Sie glauben, sie für einen solchen Plan gewinnen zu können...«

»Das nehme ich an. Ich nehme sogar an, daß mich der Intendant nötigenfalls unterstützt, denn er wird bestimmt daran interessiert sein, daß sein Star wieder einmal in den Zeitungen und Zeitschriften erscheint.«

Wenn Udo auf dem Weg zum Theater einen flüchtigen Blick in die Schaufenster warf, sah er immer nur sein Spiegelbild. Und dann lächelte er über sich selbst.

Feingemacht wie ein Torero, dachte er. So betrat er an diesem Abend das Theater und ging schnurstracks zum Intendanten. Er berichtete ihm über sein Gespräch mit Frau Schenk und sagte dann, als sei das die belangloseste Sache der Welt, seine Ausstellung werde nun endlich in vier Wochen eröffnet. Was der Intendant denn davon halte, wenn er Rita aus diesem Anlaß in Öl verewige?

Der Intendant fiel aus allen Wolken. »Eine Ausstellung? Was ist denn das für eine Ausstellung? Und sogar im ›Hilton‹?«

Udo berichtete.

»Und das verraten Sie mir erst jetzt?« Der Intendant vermochte ihm kaum zu glauben, doch als ihm Udo den Namen des Galeristen nannte, waren alle Zweifel wie weggeweht.

»Ich wollte Fräulein Schenk den Vorschlag machen, Sie aber vorher um Ihren Segen bitten...«

»Den brauchen Sie bestimmt nicht, denn wer bei Zandel ausgestellt wird...«

»Ich dachte, falls Fräulein Schenk etwa Bedenken hätte...«

»Dann sagen Sie mir das; ich werde Sie bei Ihrem Plan unterstützen.«

Udo bedankte sich und klopfte schon wenige Minuten später bei Rita an.

»Wer ist da, bitte?« fragte sie. »Ah, Herr von Kling?« Sie öffnete die Tür, um ihn einzulassen.

»Verzeihung, ich möchte Sie jetzt nicht stören. Ich wollte Sie nur fragen, ob Sie bereit wären, sich von mir für meine Ausstellung malen zu lassen?«

»Was? Malen zu lassen? Ist das Ihr Ernst?«

»Mein voller Ernst. Und damit Sie sehen, wie ernst es mir mit meiner Bitte ist: Ich habe mir eben das Einverständnis des Intendanten geholt, Ihnen diesen Vorschlag zu machen, will Sie aber jetzt nicht stören; ich möchte Sie nur kurz fragen, ob ich Sie nach der Vorstellung zu einem kleinen Abendessen im ›Bayerischen Hof‹ einladen darf. Dabei könnten wir dann alles Weitere besprechen.«

Rita war von diesem Vorschlag so überrascht, daß sie ihn eine Weile wortlos ansah. »Ja, natürlich«, sagte sie, »aber...«

»Kein Aber! Da Sie es natürlich finden, darf ich Sie also nach der Vorstellung abholen.« Er streckte ihr die Hand entgegen: »Abgemacht?«

»Da Sie sogar den Segen des Intendanten haben – abgemacht!«

Zum erstenmal nach der Einsamkeit der letzten Wochen fühlte Rita sich menschlich angesprochen. Die Trennung von der Mutter hatte eine Lücke gerissen. Sie fehlte ihr ganz einfach, denn um vieles, zum Teil völlig Belangloses, mußte sie sich nun selber kümmern. Dazu kam, daß der Intendant sie durch einen neuen großzügigen Plan auf Jahre hinaus an sein Theater binden und daß ein erfolgreicher Regisseur die Operette mit ihr verfilmen wollte.

Diesen beiden Angeboten stand sie hilflos gegenüber. Ihre Mutter hätte sie kühl gegeneinander abgewogen und mit beiden Partnern ebenso geschickt wie souverän verhandelt, aber Rita hatte nur vermocht, die nötigen Entscheidungen vor sich her zu schieben.

Und nun war da ein Mann gekommen, hatte sie ohne viele Umschweife zum Abendessen eingeladen, und sie hatte zugesagt. Zum erstenmal in ihrem Leben und wie unter einem Zwang. Hätte sie nicht unter irgendeinem Vorwand ablehnen müssen? Vielleicht hätte sie auch abgelehnt, aber er hatte sie einfach überrumpelt, und ein halbwegs glaubhafter Vorwand war ihr nicht eingefallen...

Das Büro des Intendanten hatte den Tisch bestellt. Da man wußte, daß das Erscheinen Ritas kein Aufsehen erregen sollte, hatte man ihnen einen stillen Eckplatz reserviert. Doch als Udo und Rita das Restaurant betraten, wurde Rita trotz ihrer unauffälligen Kleidung von einigen Gästen erkannt und mit einem diskreten Lächeln begrüßt.

Es war das erste Mal, daß sie ein Restaurant ohne ihre Mutter besuchte, die in ihrer souveränen Selbstdarstellung stets alle Blicke auf sich gezogen hatte.

Ältere Gäste hatten sie stets erkannt, und viele wußten von dem dramatischen Ende ihrer so sieghaft begonnenen Karriere. Manche hatten sogar noch ein paar abgespielte Schallplatten aus dieser Zeit, wehmütige Erinnerungen an eine versunkene Epoche. Sie selber dagegen spiegelte sich noch immer in ihrem ehemaligen, inzwischen längst verblichenen Ruhm. Daß man sie nicht erkennen würde, schien ihr unvorstellbar. Rita war dabei stets im Hintergrund geblieben.

»Dies ist mein erstes Rendezvous ohne meine Mutter«, sagte Rita, während Udo ihr den Stuhl zurechtrückte. »Und ich komme mir dabei vor, als ginge ich verbotene Wege. – Das total verrückte Resultat einer noch verrückteren Erziehung.«

Udo schwieg. Er dachte in diesem Augenblick an das peinliche Zusammentreffen mit Rita und ihrer Mutter in der Garderobe.

Als hätte sie seine Gedanken erraten, sagte Rita: »Ich bin inzwischen dem Flügelkleide entwachsen, und aus dem unbekannten Eindringling von damals ist eins, zwei, drei ein berühmter Maler geworden.«

»Berühmt? Wer anders als mein leichtsinniger Galerist rühmt mich schon?«

»Ihre Gemälde haben mich so fasziniert, daß ich einige von ihnen immer noch in lebhafter Erinnerung habe.«

»Was?« Udo starrte sie mit geöffneten Lippen an. »Und ich hatte den Eindruck...«

»Ich weiß. Ich habe damals eine höchst unglückliche Rolle spielen müssen und gespielt. Jedenfalls hat dieser Besuch bei Ihnen noch am selben Abend zu dem längst fälligen Zerwürfnis mit meiner Mutter geführt.«

Udo zuckte leicht zusammen. »Unvorstellbar! Wie könnte da ein Zusammenhang bestehen!«

»Er hat bestanden. Bitte ersparen Sie mir peinliche Erklärungen. Vielleicht ahnen Sie ohnehin...«

Udo nickte. »Ihre Mutter hat mich gestern ins Hotel gebeten«, sagte er ohne einen direkten, aber trotzdem spürbaren Zusammenhang.

»Das war zu erwarten. Und morgen wird sie Ihren blonden Freund zu einem Besuch einladen.«

Das klang überraschend hart und bitter.

Rita senkte den Kopf und nestelte an ihrer Handtasche herum. »Sind Sie mit ihm näher befreundet?«

»Ich kenne Winfried erst wenige Monate. Er ist zwar ein etwas windiger Hund, aber ich mag ihn.«

»Ich fand ihn amüsant und witzig«, sagte sie nach einer Weile. »Und es tut mir leid, daß ich auch ihm gegenüber... na, Sie wissen schon.«

Ja, er wußte es jetzt, und das ließ ihn manches ein wenig anders sehen als bisher.

Während der Kellner ihnen die Speisenkarte vorlegte, fragte er Rita, einem plötzlichen Impuls folgend: »Haben Sie hier in München Bekannte oder Freunde?«

Sie sah ihn überrascht an und schüttelte nur stumm den Kopf.

Das Essen begann und wurde zu einem kleinen Festessen mit Champagner.

Erst beim Dessert erwähnte Udo seinen Plan, ihrem Bild einen Platz im Mittelpunkt der Ausstellung zu geben.

»Und dann werde ich meistbietend versteigert«, sagte sie lachend. Es war ihr erstes Lachen an diesem Abend.

»Es wird das einzige Bild mit dem Vermerk ›Unverkäuflich‹ sein... wenn es überhaupt so gelingt, wie ich mir das denke.«

»Davon bin ich schon jetzt überzeugt.«

»Ich werde Sie aber bitten müssen, mir ein paarmal im Kostüm der

Rosemarie zu sitzen.«

»Es wird mir ein Vergnügen sein.«

»Bestimmt ein langweiliges Vergnügen. Im Theater mache ich zunächst nur einige Skizzen. Einzelheiten des Kostüms kann ich nachher anhand eines Farbfotos malen. Mir kommt es auf Ihr Gesicht an, auf Ihre Hände und auf Ihre Haltung, also auf die eigentliche Komposition. Wenn es Ihnen recht ist, möchte ich mit den Skizzen schon morgen oder übermorgen anfangen. Einverstanden?«

»Einverstanden!« sagte Rita spontan. Diesem Mann, das fühlte sie, durfte sie vertrauen. Vielleicht konnte er sogar ein wertvoller Freund werden und ihr dann und wann zur Seite stehen...

Bei der zweiten Flasche Sekt waren sie sich innerlich schon etwas näher gerückt und sagten einander sogar ein bißchen mehr, als sie einander in völlig nüchternem Zustand wohl gesagt hätten. Einmal an diesem Abend sah er ihr Gesicht so, wie er es auf die Leinwand bannen wollte: dieses Gesicht mit dem ganzen Zauber zweier Rassen...

Als sie gegen eins im gemeinsamen Taxi nach Hause fuhren – sie ins »Sheraton« und er ins »Arabella« –, stellte Rita erleichtert fest, daß sie nicht mehr allein war und die Welt auf einmal viel freundlicher aussah als bisher.

Sie ging, leise vor sich hinsummend, in ihre Suite, warf sich aufs Sofa und sagte dann ganz laut, als stände sie auf der Bühne: »Ich bin nicht mehr allein!«

Udo fuhr in einem der acht Fahrstühle zum sechzehnten Stock. Dabei sah er sich im Spiegel. »Komisch, was so eine dunkelblaue Jacke und eine sonnengelbe Krawatte für eine Wirkung haben...«

Er sah auf die Uhr. Es war schon halb zwei. Eine seltsame Unruhe hatte ihn erfaßt. Er trat an das große Fenster und sah über die Dächer und Türme der Stadt hinweg nach Westen.

München schlief noch nicht. Der Himmel über der Stadt war von ihrem Widerschein gerötet.

Jetzt zu Bett? Unmöglich! Alles in ihm war aufgewühlt. Eine seltsame Unruhe flackerte in seinen Augen und ließ ihn zittern. Viel zu viel hatten die letzten Stunden ihm gebracht, als daß er jetzt schon hätte schlafen können.

Er ging in die Küche und brühte sich eine Tasse starken Kaffee auf.

Ihm wurde heiß. Er trat auf die breite Terrasse und legte die Stirn gegen das kühle, gemauerte Ziergitter.

Drüben im »Sheraton« brannte hier und da noch Licht.

Sie hatten während der Heimfahrt kein Wort gesprochen. Es gab zwischen ihnen viel zu viel zu sagen, als daß man etwas hätte sagen können. Am liebsten hätte er den Arm um ihre Schultern gelegt und sie behutsam an sich gezogen. Doch das hatte er nicht gewagt.

Dennoch war diese Heimfahrt das Erlebnis des Abends. Diese fünfzehn Minuten, in denen ein langer Händedruck mehr sagte als tausend Worte.

Ob Rita jetzt schon schlief oder ob auch in ihr das Erlebnis dieses Abends nachschwang?

Er trat zurück ins Zimmer und sah sich um.

Die Möbel, die Atmosphäre des ganzen Raumes... Wenn er an die letzten Jahre zurückdachte, an die Zeit, in der er nur an seine Arbeit gedacht, wie in einem Rausch geschaffen, den Menschen ihr Antlitz gestohlen und auf die weiße Leinwand gebannt hatte – waren es auch schwere, waren es auch harte Jahre gewesen, so waren sie doch von einer großen, schöpferischen Leidenschaft durchglüht gewesen.

Bald wird die Ausstellung seinen Namen hinausschreien in die Welt. Wird es dann nicht aus sein – für immer aus sein – mit der stillen Tätigkeit?

Drüben im »Sheraton« erlosch ein Licht nach dem andern.

In seiner Etage war es still, ganz still.

Udo überlegte: Ob ich Rita wohl an einem der nächsten Tage zu mir bitten darf?

Einem plötzlichen Impuls folgend, öffnete er die Tür zur Kammer, holte die Staffelei wieder heraus und stellte sie im leeren Schlafzimmer an ihren alten Platz dicht beim Fenster. Dort wird sie sitzen, dachte er.

Als er sich schließlich auszog und unter die Dusche trat, ging es schon gegen drei.

Das kühle Wasser tat ihm wohl, doch als er sich dann hinlegte, fand er trotzdem keinen Schlaf.

Ich bin nicht mehr allein! dachte Rita, als sie erwachte. Und zum Beweis klingelte in diesem Augenblick das Telefon.

»Ein gewisser Herr von Kling möchte Sie sprechen.«

»Gut, geben Sie mir den gewissen Herrn!«

»Guten Tag. Darf ich fragen, wie das gnädige Fräulein zu ruhen geruht haben?«

»Danke. Nicht besonders. Mir ist so entsetzlich viel durch den Kopf gegangen. – Und Sie, wenn ich fragen darf?«

»Mir ist der ganze Kopf durchgegangen. Ich habe praktisch überhaupt nicht geschlafen.«

Rita lachte: »Das ist ja schlimm. Was machen wir da?«

»Darf ich Ihnen einen Vorschlag machen?«

»Schon akzeptiert.«

»Ich hole Sie heute abend ab, und wir fahren gemeinsam ins Theater. Vielleicht erzählen Sie mir dann unterwegs ein wenig von dem, was Ihnen alles durch den Kopf gegangen ist.«

»Eine gute Idee!«

»Und wann darf ich Sie abholen?«

»Ich glaube, wir müßten wohl um sieben hier abfahren.«

»Das glaube ich auch. Ich werde pünktlich in der Empfangshalle sein.«

Udo liebte Rita, und Rita liebte ihn.

Es war keine himmelstürmende, alles überrennende Liebe, kein hemmungsloses Zueinander- und Ineinanderdrängen, es war kein Rausch, der sie sich und die Welt vergessen ließ.

Es war jene stille, in sich ruhende Liebe, die das Glück nur in den Augen des andern sehen will.

Sie wußten es beide und fühlten sich glücklich in dieser Liebe.

Für Rita war Udo der Mann, der nach der Trennung von der Mutter durch eine segensreiche Fügung des Schicksals in ihr Leben getreten war und ohne den sie sich dieses Leben nicht mehr vorstellen konnte.

Die sexuellen Eskapaden ihrer Mutter hatte sie mit Ekel und Entsetzen zur Kenntnis nehmen müssen, und die Erinnerung daran hatte sich wie ein Trauma ebenso fest in ihr eingebrannt wie in Udo das Wissen um jenes immer noch rätselhafte Erbgut, an dem einer seiner Brüder – wie ein Familienmakel vor der Welt versteckt – dahingewelkt war.

Vor der Welt versteckt... wie nun auch schon seit vielen Jahren seine Mutter.

Das war das tragische Geheimnis seines Lebens, und er trug schwer genug daran, denn auch die berühmtesten Spezialärzte konnten ihm beim damaligen Stande der wissenschaftlichen Forschung nicht garantieren, daß nicht auch er jene Krankheit in sich trug und unheilvoll weitergeben würde.

Der Hausarzt der Familie hatte ihn schon bei den ersten Anzeichen einsetzender Pubertät über die verhängnisvolle Erbkrankheit der Familie aufgeklärt, die – im Gegensatz zur Bluterkrankheit – sowohl von der väterlichen wie von der mütterlichen Seite weitergegeben werden konnte. Sie trat meist erst zwischen dem dreißigsten und fünfunddreißigsten Lebensjahr, mitunter aber auch schon viel früher, auf und wurde mit fünfzigprozentiger Wahrscheinlichkeit weitervererbt. Keiner konnte ihm also sagen, ob nicht auch er sie in sich trug...

Eine Tatsache, die jedem verantwortungsbewußten Familienmitglied – also auch ihm – die moralische Verpflichtung auferlegte, auf Nachkommen möglichst zu verzichten.

Für Udo war die damals unerläßliche Aufklärung des altvertrauten Arztes – obwohl er sie nicht ganz verstand und ihre Tragweite noch nicht zu überschauen vermochte – ein schwerer Schock.

Erst zwei Jahre später las er in einer Illustrierten, was es mit dieser Krankheit auf sich hatte und welch verhängnisvolle Rolle sie in seinem Leben spielen konnte, eine Krankheit des Gehirns mit dem wissenschaftlichen Namen Huntingtonsche Chorea, die sich früher oder später durch jene zappeligen, ruckartigen, unbeherrschten und unbeherrschbaren tanzähnlichen Bewegungen und durch jene abschrekkenden Grimassen bemerkbar macht, die den Kranken zwar bewußt sind, sich von ihnen aber nur schwer überspielen lassen. So führt diese Krankheit mit der Zeit zu einer immer dramatischer werdenden geistigen Aushöhlung der Persönlichkeit. Ihre Opfer werden selten älter als sechzig Jahre. Manche sterben schon viel früher. Heute oder morgen konnte sie auch ihn überfallen...

Wenn er es rechtzeitig bemerkte, konnte er sich diesem elenden Dahinsiechen entziehen. Aber wenn sie es selber merkten – so lehrte die Erfahrung –, fehlte es den Betroffenen schon längst an der Kraft, ein

Ende zu machen.

Veitstanz nannte der Volksmund diese Krankheit nach dem Namen des heiligen Veit, zu dessen Kapelle bei Ulm man mit den Kranken in der völlig abwegigen Hoffnung auf ein Wunder wallfahrtete; denn das Wunder ist des Glaubens liebstes Kind.

Es hat sogar Zeiten gegeben, in denen man die bedauernswerten Kranken vom Teufel besessen glaubte und unter geistlichem »Beistand« mit mittelalterlichen Beschwörungsformeln und unter Anrufung Gottes auf dem Scheiterhaufen verbrannte...

Udo ging pünktlich hinüber.

Rita stand schon wartend in der Halle. Mein schwarzer Teufel, dachte sie und lächelte still in sich hinein...

Winfrid erschien am nächsten Abend schon gegen halb zehn in der Bar. Paul und Gisi saßen mit drei Gästen zusammen.

Paul liebte seine kleine, gutgehende Bar – so, wie er Gisi liebte. Aber Gisis Freunde waren ebenso wenig seine Freunde wie umgekehrt: Das waren zwei fremde Welten; sie kannten sich, doch sie berührten einander nicht.

Paul, ein ehemals sehr beliebter Fußballer, lebte immer noch mitten unter seinen Kameraden, und es verging kein Tag, an dem nicht der eine oder andere von ihnen in der Bar erschien.

Gisis Freunde waren ein Völkchen eigener Art. Fast ausnahmslos Künstler aller Schattierungen. Paul hatte mit ihnen nur wenig gemeinsam.

Gisi stand sofort auf, um Winfrid zu begrüßen; Paul nahm nur flüchtig von ihm Notiz. Winfrids »künstlerische« Tätigkeit ging ihm wohl allzu sehr gegen den Strich... auf den Winfrid wiederum – wohl oder übel – ohne die geringsten Hemmungen ging.

Gisi lotste Winfrid gleich an die Theke. »Na, wie war's bei deiner neuen Gönnerin?«

Winfrid pflanzte sich auf einen Hocker und stützte das Kinn auf beide Fäuste. »So la la.«

»Also nichts von wegen Weltreise.«

»Ich weiß nicht, ich weiß nicht, die Alte...«

»Erzähl! Ist sie nicht gleich aufs Ganze gegangen?«

»Was du denkst! Sie erwartete mich nicht in ihrem Zimmer, sondern im Teeraum.«

»Und, und? – Muß man dir die Worte aus dem Mund ziehen?«

»Ach Gisi, ich glaube, das wird nichts. Ich fürchte, die wollte mich gleich unterbuttern.«

»Verstehe ich nicht.«

»Ich auch nicht. – Würdest du mir ausnahmsweise mal 'nen kleinen Cognac spendieren? Ich bin noch ganz geplättet.«

Gisi gab dem Barmann einen Wink. »Mensch Winfrid, was ist denn mit dir los?«

»Ach, weißt du, an dem Nachmittag bei Udo, da war sie noch ganz anders. Da hätte ich mir durchaus denken können, daß ich mit der zurechtkäme, aber heute nachmittag... Also erst mal die Schminkerei. Einfach fürchterlich.«

»War sie bei Udo denn nicht auch zurechtgemacht?«

»Mag sein, vielleicht lag es auch an dem Licht – und dann dieses Vonobenherab! Als ob ich mich bei der Gnädigen um eine Stelle als Hausdiener beworben hätte.«

»Bei deinem Charme und deinem Aussehen – nicht zu glauben!«

»Zuerst hat sie mir ein Loch in den Bauch gefragt. Und was die alles wissen wollte! Ob ich vorbestraft wäre, und ob ich schon mal was mit Marihuana zu tun gehabt hätte – den Rauch könne sie nämlich nicht verknusen, und wie ich so den ganzen Tag herumbrächte, Lesen, Kino, Bars? Ob ich schon mal verheiratet gewesen wäre... Ich sage dir...«

»Ist die denn verrückt, die spinnt wohl!«

»Na, gutmütig, wie ich nun mal bin, hab' ich mir das eine Zeitlang angehört, aber dann habe ich den Spieß umgedreht und auch mit so 'ner saublöden Fragerei angefangen. Da rastete sie sichtbar ein und wechselte das Thema. Sie möchte München den Rücken kehren und eine große Reise um die Welt machen. Endlich beim Thema, dachte ich. Ob ich sie eventuell begleiten würde? Um die Form zu wahren – da sie ja als ehemalige Opernsängerin weltbekannt sei –, müsse sie mich als ihren Diener ausgeben.«

»Nein!«

»Doch! Und was sie dann alles noch so quasselte – wirklich, als ob man sich einen Diener anstellt.«

»So war das doch sicher nicht gemeint.«

»In den Hotels müsse sie also für mich immer ein Dienerzimmer nehmen. Ach so, dachte ich, das ist ja ganz was anderes, und fragte gleich nach dem Gehalt. Gehalt, nein. Sie habe mehr an ein Freundschaftsverhältnis mit Taschengeld gedacht.«

»Also Dienerverhältnis mit kleiner Nebenbeschäftigung.«

»Genau. Ich hatte genug. Nur um sie zu ärgern, fragte ich augenzwinkernd, was sie denn für Ansprüche stelle.«

Gisi spitzte die Ohren. »Aha! Und?«

»Sie sei zwar nicht mehr die Jüngste, aber in puncto puncti eine Frau voll Temperament, und sie habe das Gefühl, daß wir dabei prima klar kämen. Dabei musterte sie mich so eindeutig, daß es nichts mehr zu zweifeln gab. An eine echte Freundschaft dachte sie nicht eine Minute, das war klar, und wenn ich ihr eines Tages nicht jeden Willen getan hätte... Ich zog langsam, wie eine Schnecke, die Fühler ein, sah auf die Uhr und sprang erschreckt auf: ›Um Himmels willen, entschuldigen Sie – ich habe noch eine Verabredung!‹ Sie erstarrte zu Eis, doch ehe sie auftauen konnte, war ich schon draußen.«

»Wenn ich die Situation richtig sehe, bleibst du uns gottlob erhalten. Dann können wir zwei Schönen also kommenden Montag zusammen ins Theater gehen.«

»Gisi, du und ich im Theater!« Er drehte sich auf dem Hocker um. Inzwischen waren ein paar neue Gäste gekommen. »Fein! Um Udos neue Flamme zu bewundern. Morgen vormittag muß ich ihn auch noch über den großartigen Erfolg meiner Bewerbung unterrichten.«

Nach einer einsam verbrachten Nacht kratzte Winfrid seine letzten Groschen zusammen und rief Udo an. »Das mit der Alten geht schief.«

»Davon bin ich noch nicht überzeugt.«

»Die sucht einen Sklaven.«

»Für ihre Weltreise?«

»Davon hat sie gesprochen, aber...«

»Für wann bist du denn wieder mit ihr verabredet?«

»Überhaupt nicht. Ich bin geflohen.«

»Wie der keusche Josef aus den Fängen der Potiphar.«

»Ach Udo!« Er druckste herum. »Mit dieser Alten – ich bin schon wieder ganz mutlos!«

»Du hängst doch wohl nicht schon wieder an der Nadel?«

»Nein, aber ich nage am Hungertuch. Außer 'ner Menge Kohldampf habe ich nur noch drei Groschen.«

Udo hörte, wie Winfrid am anderen Ende der Leitung leise stöhnte.

»Dann geh zu Gisi und hol dir fünfzig Mark; ich telefoniere inzwischen mit ihr.«

»Wie soll ich das bloß gutmachen!«

»Mach dir darüber keine Gedanken. Aber warte mal, mir kommt da eine Idee. Ich habe vielleicht eine Arbeit für dich.«

»Ehrlich?«

»Eine ehrliche, saubere Arbeit.«

»Gibt's das noch?«

»Beim Aufbau meiner Ausstellung.«

Winfrid jubelte. »Mach keinen Quatsch!«

»Los, geh zu Gisi. Ich spreche inzwischen mit Zandel.«

Herr Zandel empfing Udo an diesem Vormittag in Hochstimmung. »Ich habe Ihre Bilder in einem Nebenraum untergebracht; jetzt kriegt sie noch keiner zu sehen. Und auch kein Wort an die Presse. Der Überraschungseffekt muß gesichert und voll ausgenutzt werden. Inzwischen arbeite ich einen genauen Terminplan aus. Auf der Suche nach einem Ausstellungsraum habe ich mich schon mit dem Direktor vom ›Hilton‹ in Verbindung gesetzt. Ich nehme an, daß das klappt. Da wir den Raum für vierzehn Tage brauchen, werde ich den Termin im Hinblick auf die vielen Tagungen, Kongresse und Modeveranstaltungen so bald wie möglich festlegen... Und wenn ich weiß, welchen Raum uns das Hotel zur Verfügung stellt, kann ich sogar schon die nötigen Stellwände zum Aufhängen der Bilder in Auftrag geben. Den Katalog müssen wir allerdings sofort in Angriff nehmen, und dazu brauche ich Ihre Hilfe, denn ich muß Sie unsern Besuchern im Katalog vorstellen und einige Ihrer Bilder zeigen.«

Udo sah voll Freude und Bewunderung, mit wieviel Sorgfalt und Sachkenntnis Zandel an die Arbeit ging. »Rufen Sie mich an, wenn Sie mich brauchen. Ich stehe Ihnen jeden Tag bis sieben Uhr zur Verfügung.«

> Sind wir allein? Ich stellte mich nur schlafend,
> weil mit dir ich gern allein wollt' bleiben.

Ariane, noch im Halbschlaf, richtete sich auf. Hatte sie recht gehört? Das war doch… War das nicht ihre Stimme? Mein Gott! Sie schlug die Hände vors Gesicht und lauschte mit verhaltenem Atem. Die süße Stimme, die eine Welt bezaubert hatte!

> Ich hab' so viel dir, ach so viel zu sagen,
> ein Geheimnis aus unsern ersten Tagen…

Ja, ja, ja, jubelte es in ihr, das bin doch ich! Ist das nun Traum oder Wirklichkeit? Das ergreifende Duett zwischen Mimi und Rudolph, mit dem sie bei Tausenden und Abertausenden Jubel und Tränenströme ausgelöst hatte.

> Ein Geheimnis, so süß und unermeßlich…

Und jetzt? Sie hielt den Atem an.

> O Geliebte…

Ja, sie erkannte ihn sofort: Riccardo Colonna, der einzigartige lyrische Tenor der Mailänder Scala, der Sänger mit dem Samt in der Stimme – als Rudolph auf der Bühne so sanft und zärtlich –, der sie jedesmal hinterher in ihrer Garderobe wie ein brünstiger Stier überfallen und genommen hatte, ohne Rücksicht auf Skandale. Skandale, an denen es in ihrem Leben weiß Gott nicht gefehlt hatte.

Dieser Bauernbursche aus Esterna, so bodenlos dumm und ungeschlacht und doch so berauschend in seiner Leidenschaft! Sie sank zurück in die Kissen, lauschend, wie auf die Stimme einer Fremden.

Das – ja, das war das Wunder ihrer Stimme gewesen! Dieser Stimme, die so sanft dahinströmen konnte wie der Hauch einer Sommernacht.

Diese Platte, die sie zusammen mit Riccardo besungen hatte – gleich nach ihrem ersten gemeinsamen Auftritt in der Berliner Staatsoper –, jetzt diese Platte, war das ein Zufall oder eine Aufmerksamkeit der Hoteldirektion?

Da kam auch schon die Ansage des Hotelsprechers: »Sie hörten soeben die unvergeßliche Stimme von Ariane Schenk, die in diesen Tagen Gast unseres Hauses ist.«

Ariane sah auf die Uhr. Halb neun. Normalerweise ließ sie sich um diese Zeit das Frühstück auf ihr Zimmer bringen, doch heute... Jetzt drängte es sie, sich zu zeigen.

Sie betrat den Frühstücksraum an diesem Morgen zum erstenmal. Der Oberkellner führte sie zu ihrem Tisch. Ariane lächelte huldvoll nach allen Seiten.

Kurz nachdem sie Platz genommen hatte, betrat ein ungewöhnlich gutaussehender, sportlich wirkender Mann mit einem eleganten rotbraunen Köfferchen den Saal und zog sofort alle Blicke auf sich. »Ariane Schenk!« begrüßte er sie mit seiner jugendlich frischen Stimme schon von weitem. »Welche Freude, Sie zu sehen, nachdem wir eben Ihre bezaubernde Stimme gehört haben.« Er trat an ihren Tisch. »Darf ich...?« Er wartete ihre Zustimmung nicht erst ab und setzte sich zu ihr.

Ariane war von seinem Erscheinen überrascht.

»Endlich«, hauchte er. »Wenn du wüßtest, wie ich dich gesucht habe.«

»Ich glaubte dich in Rom. Wolltest du nicht schon am nächsten Morgen abfliegen?«

»Der Geist war willig – aber das Fleisch war schwach. Viel zu spät, erst am Flughafen, erkannte ich, was du mir bist.« Er sah sie mit brennenden Augen an. »Es gibt Stunden, die man nicht so leicht vergißt. Ich mußte zurück zu dir, und wäre es auch nur für noch ein paar beseligende Stunden!«

Ariane hatte plötzlich das beglückende Gefühl, nicht mehr allein zu sein. »Ich habe inzwischen leider eine Entscheidung von großer Tragweite treffen müssen«, sagte sie.

»Ich ahnte es, als ich erfuhr, daß du umgezogen bist. Sag mir, daß ich noch ein, zwei Tage in deiner Nähe weilen darf.«

»Schön, daß du wieder da bist; ich brauche vielleicht deinen Rat. Hast du schon ein Zimmer im Hotel?«

»Noch nicht. Leider habe ich erst heute morgen im ›Sheraton‹ erfahren, wo du zu finden bist. – Die Zeit ohne dich...«

Ariane sah das begehrliche Funkeln in seinen Augen und schwieg.

»Hast du Sorgen?« fragte der Mann.

»Ich mache sie mir.«

»Wegen deiner Tochter?«

»Nein. Aber ich habe mich von ihr getrennt. Ich werde mein zukünftiges Leben entscheidend ändern müssen. Zunächst möchte ich mich einmal in der weiten Welt umsehen. Ich bin – abgesehen von dem Unglücksflug – nie aus Europa herausgekommen.«

»Beneidenswert, wenn man so über seine Zeit verfügen kann! Ich stecke durch meine Arbeit als Psi-Forscher und Experte für moderne Astrologie leider wie in einer Zwangsjacke... Rom ist nun geplatzt; man wird mich sehr vermissen, denn ich sollte dort einen umfassenden Vortrag über den neuesten Stand unserer Kenntnis über Quarks, Novae und Supernovae und ihren Einfluß auf den Gang der übrigen Gestirne halten.«

»Hoffentlich bin nicht etwa ich die Ursache!«

»Nicht du, aber die unüberwindliche Sehnsucht nach dir.« Er senkte den Blick, als schäme er sich seiner Gefühle. »Ich habe mich mit einer Erkrankung entschuldigt. Wenn die Leute Wert auf mich legen, werden sie wohl oder übel noch ein paar Tage auf mich warten.«

»Verzeihung, wünschen die Herrschaften Kaffee oder Tee?« platzte der Kellner in ihre Unterhaltung.

Ariane zuckte zusammen, als hätte man sie aus einem Traum gerissen.

Der Mann an ihrer Seite lächelte. »Ich glaube, wir sollten jetzt in Ruhe frühstücken und dann...« Sein Blick ließ stürmische Umarmungen ahnen.

Ariane verstand: »Hoffentlich haben die Mädchen inzwischen das Zimmer aufgeräumt.«

In der breiten Eingangstür erschien ein hellblau kostümierter Page mit einer Tafel: »Ans Telefon gebeten wird:« und mit Kreide groß ergänzt: »Herr Professor Grenzer.«

Alle lasen es.

Ariane sah ihn überrascht an: »Herr Professor?«

»Ach, in Italien und in Frankreich ist jeder Lehrer ein Professor, sogar jeder Fachlehrer.« Er erhob sich. »Die Römer rufen«, sagte er lächelnd. Alle konnten es hören. »Entschuldigen Sie mich bitte, meine Gnädigste!« Dann ging er mit federnden Schritten hinaus.

Ariane sah ihm sinnend nach.

Eine halbe Stunde später schloß sich die Tür ihres Zimmers hinter ihnen.

Das rote Warnschild »Nicht stören!« hatte der Professor vorsorglich draußen an den Türknauf gehängt...

Der Professor stand am Fenster des »Hilton« und sah hinüber zum »Sheraton« jenseits der Isar: ein grauer Block aus Beton und Glas, der alles überragte. Dicht dahinter, zum Teil verdeckt, das Arabellahaus, in dem er vor einem Jahr etliche Monate gewohnt und eine seiner interessantesten und einträglichsten, aber auch gefährlichsten Eroberungen gemacht hatte...

Das Arabellahaus hatte er daraufhin aus der Serie seiner Jagdgründe streichen müssen, denn dort kannte man ihn inzwischen zu gut – aber es gab immer noch genügend andere.

Wenn ihn in letzter Zeit auch manchmal leichte Zweifel an seiner Unwiderstehlichkeit bedrückt hatten, weil er feststellen mußte, daß die Jahre der leichtfüßigen schnellen Eroberungen immer seltener wurden und sich die langsam, aber erbarmungslos wachsenden Geheimratsecken auf seiner Stirn immer weiter nach hinten schoben, so blieb doch der Trost, daß er trotz seiner siebenunddreißig Jahre immer noch jene männliche Ausstrahlung besaß, der bisher nur wenige Frauen widerstehen konnten. Hatte eine Frau aber erst die Leidenschaftlichkeit seiner Umarmungen und die unermüdliche Kraft seiner Lenden gespürt, dann blühte der Weizen...

Er wandte sich um. Ariane war im Badezimmer. Sie hatte die Tür offen gelassen und stand vor dem Spiegel.

Vor ihm auf dem runden Tisch lag zwischen einem Wust von Hotelprospekten und Zeitschriften ihre Handtasche, aus der ein grüner Reisepaß herausragte. Er öffnete ihn kurz und schob ihn lächelnd zurück. Schließlich trat er in die Tür zum Badezimmer. »Weißt du, wie spät es ist?«

Ariane setzte den Lippenstift ab und sah auf die Uhr. »Schon elf«, sagte sie erschreckt.

Er trat hinter sie. Ihre Blicke fingen sich im Spiegel.

»Wenn man verliebt ist, werden die Tage zu Stunden«, hauchte er, während er seine Lippen auf ihre Schulter preßte. »Mir ist noch nie ein Abschied so schwer geworden wie dieser. Aber in Rom erwartet man mich nun mit begreiflicher Ungeduld, denn dies ist nun schon der dritte Tag.« Er atmete stöhnend auf. »Ich fürchte fast, man will mich dort durch einen Vierjahresvertrag binden.«

»Ein solches Angebot wirst du schwerlich ablehnen können, fürchte ich.«

»Ich fürchte es fast.« Seine Hände glitten abwärts und umfaßten mit festem Griff ihre Hüften. »Du kannst nur im Sternbild der Waage geboren sein – ich sehe es plötzlich vor mir, strahlend und mahnend zugleich: das Sternbild der Juligeborenen. Stimmt es nicht? Es kann nicht anders sein.«

Ariane erschauerte. »Ja, ich bin am 16. Juli geboren«, stammelte sie.

Der Professor stieß einen Laut des Entzückens aus und riß sie an sich. Seine Augen brannten ihr entgegen. »Jetzt weiß ich es: Uns haben unsere Sterne zusammengeführt.« Er schlug sich die geballten Fäuste vor die Stirn. »Daß ich dich jetzt verlassen muß, kaum daß wir uns kennengelernt haben: Ich in Rom, du irgendwo in der weiten Welt – schon der Gedanke könnte mich zum Selbstmord treiben! Ariane, versprich mir, daß wir uns nie aus den Augen verlieren wollen! Ruf mich, wenn du mich brauchst – ich werde keinen Augenblick zögern, wo du auch sein magst!«

Ariane war wie benommen. Nie zuvor hatte ein Mann sie mit so zwingender Leidenschaft genommen, nie zuvor hatte auch nur einer von ihnen solche Worte gefunden, Worte, die aus dem Mund jedes andern Mannes wie schwülstiger Überschwang geklungen hätten. Konnte sie an der Aufrichtigkeit dieses Mannes auch nur einen Augenblick zweifeln? Sie löste sich aus seinen Armen und ging zurück ins Zimmer. »Schade«, sagte sie, »es waren unvergeßliche Tage.«

»...die kein Ende nehmen dürfen!« ergänzte er. Er richtete sich auf. »Es gibt in jedem Menschenleben Augenblicke, in denen die Sterne auf Gedeih und Verderb über sein Schicksal entscheiden. Ich höre ihren

Ruf. Wir werden uns wiedersehen!« Er riß sie an sich und bedeckte ihren Mund mit wilden Küssen.

»Um Himmels willen«, stöhnte sie, »meine Frisur!« Aber sie wehrte sich nicht.

Auch nicht, als er sie mit sanfter Gewalt gegen das Bett drängte und sich über sie warf…

Als er ging, war es zwölf.

Unten im Foyer winkte er den blonden Pagen im hellblauen Dreß zu sich und drückte ihm augenzwinkernd ein Trinkgeld in die Hand. »Fein geklappt. Auf bald!«

»Nur postlagernde Sendungen« stand über dem Schalter.

Der Mann mit dem kleinen eleganten Lederkoffer schob dem Beamten eine zusammengefaltete Karte mit dem Kennwort XYZ 123 zu. »Ist was da?«

Der Beamte stand auf, ging zu dem Regal, in dem die Post nach Anfangsbuchstaben geordnet war, und händigte ihm zwei Briefe aus. »Da benutzt wohl neuerdings jemand die gleiche Chiffre«, sagte er.

Der Mann vor dem Schalter sah ihn groß an.

»Gestern war schon einer hier und hat die eingegangene Post abgeholt – oder war das für Sie?«

Der Mann vor dem Schalter wurde blaß. »Aber das ist doch… So was gibt's doch nicht!«

»Wenn das kein Beauftragter von Ihnen war, empfehle ich Ihnen, Ihre Kennummer schnellstens zu ändern.«

»Das werde ich dann wohl müssen«, sagte der Mann besorgt und steckte die Briefe ein. »Waren es viele Zuschriften?«

»Wenn ich mich recht erinnere, sechs oder acht.«

»Erinnern Sie sich denn, wie der Mann aussah?«

Der Beamte schüttelte den Kopf. »Hier habe ich täglich um die zweihundert Personen abzufertigen. Ich erinnere mich nur schwach, daß es ein Herr in mittleren Jahren war.« Er wandte sich dem nächsten Kunden zu.

Der Mann ging kopfschüttelnd hinaus. Draußen nahm er sich ein Taxi. »Hotel ›Prestige‹ bitte – Sie wissen, wo das ist?«

»Natürlich: Schwabing.«

Das »Hôtel Prestige« paßte nicht so ganz in die Gegend. Das war schon an seinem französischen Namen zu erkennen und an dem Akzent über dem O, auf den der Hotelier, ein gebürtiger Elsässer und ehemaliger Chefkoch eines angesehenen Pariser Restaurants, ebenso großen Wert legte wie auf die Zweisprachigkeit seiner liebevoll illustrierten Speisenkarte.

Der Mann trat zum Empfang, grüßte kurz und verlangte seinen Zimmerschlüssel.

»Grüß Gott, Herr Direktor. – Und hier ist auch ein... Liebesbrief des Hauses. Er liegt schon drei Tage in Ihrem Fach.«

»Schlimm, schlimm«, spottete der Gast. »Hoffentlich werde ich deshalb nicht gleich vor die Tür gesetzt!«

»Und dann war inzwischen auch der junge Herr wieder da – dieser große Rotblonde mit dem Sprachfehler und der blauen Chauffeursuniform.«

»Hat er was hinterlassen?«

»Eigentlich nicht. Er hat nur wissen wollen, ob Sie für längere Zeit verreist wären.«

»Schicken Sie ihn rauf, wenn er sich wieder sehen läßt. Ich brauche ihn vielleicht.«

Der Mann steckte die Hausmitteilung in die Tasche und ging zum Fahrstuhl. In seinem Zimmer warf er den Handkoffer auf das Bett, öffnete die kleine Zimmerbar, entnahm ihr eine Liliputflasche Whisky und trank sie in einem Zuge leer. Dannn riß er den Brief des Hotels auf.

Es war eine normale Rechnung. Sie lautete über 1850 Mark. Nicht ganz normal war nur der rote Strich neben dem kleingedruckten Hinweis, daß die wöchentlichen Hotelrechnungen bei Empfang sofort fällig seien.

Die beiden andern Briefe würden interessanter sein.

Der erste kam aus Garmisch-Partenkirchen. Als er ihn öffnete, fiel ihm ein halbes Dutzend Farbfotos entgegen.

Eine Frau von etwa fünfundvierzig Jahren, dezent gekleidet, überschlank, fast hager, einmal in ihrem wohnlich-elegant eingerichteten Heim, einmal auf der Terrasse ihres Gartens mit Blick auf die Zugspitze, einmal im Mini-Bikini am Swimmingpool, einmal am Steuer ihres rassigen Sportwagens und einmal am Strand von Miami.

Das ließ sich sehen!

Dazu ein säuberlich geschriebener, allerdings recht kurzer Brief.

»Sehr geehrter Herr Doktor Baecker!

Ihre überaus liebenswürdigen Zeilen haben mich sehr angerührt. Auch ich sehne mich – nachdem ich meinen Mann vor einem Jahr durch einen Unglücksfall verloren habe – nach einem neuen Weggefährten durch ein sorgloses, beschwingtes Leben.

Um nicht viele Worte machen zu müssen, lege ich einige Fotos aus den letzten Monaten bei. Wenn Sie glauben, daß wir uns in nächster Zeit persönlich begegnen sollten, dann lassen Sie mich das wissen und legen Sie Ihren Zeilen bitte auch einige Aufnahmen von Ihnen bei.

In Erwartung Ihrer geschätzten Zeilen und mit der Bitte um gefl. Rückgabe meiner Bilder verbleibe ich mit den verbindlichsten Grüßen...«

»Interessant!« murmelte der Herr Direktor, während er Fotos und Brief in den Umschlag zurücksteckte.

Der zweite Brief war weniger erfreulich.

»Sehr geehrter Herr Konsul,

zu meinem Bedauern bin ich bis heute auf mein Schreiben vom vorigen Monat noch ohne Antwort. Wenn Sie an einer Zusammenkunft mit mir nicht interessiert sind, darf ich Sie bitten, mir wenigstens meine Fotos zurückzuschicken. Freiumschlag liegt bei!

Hochachtungsvoll...«

»Ach, die fette Kuh!«

Er riß den Brief in Stücke. Die vier Fotos lagen längst im Mülleimer...

Die Hotelrechnung! Fast 2000 Mark. Dabei hatte er sein Kreditkonto bei der Bank schon um etwa 3000 Mark überzogen. Er nahm stöhnend sein Scheckheft und schrieb den Scheck über die 1850 Mark aus. Damit war dem Herrn Hotelier zunächst einmal das Maul gestopft. Die Bank würde den Betrag wohl noch zahlen, aber dann mußte er sehen, wie er über die nächsten Runden kam. Vielleicht, daß der Bankdirektor mit sich reden ließ...

Er holte sich noch eine Liliputflasche Whisky aus der Zimmerbar und kippte sie hinunter.

Verdammt: In letzter Zeit war einiges schief gelaufen. Vor allem die Sache mit der wohl allzu heißblütigen und lebensgierigen, dafür aber hochkarätigen Brillantenelse des plötzlich verstorbenen Bestseller-Autors, die er schon so gut wie sicher an seiner nie versagenden Angel hatte – bis dieser lausige italienische Gigolo dazwischengekommen war und sie nach einer wilden Nacht mit Sekt und Sex um ihren ganzen Glitzerkram erleichtert hatte...

Wie es hieß, war er damit schon am frühen Morgen über die nahe italienische Grenze auf und davon.

Und die Sache mit der puppenlustigen Münchener Bierbrauerswitwe? Wenn bloß nicht immer die ganze mißtrauische und erbschaftsgeile Verwandtschaft um sie herum gewesen wäre! Um da zum Zuge zu kommen, hätte er viel Zeit aufwenden müssen – und daran fehlte es, weil es ihm zur Zeit an dem nötigen Überbrückungskapital fehlte.

Beide Frauen aus dem Auge zu verlieren und die zweifellos vorhandenen Chancen aufzugeben wäre zwar verfehlt, aber jetzt brannte es ihm auf der Haut. Irgend etwas mußte zum Klappen kommen.

Er nahm sich den Brief aus Garmisch noch einmal vor und studierte die Farbfotos, dann den Brief. Dabei fiel ihm auf, daß unter der Adresse die Telefonnummer stand.

Jetzt den Stotterer mit dem Rolls seines in Afrika jagenden Chefs zu einer Spritztour überreden, die offenbar sehr aufgeschlossene und vertrauensselige Frau bei einer »zufälligen Durchreise« anrufen und sie kurzfristig um ein erstes Rendezvous bitten...

Gut und schön, aber auch dazu brauchte er »Betriebskapital«. Mindestens 500 Mark für Wagen, Fahrer, Benzin und eine etwa notwendige Übernachtung. Die Schwierigkeiten wuchsen.

Ganz wohl war ihm auch nicht beim Gedanken an den Unbekannten, der seine Postlagerbriefe abgeholt hatte.

Was steckte dahinter?

Möglicherweise hatte sich gerade in dieser Post ein Treffer befunden. Er mußte also – wohl oder übel – am nächsten Morgen noch einmal zur Post gehen.

Einem plötzlichen Einfall folgend, rief er den Stotterer an: »Komm doch gleich mal vorbei. Ich könnte mir denken, daß wir eine kleine

Tour nach Garmisch machen.«

»Wann w-w-wollen wir denn?«

»Noch heute, wenn du frei bist.«

»Bin ich.«

Soweit schien die Geschichte zu klappen – bis auf die nötigen Spesen. Das war das vordergründige Problem.

Dem Stotterer würde sein amerikanischer Chef sicher genügend Geld zum Leben und zur Unterhaltung und Pflege des teuren Wagens dagelassen haben!

»Leider sind heute und morgen die Banken zu. Könntest du die anfallenden kleinen Spesen bis Montag vorschießen? Dann kann ich bei einer hiesigen Bank Geld abheben.«

Der Stotterer hatte genügend Geld und keine Bedenken…

Die Dame meldete sich mit ihrer Telefonnummer. Eine freundliche, muntere Stimme. Eine Stimme, die ihm Mut machte.

»Gnädige Frau, Sie werden nicht ahnen, wer hier am anderen Ende der Leitung hängt und Ihnen seine Aufwartung machen möchte!«

»Ich könnte höchstens raten.«

»Nun?«

»Sie sprechen aus München?«

Aha, das ließ darauf schließen, daß die Dame nur auf sein Inserat geschrieben hatte.

»Richtig! Und zwar auf der Durchreise. Hier haben mich Ihre Zeilen gerade noch vor meiner Abreise nach Düsseldorf erreicht. Ein glücklicher Zufall.«

»In der Tat!«

»Aber ich muß noch heute abend weiter. Hier war ich nur, um einen schon lange vorbereiteten Vertrag mit einem der größten Computerfabrikanten zu unterzeichnen.«

»Ah, Sie sind Fabrikant.«

»Sozusagen. Wir liefern nur das geistige Rüstzeug.«

»Sie sind also Wissenschaftler – wie interessant!«

»Wenn es möglich wäre, daß wir uns heute kurz…«

»Weshalb nicht? Wenn ich Sie zum Tee erwarten dürfte. Ich könnte Ihnen dann Haus und Heim zeigen und… ja, wir hätten dann reichlich Gelegenheit zu einer ersten menschlichen Kontaktnahme.«

Fast auf die Minute genau hielt der plumpe, immer etwas schwerfällig wirkende Rolls Royce vor der angegebenen Adresse. Hier allerdings erlebte Herr Baecker eine Überraschung: Das Haus, in dem die Gastgeberin wohnte, war eine zu beiden Seiten freistehende, vornehm wirkende Villa, wohlgepflegt der Garten, alles Wohlstand und Gediegenheit atmend.

An der Gartenpforte über der Türklingel ein blankgeputztes Messingschild: Kranzler.

Ein properes Mädchen mit weißem Häubchen und dann die Dame des Hauses, rank und schlank und noch viel besser aussehend als auf den Fotos, ungezwungene Freundlichkeit und Vertrauen ausstrahlend – alles eine vielversprechende Überraschung.

Der Rolls vor der Tür – mit dem blau livrierten Chauffeur – paßte zweifellos in die Gegend.

Im Salon, der ganz in Pastelltönen gehalten war und über den gepflegten Garten hinweg den Blick auf die Alpen freigab, war schon das hauchdünne Porzellan für den Tee aufgedeckt.

»Hoffentlich haben Sie Ihre geschäftlichen Dinge mit dem gewünschten Erfolg abschließen können«, sagte Frau Kranzler.

»Es hat sich gelohnt.« Aus seiner Stimme klang Selbstbewußtsein und Zuversicht. »Ein Millionenvertrag.«

Frau Kranzler sah ihm bewundernd in die Augen. »Ach ja«, es klang ein bißchen wehmütig, »auch mein Mann war ein Erfolgsmensch. Was er anpackte, wurde zu Gold.«

Man sah es. Herr Baecker nickte verständnisvoll. »Ich bewundere Ihren Mut, mit dem Sie nun nach diesem herben Verlust«, er sagte es wie ein Begräbnispfarrer, »ein neues Leben beginnen wollen.«

»Ja, sollte ich mein Leben etwa als trauernde Witwe beenden? Dazu fühle ich mich noch viel zu jung, und das wäre auch nicht im Sinne meines Mannes, der für mich immer nur das Beste wollte.« Sie streckte sich. Dabei wölbten sich ihre vollgerundeten Brüste verheißungsvoll vor.

Er sah es und senkte wie berauscht die Augen. »Nein, Gnädigste, gewiß nicht! Und wenn Sie mir die Gnade vergönnten...« Er atmete schwer.

»Vielleicht darf ich Sie jetzt erst mal durchs Haus führen«, sagte sie nach einer Pause ein bißchen verlegen. »Inzwischen wird das Mädchen den Tee bereiten.«

Das Haus war ein Schmuckkästchen, das ein tüchtiger Geschäftsmann seiner temperamentvollen Frau gebaut und mit allem Komfort ausgestattet hatte.

Frau Kranzler war von einer Vertrauensseligkeit, die Herrn Baecker zu den verwegensten Spekulationen animierte. Es konnte nicht schwer sein, sich von ihr beim Abschied mit dem Hinweis auf die Sonntagsruhe der Banken mit 5000 oder 10000 Mark aus einer »kleinen momentanen Verlegenheit« helfen zu lassen. Selbstverständlich unter Hergabe eines Schecks. Rolls und Chauffeur würden für seine Bonität das Ihre tun…

Als Frau Kranzler bei ihrem Rundgang die Tür zum Schlafzimmer öffnete, sagte sie mit einem diskreten Hinweis auf das breite Doppelbett: »Ich bin mit meinem Mann sehr glücklich gewesen, sehr glücklich. Er war von meinem Temperament immer wieder so gepackt, daß er sich zuweilen völlig vergaß.«

Herr Baecker konnte sich darunter zwar nichts vorstellen, aber er sah das Leuchten in den Augen der liebeslustigen Witwe und wußte, wie und womit er ihr Vertrauen gewinnen konnte. Es war das alte, ewig wirksame Rezept: Er ergriff ihre Hand und preßte sie inbrünstig an seine Lippen.

»Schade, daß Sie nicht länger bleiben können«, sagte sie mit heiserer Stimme.

»Wenn es nach mir ginge… Aber morgen habe ich in München schon eine wichtige Konferenz mit meinen Mitarbeitern. Ich muß also noch heute die Rückfahrt antreten, doch…«

»Doch?«

»Wenn Gnädigste gestatten, ich meine, wenn ich auch mit ein bißchen Hoffnung fahren dürfte… Ich würde schon gegen Ende der kommenden Woche zurückkehren und bleiben, solange Sie mir die Ehre und das… Vergnügen gönnen.«

Frau Kranzler war von der schnellen Zusage ebenso überrascht wie beglückt. Sie hatte bisher noch nie auf ein Heiratsinserat geschrieben, und nun schickte ihr das Glück gleich beim ersten Versuch einen Mann, der den schönsten Träumen ihres hungernden Herzens entsprach. Und wenn sie ihn erst ihrem Bruder vorstellen würde, der ihre Heiratspläne bisher stets mit größter Zurückhaltung zur Kenntnis genommen hatte, mußte auch er zugeben, daß ihr Entschluß gut und richtig gewesen war.

»Ja«, sagte sie, während sie ihm den Tee eingoß, »kommen Sie, sobald es Ihnen Ihre Arbeit gestattet. Ich bin sicher, daß wir uns verstehen, und möchte Sie dann auch gleich meinem Bruder vorstellen. Er wird sich bestimmt freuen, Sie kennenzulernen.«

»Haben Sie viele Geschwister?« Er dachte mit heimlichem Entsetzen an die Münchener Brauerswitwe mit ihrem Riesenclan.

»Nein, nur diesen Bruder. Er ist Jurist und beim hiesigen Amtsgericht tätig. Eine Seele von Mensch.«

Herr Baecker zuckte sichtbar zusammen und wurde blaß. Ihm stockte fast der Atem. Er neigte sich über den Tee und rührte nervös in der Tasse herum. Jetzt hieß es sich schleunigst absetzen und klug taktieren.

Frau Kranzler war einen Augenblick irritiert, doch dann schlug eine Alarmglocke in ihr an. Ihr war plötzlich, als ginge von diesem gutaussehenden Mann eine Gefahr aus. Er wurde ihr auf einmal unheimlich, ohne daß sie recht wußte, warum. Um die kurze, aber peinliche Pause zu überbrücken, sagte sie: »Ich bin fest davon überzeugt, daß Sie und mein Bruder sich bestens verstehen werden.«

»Gewiß!« sagte Herr Baecker ziemlich abwesend. Es dauerte eine ganze Weile, bis er sich wieder gefaßt hatte. Er fuhr sich mit der Hand über die Stirn und stöhnte leise.

»Fühlen Sie sich nicht wohl?« fragte Frau Kranzler besorgt.

»Ach, wissen Sie, nach den recht anstrengenden Schlußverhandlungen in München und dem Festessen, das sich bis in die frühen Morgenstunden hingezogen hat... Es war wohl ein bißchen viel auf einmal, doch ich wollte die günstige Gelegenheit, Sie persönlich kennenzulernen, nicht ungenützt vorübergehen lassen. Aber ich glaube, jetzt sollte ich Sie nicht weiter belästigen...«

»Belästigen – ich bitte Sie!«

»... und gleich die Rückfahrt antreten.« Er war sich darüber klar, daß dies ein allzu gefühlloser, allzu abrupter Abschluß war, doch was war hier noch zu holen? Diese Hoffnung mußte er begraben.

Frau Kranzler sah mit Erstaunen die seltsame Veränderung, die in wenigen Minuten zu erkennen war. »Sie haben recht«, sagte sie, indem sie sich erhob. »Ich danke Ihnen jedenfalls für Ihren liebenswürdigen Besuch. Kommen Sie gut nach Düsseldorf und lassen Sie mich wissen, wann ich Sie wieder erwarten darf.«

»Ich habe zu danken. Mir ist selten eine Frau begegnet, die schon vom ersten Augenblick an einen so tiefen, faszinierenden Eindruck auf mich gemacht hat. Ich wäre glücklich, wenn sich unsere beiderseitigen Hoffnungen und Wünsche erfüllen könnten...«

Es waren Phrasen, um einer Form zu genügen, denn was der Mann und die Frau sich in diesen Minuten noch zu sagen hatten, wog nicht mehr. Sie fühlten es beide.

Frau Kranzler begleitete ihren Gast noch bis zu der Gartenpforte.

Als sie den Wagen und den livrierten Fahrer sah, stutzte sie. Sollte sie sich in diesem Mann doch geirrt haben?

Als der Wagen abfuhr, las sie das Nummernschild.

USA Tennessee 37 37.

Tennessee, dachte sie. Wie ihr Lieblingsschriftsteller Tennessee Williams, dessen Roman »Der römische Frühling der Mrs. Stone« sie erst vor wenigen Wochen gelesen hatte. Auch Mrs. Stone war eine Frau, die plötzlich ihren Mann verloren hatte, dann in Rom einen neuen Frühling suchte, aber dabei an einen Gigolo geriet...

Merkwürdig, daß sie in diesem Augenblick gerade an das Schicksal dieser Frau erinnert wurde!

Langsam ging sie ins Haus zurück, tief aufatmend, als sei sie von einem schweren Alpdruck befreit.

Der Stotterer hatte am Volant geschlafen.

Baecker rüttelte ihn wach. »Los, wir müssen sofort zurück.«

»W-w-wollten wir hier nicht übernachten?«

»Nein.«

»Ist denn hier was schief gegangen?«

»Hier ist alles schief gegangen, verdammte Scheiße!«

Die Lage war nach diesem überraschenden Ende des so sorgfältig eingefädelten Planes äußerst brenzlig. Wenn alles nach Programm verlaufen wäre, hätte ihm Frau Kranzler unter dem Eindruck von Rolls

Royce und livriertem Chauffeur und angesichts der am Sonntag geschlossenen Banken gegen Hergabe eines ungedeckten Schecks sicher mit der Kleinigkeit von einigen tausend Mark ausgeholfen, aber nun war Ebbe, und der Stotterer würde nach dem auch ihm sichtbaren Fiasko wohl nicht dazu zu bewegen sein, mehr als bisher aus der Kasse seines Chefs vorzuschießen.

Während er in den Illustrierten blätterte, mit denen sich der Stotterer rätselratend die Zeit vertrieben hatte, fielen ihm die ganzseitigen Inserate der Kreditkarten-Clubs auf, die sich auf der Suche nach neuen Mitgliedern in letzter Zeit gegenseitig den Rang abzulaufen versuchten. Man brauchte nur eine eingeklebte Karte auszufüllen und einen Fragebogen anzufordern, dann... Ja, darüber würde in seinem Fall viel zu viel Zeit vergehen. Ich muß mir in München solche Fragebogen bei den dortigen Geschäftsstellen direkt beschaffen oder nötigenfalls von der Zentrale telefonisch anfordern, dachte er. Dann konnte es unter Umständen nur ein paar Tage dauern, bis er wenigstens für die Dauer eines Monats flüssig war. Und bis dahin...

Diese letzte Möglichkeit mußte er ergreifen.

In München holte Baecker sich die Fragebogen von drei Clubs. Was die alles wissen wollten, machte ihm einiges Kopfzerbrechen. Als ständige Adresse gab er Hannover an, als derzeitige Anschrift das Hotel »Hilton«, als ständige Bankverbindung die Schweizerische Bankgesellschaft Zürich, als Jahreseinkommen »über 100000 Mark«, Beruf: Atomphysiker.

Was er selber kaum für möglich gehalten hätte, geschah: Schon wenige Tage später besaß er drei Kreditkarten.

Und nicht zu vergessen: mit einer Gnadenfrist von sechs Wochen oder auch mehr...

Udo kam an diesem Abend etwas später als gewöhnlich ins Theater. Er hatte bei Zandel noch einige Dinge erledigen müssen, bei der Gelegenheit auch die Mitarbeit Winfrids beim Aufbau seiner Ausstellung vereinbaren können und sich in der Rosenstraße ein paar große Skizzenblocks und Zeichenstifte gekauft. So klopfte er erst kurz nach sieben an Ritas Garderobentür.

»Wer ist da?« fragte Rita bei geschlossener Tür.

»Der Malermeister.«

»Dann kommen Sie rein! Handwerker sind immer gefragt.« Rita öffnete die Tür und streckte ihm beide Hände entgegen. »Ach Udo, wie ich Sie heute vermißt habe!«

»Das ist das erste Mal, daß mich einer vermißt hat.«

»Und das erste Mal, daß ich Ihnen etwas nicht glaube.«

»Wo hat's denn gefehlt? Ist die Lampe über dem Schminktisch immer noch nicht ausgewechselt?«

»Ich habe persönlichen Kummer.«

»Und Sie meinen, da hätte ich Ihnen helfen können?«

»Ganz bestimmt.«

»Und wie?«

»Durch Ihre bloße Anwesenheit.«

»Mir zu hoch.«

»Habe ich geahnt.«

»Aber wenn Sie sich etwas deutlicher ausdrücken würden...«

»Kann ich leider nicht – zu persönlich. Aber nun sind Sie ja da, und sogar mit drei riesigen Zeichenblocks. Heute geht's also weiter?«

»Ich muß Sie leider noch einmal bitten. Die Skizzen von gestern und vorgestern habe ich, bis auf eine, alle zerrissen.«

»Ach! Ich fand eine besser als die andere.«

»Sehen Sie mich bitte nicht so mißtrauisch an.«

»Bin ich aber.«

»Was Sie denken, ahne ich. Aber denken Sie's ruhig. Wenn Sie in Öl konserviert werden wollen, muß ich Sie trotzdem bitten, noch ein paarmal auf dem Hocker Platz zu nehmen.«

Rita raffte ihren nicht mehr ganz weißen Schminkmantel zusammen und setzte sich wieder in Positur. Udo ließ sich in Hockstellung auf dem Boden nieder.

»Sitzen so auch die Maler? Ich dachte, das sei ein Vorrecht indischer Fakire.«

»Bitte den Kopf ein wenig höher – ja, gut so – und nun etwas nach rechts – nein, das war zu viel – gut so, stillhalten! – Jetzt den Kopf ein ganz klein wenig nach rechts neigen und stillhalten.«

Der Stift flog über das Papier.

Rita wagte kaum noch zu atmen. Sie hörte das leise Keuchen des

Mannes, sie hörte, wie der Stift über den großen weißen Bogen flog, wie Udo umblätterte…

»Moment noch! Nur noch ein paar Einzelheiten – vor allem die Ohren!«

Dieses Sitzen ist eine Quälerei, dachte Rita, aber sie wagte nicht, auch nur »piep« zu sagen.

Jetzt konnte sie einen scheuen Blick auf ihren Quälgeist werfen. Er wirkte schrecklich ernst und konzentriert. Alle Liebenswürdigkeit war aus seinem Gesicht wie weggewischt.

Dieses Gesicht hatte sie bei ihm noch nie gesehen. Das war nicht der Struwwelpeter, wie sie ihn immer heimlich genannt hatte. Das war ein ganz anderer. Dieser Ernst bei der Arbeit – bei einer künstlerischen Arbeit – überraschte sie, obwohl sie selber beim Rollenstudium sehr ernst und angestrengt zu arbeiten gewohnt war. Aber das war ja auch Denkarbeit.

Udo sprang wie eine gespannte Feder aus der Hocke und hielt ihr die Skizze entgegen. »Na, halten Sie Ihre Verdächtigung von vorhin noch aufrecht, oder nehmen Sie sie mit dem Ausdruck des tiefsten Bedauerns zurück? Aber um eines gleich klarzustellen: So eine dumme Ausrede hätte ich doch gar nicht nötig gehabt, oder?«

Sie schüttelte den Kopf. »Nachdem ich nicht mehr unter Kuratel stehe.« Sie nahm den Skizzenblock und drehte sich damit zum Licht. »Sie haben recht, obwohl ich es nicht für möglich gehalten hätte: Diese Zeichnung ist noch besser als alle andern.«

»Und die kommt auf die Leinwand. – Mich werden Sie jetzt los. Ich muß an meine Arbeit, und ich weiß, daß ich Sie jetzt nicht aufhalten darf. Morgen müssen wir allerdings mit den Skizzen für die Pose beginnen, und zwar im Kostüm.« Er stellte den Skizzenblock in eine Ecke der Garderobe. »Ich hole ihn und Sie bei Schluß der Vorstellung ab und setze Sie – wie nun fast schon üblich – am ›Sheraton‹ ab.«

Es war wirklich fast schon üblich. Einiges war zwischen ihnen in den letzten Tagen tatsächlich schon so etwas wie üblich geworden: daß er Rita im Hotel abholte und wieder im Hotel absetzte, daß er manchmal mit ihr plauderte, wenn sie zwischen den Kulissen zufällig nebeneinander standen und sie auf ihr Stichwort wartete.

Rita war ihm gegenüber von einer erstaunlichen Vertrauensseligkeit. Dazu hatte natürlich seine Rolle als Inspizient beigetragen und nicht zuletzt, daß er mit seinen Bildern einen starken Eindruck auf sie gemacht hatte.

Und dann war da noch etwas, was sie feststellte, ohne sich dessen bewußt zu sein oder gar darüber nachzudenken:

Er war kein lästiger Verehrer, er überhäufte sie nicht mit Komplimenten, er nannte sie nicht gnädiges Fräulein, sondern Rita und Sie. Und überhaupt, er hatte eine burschikose Art, die ihn leicht durchschaubar machte.

Ja, er strahlte sie begeistert an, doch er tat das auf eine so ungezwungene Art, wie ein Junge einen Sportzweisitzer bewundert.

Er war in ihrer Nähe glücklich. Das fühlte sie.

Er war eben nicht, was er auch keineswegs sein sollte, ein schmachtender Anbeter.

Er war ein Freund, den ihr das Schicksal just in jenem Augenblick geschickt hatte, in dem sie sich einsam fühlte und zuweilen sogar etwas Angst hatte.

Vielleicht konnte sie ihn hier und da um seine Meinung oder um einen Rat oder gar um seine Hilfe bitten, obwohl er mit seiner Ausstellung offenbar selber genug um die Ohren hatte.

Ich könnte ihn ja auch einmal zum Souper einladen. So, wie wir miteinander stehen, wird er das doch nicht mißdeuten.

Udo war mit der Entwicklung der Dinge vollauf zufrieden.

Rita war keine Frau, die man erobert. Und merkwürdig: Bei ihr hatte er auch nie das Gefühl, den Draufgänger spielen zu müssen.

Wenn er sie sah, war er immer wieder bis über beide Ohren verliebt. Wenn er sie auf der Bühne bewunderte, die souveräne Sicherheit ihres Auftretens, die einzigartige Harmonie ihrer Bewegungen, die feine Modulationsfähigkeit ihrer Stimme, dann wußte er, daß er die Frau gefunden hatte, die seinem Leben eine neue Richtung geben konnte.

Ja, wenn!

Manchmal dachte er auch darüber nach, weshalb er immer wieder gezögert hatte, die neuen Möbel endgültig zu bestellen. Er wußte es selber nicht. Das Geld stand ihm zur Verfügung, er hatte alles gefunden, was er sich gewünscht hatte, und trotzdem!

Immer wieder hatte er das Gefühl, dieses Geld sei nicht sein Geld, denn noch war die Ausstellung nicht eröffnet, noch war da ein Gefühl, das ihn zur Vorsicht zwang.

Von dem Erfolg oder Mißerfolg dieser Ausstellung hing so vieles ab, sein ganzes zukünftiges Leben. Und je näher der Tag rückte, um so stärker überfiel ihn eine Art Lampenfieber.

Es war nicht die Spur künstlerischer Unsicherheit, was ihn quälte, es war sein Wissen um das Schicksal so vieler großer Maler, die ein ganzes Leben lang gehungert und gedarbt, aber den Glauben an ihre Sendung nie verloren hatten.

Heute hängen ihre Bilder in den größten Museen der Welt, unbezahlbare Schätze, Millionenwerte, die sie hungernd und frierend einer fremden Nachwelt hinterlassen haben.

Was nützte ihnen dieser späte, viel zu späte Ruhm?

Ich glaube an mich, ohne diesen Glauben könnte ich nicht leben. Aber die andern – glauben auch sie an mich?

Er hatte nie experimentiert, er hatte nie den Markt abgetastet nach dem, was man ihm wohl abnehmen würde. Er hatte gemalt, was ihm malenswert erschienen war. Und das waren die Kinder seiner Zeit.

Würden sie sich wiedererkennen, oder würden sie sich karikiert, verunglimpft fühlen? Würden sie seine heimliche Zuneigung und Bewunderung als Hohn empfinden?

Würden die Kritiker sich an der Wahl seiner Typen stoßen, würden sie ihn gar – wie weiland Arnold Böcklin – den Karl May unter den Malern nennen?

Ein einziges solches Etikett aus dem Munde eines mit Recht oder Unrecht angesehenen eitlen Kunstpapstes konnte tödlich sein.

Einmal, als er Zandel gegenüber solche Gedanken aussprach, legte der alte erfahrene Kunsthändler ihm beide Hände auf die Schultern, sah ihn mit seinem feinen verschmitzten Lächeln an und sagte: »Mein Junge, du hast eine gute, bewundernswerte Arbeit getan, nun laß mich das Meine tun.«

»Bravo, bravo!«

Schon nach dem ersten Akt tobten die Zuschauer vor Begeisterung. Winfrid war aufgestanden und klatschte so heftig Beifall, als würde er dafür bezahlt. Gisi beobachtete ihn kopfschüttelnd von der Seite. So hatte sie den blonden Ostberliner noch nicht erlebt.

»Bravo, Rita!«

»Na, ganz so langweilig, wie du meintest, scheint sie ja nicht zu sein.«

Winfrid klatschte mit hocherhobenen Armen und glänzenden Augen weiter. »Toll, einfach toll! – Nein, so was, wie die sich an dem Nachmittag bei Udo verstellt hat!«

»Wieso verstellt? Viele Schauspieler sind in ihrem Privatleben ganz anders als auf der Bühne.«

»Bravo, bravo! – Die aber nicht! Da war die Alte dran schuld. Wie die die ununterbrochen beobachtet hat!... Bravo, Rita, bravo...« Winfrids Begeisterung war nicht zu bändigen. »Wie die tanzt und wie die singt! Können wir die nicht nachher... Bravo, bravoooo! – Können wir die nicht nachher zu dir in die Bar abschleppen?«

»Du spinnst wohl! Sie kennt mich doch gar nicht.«

»Aber mich!«

»Wie du dir das vorstellst! Die wird Udo schon nicht aus den Augen lassen.«

»Der kann doch mitkommen.«

»Junge, bist du naiv!«

Vorhang zu, Vorhang auf, Vorhang zu, Vorhang auf – jedesmal, wenn Rita vor den Vorhang trat, schwoll der Sturm der Begeisterung zum Orkan an.

»So was habe ich noch nicht erlebt«, sagte Gisi. »Meine Münchener sind außer Rand und Band.«

»Bravo, bravo! – Ist das ein Wunder? – Klar, daß Udo so mächtig scharf auf die ist. – Bravoooo!«

»Du klatschst dir noch die Hände wund.«

»Und wie die bei Udo dagesessen hat – als ob sie nicht bis drei zählen könnte.«

Winfrid und Gisi gingen während der großen Pause ins Restaurant. Dort wartete Udo schon auf sie.

»Wenn man euch zwei so sieht... Ihr zieht hier ja vielleicht eine Sondershow ab! Habt ihr anständige Plätze?« Er wandte sich an Gisi: »Und wie gefällt dir meine neue große Liebe?«

»Hinreißend. Viel zu schade für dich.«

»Ich bringe sie nach der Vorstellung ins Hotel und komme dann sofort zu euch.« Er wandte sich an Winfrid: »Mit dir wollte ich sowieso noch sprechen.«

»Sag mal – ihr habt doch eine Claque?« fragte Gisi.

»Brauchen wir nicht. Du siehst doch, wie die Leute applaudieren.«

»Ich hätte dir sonst einen Chef de claque empfehlen können: den Winfrid... Ich wette, der hat jetzt noch ganz geschwollene Hände!«

»Werde ich der Rita sagen. Aber ich muß jetzt wieder auf meinen Posten. Also tschüß bis gleich!«

Udo erschien erst kurz vor zwölf in der Bar und wandte sich gleich an Winfrid. »Morgen früh geht's los. Die Ausstellung wird in acht Tagen eröffnet. Und du stehst punkt neun vor dem Hotel. Zandel zahlt dir hundert Mark pro Tag.«

»Udo – du bist mein Lebensretter. Aber schon um neun in der Früh?«

»Erst um neun! Und wenn du nicht pünktlich bist, bist du den Job auch schnell wieder los. Also mach mir keinen Kummer. Übrigens: Hat sich die Alte inzwischen noch mal gemeldet?«

»Nein. Könnte sie auch gar nicht. Ich habe ihr nicht gesagt, wie sie mich erreichen kann. Wahrscheinlich erwartet sie, daß ich hinter ihr herlaufe.«

»Das laß vorläufig mal. Jetzt wird's ernst, jetzt kommt die Ausstellung.«

»Du wolltest doch ein Bild von Rita malen«, sagte Gisi. »Wie weit bist du damit?«

»Fertig. Ich habe es heute morgen gefirnißt.«

»Und wie ist es geworden?«

»Erfreulich. Zandel will es nicht in der Ausstellung aufhängen, sondern im Vestibül des Hotels, damit es auch von Hotelgästen gesehen wird, die zunächst nicht die Absicht haben, meine Ausstellung zu besuchen. Es soll eine Art Köder sein.«

»Das heißt also, daß es dir besonders gut gelungen ist.«

»Es schlägt ein wenig aus der Art. Ich habe wohl zu viel Verliebtheit mit in die Farben gemischt.«

»Und vergiß ja nicht, der Mutter mit dem Contergankind einen guten Platz zu geben.«

»Geschieht. Zandel findet es besonders dramatisch und will es deshalb ein wenig von den anderen Bildern absetzen. Es soll zum Nachdenken anregen und zeigen, daß ich nicht nur einen Blick für die sogenannten Typen habe.«

»Bei dem Zandel bist du bestimmt bestens aufgehoben.«

»Er setzt ganz hoch auf mich. Hoffentlich wird er nicht enttäuscht! Ich kriege langsam leichtes Lampenfieber.«

»Und wie stehen deine Aktien bei Rita?«

»Gut – aber auch nicht mehr. Sie ist mir gegenüber reizend und aufgeschlossen, ohne daß ich deshalb sagen möchte, sie brächte mir ungewöhnliches Vertrauen entgegen. Ich muß also sehr vorsichtig taktieren, denn Männern gegenüber ist sie – im Gegensatz zu ihrer Mutter – recht zurückhaltend. Das heißt aber keineswegs, daß ich den Mut verloren habe.«

»Wär' ja auch noch schöner!« sagte Winfrid.

Udo sah auf die Uhr. »Jetzt wird's aber Zeit. Mach ja, daß du morgen pünktlich bist, sonst brauchst du gar nicht erst aufzustehen!«

Winfrid war pünktlich. Das steckte nun mal in ihm drin. Echt preußischer Drill der jungen östlichen »Pioniere«.

Udo erwartete ihn vor dem Hotel. »Pünktlich wie die Maurer!« lobte er ihn.

»Sind die tatsächlich so pünktlich?«

»Wenn sie Feierabend machen, bestimmt.«

»Ist Herr Zandel schon da?«

»Seit acht, wie sich das für einen Chef gehört.«

»Und was tun wir hier?«

»Die Wände für die Bilder aufstellen und zurechtrücken.« Udo zog ihn mit sich.

In der Mitte des Festsaals standen zwanzig zweieinhalb Meter hohe, mit silbergrauem Stoff bespannte Stellwände aus dem Fundus der Ausstellungshallen. Zandel hatte sie für zwei Wochen gemietet.

»Sie sind gestern abend geliefert worden«, sagte er, während er einen großen Plan entfaltete und auf eine der Stellwände pinnte. »Ich habe mir die Raumaufteilung so gedacht, daß unsere Besucher wie von einem unsichtbaren Führer durch die Ausstellung geschleust werden. Unser Ausstellungskatalog wird sie dabei unterstützen und ihnen etwas über die dargestellten Münchener Typen erzählen. Einige von ihnen werden bei der Eröffnung sogar persönlich erscheinen.«

Udo zuckte überrascht zusammen. »Um Himmels willen! Ist das Ihr Ernst?«

Zandel lachte. »Nein, die nicht, sondern nur die harmlosen. Zum Beispiel die Zenzi. Sie wird bei dem anschließenden Umtrunk in ihrer Originaltracht erscheinen und hier arbeiten.«

»Eine tolle Idee! – Und wer kommt noch?«

»Lassen Sie sich überraschen. Den Prinzen aus Giesing habe ich jedenfalls nicht eingeladen...«

»Obwohl das freche Schwein bestimmt kommen würde«, sagte Udo kopfschüttelnd.

»Wir werden die Ausstellung am Freitag eröffnen, damit die Berichte und Kritiken in der Samstag-Sonntag-Presse erscheinen können. Einem kleinen Kreis ausgewählter Kritiker möchte ich Ihre Arbeiten aber schon einen Tag vorher zeigen, um ihnen genügend Zeit zu lassen, Ihre Arbeiten in Ruhe zu studieren, denn das Wort von der Kunstkritik als Kunstwerk hat schon seinen Sinn und wird von manchem Kritiker sehr ernst genommen. Je eingehender sich die Fachwelt mit Ihnen auseinandersetzt, um so besser für uns.«

Udo hatte bei den Ausführungen Zandels still vor sich hin gesehen. So dicht vor dem großen Tag, der ihn nach all den Jahren eines rauschhaften Schaffens aus der Anonymität des still vor sich hin arbeitenden Malers herausreißen und ins grelle Licht der Kritik stellen würde, überfiel ihn etwas wie Beklemmung. Er hatte alles auf eine Karte gesetzt, und nun würde diese Karte – auf den Tisch geknallt – wie eine Bombe wirken.

Als hätte er seine Gedanken erraten, sagte Zandel: »Daß ein bis dahin völlig unbekannter Maler schlagartig und anspruchsvoll mit fünfzig Werken auf dem Markt erscheint, ist sensationell. Das hat es in der Geschichte der bildenden Künste noch nicht gegeben. ›Sensation der Sensation wegen‹ – diesem Vorwurf dürfen wir uns aber keinesfalls aussetzen. Ich werde deshalb in meinem einleitenden Vortrag – ob das nun stimmt oder nicht – von dem Ringen nach Vollendung sprechen und von den Zweifeln, denen jeder ernsthafte Künstler ausgesetzt ist. Das erweckt Sympathie, wo sonst vielleicht allzu schnell das Wörtchen Arroganz oder Geschäftstüchtigkeit fallen könnte.«

»Wieviel wirst du denn für ein Bild verlangen?« fragte Winfrid. »Wenn du für jedes tausend Mark bekämst... Mann, dann könntest du vielleicht die Puppen tanzen lassen!«

Zandel und Udo sahen sich schmunzelnd an.

»Ein bißchen mehr müßte dabei eigentlich schon herausspringen«, sagte Udo. »Aber die Preise mache nicht ich, sondern Herr Zandel, und der hat bestimmt ganz andere Preisvorstellungen.«

Herr Zandel konnte sich ein Lächeln nicht verkneifen. »Das walte Gott! – Wenn wir sie hier so geschickt aufhängen, daß nicht eines das andere erschlägt – aber dazu müssen wir erst mal die Wände geschickt aufstellen. Wie wär's, meine Herren, wollen wir?«

Udo spuckte sich in die Hände und sagte: »Die Arbeit bin ich gewohnt. Bei uns nennt man das Kulissenschieben.«

Und Winfrid ergänzte frei nach Esso: »Es gibt viel zu tun – packen wir's an!«

»Abflug Montag möglich. Erbitte telegrafisch Bescheid. Vater.«

Rita fand das Telegramm auf dem Schminktisch und klingelte ihrer Garderobiere. »Haben Sie mir das Telegramm auf den Tisch gelegt? Das ist nicht für mich.«

»Verzeihung, aber...« Sie nahm das Telegramm und suchte die Adresse. »... aber das stimmt doch: Frau Margerita Schenk. Vielleicht ist es für Ihre Frau Mutter.«

»Meine Mutter heißt Ariane.«

»Ja, dann... Das verstehe ich nicht. Vielleicht ein Versehen.«

»Mir scheint, das ganze Telegramm ist ein Versehen. Woher kommt es denn?«

Die Frau suchte wieder zwischen den größtenteils unverständlichen Hieroglyphen der Post. »Hier steht Rio d. J.«

»Rio de Janeiro? Ich kenne niemanden, der mir aus Brasilien telegrafieren könnte. Und ›Vater‹? Ich habe keinen Vater – ich meine...«

Die Garderobenfrau lächelte.

»Und überhaupt: Wieso kommt ein Telegramm für mich ans Theater statt ins Hotel?«

»Dann werde ich das Telegramm dem nächsten Postboten am besten wohl wieder mitgeben; da ist bei der Post bestimmt irgend etwas durcheinandergeraten.«

Plötzlich fiel Ritas Blick auf den Schuhkarton, in dem sie die eingehenden Autogrammwünsche sammelte, um sie gelegentlich hintereinanderweg zu erledigen. Sie hatte zwar den einen oder andern der Briefe überfliegen können, aber alle diese Briefe zu lesen und womöglich den einen oder andern sogar individuell zu beantworten war praktisch unmöglich. Sie konnte nur die eigens für diesen Zweck gedruckten Autogrammfotos verschicken.

Sollte sich unter den Autogrammjägern etwa ein Mann mit dem Familiennamen Vater befinden? Das wäre die einzig mögliche Erklärung.

»Geben Sie das Telegramm bitte noch nicht zurück – vielleicht kommt es von einem der vielen Autogrammjäger. Ich werde die Post nach der Vorstellung mal rasch durchsehen.«

Es ging sehr schnell, denn ein Brief aus Brasilien war schon an der Briefmarke erkennbar. Sie fand ihn mitten im Karton. Absender: Manuel Faghera, Rio.

Zwei engbeschriebene Seiten in einer schrecklich verschnörkelten Handschrift, bei der die Ober- und Unterlängen der ohnehin übertrieben großen Buchstaben total ineinander verheddert waren. Schwer, sie zu lesen. Deshalb hatte sie den Versuch wohl auch schon gleich nach dem Öffnen des Briefes aufgegeben.

Dieser Brief wog schwer in ihrer Hand. Das war keine simple Autogrammbitte, dahinter stand mehr, das fühlte und beunruhigte sie. Diesen Brief mußte sie lesen.

Aber jetzt, kurz nach der Vorstellung? Sie würde ihn mit ins Hotel nehmen und dort in Ruhe studieren. Sie packte ihn kurzentschlossen in ihre Handtasche und das Telegramm dazu.

»Sie sind so still«, sagte Udo, als er Rita vor ihrem Hotel absetzte. »Haben Sie Kummer?«

»Nein, aber ich habe einen Brief und ein Telegramm bekommen, die mir zu denken geben.«

»Von Ihrer Mutter?«

»Nein, von meinem Vater... wenn es den tatsächlich gibt.«

»Und was will dieser fragwürdige Vater von Ihnen?«

»Das werde ich wissen, sobald ich seinen Brief gelesen habe. Ich habe ihn bei mir.«

»Darf ich Ihnen dabei Gesellschaft leisten?«

»Vielen Dank für Ihren Vorschlag. Vielleicht werde ich Sie sogar um Rat fragen, aber zunächst will ich mir einmal in Ruhe ansehen, was er schreibt.«

»Rufen Sie mich also an, wenn Sie mich sehen wollen.«

Rita setzte sich an ihren kleinen Sekretär und besah sich eine Weile den eleganten, mit Seidenpapier gefütterten blaßblauen Briefumschlag aus feinstem Bütten. Der Briefbogen selbst war auf allen vier Seiten randvoll mit einer dünnen, weitausladenden Fadenschrift wie mit einem Spinnennetz überzogen und machte schon auf den ersten Blick einen verwirrenden, wenig vertrauenerweckenden Eindruck.

Ein ungutes Gefühl beschlich sie. Wenn der Absender tatsächlich ihr Vater sein sollte – was mochte das wohl für ein Mann sein!

Der Brief war nur schwer zu entziffern, obwohl er in einwandfreiem Deutsch geschrieben war. Der Hang des Absenders zu Schnörkeln und Arabesken stand dabei in einem seltsamen Kontrast zu der unverschnörkelten und unsentimentalen Sprache.

Die einzelnen Sätze und die kaum leserliche Handschrift hingen wie die Glieder einer Kette fest aneinander; das Ganze wirkte dadurch primitiv-dümmlich.

»Meine geliebte Tochter Margerita! In einer älteren Nummer des ›Stern‹, die mir heute zufällig in die Hände fiel, habe ich Dein Bild gesehen. Du wirst dir kaum vorstellen können, wie überrascht ich war, als ich las, daß Deine Mutter eine weltberühmte deutsche Opernsängerin war und dein Vater ein Brasilianer, denn Deine Mutter und ich waren jahrelang eng befreundet, aber eine gehörige Portion Leichtsinn hat mich dann dazu verleitet, mit einer Jugendfreundin nach Brasilien zurückzukehren. Seitdem sind zwanzig Jahre vergangen, in denen ich meinen Leichtsinn bitter bereut habe. Doch nun gibt es für mich kein Halten mehr. Ich muß dich in meine Arme schließen und hoffe, daß ich dann auch deine Mutter wiedersehen darf, obwohl ich ihr damals sicher sehr weh getan habe. Sag mir, wann ich nach dort kommen und dich hochbeglückt an meine Brust drücken darf! Dein dich innig liebender Vater Manuel Faghera.«

War dieser Brief das Werk eines raffinierten Schwindlers? Dazu war er viel zu primitiv. Oder sollte dieser Mann wirklich ihr Vater sein? Ihre Mutter hatte es von jeher strikt abgelehnt, die naheliegende Frage nach ihrem Vater zu beantworten.

»Du bist die Tochter einer weltberühmten Opernsängerin – genügt dir das nicht? Was soll da die Fragerei nach irgendeinem lausigen Brasilianer, auf den ich gutgläubig hereingefallen bin und den ich längst vergessen habe. Ich weiß nicht einmal mehr, wie er hieß!«

Diese Äußerung der Mutter hatte sie damals so erschreckt, daß sie nie wieder gewagt hatte, eine ähnliche Frage zu stellen.

Aber nun trat diese Frage unmittelbar an sie heran, und sie war wohl oder übel gezwungen, dazu Stellung zu nehmen.

Was für ein Mensch war dieser Mann? Was, wenn er eines Tages vor ihr stand und Anspruch darauf erhob, von ihr als Vater anerkannt zu werden?

Fragen über Fragen...

Sie schob den Brief wieder in den Umschlag und legte ihn in die Schublade des Sekretärs. Dann ging sie zu Bett. Doch sie fand bis in die frühen Morgenstunden keinen Schlaf.

Schon gegen neun Uhr rief sie Udo an. »Entschuldigen Sie, Udo – es tut mir leid, daß ich Sie schon so früh aus dem Schlaf reißen muß...«

»So früh? Es ist schon neu. Da sind alle anständigen Menschen längst bei der Arbeit.«

»Ach Udo – der Brief und das Telegramm, wenn ich nur wüßte, was ich tun soll.«

»Kein Problem: Ich komme rüber, und dann hecken wir gemeinsam aus, was zu tun ist. Kann ich gleich kommen?«

»Wenn es wirklich nicht zu viel verlangt ist...«

Udo studierte erst den Brief. »Das sieht nicht nach Schwindel aus, aber weiß der Himmel, was für ein Kerl da ankommen und Ihnen womöglich auf der Tasche liegen würde, wenn wir das nicht verhindern!«

»Aber das Telegramm! Er ist vielleicht schon unterwegs.«

»Glaube ich nicht. Das Telegramm ist ein Trick, Sie zu einer schnellen Reaktion zu bewegen. Wir müssen seinen Besuch also höflich, aber reserviert ablehnen. Möglich, daß uns das Ihre Mutter sogar abnehmen würde.«

»Sie meinen, wenn ich sie darum bäte.« Rita winkte entschieden ab.

»Nein, ich könnte ihr den Brief und das Telegramm vorlegen und sie fragen, ob sie das Ganze für einen Schwindel hält. Um eine Antwort wird sie dann schwerlich herumkommen.«

Rita schüttelte den Kopf. »Mir wäre es am liebsten, wir könnten meine Mutter völlig aus dem Spiel lassen.«

»Warum? Ich möchte ihr Brief und Telegramm übergeben und sie bitten, Sie aus dem Spiel zu lassen, denn sie war mit dem Mann verheiratet, nicht Sie – und er versucht den Umweg über Sie doch nur, um sich wieder an Ihre Mutter heranzupirschen. Was er sich dabei gedacht hat, wissen die Götter. Wahrscheinlich nicht viel Gutes. Geben Sie mir Brief und Telegramm und lassen Sie mich machen!«

Ariane Schenk hatte sich im Reisebüro des Hotels einen ganzen Stapel verlockender Prospekte geben lassen und versuchte nun, mit ihrer Hilfe die längst beschlossene Weltreise zu planen.

Dabei mußte sie zu ihrer Überraschung feststellen, daß das schon im Hinblick auf die jahreszeitlich bedingten Temperaturunterschiede ohne fachmännische Beratung völlig unmöglich war.

Und natürlich erst recht ohne einen fachmännischen Betreuer, was immer man darunter verstehen mag. Es sollte ja schließlich keine geographische Studienreise werden, sondern eine Vergnügungsreise an der Seite eines Geliebten.

Bei Überlegungen dieser Art schwammen ihr aber gleich alle Felle weg.

Der Maler – so reizvoll er auch war – hing fest. Der junge Berliner, dieser ungewöhnlich interessante Bursche, war wohl trotz seiner unwiderstehlichen sexuellen Ausstrahlung zu unerfahren, und der Professor...

Ja, der Professor! Er hatte den Ruf der Stunde vom ersten Augenblick an verstanden und wäre gewiß wie kein anderer der rechte Mann am rechten Platz gewesen, wenn er nicht in Rom wissenschaftliche Vorträge über den Einfluß der Sterne auf das Wohl und Wehe jedes Einzelnen zu halten und als Psi-chologe über den Umgang mit der

Welt des Übersinnlichen zu lehren gehabt hätte.

So stürmisch die Tage mit ihm verlaufen waren, sie hatten leider ein allzu schnelles Ende gefunden.

Drei Tage hatte sie inzwischen dahinvegetiert. Gelangweilt und doch getrieben von der Unrast ihres Blutes und von der immer wieder aufflackernden Torschlußpanik.

Sollte dieses Erlebnis, dieses leidenschaftlich bewegte Zusammensein die letzte große Erfüllung ihrer Träume gewesen sein? Just in jener Stunde, in der sie sich – im Grunde viel zu spät – von allen Bindungen gelöst hatte?

Nein!

Sie schob die verlockenden Prospekte wie eine Kartenlegerin hin und her und wandte sie um und um, als könnte sie daraus den richtigen Weg erkennen.

Die Zimmerkellner, früher stets voller Verständnis und Einfühlungsvermögen für alleinstehende Damen, wurden von der Hotelleitung – eben deshalb und aufgrund übler Erfahrungen – nach einem angeblich nicht existierenden Plan täglich ausgewechselt.

Bis die Frage eines Reisebegleiters geklärt war, mußte sie ihren Reiseplan verschieben. Und als sei mit dieser Überlegung ein Schlußstrich unter ihre diesbezüglichen Pläne gezogen, schob sie – einem jähen Impuls folgend – alle bunten Pläne zusammen und warf sie in den Papierkorb.

Sie sah auf die Uhr. Eigentlich die beste Zeit zu einem Bummel durch die immer wieder reizvolle Stadt.

Als sie schon in der Tür stand, summte das Telefon.

Udo. Er müsse sie in einer persönlichen Angelegenheit sprechen. Es sei eilig. Er könne in einer Viertelstunde im Hotel sein.

Dringend in einer persönlichen Angelegenheit? Sie erschrak. Sollte ihrer Tochter etwas zugestoßen sein?

»Bitte«, sagte sie. »Ich erwarte Sie in meinem Zimmer.«

Udo kam gleich zur Sache. »Dieser Brief aus Rio kam schon vor etwa vierzehn Tagen. Das Telegramm gestern abend.«

»Ein Brief aus Rio?« Sie wurde blaß. »Und an meine Tochter?« Sie nahm den Brief entgegen und starrte wie versteinert auf die verschnörkelte Handschrift. »Dieser Brief scheint tatsächlich für mich bestimmt zu sein. Nehmen Sie doch bitte Platz!« Sie entfaltete den Briefbogen und schloß eine Weile die Augen.

Udo sah, daß ihre Hände zitterten.

»Nein; der Brief ist doch an meine Tochter gerichtet«, murmelte sie nach einer Weile, während sie ihn mit gerunzelter Stirn zu entziffern versuchte. »Eine Unverschämtheit von diesem Kerl! Und das nach mehr als zwanzig Jahren, in denen er sich nicht ein einziges Mal um mich gekümmert hat. Nein, Herr Faghera, da irren Sie sich!« Sie riß den Brief mittendurch und schleuderte ihn zur Seite. »Eine Frechheit! Diesem Lumpen werde ich...«

Udo reichte ihr das Telegramm. »Wir müssen leider damit rechnen, daß dieser Herr schon heute oder morgen hier erscheint.«

Sie überflog das Telegramm. »Das soll er riskieren!«

»Sollte man ihm vielleicht antworten, Rita...«

»Antworten? Diesem Schwein antworten? Keine Antwort ist auch eine Antwort. Sagen Sie dem Hotelportier, wenn dieser Mann tatsächlich auftaucht, möge man ihm meine Adresse geben.«

Udo erhob sich und las die beiden Briefhälften auf.

»Lassen Sie mir den Brief und das Telegramm bitte hier; diese Korrespondenz ist tatsächlich für mich bestimmt, und ich werde sie auch erledigen... auf meine Art.«

Udo zögerte einen Augenblick, bedankte sich dann aber und ging.

Ein interessanter Mann, dachte sie. Schade...

Etwa eine Viertelstunde später hatte sie sich wieder beruhigt. Sie fuhr hinunter und nahm ein Taxi nach Schwabing. Irgendwo in der Leopoldstraße stieg sie aus und ließ sich in dem dichten Strom der Menschen dahintreiben, ziellos, haltlos und im Grunde einsamer als je zuvor...

Als sie an einer Straßenkreuzung warten mußte, fiel ihr Blick auf das Plakat mit den Theaterankündigungen.

»Rita Schenk« – groß, in leuchtendem Rot – »als Rosemarie in der gleichnamigen Operette von Rudolf Friml.«

Sie wandte sich ab.

Vorbei!

Und weiter im Gewimmel der Menschen.

So hatte auch ihr Name einmal an derselben Stelle von derselben

Litfaßsäule gelockt.

Tempi passati!

Weiter, weiter im Strom!

Wohin? Sie wußte es nicht. Sie fühlte sich alleingelassen, ein erloschener, längst vergessener Stern.

Erst zwei Tage später kam ein Lebenszeichen. Ein Anruf aus Rom kurz nach Mitternacht.

»Liebste, ich vergehe vor Sehnsucht! Ich brenne vor Begierde Tag und Nacht! Und dabei stehen unsere Sterne so günstig wie noch nie, dicht bei der Venus im dritten Azimut!«

Die ferne Stimme riß kaum verheilte Wunden wieder auf. Sie lauschte ihr mit verhaltenem Atem.

»Ich komme! Ich komme wieder, sobald ich kann! Warte auf mich. Ich werde dir zu Füßen liegen, um dich nie wieder zu verlassen, denn ohne dich ist mein Leben ohne Sinn!«

Worte wie schwülstig-hohle Phrasen – sie wußte es wohl. Keinem andern hätte sie diesen Überschwang abgenommen, aber der sinnliche Klang seiner Stimme, die Beschwörung unvergeßlicher Stunden voll hemmungsloser Hingabe rissen sie hin.

»Ich warte auf dich!«

Und sie wartete, wartete... Tage voll quälender Leere.

Schon erschienen in den Zeitungen die ersten Hinweise auf eine sensationelle Gemäldeausstellung besonderer Prägung.

Der Maler!

Er hatte inzwischen nichts mehr von sich hören lassen. Und dem Blonden aus Ostberlin hatte sie bei seinem Besuch wohl viel zu wenig Mut gemacht, sich wieder zu melden.

Weshalb, das wußte sie selber nicht.

Als Udo nach Schluß der Vorstellung in Ritas Garderobe kam, merkte er sofort, daß sie nervös war.

»Haben Sie neuen Ärger gehabt, kann ich Ihnen helfen?«

»Nein, aber dieser Brief...«

»Ich habe inzwischen mit Ihrer Mutter gesprochen. Ihren sogenannten Vater, den Brief und das Telegramm können Sie getrost vergessen.«

»Das wird mir nicht schwerfallen – ich habe inzwischen sogar lernen müssen, meine Mutter zu vergessen.«

»Sie war natürlich empört. Wenn er die Frechheit besitzt, sich bei ihr zu melden, wird er was erleben.«

Rita packte behutsam ihre Sachen zusammen. »So, jetzt nichts wie ins Hotel, ich habe Hunger.«

»Wenn der Autohändler Wort gehalten hat, steht unten der neue Zweisitzer vor der Tür.«

»Taxen sind zwar bequemer und billiger – aber junge Männer brauchen nun mal ihr Spielzeug.«

»Das nehmen Sie zurück!«

»Nicht, bevor Sie mich damit heil im Hotel abgesetzt haben!«

Der Neue stand tatsächlich chromblitzend vor dem Bühnenausgang. Der Händler öffnete Rita den rechten Schlag, bat sie, Platz zu nehmen, und rückte ihr den Sitz zurecht. Dann erklärte er Udo die wichtigsten Schalter, und zehn Minuten später steuerte Udo sein dunkelblaues Sportcoupé behutsam in den nächtlichen Verkehr.

Dabei sprach er auf der ganzen Fahrt kein Wort. Rita sah die gespannte Aufmerksamkeit auf seinen Zügen und wagte nicht, sich zu rühren.

Erst als der Wagen in der Hoteleinfahrt stand, atmeten beide hörbar auf.

»Habe ich Sie heil abgesetzt?« fragte Udo.

»Haben Sie – vielen Dank.«

»Und was ist mit dem Spielzeug?«

»Nachdem ich zitternd und bebend miterlebt habe, wie anstrengend und aufregend das ist, nehme ich die Beleidigung natürlich zurück. – Aber jetzt ins Restaurant. Ich gehe schon in die Knie vor Hunger!«

Rita war während des Essens ungewöhnlich still. Sie wußte, wie ihre Stimmung auf Udo wirken mußte, und entschuldigte sich. »Sie dürfen mir das heute nicht übelnehmen – morgen möchte ich mit Ihnen darüber sprechen. Vielleicht brauche ich in dieser Sache sogar Ihren Rat.«

Udo nickte verständnisvoll. Er brachte Rita in ihre Wohnung und verabschiedete sich von ihr mit einer zärtlichen Umarmung.

Dann parkte er seinen Wagen in der Tiefgarage des Arabellahauses, bewunderte ihn noch einmal von allen Seiten, polierte mit dem Taschentuch liebevoll daran herum und fuhr dann – ein bißchen abgespannt – in den sechzehnten Stock.

Ein zweites Telegramm leitete Rita ungeöffnet weiter. Daß der Brasilianer ihr Vater war, stand für sie fest. Die uneheliche Tochter eines solchen Mannes zu sein war ebenso schmerzlich wie die Erkenntnis, die zur Trennung von ihrer Mutter geführt hatte.

Im übrigen fühlte sie sich seit Tagen alleingelassen.

Ihr fehlte etwas, und sie war sich darüber auch im klaren: Ihr fehlte die ungezwungene, unaufdringliche Zuneigung Udos, der in den letzten Tagen fast nie Zeit für sie hatte. Sie mußte allein ins Theater fahren und meist auch ohne ihn zurück ins Hotel. In ihre Garderobe kam er nur noch selten und immer nur auf einen Sprung. Selbst hinter der Bühne war er kaum zu sehen.

»Rita, entschuldigen Sie«, hatte er ihr einmal im Vorbeihuschen zugerufen. »Die Ausstellung! Wir sind Tag und Nacht mit dem Aufbau beschäftigt. Ich muß mich deshalb sogar oft hier von der Arbeit drükken. Aber ich melde mich, sobald ich Luft habe.«

Während einer Pause schickte ihr der Intendant eine Tageszeitung, in der er einen ersten Hinweis auf die bevorstehende Sonderausstellung angestrichen hatte. »Hoffentlich wird das Gemälde noch rechtzeitig fertig«, hatte er dazu geschrieben.

Das Bild war schon seit Tagen fertig.

»Gefällt es Ihnen?« hatte Udo sie gefragt. »Finden Sie sich ähnlich genug?«

»Es ist sicher Ihr schönstes Bild«, hatte sie geantwortet, »aber – geschmeichelt.«

»Finden Sie das wirklich?«

»Ja, ehrlich!«

»Vielleicht haben Sie sogar recht – aber kann man eine Frau, die man verehrt, malen, ohne ihr zu schmeicheln? – Ich sehe Sie genau so, wie ich Sie in echtem, besonders kostbarem Öl konserviert habe«, sagte er lachend. Dabei hatte er ihr unverblümt verliebte Augen gemacht.

Rita überlegte: »Für das Bild wird sich sicher rasch ein Käufer finden.«

»Würden Sie es denn verkaufen?« fragte Udo.

»Ich? Wieso ich?«

»Das Bild gehört doch Ihnen. Ich habe es Ihnen schon geschenkt, bevor ich den ersten Pinselstrich getan hatte.«

Rita schwieg. Sie dachte an die kurze Szene, in der er ihr das Bild tatsächlich versprochen hatte, doch sie hatte dieses Versprechen nicht einen Augenblick ernstgenommen. »Dieses Geschenk kann ich nicht annehmen«, sagte sie nach einer Weile, »denn ich wüßte nicht, womit ich es verdient hätte.«

»Das weiß ich auch nicht. Muß man sich ein Geschenk denn ›verdient‹ haben? Wäre es dann noch ein Geschenk? Es freut mich, daß Sie das Bild schon vor seiner Entstehung angenommen haben. Außerdem erwartet der Intendant, daß es so lange im Foyer des Theaters hängt, wie die Operette auf dem Spielplan bleibt. Und das wird – so glaube ich – noch eine ganze Weile dauern. Außerdem ist Ihr Bild dort eine großartige Reklame für meine anderen Bilder.«

»Der Intendant möchte anschließend die Operette ›Das kleine Hofkonzert‹ von Edmund Nick bringen. Ich kenne die Musik schon seit vielen Jahren. Die Rolle ist sehr reizvoll. Andererseits drängt der Film. Man möchte hier sofort nach Abschluß meines Theatervertrages mit den Dreharbeiten beginnen, denn man verspricht sich von diesem Stoff einen Welterfolg.«

Udo starrte mit gerunzelter Stirn vor sich hin. »Wie weit sind Sie denn mit Ihren Verhandlungen?«

»Es hängt alles noch in der Luft, weil ich die Entscheidung immer wieder vor mir hergeschoben habe. Leider weiß ich selber noch nicht, was ich will.«

»Wollen Sie nicht einmal offen mit dem Intendanten oder einem Theateragenten darüber sprechen?«

»Das werde ich wohl müssen.«

»Und wenn ich Ihnen bei einem solchen Gespräch zur Seite stehen darf...«

»Darum habe ich Sie schon lange bitten wollen, ich habe mich nur nicht getraut.«

»Reden wir also darüber, sobald meine Ausstellung eröffnet ist. Ich habe dann so viel Zeit, wie Sie wollen...«

Die Staffelei stand an der Rückwand der eleganten weiträumigen Empfangshalle, dem Eingang direkt gegenüber. Davor ein alter dreibeiniger Hocker, ein kleiner schmuddeliger Tisch mit Farben, Tuben, Pinseln, einem Wischlappen, einem Stab mit einem Lederpolster am Ende und über die rechte obere Ecke des großen Bildes wie flüchtig hingehängt ein reichlich farbenträchtiger, ehemals weißer Malerkittel. So, als sei der Künstler nur für einen Augenblick von seiner Arbeit abgerufen worden.

Doch das alles versank trotz des grellen Effektscheinwerfers unter der Faszination eines Frauenbildnisses von hinreißender Schönheit.

Das war das erste Bild, das an diesem Freitag von allen Pressefotografen eingefangen wurde. So originell hatte bisher noch kein Galerist auf die Sonderschau eines Malers hingewiesen.

Zandel hatte es verstanden, die Eröffnung der Udo-von-Kling-Ausstellung unter dem Schlagwort »Münchener Typen« zu einem ebenso großen künstlerischen wie gesellschaftlichen Ereignis zu machen.

Nach einem Besuch bei dem Direktor der staatlichen Kunstakademie, dem international hochgeschätzten Professor Klenke, hatte er ihn nicht nur dazu bewogen, sich die Sammlung schon zwei Tage vorher anzusehen, sondern auch die feierliche Eröffnungsrede zu halten.

Alle Kunstkenner und Kunstmäzene Bayerns und weit darüber hinaus hatte er persönlich eingeladen. Sein Ruf als seriöser Galerist und der farbige Prospekt hatten ihre Wirkung nicht verfehlt.

Die wichtigsten Kunstkritiker der größten Tageszeitungen und Zeitschriften waren seinem Ruf gefolgt und hatten sich schon am Vortag eingefunden. Zandel hatte jeden von ihnen durch seine Ausstellung geführt und ihnen »seinen Maler« nicht ganz ohne Berechtigung als seine Entdeckung vorgestellt.

Die allgemeine Überraschung war einmalig. Die kaum glaubliche Tatsache, daß ein hochbegabter Maler mit einem Schlag fünfzig Meisterwerke auf den Markt warf – Meisterwerke, wie man uneingeschränkt einräumte –, war verblüffend.

Man sprach von dem »künstlerischen Ereignis des Jahrzehnts«, und dieses Wort, von Professor Klenke bei der Eröffnung geprägt, stand von diesem Augenblick an unsichtbar über der Ausstellung und über allen Kritiken.

Die Zeitungen und Zeitschriften überschlugen sich fast vor Begeisterung.

»Münchener Typen?« schrieb einer der am meisten geachteten und gefürchteten Kritiker. »Ausnahmslos Menschen, wie sie mitten unter uns leben! Menschen, denen wir täglich begegnen und die für unsere Stadt ebenso charakteristisch sind wie die Zwiebeltürme der Frauenkirche. Kraftvolle Typen, in kraftvollen Farben auf die Leinwand gebannt. Typen, die wir täglich sehen und... übersehen. Doch dieser bisher völlig unbekannte Meister hat unsern Blick für sie geschärft. Udo von Kling – das ist ein Name, den wir uns merken müssen!«

Und ein anderer Kritiker schrieb: »Münchener Typen? Ja, ja, ja! Gehen Sie hin und sehen Sie sie alle, eingereiht in eine sensationelle Sonderschau von unvergeßlicher Eindringlichkeit! Schmerzlicher Gedanke, daß dieses in sich geschlossene Gesamtwerk schon bald zerrissen und daß so manches Münchener Original alleingelassen und für immer in einer Privatsammlung versteckt vor sich hindösen soll!«

»Bedrückend und mahnend zugleich«, schloß der aus Berlin angereiste Kulturpapst seine begeisterte Kritik, »ist das letzte, separat gezeigte, nicht zur Typen-Schau gestellte Bild einer Mutter mit ihrem Contergankind. Hier zeigt Kling den Menschen als bejammernswertes Opfer seiner eigenen Zivilisation. Wohl manch einer verließ diesen Raum nachdenklich und mit feuchten Augen... Nichts aber dokumentiert die verblüffende künstlerische Spannweite dieses Malers besser als das im Foyer des Hotels ausgestellte Frauenbildnis. Welch ein Unterschied in der Technik! Hier ist alles zart und schmeichelnd: ein Frauenbildnis wie ein Liebeslied.«

Während Zandel und Udo noch kurz nach der Eröffnung der Ausstellung mit dem Gedanken gespielt hatten, wie viele Bilder sie schon auf Anhieb verkaufen könnten, brachte Zandel schon am zweiten Tag – nachdem die ersten Kritiken erschienen waren – ein sauber gedrucktes Schild am Eingang an: »Die Gemälde werden während der Ausstellung gezeigt, aber nicht verkauft.«

Die stolzen Preise, die er sich zunächst vorgestellt und aufgrund seiner bisherigen Erfahrungen für erzielbar gehalten hatte, hatte er schon nach dem Erscheinen der ersten Kritiken über Bord geworfen. Er konnte mindestens das Doppelte fordern. »Wir müssen die Ausstellung nach diesem Erfolg auch in einigen andern Großstädten zeigen: in Berlin, Hamburg, Düsseldorf, Köln, vielleicht auch in Paris. Vorher Preise zu nennen und Bilder aus der in sich geschlossenen Serie herauszureißen grenzt angesichts dieser Kritiken an Idiotie.«

Udo wagte nicht, Zandel in seine Preispolitik hineinzureden. Er konstatierte nur immer wieder, daß Zandel sein Geschäft in jeder Hinsicht verstand. »Was die andern besser können als ich, das sollen die andern machen« war sein eigener Wahlspruch, und er war damit bisher immer gut gefahren...

Auf dem zusammengefalteten Zettel, den der Mann dem Postbeamten diesmal zuschob, stand außer der Chiffre »XYZ 123« auch noch das Kennwort »Caligula«.

»Aha, Sie haben ein neues Kennwort gewählt.«

»Ja, das alte lasse ich sterben.«

»Unter dem alten ist inzwischen einiges angekommen.« Der Beamte wandte sich um und reichte dem Mann zehn Briefe. »Merkwürdig«, sagte er, »ich habe den Eindruck... Ja, sehen Sie, dieses etwas größere rosa Kuvert habe ich doch schon einmal in den Händen gehabt. So eine Farbe fällt ja auf.« Er besah sich das Kuvert von beiden Seiten. »Ja, ich entsinne mich genau: Dieses Kuvert habe ich schon einmal ausgegeben.«

»Mir aber nicht.«

»Das ist es ja eben! Den hat doch damals der andere abgeholt. – Moment mal!« Er studierte den Poststempel. »Richtig, der ist doch hier gewesen, und zwar... vor etwa vier Tagen.«

Der Mann vor dem Schalter schüttelte den Kopf. »So was gibt's doch nicht!«

Der Beamte blätterte nun auch die übrigen Briefe durch. »So was, nein. Auch der – und der – und der –« Er sah unvermittelt auf. »Alle diese Briefe habe ich schon einmal ausgegeben. Ja, da bin ich ganz sicher: Das sind die Briefe, die damals der andere Herr unter Ihrer Chiffre abgeholt hat. Nur diese drei sind Neueingänge.«

Der Mann vor dem Schalter nahm die Briefe und schob sie in seine

Aktentasche. »Das hieße doch, daß der Mann seinen Irrtum erkannt und die Briefe wieder in den Briefkasten geworfen hat.«

»Oder dahinter steckt eine Absicht, denn wie soll einer zufällig auf die ausgefallene Chiffre XYZ 123 kommen.«

»Von mir hat er sie jedenfalls nicht. Und wenn er etwa wiederkommt...«

»Dann muß ich ihn auf die Duplizität der Kennungen aufmerksam machen und mir von ihm – wenn er die Post verlangt – seinen Personalausweis zeigen lassen.«

Der Mann ging mit seinen Briefen langsam hinaus. Ihm war nicht ganz wohl. Eine merkwürdige Geschichte. Was hatte das zu bedeuten?

Wieder im Hotel, nahm er sich zuerst den rosa Brief vor und untersuchte ihn genauer. Der Brief war zweifellos geöffnet worden. Und zwar nicht so, wie man einen Brief normalerweise öffnet, sondern so, daß er auch wieder verschlossen werden konnte, ohne daß es auffiel. Der Inhalt schien unversehrt: ein Brief – ebenfalls auf rosa Briefpapier – und etliche Fotos.

Dasselbe bei den anderen Briefen. Teilweise sogar etwas plumper gemacht.

Na schön, tröstete er sich, da hat einer zufällig ein paar Briefe erwischt und sich einen Spaß draus gemacht, sie zu studieren. Daß manche solcher Briefe unfreiwillig komisch wirkten, wußte er selber nur zu gut. Hoffentlich war der Unbekannte nicht auf die Idee verfallen, sich mit den Absenderinnen in Verbindung zu setzen. Bei dieser Vorstellung wurde ihm allerdings ein bißchen mulmig...

Für Winfrid hatten mit Eröffnung der Ausstellung goldene Zeiten begonnen. Zandel zahlte ihm auch weiterhin 100 Mark pro Tag, und dafür brauchte er nur – von Udo neu eingekleidet und nett anzusehen – am Eingang der Ausstellung zu stehen, den Besuchern die Gästeliste vorzulegen, gegebenenfalls ihre Adressen zu notieren, Gespräche mit Herrn Zandel oder Herrn von Kling zu vermitteln, denen, die es wünschten, einen der farbigen Prospekte zu verkaufen und allen Damen und Herren – wo es ihm angebracht schien – in seiner siegfriedhaften Blondheit schöne Augen zu machen. Da die Ausstellung erst um zehn Uhr geöffnet und schon um sieben geschlossen wurde, konnte er hinterher auch noch Gisi besuchen und ihr über seine Tageserlebnisse berichten. Der Job war also rundherum erträglich. Wie lange er über die zunächst vorgesehenen zwei Wochen hinaus zu halten war, das schien bei der großen Besucherzahl vorläufig nur davon abzuhängen, wie lange das Hotel den Saal nicht selber benötigte.

Schon in den Nachmittagsstunden des zweiten Tages erschien, ganz in Schwarz und glitzernd im Schmuck ihrer kostbaren »Siegestrophäen«, mit langen angeklebten Wimpern und geschminkt wie für einen Auftritt als Kameliendame, Frau Ariane Schenk. Man konnte sie für eine Vierzigerin halten.

Zandel begrüßte sie mit der ihr gebührenden Hochachtung.

»Ich komme, um einem Genie zu huldigen«, erklärte sie lautstark und pathetisch.

Zandel erkannte sofort seine Chancen als Galerist. »Ariane Schenk – welch eine Ehre!« begrüßte er sie nicht weniger lautstark.

Die Wirkung war sensationell.

»Ariane Schenk! Die große Sängerin!« flüsterte man sich zu. Ein paar autogrammwütige Mädchen, die den Namen noch nie zuvor gehört hatten, stürzten sofort herbei, Blitzlichter der Pressefotografen zuckten auf... Frau Schenk hatte wieder einmal ihren großen Auftritt.

Als sei das die selbstverständlichste Sache der Welt, beschlagnahmte sie Udo sofort für sich selbst: »Mein lieber Maestro, nun machen Sie Ihr Versprechen wahr, mich persönlich durch die Galerie Ihrer genialen Werke zu führen, von denen Sie mir vor ein paar Wochen leider nur einige wenige zeigen konnten!«

Udo sah alle Blicke auf sich gerichtet und hätte sich am liebsten ins nächste Mauseloch verkrochen. »Sie beschämen mich«, sagte er, indem er sich über ihre Hand beugte. »Darf ich bitten?«

Wie zu erwarten war, hängten sich der nun folgenden Führung gleich ein Dutzend anderer Besucher an. Das war eine einmalige Gelegenheit, die man sich nicht entgehen lassen durfte!

Zandel ahnte, was in Udo vorging, und warf Winfrid einen vielsagenden Blick zu. Winfrid kratzte sich schmunzelnd hinter den Ohren und fragte sich im stillen, ob Ariane ihn nicht gesehen oder geflissentlich übersehen hatte.

Ariane Schenk machte die Führung durch ihre klugen Fragen und ihre hemmungslos gezeigte Begeisterung zu einer Show sondergleichen.

Ein paar Pressevertreter stellten sich beim Ausgang auf, um sie und Udo nachher zu interviewen.

Zandel rieb sich die Hände. Etwas Besseres als dieser unerwartete Überfall hätte ihm nicht passieren können.

»Haben Sie inzwischen etwas aus Rio gehört?« erkundigte sich Udo, als Ariane sich verabschiedete.

Sie zuckte leicht zusammen. »Nein, und ich beabsichtige auch nicht, auf irgendwelche Äußerungen zu reagieren.«

Udo erkannte den Propagandawert dieses Besuches erst, als Winfrid ihm hinterher augenzwinkernd gratulierte. Erst dabei fiel ihm auf, daß Ariane das große Bild Ritas nicht mit einer Silbe erwähnt hatte...

Schon nach Erscheinen der ersten Presseveröffentlichungen erhielt Zandel einen telefonischen Anruf, der ihn überraschte.

»Ich habe Ihre Ausstellung besucht und möchte Ihnen sagen, daß ich an dem im Foyer des Hotels ausgestellten Frauenbildnis interessiert bin. Darf ich um den Preis bitten?«

»Das Bild ist in Privatbesitz und leider unverkäuflich.«

»Ach! – Halten Sie es für möglich, daß man mit dem jetzigen Besitzer verhandeln könnte, wenn ich ihm einen Aufpreis biete?«

»Das ist völlig ausgeschlossen, denn das Porträt gehört Frau Rita Schenk, und Sie werden verstehen...«

»Glauben Sie, daß der Künstler auf Bestellung ein zweites Bild der Sängerin anfertigen würde? Gewissermaßen eine Kopie des ersten?«

»Diese Frage kann ich Ihnen nicht beantworten, bevor ich mit Herrn von Kling gesprochen habe. Ich halte es aber für denkbar, denn das wäre kein Einzelfall in der Geschichte der Malerei. Arnold Böcklin zum Beispiel hat nach dem sensationellen Erfolg seiner ›Toteninsel‹ das gleiche Bild – mit geringen, kaum auffallenden Änderungen – sogar noch dreimal gemalt. Dabei soll sich der Preis aber jedesmal verdoppelt haben.«

»Dann darf ich Sie also in den nächsten Tagen wieder anrufen?«

»Bitte sehr. Und vielen Dank für Ihr Interesse.«

Als Zandel Udo über den Anruf berichtete, lehnte er kurzerhand ab. »Wer war denn der Interessent?«

Zandel schüttelte bedauernd den Kopf. »Ob er mir beim Anruf seinen Namen genannt hat, weiß ich nicht, und anschließend habe ich ihn auch nicht danach gefragt, aber ich bin sicher, daß er sich morgen oder übermorgen wieder meldet.«

»Daß Böcklin seine ›Toteninsel‹ viermal gemalt, also praktisch dreimal kopiert hat, ist mir neu«, sagte Udo. »Für ganz einwandfrei halte ich solche Methoden aber nicht.«

»Dazu hat ihn bestimmt der geschäftstüchtige Galerist überredet. Übrigens hat nicht Böcklin, sondern er den romantischen Titel erfunden.«

»›Hilton‹, München.«

»Hier ist die Rezeption des ›Interconti‹, Wien. Herr Professor Grenzer möchte Frau Ariane Schenk sprechen.«

»Moment bitte!«

Ariane war schon zu Bett gegangen. Sie nahm schlaftrunken den Hörer.

»Sie werden aus Wien verlangt. Herr Professor...«

»Bitte verbinden Sie!« Sie richtete sich auf. »Endlich! Ich hatte schon geglaubt...«

»Ariane!«

»Hallo, du bist so leise; ich verstehe dich kaum. – Du bist in Wien?«

Der Professor zog das Taschentuch, das er über die Sprechmuschel gelegt hatte, ein wenig zur Seite. »Ich höre dich aber sehr gut.«

»Ja, jetzt ist es auch ein wenig besser.«

»Ach, diese verfluchten Fernverbindungen! Ja, ich bin schon auf dem halben Wege zu dir. Darf ich kommen?«

»Das fragst du?«

»Ich habe so ein schlechtes Gewissen, doch die Italiener wollten und wollten mich nicht fortlassen. Aber nun bin ich endlich frei – ganz frei für dich! Und wenn du willst...«

»Kannst du noch fragen?«

»Meine Maschine geht morgen früh. Ich könnte gegen drei im Hotel sein. Ist das zweite Zimmer deiner Suite noch nicht besetzt?«

»Wen sollte ich wohl bei mir haben?«

»Ach, Ariane, ich brenne vor Sehnsucht.«

»Komm, komm – ich freue mich auf dich!«

»Schlaf gut – und träume von mir dasselbe, was ich von dir.«

»Gute Nacht!«

Der Professor legte den Hörer auf die Gabel und atmete erleichtert auf. Das schien wenigstens zu klappen.

Ariane sank wieder in die Kissen.

»Ich bin frei – ganz frei für dich«, hatte er gesagt. Sie dachte plötzlich wieder an die geplante Reise. Wir werden nach Miami fliegen, nahm sie sich vor, und erst einmal vier Wochen im »Eden Roc« bleiben. Das »Eden Roc« war das Hotel, das ihr beim Studium der Prospekte am besten gefallen hatte.

Ich werde den Prospekt des Hotels morgen früh gleich wieder anfordern und vielleicht auch noch einen über Hollywood und Acapulco. Irgendwo werden wir uns dann festsetzen und nur an uns und unsere Liebe denken.

Hier hielt sie nun nichts mehr...

Sie schloß die Augen und schlief wieder ein.

Der Professor faßte einen raschen Entschluß und begann auch gleich, ihn in die Tat umzusetzen.

Er betrat schon am nächsten Morgen ein elegantes Münchener Geschäft für Herrenbekleidung. Der dunkelblaue Anzug, den er dort wählte, saß auf Anhieb. Nur die Hosen und Ärmel mußten ein wenig gekürzt werden.

»Ich brauche den Anzug aber bis ein Uhr; läßt sich das machen?«

»Kein Problem.«

Ein paar Häuser weiter betrat er wieder ein Geschäft für Herrenbekleidung.

Diesmal entschied er sich für einen besonders eleganten mittelgrauen Anzug. Auch hier nur ein paar kleine notwendige Retuschen und die Zusage, daß der Anzug bis um 1 Uhr fertig sei.

Im nächsten Geschäft für Herrenwäsche kaufte er vier weiße Hemden und vier dezent gemusterte Krawatten.

In einem besonders vornehmen Koffergeschäft erstand er einen mittelgroßen Lederkoffer und ein dazu passendes Necessaire. Und im nächsten Schuhgeschäft schließlich noch zwei Paar Schuhe.

Da er die Einkäufe auf verschiedene Geschäfte verteilt und in keinem von ihnen den Höchstbetrag überschritten hatte, konnte er alle Einkäufe mit den schon vor zwei Wochen beantragten und überraschend schnell erhaltenen Kreditkarten zweier Clubs bezahlen – sogar den Friseur, bei dem er sich anschließend die Haare waschen und den Bart stutzen ließ.

Die Rechnungen der beiden Clubs würden frühestens in einem Monat eintreffen – und selbst dann hatte er immer noch genügend Zeit, bis die erste höfliche Mahnung kam.

So in jeder Hinsicht aufs beste für eine weite Reise vorbereitet, betrat er wenige Minuten nach zwei das Hotel.

Ariane fiel ihm um den Hals. »Unsere Weltreise ist schon geplant«, sagte sie. »Zuerst geht's nach Miami und dann...«

»Solltest du wirklich nicht wissen, wohin es zuerst geht?«

Er preßte sie an sich und verschloß ihr den Mund mit seinen Küssen.

Wenige Augenblicke später hing an der Tür des Appartements schon wieder das rote Schild mit der Aufschrift: »Bitte nicht stören!«

Am Samstagmorgen klingelte das Telefon bei Udo schon um acht. Rita.

»Herzlichen Glückwunsch!«

»Danke schön. Und wozu?«

»Ich habe mir eben die neuen Zeitungen bringen lassen. Begeisterung auf der ganzen Linie! Sie können sehr stolz sein!«

»Bin ich aber nicht. Kritiker übertreiben immer nach der einen oder anderen Seite.«

»Udo, Sie haben wohl noch keine Ihrer Kritiken gelesen?«

»Stimmt. Ich bin nämlich eben erst aufgestanden und gerade dabei, mich zu rasieren. Heut hätte ich mich fast verschlafen. Es ist gestern nämlich sehr spät geworden. Der Galerist hatte vor Freude über die Begeisterung seiner Landsleute spontan die Direktoren der staatlichen Kunstausstellungen und ein Dutzend prominenter Kunden zu einer kleinen Feier eingeladen.«

»Daß alle Zeitungen mein Porträt gebracht haben, wird den Intendanten besonders freuen.«

»Wann darf ich Sie denn durch unsere Ausstellung führen? Zandel möchte, daß ich Ihnen Ihr Porträt in Gegenwart der Presse feierlich zum Geschenk mache. Einverstanden?«

»Mir wird wohl nichts anderes übrigbleiben.«

»Hoffentlich kann ich Sie bald wieder jeden Abend zur gemeinsamen Fahrt ins Theater abholen«, sagte er, ohne darüber nachzudenken, ob er nicht schon bald seine »Theaterlaufbahn« beenden würde.

Eine Stunde später erschien Udo in der Ausstellung.

»Ich glaube, der Zandel hat eine tolle Nachricht für dich«, sagte Winfrid.

»Hat er endlich ein Bild verkauft?«

»Das dürfte nicht schwer sein, wenn er nur wollte. Aber nachdem die ersten Kritiken erschienen sind, ist er völlig aus dem Häuschen. Er telefoniert in einer Tour.«

»Was gibt es denn so Aufregendes?«

»Das weiß ich nicht.«

Udo erfuhr es schon wenige Augenblicke später.

»Wir können für das Bild der Resi einen geradezu sensationellen Preis erzielen – sofern Sie einverstanden sind«, sagte Zandel, nachdem ihm Udo über sein Gespräch mit Rita berichtet hatte.

»Sofern ich einverstanden bin? Weshalb sollte ich nicht?«

Herr Zandel wiegte den Kopf skeptisch hin und her. »Es wäre ein Präzedenzfall, und ich weiß nicht...«

»...ob wir so viel Geld überhaupt annehmen sollten? Haben Sie Angst vor der Steuer?«

»I wo!«

»Oder soll das Bild im Harem eines Scheichs vor aller Welt versteckt werden?«

»Im Gegenteil – das ist es ja.«

»Um wieviel geht es denn?«

»Darf ich Sie bitten, erst mal Platz zu nehmen?«

Udo ließ sich auf den nächsten Stuhl fallen. »Sie wollen also sagen, der gebotene Preis sei sensationell hoch?«

»Ja, es kann sein, daß wir sogar noch mehr herausschlagen, aber darüber muß ich erst mal mit einem Fachmann sprechen.«

»Mir schwant, da ist ein Haar in der Butter.«

»Richtig. Wir können für die Resi – halten Sie sich fest! – eine glatte Viertelmillion kriegen.«

»Der Mann, der Ihnen so viel geboten hat, gehört in eine Klapsmühle!«

»Irrtum. Der Mann ist ganz gerissen. Er ist der Propagandachef einer weltbekannten Münchener Brauerei und hat nicht die Absicht, das Geld des Firmenchefs zum Fenster hinauszuschmeißen. Er will das Bild in Hunderttausenden von Reproduktionen auf Plakaten, in Zeitungen und Zeitschriften weltweit zur Reklame benutzen. Das heißt, er will das eigentliche Bild zwar zu unserm ›normalen‹ Preis kaufen, aber gleichzeitig die alleinigen Reproduktionsrechte erwerben.«

»Und dagegen haben Sie Bedenken? Für so viel Geld soll er die Resi doch drucken, so oft er will!«

»Sie müßten dann allerdings auf den grauen Bierkrügen unaufdringlich, aber trotzdem unverkennbar das Firmenzeichen anbringen.«

»Augenblickssache! Und dafür... Der Mann ist verrückt!«

»Lieber junger Freund, nehmen Sie das nicht so auf die leichte Schulter. Man könnte Sie als Reklamemaler klassifizieren, und was das heißt, brauche ich Ihnen wohl nicht erst zu explizieren: Ihr Marktwert könnte blitzartig in den Keller schlittern. Wir müssen das Angebot also gründlich durchdenken und vielleicht sogar – was ich nicht hoffe – schweren Herzens nein sagen.«

Udo starrte finster vor sich hin. »Eine Viertelmillion – ist das wahr? Verdammt nochmal, mir rinnt schon der Schweiß den Rücken runter.«

Udo und Zandel liefen an diesem Morgen ständig mit gefurchter Stirn durch die Ausstellung. Zandel erlitt wahre Höllenqualen, und Udo sah ihn immer wieder skeptisch von der Seite an.

Eine Viertelmillion für ein Bild, ob sich da nicht jemand einen Scherz mit ihnen erlaubt hatte? Andererseits hatte er gehört, daß eine einzige ganzseitige Anzeige in »Hör zu« über 100000 Mark kostet.

»Zu Reklamezwecken schmeißen die Firmen mit dem Geld offenbar nur so um sich«, sagte Zandel, als hätte er seine Gedanken erraten,

»denn sie können diese Kosten von der Steuer absetzen. So gesehen könnte eine Viertelmillion sogar noch viel zu wenig sein.«

»Hören Sie auf, hören Sie auf!« Udo hielt sich die Ohren zu. »Mir flimmert es schon vor den Augen.«

Endlich hatte Zandel einen Einfall, der das Problem vielleicht lösen konnte: »Wir müssen das Bild sofort für ein paar Stunden aus der Ausstellung nehmen, damit nachher keinem auffällt, daß das Firmenzeichen nicht schon immer drauf gewesen ist.«

»Sie meinen, ich soll es auf jeden Fall ändern?«

»Richtig; wenn wir es dann verkaufen, muß der Käufer die Reproduktionsrechte extra bezahlen. Das gilt ohnehin für jedes Ihrer Bilder. Wichtig ist nur, daß das Firmenzeichen schon vor dem Verkauf des Bildes auf den Krügen war. Krüge ohne Firmenzeichen gibt es ohnehin kaum. Touristen kaufen sie sogar als Andenken an München.«

Udo fackelte nicht lang. Dieses gespannte Herumstehen in der Ausstellung war ohnehin kaum noch zu ertragen. Er mußte handeln. Er packte sich seine Resi und spazierte damit schnurstracks ins nahgelegene Arabellahaus. Zwei Stunden später hing das Bild wieder an seinem Platz in der Ausstellung.

»Sieht eigentlich so noch viel freundlicher aus«, sagte Zandel schmunzelnd. »Jetzt kann der Herr Werbeleiter kommen.«

Er kam schon am Montagvormittag mit einem Stab junger Mitarbeiter.

»Das sind die hohen Herren, die das Geld zu Hunderttausenden hinausschmeißen, das die kleinen Angestellten der Firma pfennigweise hereinholen müssen«, flüsterte Zandel Udo zu. »Bitte spielen Sie jetzt vornehme Zurückhaltung! Das steigert den Preis.«

»Ich werde mich bemühen.«

»Nun«, kam der Chef der Werbeabteilung gleich zur Sache, »ist Herr von Kling bereit, die kleine Änderung für uns durchzuführen?«

Herr Zandel kratzte sich im Nacken.

»Leider… Es gibt da ein paar grundsätzliche Überlegungen. Ich hoffe, Sie verstehen…«

»Wieso?« Der Herr Werbeleiter konnte oder wollte nicht verstehen.

»Aber Ihr Angebot hat Herrn von Kling angeregt, auf den Krügen – wie das ja handelsüblich ist – ein Firmenzeichen anzubringen. Vielleicht darf ich Sie bitten.« Er führte die Herren vor das Bild.

»Na also!« Die ganze Werbeabteilung strahlte. »Phantastisch! Genau, wie ich mir das gedacht habe. – Wir sind uns also einig?«

»Hm...« Herr Zandel zögerte. »Das Bild ist verkäuflich – so wie es vor Ihnen steht, und zwar zu dem normalen, allerdings noch nicht feststehenden Marktwert. Und Sie können es ebenso wie jeder andere Interessent kaufen, aber...«

»Aber?«

»Ohne die Reproduktionsrechte.«

»Klar!« Der Herr Werbeleiter verstand sofort. »Und für diese Rechte zahlen wir Ihnen...«, er sah Udo voll ins Gesicht, »...den stolzen Betrag von einer Viertelmillion.«

Udo spielte die verlangte Zurückhaltung, obwohl es ihm sehr schwer fiel, und schüttelte – scheinbar sorgenvoll – den Kopf.

»Ein großer schweizerischer Kunstverlag will alle fünfzig Bilder in einem Sammelband herausbringen und dafür sofort einen Honorarvorschuß von einmaliger Höhe zahlen«, sagte Zandel.

Glatter Schwindel, dachte Udo.

»Kann er doch! Die Nachdrucksrechte an der Resi kann er dann von uns gegen eine lächerliche Anerkennungsgebühr haben. Wir wollen doch nur die weltweite Verbreitung des Bildes.«

»Ja, und dann ist da noch ein spleeniger Deutsch-Amerikaner, der das Bild in seine bayrische Bierstube hängen möchte. Das Bild macht unheimlichen Durst, sagte er gestern immer wieder.«

»Ein kluges Kind.« Der Werbeleiter schmunzelte. »Deshalb wollen wir es ja auch haben!« Ihm waren für einen Moment die Felle weggeschwommen, aber er holte sie rasch wieder ein. »Verstanden. Also was sollen uns die alleinigen Rechte kosten?« Er sah Udo forschend an. Udo deutete mit einer Geste auf Zandel.

Zandel tat, als fühle er sich nicht wohl in seiner Haut. »Die einmaligen Kritiken – Sie müssen das verstehen – « Er wand sich in scheinbarer Verlegenheit. »Bitte machen Sie uns ein neues Angebot.«

»Tut mir leid. Eine Viertelmillion für Reproduktionsrechte ist noch nie zuvor von einer Firma gezahlt worden, und ich bin nicht berechtigt, unser Angebot zu erhöhen.«

Udo lief es eiskalt über den Rücken. Wenn Zandel seine Forderung jetzt nur nicht zu hoch trieb!

Doch Zandel zuckte kühl die Schultern. »Hat der Münchener Professor Ludwig Hohlwein für seinen besonders hübschen chinesischen Sarotti-Boy nicht ein ähnlich hohes Honorar bekommen?«

»Das war lange vor dem Krieg – da bin ich überfragt. Über ein höheres Angebot müßte ich erst mit dem Chef des Hauses telefonieren.«

»Das kann ich verstehen«, sagte Zandel trocken. Es klang fast, als täte ihm der Werbeleiter leid.

Udo hielt den Atem an. Entsetzlich, dieses Pokern!

Der Werbeleiter sah noch eine Weile schweigend vor sich hin. Seine Begleiter spitzten die Ohren. »Also gut; entschuldigen Sie mich für einen Augenblick.« Er verließ den Raum für kurze Zeit und kam dann mit einem zuversichtlichen Lächeln zurück. »Fünfzigtausend für das Bild und...«, er legte eine kleine Pause ein, »...und dreihundertfünfzigtausend für sämtliche Rechte – ohne jede Ausnahme.«

Durch die Reihe seiner Begleiter ging ein Aufatmen.

»Ich plündere mit diesem Angebot meinen Werbeetat für dieses Jahr in kaum noch zu verantwortender Weise«, fuhr der Werbeleiter fort.

Udo empfand schon so etwas wie Mitleid mit dem Mann und hielt den Atem an.

Zandel schob seine Unterlippe vor, neigte den Kopf und blickte den Werbeleiter von unten her eine Weile schweigend an. »Wenn ich Ihr Chef wäre, bekämen Sie jetzt eine dicke Gehaltsaufbesserung.«

Der Werbeleiter atmete auf. »Das heißt, Sie sind...«

»...einverstanden. Das Bild muß aber bis zum Schluß der Ausstellung hier bleiben. Sie können es jedoch inzwischen für Reproduktionszwecke nach sechs Uhr abends fotografieren lassen. Wir werden der Presse mitteilen, daß die Brauerei das Bild für fünfzigtausend Mark erworben hat, möchten aber über die Verwendung für Werbezwecke so lange wie möglich schweigen.«

Der Werbechef drückte Udo und Zandel die Hand. »Abgemacht; ich werde Ihnen unsere Vereinbarungen noch heute in aller Form bestätigen.«

»Na, mein Junge, nun fühlen Sie sich wohl gewaltig überfahren!« sagte Zandel, als sie wieder allein waren.

Udo schwieg. Er war noch ganz benommen.

Vierhunderttausend Mark für ein einziges Bild! Ihm schwindelte. Das gab es doch gar nicht! Das war doch alles Wahnsinn!

»Nun?«

Udo schüttelte schweigend den Kopf. Jetzt erst mal frische Luft schöpfen! Er stand auf und ging langsam ins Freie. 400000 Mark. Wenn ich das Rita erzähle, wird sie mich für verrückt halten.

Er lief durch den nahen Englischen Garten, setzte sich auf eine Bank, stand wieder auf, setzte sich auf eine andere Bank, stand wieder auf... Ihm wurde der Kopf zum Platzen heiß.

Erst eine Stunde später stand er wieder in der Ausstellung.

Zandel tat, als hätte er seine Abwesenheit überhaupt nicht bemerkt. »Inzwischen hat schon wieder jemand nach dem Preis für das Bild von Frau Schenk gefragt«, sagte er. »Ich lasse jetzt ein Schild mit dem Vermerk anbringen: ›Unverkäuflich. Privatbesitz‹.«

Der Mann stand mit seinem Koffer vor der Rezeption des »Sheraton« und verlangte ein Zimmer.

»Wir sind leider bis Ende nächster Woche besetzt«, sagte der Empfangschef. »Vielleicht versuchen Sie es gegenüber im Arabellahaus.«

Der Mann schüttelte eigensinnig den Kopf. »Nein, ich werde hier warten, bis meine Tochter kommt. Sie wohnt hier, und es wird in ihrem Zimmer doch sicher ein zweites Bett oder sonst eine Schlafgelegenheit geben.«

»Verzeihung, um wen handelt es sich denn?«

»Um meine Tochter Rita.« Der Mann richtete sich auf und warf den Kopf mit einer unnachahmlichen Geste hochmütig zurück. »Meine Tochter ist der Star des hiesigen Operettentheaters.«

Der Empfangschef machte große Augen. Er hatte Ritas Mutter erlebt: eine Frau von Format. Und dieser Mann, allem Anschein nach ein Mexikaner oder Brasilianer, sollte ihr Vater sein? Seine Menschenkenntnis machte ihn vorsichtig. Dieser Mann sah nicht so aus, wie er sich den Gatten der stets großartig und anspruchsvoll auftretenden Ariane Schenk vorstellte. »Sie meinen nicht etwa Frau Ariane?«

»Wohnt die denn auch hier?« Der Mann war offensichtlich überrascht.

»Sie hat bis vor kurzem hier gewohnt – wußten Sie das denn nicht?«

»Ach, ich dachte...« Er sprach den Satz nicht zu Ende. »Wann kommt meine Tochter denn aus dem Theater?«

Der Empfangschef wurde merklich kühler. »Darüber kann ich Ihnen leider keine Auskunft geben. Es ist sehr unterschiedlich.«

Der Mann sah auf die Uhr. »Erst neun. Dann werde ich vorher wohl doch etwas essen...«

»Wie Sie wünschen. Das Restaurant ist da drüben.«

»Sollte meine Tochter kommen, während ich noch im Restaurant bin, dann sagen Sie ihr bitte, daß ich sie zu einem Glas Champagner im Restaurant erwarte.« Der Mann nahm seinen Koffer und ging.

Der Empfangschef sah ihm kopfschüttelnd nach. Die Sache erschien ihm reichlich mysteriös...

Rita betrat das Hotel kurz nach elf und ging direkt zum Empfang.

»Für Sie ist Besuch da«, sagte der Empfangschef. »Ihr Herr Vater – wenn ich richtig verstanden habe.«

Rita wurde blaß und sah sich erschreckt um.

»Der Herr sitzt im Restaurant.«

»Um Gottes willen – ich bin nicht da! Sagen Sie dem Herrn...« Sie nahm den Zimmerschlüssel und sah eine Weile ratlos vor sich hin. »Nein – ich werde Sie von meinem Zimmer aus anrufen.« Sie ging mit schnellen Schritten zum Fahrstuhl. In ihrem Zimmer griff sie sofort zum Telefon. Hoffentlich ist Udo jetzt erreichbar!

In ihrer Aufregung wählte sie dreimal eine falsche Nummer. Dann meldete sich Udo.

»Udo«, sie atmete tief durch, »ein Glück, daß ich Sie erreiche. Können Sie sofort herüberkommen? Ich brauche dringend Ihre Hilfe.«

Udo erschrak. »Ist was passiert?«

»Dieser Mann aus Rio – er ist unten im Hotel!«

Herr Manuel Faghera fühlte sich wohl. Dazu hatte nicht nur ein Abendessen von Schlemmerqualität beigetragen, sondern auch – und vor allem – ein spritziger Mosel, von dem nun schon die zweite Flasche im Kühler stand.

Er liebte diesen Wein besonders, denn er erinnerte ihn an die in Berlin verlebte »zweite Jugend«, wie er es nannte.

Seine erste deutsche Jugend hatte begonnen, als sein Vater bei der Gesandtschaft als Dolmetscher angestellt worden war und den damals sechsjährigen Jungen mit in die deutsche Hauptstadt genommen hatte.

Als er vierzehn war, flog der Vater mit ihm zu einem Urlaub nach Sao Paulo. Dort verliebte er sich in eine brasilianische Tänzerin ... und blieb.

Seine zweite deutsche Jugend dauerte von seinem fünfundzwanzigsten bis zu seinem dreißigsten Lebensjahr. Er war damals aus Brasilien ausgerissen, weil er mit seinen deutschen Sprachkenntnissen und seiner ausgebildeten Stimme in Berlin bessere Lebensbedingungen erwarten durfte. Er bewarb sich bei der Oper und wurde in den Chor aufgenommen. Dort war eines Tages Ariane Schenk in sein Leben getreten...

Ein Jahr im Paradies – und dann hatte mit der allzu lustigen brasilianischen Witwe und ihrem unstillbaren Liebeshunger die Katastrophe begonnen. Sie war nach einem halben Jahr einem Herzschlag erlegen und hatte ihm keinen Pfennig hinterlassen. An diesem Tag hatte dann sein unaufhaltsamer Niedergang begonnen.

Betrügereien, Diebstähle, Urkundenfälschung und schließlich beim Karneval in Rio Beteiligung an einem Raubüberfall.

Vor wenigen Wochen war er entlassen worden. Das Bild Ritas in der Illustrierten schien ihm ein Wink des Schicksals, und er war entschlossen, die Chance, die er darin sah, unter allen Umständen zu nutzen. Er konnte dabei nur gewinnen; zu verlieren hatte er nichts mehr.

Er hatte gut gegessen, gut getrunken und war mehr als guter Laune, als ein schwarzgelockter Herr neben ihm erschien.

»Sind Sie Herr Faghera?«

Er nickte.

»Gestatten Sie, daß ich Platz nehme?«

»Bedaure – ich erwarte eine Dame.«

»Ich weiß. Deshalb bin ich hier.«

»Und?«

»Die Dame, die Sie erwarten...«

»...ist meine Tochter«, unterbrach ihn Faghera.

»Ich weiß. Leider muß ich Ihnen sagen, daß Sie hier vergeblich warten, denn die Dame, von der Sie sprechen, läßt Sie bitten, sich unmittelbar mit ihrer Mutter Ariane Schenk in Verbindung zu setzen. Sie wohnt im ›Hilton‹. Frau Ariane hat Ihren Brief und Ihre Telegramme erhalten und wird sicher bereit sein, Sie zu empfangen. Wenn Sie wünschen, bringe ich Sie hin.«

Herr Faghera starrte Udo aus leicht verglasten Augen an. »Wie bitte? Ariane erwartet mich?«

»Und ich glaube, daß Sie Ihren Besuch am besten bei ihr beginnen.«

»Ja, wenn das so ist...« Er erhob sich. »Wenn Sie die Güte hätten, die Rechnung zu begleichen...«

Udo besah sich den Mann, der vor zwanzig Jahren einmal der bevorzugte Geliebte von Ariane Schenk gewesen war.

Vor zwanzig Jahren...

Was hatten diese zwanzig Jahre aus dem Mann gemacht, der allein durch seine körperlichen Reize imstande gewesen war, eine Primadonna der Berliner Staatsoper an sich zu fesseln.

Billig und geschmacklos gekleidet, grau und fahl die welke Haut, schütter das von grauen Fäden durchzogene Haar, mit dem er vergeblich versuchte, die weit zurückliegenden Geheimratsecken und die handtellergroße Glatze zu kaschieren.

Und dann der Bauch!

Daß dieser Mann überhaupt wagte, hier zu erscheinen!

Udo unterschrieb die Rechnung des Restaurants und verließ mit dem leicht torkelnden Brasilianer das Hotel. Er setzte Herrn Faghera vor dem »Hilton« ab und atmete auf. Diese Gefahr war wenigstens fürs erste gebannt. Bei dem Gedanken, wie Ariane wohl auf das Erscheinen ihres längst »verflossenen« Geliebten reagieren würde, konnte er sich ein schadenfrohes Grinsen nicht verkneifen...

Faghera betrat das Hotel – wenn auch leicht torkelnd – mit froher Zuversicht, ging schnurstracks auf den Empfangschef zu und verlangte, Frau Ariane Schenk zu sprechen.

Der Empfangschef sah auf die Uhr. »Es ist schon kurz vor Mitternacht«, sagte er unschlüssig. »Ich weiß nicht, ob ich die Herrschaften um diese Zeit noch stören darf.«

»Das brauchen Sie auch nicht zu wissen, es genügt, daß ich es weiß.

– Frau Schenk erwartet mich. Also bitte!«

Der Empfangschef rastete hörbar ein. »Gut – wenn Sie meinen!« Er wählte die Nummer.

Es dauerte einige Zeit, bis sich jemand meldete.

»Verzeihen Sie, hier ist ein Herr...« Er wandte sich an Faghera: »Wie war noch der werte Name?«

»Manuel Faghera aus Rio de Janeiro«, sagte der späte Gast nicht ohne Stolz.

»Ja, also der Herr heißt Faghera und wird von Frau Schenk erwartet.«

Einige Minuten lauschte der Empfangschef in die Muschel. Dann hörte Herr Faghera ein leises Schnattern.

Schließlich sagte der Empfangschef: »Entschuldigen Sie bitte, aber Herr Faghera betonte ausdrücklich...« Er wandte sich an Faghera: »Die Herrschaften wissen von nichts.«

»Aber das ist doch heller Wahnsinn. Frau Schenk ist die Mutter meiner Tochter Rita Schenk – der Name dürfte Ihnen ja nicht unbekannt sein –, und ich bin der Vater der Künstlerin. Also wählen Sie diesmal bitte nicht wieder eine falsche Nummer.«

Der Empfangschef war plötzlich irritiert. »Also gut! Wenn Sie meinen, dann sprechen Sie bitte selber mit dem Herrn Professor.« Er reichte Faghera den Hörer und wählte die Nummer zum zweitenmal.

»Zum Teufel, was ist denn jetzt schon wieder? Ich habe Ihnen doch gesagt...«

Faghera legte den Hörer erschreckt auf die Gabel. »Jetzt haben Sie wieder die falsche Nummer gedreht!« sagte er wütend.

Der Mann am Empfang biß vor Wut die Zähne zusammen. »Also hören Sie, mein Herr! Ich bedaure sehr, die Verbindung mit Frau Schenk nicht herstellen zu können. Aber wenn Sie sich morgen vormittag noch einmal herbemühen wollen...«

»Herbemühen? Ich bin hier, und ich bleibe hier. Dann geben Sie mir in Gottesnamen ein Zimmer und...«

»Wir sind leider ausgebucht.«

»Was heißt das?«

»Daß Sie versuchen müssen, in einem andern Hotel unterzukommen.«

Jetzt platzte Herrn Faghera allerdings der Kragen. Und was der Empfangschef nun in einem seltsamen Gemisch aus deutschen und brasilianischen Schimpfworten zu hören bekam, hatte Seltenheitswert.

Doch auch die saftigsten Flüche und Beleidigungen blieben wirkungslos. Herr Faghera torkelte schließlich mit seinem Koffer hinaus und verschwand in der Dunkelheit.

Die drei überdimensionalen Autobusse hatten vor dem »Hilton« alle zweihundert Deutsch-Amerikaner ausgeladen, die unter Führung ihrer stämmigen, äußerst rührigen Vereinsvorsitzenden Kreszenzia Almhüter bereits Frankfurt »gemacht«, in Rüdesheim die berühmte Drosselgasse überflutet, in Alt-Heidelberg nach ihrem längst verblühten Frühlingstraum vom großen, blonden, blauäugigen Studentenprinzen Ausschau gehalten, im Vorbeifahren singend die goldhaarige Loreley begrüßt und schließlich – genau nach Reiseplan – die bayrische Hauptstadt heimgesucht hatten.

Da standen sie nun, fromm und froh, stilgerecht kostümiert, unter dem hochgewölbten, blauweißen Himmel: die Damen in waschechten Dirndlkleidern von Bloomingdale, made in USA, die Männer in zünftigen, großkarierten Hemden mit herrlich bemalten Krawatten und breiten, buntbestickten Hosenträgern, die sich rechtschaffen bemühten, die mit breiten Hosentürln ausgestatteten Krachledernen zu halten.

So stürmten sie besitzergreifend die weiträumige Empfangshalle des Hotels, das ihnen trotz aller Amerika-Ferne den gewohnen American Style zu bieten vermochte, auf den sie – im Gegensatz zu ihrem hundertfach beschworenen Deutschtum – nur ungern verzichteten.

Allen voran Kreszenzia Almhüter, die beim Anblick der lichtüberfluteten Staffelei einen schrillen Schrei des Entzückens ausstieß und damit die Aufmerksamkeit aller Vereinsbrüder und -schwestern auf das Bild lenkte.

»Oh, wonderbaar, bjutivoll, lavely!« rief sie in einer seltsamen Mischung aus Deutsch und Amerikanisch.

Und »Wonderbaar! Bjutivoll! Lavely!« tönte es sofort aus hundert deutschamerikanischen Frauenstimmen hinterher. Woraufhin sogar die Männer sich von der Rezeption abwandten und einer von ihnen gleich die naheliegende Frage stellte: »Wot ist de Preis?«

Kein Wunder, daß die Ausstellung schon wenige Stunden später von zweihundert USA-Deutschen besucht und bewundert wurde.

Der freie Samstag hatte viele Münchener dazu verlockt, sich die vielgepriesene Ausstellung und die gezeigten Münchener Typen anzusehen, so daß Winfrid Mühe hatte, den Strom von Menschen zeitweilig ein wenig zu bremsen.

Und dazu nun noch die Amerikaner, die es selbstverständlich für ihr gutes Recht hielten, als Hotelgäste den Vortritt zu erhalten. Ein einträglicher Zustand für Winfrid: Ihm drückte mancher Halbami heimlich einen Dollar in die Tasche; denn daß man eine solche Show kostenlos besuchen konnte, schien ihnen ohnehin unverständlich.

Zandel sah das alles mit besonderer Freude, obwohl es ihm schwer fiel, den begeisterten Amerikanern klarzumachen, daß man Bilder zwar ausstellt, aber nicht weiß, was man dafür fordern soll und ob man sie überhaupt verkaufen will.

Er sah erfreut, daß inzwischen die eingeladenen Pressevertreter samt ihren Fotografen eingetroffen waren und in der Halle auf das Erscheinen des Theaterintendanten und seines Stars warteten. Sogar das Fernsehen stand Kamera bei Fuß.

Rita erschien am Arm ihres Intendanten, ein Traum aus Charme und Tüll. Sie hatte sich hinter einer monströsen Sonnenbrille versteckt und war sichtlich nervös.

Im grellen Scheinwerferlicht auf der Bühne zu stehen, das war etwas ganz anderes, als sich hier unter hundert fremden Menschen zu bewegen. Dieser hautnahe Kontakt machte sie unsicher.

Udo führte seine Gäste vor die Staffelei. Die Fotografen dirigierten Rita, Udo und den Intendanten in die gewünschten Positionen und schossen ihre Bilder, das Fernsehen machte rasch ein kurzes Interview für die Tagesschau, und schon wenige Minuten später, noch ehe es von den Hotelgästen recht bemerkt worden war, verschwanden alle bis auf die Journalisten, die verständlichen Wert darauf legten, etwas über das berufliche und menschliche Verhältnis zwischen dem Maler und seinem Modell und über ihre Zukunftspläne zu erfahren. Weshalb schenkt ein über Nacht so berühmt gewordener Maler einer Sängerin ein so kostbares Porträt? Die Frage lag doch nahe!

Rita und der Intendant zogen sich mit ihnen in ein kleines Konferenzzimmer zurück.

Rita und Udo sagten die schlichte Wahrheit, fühlten sich jedoch durch die zwar wohlwollenden, aber weiß Gott nicht immer sehr diskreten Fragen zuweilen etwas in die Enge getrieben – besonders Rita...

Eine Viertelstunde später war auch das überstanden; Udo konnte seine beiden Gäste nun durch die Ausstellung führen.

Der Intendant hatte einen großen Teil der Presseberichte gelesen, den farbigen Prospekt studiert und glaubte nun zu wissen, was er erwarten durfte. Doch mit jedem Schritt durch die Ausstellung erlebte er eine neue Überraschung. »Und so ein Künstler spielt bei mir die Rolle eines Inspizienten! Ich habe Sie von Anfang an in die Regisseurlaufbahn drängen wollen und nie verstanden, daß Sie das abgelehnt haben, aber nun...«

»Sie haben mir die Möglichkeit gegeben, in aller Stille und ohne finanzielle Sorgen meinen Start vorzubereiten; dafür danke ich Ihnen. Und deshalb möchte ich Ihnen auch noch so lange zur Verfügung stehen, bis Sie einen brauchbaren Nachfolger gefunden haben.«

Rita ging wortlos neben den beiden Männern her. Dabei fühlte sie sich seltsam bedrückt. Hatte sie nicht dieselbe Bewunderung schon damals verspürt, als der »Zigeuner« ihr einige seiner Bilder gezeigt hatte? Sie fröstelte bei dem Gedanken, wie sie sich damals unter den harten Augen ihrer Mutter benommen hatte.

Udo erklärte ihr, wer die gezeigten Typen waren und was er von ihrem bisherigen Leben wußte, aber er fragte sie nie nach ihrem Eindruck, obwohl keine andere Meinung ihn mehr interessiert hätte als die ihre.

Erst als sie die ganze Ausstellung durchwandert hatten und vor dem Bild des Conterganskindes standen, sah er ihr mit einem langen, seltsamen Blick in die Augen. »Nun?« fragte er bloß.

»Ich schäme mich«, sagte Rita still. Dabei schimmerten Tränen in ihren Augen.

Er wußte nicht, ob es die Wirkung des Gemäldes war, was sie in diesem Augenblick bewegte, oder ob es die Erinnerung an jene ersten

Stunden war, in denen er ihr etwas von seinen Arbeiten gezeigt, aber nie ein Wort der Zustimmung aus ihrem Mund gehört hatte. Er wußte nur eines: daß sie ihm in diesem Augenblick näher war als je zuvor, und zog sie schweigend an sich.

Der Intendant bemerkte es und fand es beinahe selbstverständlich. »Darf ich Sie beide heute abend nach der Vorstellung zu einem Souper bitten?« fragte er augenzwinkernd. »Ich glaube, wir haben allen Grund zu einer kleinen intimen Feier.«

Udo und Rita sahen sich an. Zu einer kleinen intimen Feier? Die Zeit war reif. Gab es noch etwas zwischen ihnen, was dagegen sprach? War im Grunde nicht alles längst beschlossen, was sie von der ersten Stunde an geahnt und... gewünscht hatten?

In dieser Nacht sagte Udo, was er schon hundertmal gesagt, aber noch nie so tief empfunden hatte.

Und Rita sagte in dieser Nacht, was sie noch nie zu einem Mann gesagt hatte...

Manuel Faghera fand sich an diesem Morgen nur schwer in die Wirklichkeit zurück.

Wie sollte er auch!

Als er das Hotel verlassen hatte, war er zunächst fluchend umhergeirrt, bis es ihm endlich gelungen war, ein leeres Taxi anzuhalten. »Ich suche ein Zimmer – das ›Hilton‹ war leider besetzt.«

Der Fahrer meinte es gut, fuhr ihn nicht nach Standesbrauch kilometerweit spazieren, sondern setzte ihn vor dem »Sheraton« ab.

Erst als Faghera vor dem Hoteleingang stand, sah er den Irrtum und kehrte um.

Auf der anderen Seite war das Arabellahaus.

Er torkelte über die Straße und versuchte dort sein Glück. Vergebens.

»Wir sind leider besetzt!«

»Verflucht und zugenäht! Können Sie mir nicht eine Hoteladresse geben, wo ich wenigstens für diese Nacht unterkomme?«

Der Mann zuckte bedauernd die Schultern. »Wir haben zur Zeit drei Kongresse in München. Ohne Vorbestellung werden Sie da schwerlich ein Zimmer finden... Aber ich will es gern für Sie versuchen. Vielleicht nehmen Sie inzwischen an der Bar Platz. Ihren Koffer können Sie so lange hier stehen lassen.«

Das war ein Vorschlag, der sich hören ließ. Herr Faghera betrat die Bar, bestellte sich einen Whisky-Soda und harrte der Dinge.

Sie nahten sich in Gestalt einer appetitlich aussehenden jungen Frau, die für seine Notlage ein mitfühlendes Herz hatte. Ein Hotelzimmer könne sie ihm zwar nicht vermitteln, aber wenn er mit der Unterkunft in einem kleinen Hotel zufrieden wäre, ließe sich gewiß ein Zimmer für die Nacht finden.

Nicht nur weil der Teufel in der Not auch Fliegen frißt, sondern auch – und vor allem – weil die junge Frau schon berufsmäßig bereit war, zahlungskräftigen Herren gefällig zu sein, ging Herr Faghera auf den Vorschlag ein.

Nach einem Genuß ohne Reue, der ihn wenigstens für kurze Zeit den Ärger vergessen ließ, schlief er zwar keineswegs den Schlaf der Gerechten, aber trotzdem bis elf Uhr in der Früh.

Mit frischem Mut fuhr er zum »Hilton«, fest entschlossen, dem Empfangschef gehörig die Meinung zu geigen.

Da es dazu nicht kam, weil man bei dem Schichtwechsel auch den Empfangschef gewechselt hatte, blieb ihm nichts anderes übrig, als seine Bitte zu wiederholen.

Ariane Schenk ließ ihm sagen, er möge in der Halle Platz nehmen.

Aha! Nun würde sein Weizen blühen! Er machte es sich in einem der überbreiten Clubsessel bequem, bestellte sich einen Gin mit Zitrone und blickte überrascht auf das Bildnis einer jungen Frau in der Tracht seiner Ahnen, einer Mestizin von atemraubender Schönheit.

Wenn es die allzu oft dümmlich zitierte Stimme des Blutes wirklich gäbe, so hätte sie jetzt ein wahres Indianergeheul anstimmen müssen, und ihm und andern wäre alles das erspart geblieben, was für alle Beteiligten in dem ebenso sagenhaften Buche des Lebens stand.

Statt dessen stand plötzlich jene Frau vor ihm, stolz und strahlend im Schmuck ihrer wohlvertrauten Brillanten, die ihm einmal unersättlich Liebende und ebenso leidenschaftlich Geliebte gewesen war.

»Ariane, du!« Er sprang auf, um sie an sich zu reißen und ihr zu sagen, wie sehr er es bereut hatte, einem falschen Stern gefolgt zu sein.

Doch sie hielt ihn sich mit einer wahrhaft königlichen Geste vom Leibe und sagte kühl: »Behalten Sie Platz, mein Lieber.«

Diese Worte klangen so ganz anders als vor zwanzig Jahren, wenn er das Bett dieser schönen Buhlin verlassen wollte.

»Ich habe Ihren Brief und Ihre Telegramme erhalten, aber leider nicht verstanden, was Sie mit diesem Besuch bezwecken.«

Faghera rutschte unruhig auf seinem Sessel hin und her und suchte in ihren Augen vergebens jenen Blick der Verzauberung und Hingabe früherer Jahre. Diese Augen waren hart und kalt.

»Ariane, ich habe gefehlt«, stammelte er. »Ich weiß es und habe es tausendmal bereut.«

»Zwanzig Jahre zu spät.«

»Nicht, seitdem ich weiß, daß mein Kind...«

Ariane warf den Kopf zurück. In ihren Augen lag blanker Haß. »Ihr Kind! Selbst wenn es Ihr Kind wäre – welchen Anteil hätten Sie wohl an seinem Leben? Welches Recht hätten Sie wohl, sich in sein Leben einzuschleichen? Margerita ist nicht Ihr Kind. Wenn Sie plötzlich väterliche Gefühle in sich spüren, dann wenden Sie sie jenen vier Kindern zu, deren Vaterschaft Sie in Rio konsequent geleugnet haben. Holen Sie sie heraus aus dem Dreck und dem Elend der stinkenden Favelas und besinnen Sie sich dort auf Ihre Erzeugerschaft, wo es angebracht wäre!«

Faghera war bleich bis hinter die Ohren. »Aber Ariane, ich bitte dich...«

»Sie haben in einer Zeit, in der ich Ihnen hörig war, wie nie einem andern befohlen«, zischte sie. »Glauben Sie jetzt, nachdem ich heute morgen in einem stundenlangen Ferngespräch mit Rio erfahren habe, welch jämmerliche Kreatur hier vor mir sitzt...«

Faghera sprang auf. »Ariane!« brüllte er. »Noch ein Wort, und ich vergesse mich!«

Plötzlich waren alle Augen auf ihn und Ariane gerichtet.

Ariane erhob sich, wie auf der Bühne, in unnachahmlich stolzer Haltung. »Das ist nicht nötig; Sie haben sich längst schon hundertmal vergessen!«

Faghera verstand wohl nicht, was sie damit gesagt hatte, und brüllte in ohnmächtiger Wut weiter: »Das wagst du mir zu sagen, die auf den

Knien um meine Liebe gebettelt hat?«

Ariane ließ ihn stehen und ging schnell zu den Fahrstühlen.

»Du alte dreckige Fotze, dir werde ich zeigen, was es heißt, einen Brasilianer...«

Weiter kam er nicht. Zwei Hotelangestellte führten ihn ruhig, aber mit hartem Griff hinaus.

Frau Kreszenzia Almhüter erschien schon am Montagmorgen mit zwei stattlichen Herren ihres Vereins in der Ausstellung, kurz nachdem Winfrid sie geöffnet hatte.

Sie durchwanderten die Reihen mit schnellen Schritten, bis sie vor einem der Bilder stehen blieben und es minutenlang in andachtsvoller Versunkenheit betrachteten, mal ganz aus der Nähe, mal auf Distanz. Es war, als ständen gläubige Christen vor einem neuen Bild des Gekreuzigten.

Dann sahen sie einander an und nickten.

»It is et!« stellte Zenzi fest, und »It is et!« pflichteten die beiden Männer ihr bei. Dann versanken sie wieder in Anbetung, was aber einen der Männer nicht daran hinderte, seine Polaroid aufzuklappen und das bewunderte Bild einzufangen.

Fünf Minuten später ging es dann von Hand zu Hand. Sie fanden es all right.

Zenzi ging zu dem blonden Winfrid, schleppte ihn vor das Bild und drückte ihm außer einer Fünfdollarnote die Zauberbox in die Hand. Dann stellte sich die Abordnung ihres Vereins vor das Bild, und Winfrid knipste ein Bild nach dem andern, bis alle zehn verschossen waren. Man war zufrieden, und Frau Almhüter hatte nur noch eine Frage: »Wann kommt your Manager?«

»Herr Zandel müßte jede Minute eintreffen, und Herr von Kling wird wohl gegen zehn erscheinen«, antwortete Winfrid.

Die Abordnung des Vereins nickte und verharrte entschlossenen Blicks weiter vor dem Bild, bis Herr Zandel eintraf und sie ebenso freundlich wie überrascht begrüßte. Frau Almhüter stellte sich – um den Ernst ihres Planes zu demonstrieren – in Positur und erklärte Herrn Zandel, der Verein habe am Sonntag in einer Sondersitzung beschlossen, das Bild mit nach New York zu nehmen, ihm im großen Sitzungssaal einen Ehrenplatz zwischen der deutschen und der amerikanischen Flagge zu geben und den Maler zu der feierlichen Enthüllung des Bildes als Ehrengast zu laden.

Herr Zandel fiel aus allen Wolken, doch ehe er auch nur ein Wort dazu sagen konnte, kam Frau Almhüter schon zur geschäftlichen Seite des Vorhabens: »Der Preis ist sehr hoch und wird die Kasse unseres Vereins auf Jahre hinaus belasten, aber wir sind bereit...«

»Verzeihung – Sie kennen den Preis?« Herr Zandel kannte ihn selber noch nicht.

»Yes, wir haben ihn gestern morgen in der Zeitung gelesen.«

»In welcher Zeitung?«

»Ich weiß nicht, wie sie heißt, aber da war der Preis der Bilder mit 50000 Mark angegeben.«

Da konnte nur der Preis für die Resi allzu schnell in die Spalten gerutscht sein. Einen solchen Preis auch für die anderen Bilder zu fordern wäre Herrn Zandel nicht im Traum eingefallen. »Sie haben sich allerdings eines der schönsten und beliebtesten Bilder ausgesucht«, sagte er geschäftstüchtig, »und Sie werden gewiß verstehen, daß wir gerade dieses Bild nur mit einem gewissen Zögern ins Ausland verkaufen.«

»Es befindet sich bei uns im Zentrum der deutschen Kolonie!« sagte Frau Almhüter stolz.

Herr Zandel besah sich das Bild und nickte beifällig. Es war der biergemütliche Münchner in seinem blauweiß gestreiften Arbeiterkittel, der den Beschauer über seine Maß hinweg listig-sinnlich anmachte.

»Ja«, sagte er nach einer Pause, »ich kann mir vorstellen, daß dieses Bild auch in New York... Aber ich muß darüber erst noch mit Herrn Doktor von Kling sprechen.«

»Ach – der Maler ist ein Arzt?«

»Nein, aber ein Doktor der Kunstgeschichte, und wenn nicht alles täuscht, wird ihn die Kunstakademie schon in Kürze zum Professor ernennen. – Ich muß bekennen: Sie haben mit Ihrer Wahl einen guten Geschmack und sehr viel Kunstverständnis bewiesen.«

»Dann glauben Sie also, daß auch der Doc damit einverstanden ist?«

Herr Zandel nickte. »Da Sie ihm in New York einen so exponierten

Platz geben wollen, hoffe ich, ihn überreden zu können.«

Dieses großartige Angebot schon am frühen Morgen... Er würde wohl bald Preise für die Bilder nennen können.

Der Postbeamte übergab dem Mann diesmal gleich ein halbes Dutzend Briefe.

»Wollten Sie nicht eine neue Kennziffer wählen?« fragte er beiläufig.

»Hat denn wieder jemand die für mich bestimmten Briefe verlangt?«

»Nein, aber hier war ein Herr und fragte, ob mir Ihr Name und Ihre Anschrift bekannt wären.«

»So was Blödes! Wenn ich hier wohnte, könnte ich mir die Post doch ins Haus bringen lassen. Ich bin aber leider viel unterwegs und im allgemeinen nur jede zweite Woche hier. Jetzt verreise ich sogar für längere Zeit nach Argentinien.«

»Wenn Post länger als vier Wochen hier liegt, muß ich sie zurückgehen lassen.«

»Danke – ich weiß.« Der Mann steckte die Briefe in seine Jackentasche und nahm langsam den Weg zur Stadtmitte. Er war nervös. Die Sache mit den Postlagerbriefen wurde brenzlig. Später mußte er ein anderes Postamt wählen – falls das dann überhaupt noch nötig war.

Er setzte sich am Marienplatz in eine Kneipe, bestellte sich ein Bier und begann, die Briefe zu öffnen.

Der erste enthielt zwei Fotos. Ein flüchtiger Blick auf die zwei engbeschriebenen Seiten, dann zerriß er die Bilder und den Brief und steckte die Fetzen in die linke Jackentasche.

Brief Nummer zwei: Witwe eines verunglückten Grubenarbeiters. Kohlenpott – um Himmels willen! Zerrissen.

Nummer drei. Der Brief kam aus Bochum. Absender: Frau Else Engels. Er erinnerte sich. Das war die mit den großen Warumaugen und viel Geld. Ihr hatte er geschrieben, daß er sich sehr freuen würde, recht bald ihre Bekanntschaft machen zu dürfen. Er tat einen kräftigen Zug und lehnte sich bequem zurück.

Doch schon bei den ersten Zeilen richtete er sich wieder auf: »Mir sind die Augen über Sie geöffnet worden. Schicken Sie meinen Brief und meine Fotos postwendend zurück, oder ich werde die Polizei auf Ihre XYZ-Korrespondenz aufmerksam machen. Frau E.«

»Ihre XYZ-Korrespondenz...« Der Mann wurde blaß. Er gab den Brief in den Umschlag zurück und steckte ihn ein. Da war was schief gelaufen. Aber was? Er starrte finster in das Bierglas und drehte es nervös hin und her.

Irgend jemand hatte nach seiner Adresse gefragt. Und einer hatte seine Post abgeholt. Verfluchte Sauerei! Wie konnte der nur seine Chiffre erfahren haben?

Sollte er schon heimlich beobachtet werden? Er sah sich unwillkürlich um. Nein, da stritten sich vier Bayern um die 35-Stunden-Woche, und am Nebentisch saß eine alte Bauersfrau mit einem Enkelkind, dem sie eine Liliputmaß in einem Original-Liliputkrug vorgesetzt hatte.

Ein Glück, daß die Bochumerin ihn gewarnt hatte! Um dieses Postamt würde er künftig einen Bogen machen... wenn er dann nicht schon längst über alle Berge war. Hier – speziell in München und Umgebung – war ihm der Boden mit der Zeit ohnehin zu heiß geworden. Nur zu oft stieß er auf Bekannte, die zu kennen ihm gefährlich werden konnte...

Jetzt rasch den Ärger hinunterspülen. Er winkte dem Kellner. »Einen Doppelten bitte!«

Er kippte ihn in einem Zug hinunter. Dann wurde ihm leichter.

In seiner rechten Jackentasche steckten noch zwei Briefe.

Als er sie in einem kühnen Entschluß gelesen hatte, gab es keine Zweifel mehr: Der Mann, der seine Briefe abgefordert hatte, hatte auch die übrigen Absenderinnen gewarnt. Was in ihren Briefen stand, ließ an Deutlichkeit nichts zu wünschen übrig.

Er riß alle Briefe wütend in kleine Fetzen und steckte sie ein. Dann ging er langsam ins Hotel zurück. Dabei warf er ab und zu einen Teil der Schnipsel in die Schlitze eines Gullys.

Frau Kranzler lief schon seit Tagen mit einem freudlosen Gesicht herum. Doch sie war nicht etwa mit ihrer Umwelt, sondern ausschließlich mit sich selbst im Unreinen.

Je mehr die Zeit verging, ohne daß der zweifellos ebenso liebenswerte wie interessante Besucher aus München sich meldete – und sei es auch nur, um sich für die freundliche Aufnahme zu bedanken –, desto mehr quälte sie der Gedanke, daß sie ihn womöglich in ihrem jäh aufgekommenen, sachlich durch nichts gerechtfertigten Mißtrauen verletzt haben könnte.

Immer wieder las sie den Brief, den sie damals aus München erhalten hatte. Es war ein liebenswürdiger, formvollendeter Brief, und er entsprach genau dem äußeren Eindruck, den der Schreiber schon wenige Tage später auch persönlich auf sie gemacht hatte. Trotzdem…

Immer wieder rief sie sich jede Minute ihres ersten und einzigen Zusammentreffens ins Gedächtnis zurück. Da war nichts, aber auch gar nichts, was sie hätte veranlassen können, ihn zum Schluß mit einem heimlichen Aufatmen zu verabschieden.

Nichts als jenes dumpfe Gefühl, für das sie nun nachträglich eine Erklärung suchte.

Ihr Besucher, der sie nur durch einen glücklichen, fast schicksalhaften Zufall schon wenige Tage nach ihrem ersten Schriftwechsel treffen konnte, hatte sich nach einer kurzen, aber menschlich eindrucksvollen Kontaktaufnahme ziemlich plötzlich, ja unvermittelt, wie ihr schien, verabschiedet.

Sollte das, sollte diese Enttäuschung nicht der wahre Grund ihrer Verstimmung sein?

Verletzte Eitelkeit?

Aber nein – da war doch wohl ein leises Mißtrauen in ihr gewesen, ein Gefühl, das sie gewarnt hatte. Ein recht törichtes Gefühl, wie sie nun glaubte.

Hatte der Mann gefühlt, was in ihr vorgegangen war? War das der wahre Grund für den reichlich unterkühlten Abschied?

Es war alles ein bißchen schnell gegangen, und sie hatte dabei wohl den Kopf verloren.

In diesen Stunden voller Zweifel und Selbstvorwürfe entschloß sie sich, ihren Bruder um Rat zu fragen. So schwer es sie auch ankam: Sie mußte ihm dabei unumwunden gestehen, daß sie nach dem so plötzlichen und schmerzvollen Verlust ihres Mannes auf ein Heiratsinserat geschrieben hatte.

Er würde es verstehen.

Dr. Herbert Kranzler war acht Jahre älter als seine Schwester, und dieser Altersunterschied hatte sich erhalten.

»Vergiß gefälligst nie, daß ich dir das Laufen beigebracht habe!« sagte er manchmal mit erhobenem Zeigefinger.

»...und daß ich ohne dich auch heute noch nicht laufen könnte!« ergänzte seine Schwester dann mit todernstem Gesicht.

Hilde Kranzler fiel es nicht leicht, ihrem Bruder zu berichten und zu erklären, was sie sich nun selber nicht mehr erklären konnte.

Er war ein geduldiger Zuhörer. »Mit anderen Worten: Jetzt, nachdem er weg ist, tut es dir leid, daß du nicht versucht hast, ihn zu halten.«

»Ja. Ich war so von ihm angetan, daß ich ihm sogar vorschlug, ihn recht bald mit dir zusammenzubringen...«

»...und hast ihn damit möglicherweise vergrault, denn welcher Mann will schon bei einer ersten flüchtigen Kontaktaufnahme der ganzen Sippschaft vorgestellt werden. Da hätte ich wohl ähnlich reagiert.«

Frau Kranzler schwieg betreten.

»Am Ende hast du ihn auch noch mit deiner falschen Ansicht abgeschreckt, ich wäre der tüchtigste Staatsanwalt der Welt.«

Frau Kranzler schwieg, wenn möglich noch betretener. »Aber was denn«, wagte sie schließlich einzuwenden. »Der Mann fährt einen Rolls mit livriertem Chauffeur und amerikanischer Nummer. Meinst du...« Weiter kam sie nicht.

»Mit amerikanischer Nummer?«

»Bestimmt; ich entsinne mich noch deutlich, den Namen Tennessee gelesen zu haben.«

»Ein Rolls aus Tennnessee – von der Sorte dürften in ganz Bayern keine zwei herumlaufen. Und den fährt ein Deutscher? Da stimmt doch was nicht.«

»Ach Herbert!« Ihr schwammen gleich alle Felle weg.

Nicht aber ihrem Bruder. »Gib mir doch mal seinen Brief«, sagte er. »Mal sehen, aus was für einer Ecke dieser Computerfachmann eigentlich kommt.«

Wenige Tage später wußte er's. »Dein Computerfachmann ist ein ehrenwerter amerikanischer Politiker. Achtundsechzig Jahre alt, verheiratet, Vater von drei erwachsenen Töchtern.«

»Was? – Das ist doch bestimmt ein Irrtum! Der Mann ist vielleicht...«

»...nicht vielleicht, sondern ganz sicher ein Heiratsschwindler. Ich glaube, darüber sollte ich mich mal mit meinem Münchener Kollegen unterhalten.«

Frau Kranzler sah ihren Bruder mit angstgeweiteten Augen an. Sie fröstelte auf einmal.

Staatsanwalt Kranzler war gewohnt, die Dinge nicht schwimmen zu lassen. Wenn hier ein Heiratsschwindler im Trüben zu fischen versuchte, dann durfte er nicht untätig bleiben. »Hast du ein Foto von dem Kerl?« fragte er seine Schwester.

Sie rückte das Bild nur mit einigem Widerstreben heraus.

»Das ist wenigstens etwas. Der Name wird natürlich ebenso wenig stimmen wie die Adresse.«

»Er hatte eine Postlageradresse.«

»Hab' ich mir gedacht; aber auch damit können die im Münchener Spezialdezernat schon was anfangen.«

Eckhard Zandel saß in seinem kleinen Büro und schaute durch das Guckloch in den Saal, in dem noch vor wenigen Wochen musterhafte Ordnung geherrscht hatte: Jedes Bild genau an seinem Platz, jedes so gestellt, daß es nicht von einem andern Bild erdrückt wurde oder ein anderes erdrückte, jedes so placiert, daß es auch genügend Licht bekam, genügend, aber nicht zu viel. Und nun... »Wie in einem Lagerschuppen«, brummte er vor sich hin.

Achtunddreißig Gemälde hatten die Leute ihm gestern abend angebracht. Achtunddreißig, das war der Rest von fünfzig Bildern.

Zwölf hatte er verkauft. Keines unter 50000 Mark. Dieser Preis, den er selber nie zu fordern gewagt hätte, war halb durch ein Versehen entstanden, aber man hatte ihn – offenbar unter dem Eindruck der phantastischen Kritiken – akzeptiert. Sogar die Museen, die sonst gern Sonderpreise verlangen.

Drei Gemälde waren an Münchener Kunstsammlungen gegangen, das Berliner Museum für die »Kunst der Neuzeit« hatte ein Bild gekauft, der Madrider Prado, der Pariser Louvre. Und vier waren von reichen Kunstsammlern erstanden worden.

Jetzt erwartete er noch Anfragen und Antworten aus Köln, Frankfurt, Rom, teils von Museen, teils von privaten Sammlern.

Die Direktoren verschiedener Museen hatten ihren Besuch angesagt, aber so wie die Bilder hier aufeinanderklebten, würde eines das andere erschlagen... Ein Problem, für das er zunächst noch keine Lösung sah.

Die Ausstellung war ein voller Erfolg geworden und hatte sogar seine eigenen, sehr weit gespannten Erwartungen übertroffen.

Jetzt hieß es sichten und ordnen.

Sichten vor allem die vielen Kritiken, die nicht nur in den führenden deutschen Zeitungen und Zeitschriften, sondern auch im Ausland erschienen waren.

Ich werde sie in einem farbigen Sonderdruck zusammenstellen, der alle Bilder etwa in Postkartenformat zeigt, dachte er. Es könnte eine Art Prospekt wie der Ausstellungskatalog werden.

Die Originale würde er dann irgendwo an einem sicheren Ort unterbringen, von wo eine kleine Auswahl jederzeit schnell herbeigeschafft werden konnte.

Es gab also allerlei zu organisieren. Aber das war von jeher sein Geschäft gewesen, und darauf verstand er sich.

Erfreulicherweise hatte sich das Verhältnis zu dem Maler in jeder Hinsicht bewährt. Udo vertraute ihm. An seinen Entscheidungen hatte er nie herumkritisiert, und er war dabei sehr gut gefahren. Der Maler zeigte Verständnis dafür, daß Zandel nun in aller Ruhe abwarten und nicht etwa möglichst schnell möglichst viele Bilder auf den Markt werfen wollte.

»Jetzt muß ich mich erst einmal daran gewöhnen, daß ich ein anerkannter Maler und schon so was wie ein reicher Mann bin. Aber aus den Pantoffeln werde ich dabei trotzdem nicht kippen«, hatte Udo einmal gesagt.

Das Bild seiner Angebeteten hing im Foyer des Theaters und schmückte das Programmheft. Es wurde allabendlich bewundert und trug auch nach Schluß der Ausstellung nicht wenig zu seiner Berühmtheit bei, zumal sich mit der Zeit um das Bild, den Maler und sein Modell eine reichlich romantische Liebesgeschichte spann, die den Tatsachen zwar vorauseilte, aber im Gegensatz zu manchem bittersüßen Liebesroman der Wahrheit ziemlich nahe kam.

Er selber ging nach wie vor zur gewohnten Arbeit ins Theater, »weil ich der Kulissenschieberei nun mal mit Haut und Haar verfallen bin«.

Doch das glaubte er selber nicht, und das glaubten ihm schon gar nicht seine Mitarbeiter, die den Braten ohnehin längst gerochen hatten. Selbst der Intendant hatte nicht das Gefühl, sich nun schleunigst um einen anderen Inspizienten umsehen zu müssen.

Und Rita?

In ihr hatte sich nach jener Nacht, in der sie selbstvergessen auf die heißen Liebesschwüre dieses »Struwwelpeters« hereingefallen war, seit der sie sich duzten – in ihr hatte sich seit jener Nacht eine seltsame Wandlung vollzogen. Eine Wandlung, die weit über das hinausging, was sie je für möglich gehalten hätte.

Das Alleinsein, das sie nach der Trennung von der Mutter als einen wahrhaft paradiesischen Zustand betrachtet, an das sie sich gewöhnt und in dem sie sich ebenso zu Hause gefühlt hatte wie in der übertrieben großen Suite, die ihr die Hotelleitung nach wie vor zu einem sagenhaft niedrigen Preis zur Verfügung stellte, dieses Alleinsein war schlagartig zu einer Leere geworden, die sie bedrückte.

Schon am nächsten Tag erwischte sie sich dabei, daß ihre Augen ab und zu die riesige Front des Arabellahauses abtasteten, als müßte ihr jemand zuwinken. Und als es gegen sieben ging, wartete sie mit Ungeduld auf die Meldung des Portiers, daß »der Herr von gegenüber« vorgefahren sei, um sie abzuholen...

Der »Herr von gegenüber« war diesmal nicht nur vorgefahren, sondern empfing sie schon am Fahrstuhl, um sie dort coram publico zärtlich in die Arme zu schließen. Ihre Überraschung tat er mit der Behauptung ab, das sei unter Liebesleuten nun mal so üblich. Dann legte er den Arm um ihre Schulter und führte sie zu seinem Wagen. Damit war offenkundig, was sie bis dahin selber noch nicht so recht zur Kenntnis genommen hatte.

Er öffnete galant den Schlag, lief um den Wagen herum und setzte sich ans Steuer.

Rita war von seiner ungezwungenen Art völlig überrascht. So kannte sie ihn noch gar nicht, und diese Rolle hatte sie bisher auch noch nicht gespielt.

»Du sagst ja nichts!«

»Ich bin sprachlos.«

»Macht nichts. Dann kann ich dir ja inzwischen erzählen, daß du mich von morgen an mit Herr Professor anzureden hast.«

»Aha!«

»Glaubst du das etwa nicht?« Er kramte einen Brief aus der Tasche: »Da – von der hiesigen Kunstakademie!«

Sie öffnete den Brief und las.

»Morgen muß ich hin – zur feierlichen Ernennung«, sagte er.

Während sie ihm den Brief zurückgab, sah er zum erstenmal Tränen in ihren Augen. Er lenkte den Wagen an den rechten Straßenrand und sah sie überrascht an.

»Du weinst ja, wie beim Zwiebelschälen.«

»Ich und weinen? Weint man denn beim Zwiebelschälen?«

»Alle Frauen weinen beim Zwiebelschälen.«

»Und die Männer?«

»Die Männer nicht.«

»Weshalb denn das?«

»Denk mal darüber nach«, sagte er lachend, während er den Wagen langsam wieder in die Fahrbahn zog...

Sie tupfte sich zwei Freudentränen ab und legte sich mit geschlossenen Augen zurück.

»Na, hast du's rausgekriegt?« fragte er sie, als er ihr an der Theatereinfahrt aus dem Wagen half.

»Hat das etwas mit Sex zu tun?«

Er lachte laut und unbekümmert. »Nur indirekt: weil Männer eben keine Frauen sind und Männer keine Zwiebeln schälen.«

Sie wurde rot. »Hast du mich jetzt ausgelacht?«

»Ja! Und jetzt – guck mal! –, jetzt lache ich dich dafür um so verliebter an. Und das wiederum hat wirklich was mit Sex zu tun.«

»Ach, ihr Kerle!«

Als sie diesmal ihre kleine Garderobe betrat, war sie so gelöst und heiter wie nie zuvor.

Selbst ihre alte Garderobiere machte erstaunte Augen.

Faghera war ratlos. Der Empfang bei Ariane hatte all seine Hoffnungen in wenigen Sekunden zerschmettert; daß Ariane jemals zu einer Versöhnung bereit sein könnte, diese Illusion, die ihm während seiner dreijährigen Haft wie ein letzter Rettungsanker erschienen war, mußte er begraben. Sein Wutausbruch und ihre Beschimpfung hatten die Möglichkeit einer Annäherung für immer verschlossen, zumal es Ariane gelungen war, Auskunft über seine Straftaten zu erhalten.

Er hatte verspielt – und er wußte es.

Zurück nach Brasilien? Dort war er zu sehr abgestempelt, um ein neues Leben beginnen zu können.

In Deutschland bleiben? Hier waren seine Chancen gewiß nicht ganz so schlecht wie in Brasilien. Aber wovon leben? Während er halt- und hoffnungslos durch die Stadt bummelte, fiel sein Blick an einem Zeitungskiosk auf die Schlagzeilen einer Münchener Zeitung: »Rita Schenk öffentlich beschenkt.« Und daneben eine Reproduktion des Bildes, das er noch am Tag zuvor im »Hilton« gesehen hatte.

Daß Rita seine Tochter war, stand für ihn fest, mochte Ariane es auch konsequent leugnen. Sollte es nicht möglich sein, sie um Hilfe zu bitten?

Den Versuch mußte er wagen. Vielleicht lagen da seine letzten Chancen, denn Rita hatte ihn nicht wie ihre Mutter schroff abgewiesen, sondern ihn sogar ins »Hilton« bringen lassen.

Aber dieser letzte Versuch durfte nicht schief gehen, mußte also wohlüberlegt sein. Andererseits drängte die Zeit.

Er zählte sein Geld. Es würde nicht lange reichen, und dann?

Rita hatte sich das Auftreten Fagheras im »Hilton« nicht ohne Schadenfreude vorgestellt. Wie dieser Überrumplungsversuch ausgehen würde, war vorauszusehen. Vorauszusehen war dann aber auch, daß ihr angeblicher Vater wieder an sie herantreten würde, und dieser Gedanke bereitete ihr Unbehagen.

Als sie mit Udo darüber sprach, pflichtete er ihr bei. »Wir müssen die Dinge an uns herantreten lassen«, sagte er, »und dann sehen, wie wir ihn loswerden.«

Als er sich im »Hilton« vorsichtig nach dem Auftreten Fagheras erkundigte, erfuhr er, was er befürchtet hatte. Es galt also, auf der Hut zu sein.

Rita durchlebte in diesen Tagen einen seltsamen Zustand zwischen Tag und Traum. Mit Udo war etwas in ihr Leben getreten, was sie bis dahin wie eine gefährliche Verlockung weit von sich gewiesen hatte.

Liebe – das war eine Art Rauschgift. Wohin es führen konnte, das hatte sie in den letzten Jahren mit wachen Augen und heimlichem Grauen beobachtet.

Die nächtlichen Eskapaden ihrer Mutter hatten sie mit Angst und Ekel erfüllt, und ausgerechnet diese Mutter hatte bis zum Tage ihrer Trennung alles von ihr ferngehalten, was sie selber wie eine Rauschgiftsüchtige suchte.

Wußte sie denn nicht um ihre krankhafte Sucht, um die Gefahr?

»Die Schenk ist ebenso einmalig als Künstlerin wie als Nymphomanin.«

Dieses Wort, das sie – ein halbes Kind noch – aufgeschnappt hatte, als sich zwei prominente Gäste über ihre Mutter unterhielten, hatte sich in ihr eingebrannt. Nicht etwa, weil sie den Sinn verstanden, sondern weil sie ihn völlig mißverstanden hatte.

Nymphen, das waren zauberhafte und bezaubernde Elfen, Naturgottheiten aus Sagen und Märchen. Und so hatte sie damals ihre berühmte Mutter gesehen und bewundert.

Erst als sie selber einmal in der Tanzschule ihre Mutter voller Stolz als Nymphomanin bezeichnet und damit das helle Entsetzen ihrer Ballettlehrerin ausgelöst hatte, begriff sie, was sie bis dahin weder geahnt noch gemerkt hatte.

»Du weißt wohl nicht, was du da sagst!« hatte die strenge Tanzlehrerin sie nach dem Unterricht heimlich beiseite gezogen. »Sag das nie wieder und laß das nie deine Mutter hören!«

Rita hatte diese Reaktion der verehrten ehemaligen Primaballerina Assoluta der Berliner Staatsoper nicht verstanden.

»Wie kommst du bloß zu so einer schimpflichen Bezeichnung deiner eigenen Mutter?«

Rita hatte sich gegen diesen – wie sie meinte – unberechtigten Vorwurf gewehrt, indem sie die Namen der beiden prominenten Männer genannt hatte. Ihre Lehrerin hatte sie fassungslos zur Kenntnis genommen und Rita kopfschüttelnd stehen lassen...

»Nymphomanin, mannstolles Weib«, fand sie später im Lexikon ihrer Mutter. Eine liebevolle Bezeichnung war das zwar nicht, aber daß das nun eine besonders böswillige Bemerkung oder gar eine Beleidigung sein sollte...

Den vollen Sinn hatte sie damals überhaupt nicht mitbekommen.

Udo war beruflich in ihr Leben getreten. Nur ganz langsam hatte sich zwischen ihr und ihm so etwas wie Kameradschaft oder Freundschaft entwickelt, und sie hatte dabei zunächst nur überrascht festgestellt, daß dieser Mann in ihrem Denken – ja, zunächst nur in ihrem Denken! – einen immer größeren Raum einnahm. Seine jungenhaft ungezwungene Art hatte sie von Anfang an fasziniert.

Was dann daraus geworden war, war nur ganz langsam – fast ohne daß sie es fühlte und wollte – wie eine zarte Pflanze gewachsen.

War es das, was man schlechthin Liebe nannte?

Sie wußte es nicht.

Udo hatte in der letzten Zeit immer wieder von seinen Zukunftsplänen gesprochen. Der beispiellose künstlerische und überraschend große finanzielle Erfolg der Ausstellung waren auf sein Verhältnis zu ihr nicht ohne Einfluß geblieben. Ihr schien, als hätte er auch in seinem Auftreten ihr gegenüber an Sicherheit gewonnen, seit ihm die Akademie der Künste vor einigen Tagen in einer feierlichen Zeremonie den Professortitel verliehen hatte. Oder war es nur die Achtung, die ihm von allen Kollegen entgegengebracht wurde und die auch sie dazu zwang, ihn mit anderen Augen zu sehen?

Sie wußte es nicht.

Winfrid fühlte sich rundherum wohl.

Beim Aufbau der Ausstellung und auch in den Wochen danach hatte er zwar keine »stillen Reserven« ansammeln können, doch die Sorge um das tägliche Brot war vergessen, und als Türhüter der Ausstellung hatte er ab und zu ganz nette Trinkgelder einheimsen können – ganz zu schweigen von gewissen Nebeneinnahmen, die einem so ansprechenden und leicht ansprechbaren jungen Mann geradezu aufgedrängt werden.

Herr Zandel hatte den anstelligen hellen Berliner auch beim Abbau und hinterher sogar noch kurze Zeit beim Auf- und Umräumen seiner

Galerie beschäftigt.

Dann war Ebbe gewesen, und Winfrid war eine Weile verschütt gegangen. Weder bei Gisi noch bei Udo hatte er sich sehen lassen.

Gisi machte sich Sorgen um ihn.

Da war immer noch die ewig geile Drogenelse, die ihn sich schnappte, wo sie ihn traf, mit Heroin einfing, sogar zum Dealen anstiftete und dann so bald nicht wieder aus ihren Fängen ließ.

Winfrid hatte in diesen Tagen und Wochen die Schlagzeilen der »Abendzeitung« kaum beachtet. Ein Mord mehr oder weniger in dieser Zeit wachsender Unsicherheit, man las schon darüber weg.

Doch eine fettgedruckte Zwischenzeile zog eines Tages plötzlich seinen Blick auf sich: »Wem gehört das goldene Feuerzeug?«

»Da war einerseits«, so hieß es im Polizeibericht, »ein massiv goldenes Feuerzeug der Pariser Firma Hermès, das zwischen die Polster des Sofas gerutscht und deshalb offenbar vergessen worden war, und da war andererseits der übervolle Aschenbecher mit den Kippen von vierzehn bis zum Mundstück aufgerauchten Zigaretten der billigsten Marke. – Wie reimte sich das zusammen?

Das Feuerzeug hätte vielleicht einem anderen Gast gehören können... wenn sich darauf nicht die gleichen Fingerabdrücke befunden hätten wie auf dem halbvollen Weinglas.«

Winfrid war plötzlich gepackt. Die Zeilen flimmerten ihm vor den Augen. Er steckte sich eine Zigarette an und zog den Rauch tief in sich hinein. Dann las er die Schlagzeile: »Neue Spuren im Mordfall Gandert.«

Was war das für ein Fall? Er hatte nie davon gehört. Vielleicht weil er schon von Jugend auf eine Abneigung gegen blutrünstige Schilderungen hatte. Dafür verschlang er mit wahrem Heißhunger alle Skandalgeschichten über die im allgemeinen wesentlich harmloseren zwischenmenschlichen Beziehungen.

Wer mit wem? Da wußte er Bescheid. Das schlug in sein Jagdrevier, und da hätte er manchem sensationsgeilen Reporter eine Menge heißer Tips geben können.

Der Mordfall Gandert hätte ihn bestimmt nicht interessiert, wenn nicht diese merkwürdige Sache mit dem goldenen Feuerzeug gewesen wäre, das ihm dieser Saukerl gestohlen hatte.

Jetzt komme am Ende ich noch in Verdacht!

Wer war dieser Gandert überhaupt?

Eine Frau. Offenbar eine lustige Witwe. Er grinste. Das schlug wieder in sein Arbeitsgebiet.

Also da hatte man eines Tages in Seeshaupt am Starnberger See die schon halbverweste Leiche einer völlig nackten weiblichen Person gefunden, aber keine Spur von dem Täter.

Jetzt aber hatte einer in dem Sofa das goldene Feuerzeug entdeckt. Und?

Nichts und. Aus der Bericht. Jetzt galt es, den Eigentümer zu suchen.

Und dabei finden sie am Ende mich. Das Feuerzeug hat eine Fabrikationsnummer. Vielleicht wissen die Pariser sogar, an wen sie es verkauft haben.

Du lieber Himmel, der nette Cowboy... Nein.

Und wenn ich mich selber melde, mit meinem guten Gewissen...

»Woher haben Sie denn dieses wertvolle Feuerzeug?«

»Von einem Freund.«

»Aha! Und der hat Ihnen das geschenkt? Ein Feuerzeug für tausend Mark? Einfach so geschenkt für nichts und wieder nichts? Also das können Sie Ihrer Großmama erzählen, wenn Sie wieder draußen sind. Jetzt bleiben Sie erst mal hier, bis Ihnen eine bessere Geschichte einfällt!«

Winfrid schüttelte sich: Nee, nee, nich in die Tüte. Solln die sich ihren Witwenkiller man alleene suchen.

Er faltete die Zeitung zusammen, warf sie in den nächsten Papierkorb und ließ sich am selben Abend wieder einmal bei Gisi sehen, um ihr über die Zeitungsmeldung zu berichten.

Aber das war nicht mehr nötig.

Schon als er die kleine Bar betrat, begrüßte ihn Gisi mit dem Ruf: »Na, was sagst du nun? Mir war der Kerl ja gleich verdächtig!«

Winfrid tat erstaunt. »Welcher Kerl?«

»Wer schon? Dein...« Sie unterbrach sich.

»Na, sag's schon: mein Busenfreund und Witwentröster. Den klebst du mir ja an, so oft es geht. Was ist denn nun mit dem?«

»Hast du das denn nicht gelesen? Die Sache mit deinem Feuerzeug?«

»Hab' ich: mit *meinem* Feuerzeug! Und nun geht mir der Arsch auf Grundeis: Die lustige Witwe habe *ich* umgebracht, und über kurz oder lang kriegen die jetzt mich beim Wickel.«

»Quatsch! Der Paul meint sogar, du solltest jetzt zur Polizei gehen und ihr den Typ schildern.«

»So 'nen Blödsinn hab' ich auch 'nen Augenblick gedacht.«

»Dann kriegtest du dein Feuerzeug bestimmt zurück.«

»Oder ein paar Jährchen freie Kost und Logis. Schenk du mir zum Geburtstag das versprochene echt vergoldete und vergiß das andere in Dreideibelsnamen!«

»Aber du könntest ihr doch helfen!«

»Geh nicht in die Höhle des Löwen, selbst wenn du ihn füttern willst. Ich – und freiwillig zur Polizei? Ick bin doch nich bescheuert!«

Ariane trieb in diesen Tagen und Wochen ebenso wunsch- wie sorglos dahin.

Die Trennung von Rita schmerzte nicht mehr. Rita würde ihren Weg nun auch ohne sie gehen, und sie selber fühlte sich so frei und unabhängig wie nie zuvor.

Der Mann, der nun bei ihr lebte, wußte sie zu nehmen: leidenschaftlich, stark und unermüdlich. In seinen Umarmungen schwand sie dahin, unter seinen Küssen verging sie. Ihm zu widerstehen war unmöglich, und sie wollte es auch nicht... Hemmungslos, wie von einer Art Torschlußpanik gepackt, gab sie sich ihm hin. Es war, als wollte sie in seinen Armen den Rest ihres Lebens verhauchen.

Und er – so schien es ihr – kannte nur das eine Ziel, sie glücklich zu machen. »Unser Schicksal steht seit Anbeginn in den Sternen geschrieben; wir können ihm nur folgen, aber wir können ihm nicht entfliehen.« Das war sein Evangelium.

Jeden Morgen lag – säuberlich geschrieben und immer mit dem sich täglich ändernden Sternenstand geschmückt – ihr Tageshoroskop auf dem Frühstückstisch. Mochte sie auch anfangs zuweilen über ihren »Sterndeuter« ein wenig gelächelt haben, mit der Zeit geriet sie mehr und mehr unter den Einfluß seiner Lehren, zumal er sie selber als eine Art wissenschaftlich untermauerte Religion betrachtete und Wert darauf legte, daß auch sie sie streng befolgte.

Mit wachsender Ungeduld wartete er auf den Tag, an dem sie Europa gemeinsam den Rücken kehrten und, dem Rat der Sterne folgend, in irgendein »Land wirklicher Freiheit«, wie er es nannte, flohen.

Leider war sein Paß schon seit zwei Monaten abgelaufen. Der in Europa allgemein gültige Personalausweis genügte nicht für die geplante Weltreise. Bei der Beschaffung eines neuen Reisepasses hatte es aber, wie er sagte, immer wieder Schwierigkeiten gegeben. In diesem wichtigen Punkte schienen ihm die Behörden ebenso wie die Sterne ihre Gunst zu versagen...

Ariane beobachtete seine Verärgerung, ohne sie recht zu verstehen. Ein paar Tage früher oder später, was spielte das schon für eine Rolle, nachdem sich das Zusammenleben mit ihm zu ihrer vollen Zufriedenheit eingespielt hatte! Auch hier in München, wo sie gemeinsam Theater, Konzerte, Kinos und Bars besuchen konnten.

Manchmal – im Rausch seiner Umarmungen – sprach er von der ständigen Angst, sie eines Tages an einen andern zu verlieren. »Das wäre mein Tod!« Und nach einer Pause setzte er dann bedauernd hinzu: »Leider steht über eine Heirat – bisher – noch nichts in unsern Sternen!«

Ariane nahm dieses Bedauern zur Kenntnis, ohne das Wörtchen »bisher« zu überhören und ohne sich dazu zu äußern, denn nichts widerstrebte ihr mehr, als eine noch so starke erotische oder sexuelle Bindung zu einer Fessel werden zu lassen.

Der Professor überraschte sie eines Tages mit der Feststellung, daß es ihm von München aus trotz aller Versuche immer noch nicht gelungen sei, einen neuen österreichischen Paß zu erhalten. »Diese schlampigen Schlawiner! Ich muß wohl oder übel für ein paar Tage zurück nach Wien. Da kann ich das Tempo nötigenfalls mit einem gefüllten Händedruck beschleunigen. Ich überlege mir nur noch, ob du dann nicht eventuell nachkommen solltest. Vor unserer großen Reise noch ein paar verträumte Tage in Wien, bei Walzerseligkeit und Heurigenwein – meinst du nicht auch, daß das der stimmungsvollste Abschied von Europa sein könnte?«

Ariane nickte stumm. Mit Wien verbanden sich nicht die schönsten

Erinnerungen ihres Lebens. Zweimal hatte sie dort als Marschallin im »Rosenkavalier« gastiert, ohne von der Kritik so herausgestellt worden zu sein, wie sie es gewohnt war. Statt wenigstens ein paar Tage in Wien zu bleiben, um Land und Leute kennenzulernen, war sie schon am nächsten Morgen verstimmt und enttäuscht abgereist.

»Wann willst du denn fliegen?« fragte sie, ohne seine Frage zu beantworten.

»Wenn schon, dann am besten heute oder morgen, denn hier in München wie in einem Wartesaal herumzusitzen – nimm mir's nicht übel – geht mir allmählich auf die Nerven.«

Ariane schwieg. Diese Feststellung traf sie wie eine leichte Kränkung. »Also gehe auch ich dir auf die Nerven«, hätte sie am liebsten geantwortet, doch sie mußte ihm innerlich recht geben: Dieses ärgerliche Warten auf lächerlichen Behördenkram konnte einen Mann wie ihn schon nervös machen.

Der Professor merkte ihre Verstimmung und streichelte ihre Hand. Dabei floß gleich wieder jenes beruhigende und beseligende Gefühl auf sie über, dem sie noch immer und immer aufs neue erlag...

Gisi machte sich Sorgen.

Winfrids strikte Ablehnung, sich in der Sache Gandert mit der Polizei in Verbindung zu setzen, wurmte sie, wenngleich sie auch zugeben mußte, daß seine Bedenken – angesichts seiner eigenen Situation – nicht von der Hand zu weisen waren.

Aber durfte sie deshalb den Kopf in den Sand stecken? War es nicht ihre Pflicht zu warnen?

Zwei Tage hielt sie es aus, dann griff sie einem plötzlichen Impuls folgend zum Telefon und rief Rita an.

Was Rita in diesem kurzen Gespräch erfuhr, ließ sie zittern. Sollte ihre Mutter wirklich mit diesem sogenannten Professor zusammenleben, der sie vor einigen Wochen im Foyer des Hotels angesprochen hatte?

Das quälende Erlebnis dieser durchwachten Nacht, das sie aus ihrer Erinnerung verdrängt hatte, stand nun plötzlich wieder vor ihr.

Und nun die Mitteilung, daß dieser Mann ein skrupelloser Heiratsschwindler, vielleicht sogar ein Mörder war.

Man mußte die Mutter warnen. Vielleicht konnte Udo diese heikle Aufgabe übernehmen.

Kurz nach zehn rief sie ihn an. »Mich hat heute morgen schon deine Freundin alarmiert.«

»Welche von den fünfzig, wenn ich fragen darf?«

»Die Gisi natürlich.«

»Die Gisi – dich? Wo brennt's?«

»Ich muß dich unbedingt noch heute morgen sprechen; ich bin voller Unruhe, ich brauche deinen Rat.«

»Oho! Wenn das so ist... Ich kann in zehn Minuten bei dir sein.«

»Ja, bitte!«

Rita erwartete ihn in der Halle. »Entschuldige, die Zimmer sind noch nicht gemacht.«

»Schon gut!« Er nahm sie ungeniert in die Arme. »Komm, setzen wir uns drüben in die Ecke. – Also um was geht's?«

»Um meine Mutter.«

Udo erschrak. Sollte diese Frau plötzlich wieder zwischen ihnen stehen?

»Gisi sagte mir, daß meine Mutter mit diesem Heiratsschwindler zusammenlebt und mit ihm eine jahrelange Weltreise antreten will.«

»Gegen diese Reise wäre ja gewiß nichts einzuwenden, aber daß der Professor ein Heiratsschwindler sein soll – ich weiß nicht recht!«

»Gisi spricht von Beweisen. Sie war ganz aufgeregt. Der Kerl habe sogar in ihrer Bar verkehrt.«

»Wenn das stimmt...«

»Gisi meint, meine Mutter müsse unbedingt vor diesem Mann gewarnt werden. Sie fürchtet sogar, daß er einen Mord auf dem Gewissen hat.«

»Ein starker Tobak!« Udo wiegte den Kopf hin und her. »Hm!« machte er nach einer Weile. »Wie würde sie wohl reagieren, wenn ich zu ihr ginge und ihr rundheraus sagte, der Mann stehe im Verdacht des Heiratsschwindels?«

»Hochmütig, wie sie ist, würde sie dir antworten, sie sei kein dummes Gänschen mehr, sie bedanke sich für deine ›gewiß sehr gut gemeinte, aber völlig deplacierte Warnung‹, und dann würde sie dich mit einem ›Vielen Dank!‹ vor die Tür setzen. Du kennst sie doch!«

»Ich könnte diesen Rausschmiß in Kauf nehmen, dafür aber noch etwas deutlicher werden und das Wörtchen Mordverdacht aussprechen... Meinst du nicht, daß sie das doch stutzig machen würde?«

»Gewiß. Vergiß aber nicht, daß meine Mutter eine Nymphomanin ist. Ich habe das viele Jahre mit wachsendem Entsetzen beobachtet. Schrecklich, daß ich das von meiner eigenen Mutter sagen muß. Solche Menschen rennen zuweilen wie Lemminge mit offenen Augen in den Tod.« Rita schwieg.

Udo sah die Falten auf ihrer Stirn und schüttelte besorgt den Kopf. »So kommen wir also schwerlich weiter. Vielleicht können wir den Hebel an einer anderen Ecke ansetzen.«

Rita sah erwartungsvoll zu ihm auf.

»Was hältst du davon, daß du einfach selber deine Mutter anrufst und...«

»Völlig unmöglich. Sie würde mich anfauchen wie noch nie zuvor. Ich kenne doch meine Mutter!«

Plötzlich schoß Udo ein Gedanke durch den Kopf, der zwar auch nur wenig Hoffnung auf Erfolg versprach, aber den man doch ernsthaft in Betracht ziehen sollte: »Du erinnerst dich doch an den blonden blauäugigen Berliner?«

»Gewiß.«

»Wenn wir den auf den Professor ansetzten! Vielleicht könnte er uns helfen. Ich möchte es jedenfalls versuchen. Deine Mutter kennt ihn und hat auch zeitweise ein Auge auf ihn geworfen.«

»Das habe ich wohl bemerkt, als wir bei dir waren.«

»Sie hat ihn sogar schon ein- oder zweimal zu sich ins Hotel eingeladen.«

Rita schwieg betreten.

»Nun«, fragte Udo nach einer Weile, »meinst du nicht auch, daß wir das versuchen sollten?«

»Ja, versuch's. Und wenn es auch nur ein Strohhalm ist, an den wir uns da klammern. Ich möchte mir jedenfalls nie den Vorwurf machen müssen, nicht alles versucht zu haben, um diese Gefahr von meiner Mutter abzuwenden.«

»Gut«, sagte Udo entschlossen. »Ich fahre jetzt in die Stadt und werde versuchen, diesen Winfrid aufzutreiben. Das wird allerdings nicht einfach sein, denn er hat sicher keine feste Bleibe.«

»Versuch's wenigstens.«

»Mach' ich!«

»Du nimmst mir damit einen Stein vom Herzen.«

Die Stecknadel im Heuhaufen zu finden ist leichter als einen herrenlosen Windhund, der ständig in einer Weltstadt wie München herumstreunt.

Gisis Bar war der einzige Platz, wo man ihn nachts mit einiger Regelmäßigkeit finden konnte – sofern er in München und nicht etwa »verheiratet« und wieder einmal auf einer kleinen Hochzeitsreise war.

In ein paar Lokalen, in denen Winfrid gelegentlich verkehrte, horchte Udo herum, doch überall erhielt er dieselbe Antwort: »Lange nicht mehr gesehen.« Und ein besonders reizender Kneipenwirt meinte: »Vielleicht haben die den wieder mal beim Fixen erwischt; dann wird er mindestens ein Jahr lang Bonbontüten kleben.«

Udo knirschte wütend mit den Zähnen und fuhr ins »Sheraton« zurück, um Rita zu berichten.

Als er sie abends ins Theater gebracht hatte, fuhr er noch auf einen Sprung zu Gisi.

»Der Bursche hat sich leider schon seit mehr als einer Woche nicht hier blicken lassen«, bedauerte sie.

»Ich muß ihn dringend sprechen«, sagte er. »Du weißt, warum. Er ist der einzige, den wir in dieser Sache ansetzen können. Wenn er hier aufkreuzt, drück ihm bitte gleich das Telefon in die Hand.«

Nichts konnte Udo schneller aus den Federn reißen als das Klappern des Briefeinwurfs. Auf dem Fußboden lag eine überdimensionale, reichlich bunte Ansichtskarte aus Paris.

»Von einem Abstecher in die Stadt der Sünde herzliche Grüße!«

Sonst nichts. Die Unterschrift war nur ein Schnörkel. Udo drehte die Karte um und um.

Endlich ein Lebenszeichen von dem Lümmel, aber keine Adresse, und kein Hinweis, wann wohl mit seiner Rückkehr zu rechnen war.

»Die Stadt der Sünde... Der hat's nötig, ausgerechnet der!« Udo brummte vor sich hin. Dieser Gruß klang fast wie ein Hohn. »Jetzt, wo man ihn dringend braucht, treibt sich dieser Hund in Paris herum. Und nur der Teufel weiß, wann er wieder aufkreuzt.«

Erst eine Woche später wußte es Gisi.

Bei ihr war Winfrid, von Kopf bis Fuß neu eingepellt, kurz nach Mitternacht erschienen.

Gisi verschlug es fast die Sprache. Sie zog ihn beiseite und runzelte besorgt die Stirn. »Wo kommst du denn her?«

»Aus dem Sündenparadies Paris.« Er öffnete die Jacke und zeigte stolz das eingenähte Firmenzeichen: »Yves St. Laurent.«

Seidenhemd, teuerste Krawatte, Krokodilgürtel... Gisi sah es auf den ersten Blick. »Stammt das etwa aus einem... nächtlichen Besuch?«

»Wenn du das so nennen willst. Jedenfalls ehrlich verdient. Nicht zu glauben, was?«

»Ehrlich verdient?«

Winfrid sah Gisi aus himmelblauen Augen an. »Ehrlich, Gisi – das kannst du mir glauben! – Und Paris! Ich bin noch ganz besoffen. Der Abschied ist mir bitterschwer gefallen.«

»Wer war denn so spendabel?«

»Fragst du besser nicht. Ich habe sogar noch tausend Mark mitgebracht.« Er klopfte stolz auf seine Brusttasche. »Darf ich dich zu einem Glas Sekt einladen?«

»Nett von dir. – Hast du schon mit Udo gesprochen?«

»Wieso? Ich komme doch geradewegs vom Bahnhof.«

»Der sucht dich wie eine Stecknadel. Ruf ihn also morgen vormittag gleich an.«

Udo war schlechter Laune. Die verfluchte Geschichte mit dem vermeintlichen Heiratsschwindler bedrückte ihn.

Gegen elf rief Gisi an. »Hat sich der Windhund schon gemeldet?«

»Leider nur mit der monströsen Karte aus Paris.«

»Er ist doch diese Nacht zurückgekommen und hat mir fest versprochen, dich gleich anzurufen.«

»Na endlich! Dann wird er sich ja gleich melden.«

»Wenn er nicht noch schläft. Gestern nacht hat ihn nämlich noch die sattsam bekannte Komponistenwitwe abgeschleppt. Die ist schon lange scharf auf ihn.«

Udo brummte: »Na schön. Wenigstens ist er wieder greifbar!«

Es wurde eins, es wurde zwei, es wurde drei, endlich – gegen vier – rief Winfrid an. »Du willst mich sprechen?«

»Ja, verdammt noch mal, du Rumtreiber! Pack dich sofort in ein Taxi und komm her!«

»Wo brennt's denn?«

»Frag nicht lang, komm her!«

»Udo, ich fliege, wenn du mich brauchst.«

Winfrid strahlte unter seinem blonden Haarschopf wie ein Rauschgoldengel. »Udo, hier bin ich!«

Udo besah ihn sich skeptisch von oben bis unten. »Kaum noch zu glauben, du Ausreißer.«

Winfrid trat in die Mitte des Zimmers und drehte sich wie ein Fotomodell nach allen Seiten. »Hat sich aber gelohnt, wie du siehst. Mein Typ ist gefragt.«

Udo schüttelte den Kopf. Der Bursche sah toll aus. »Winfrid! Winfrid!«

»Du brauchst mich? – Wo machen wir denn die nächste Ausstellung? In Frankfurt, Hamburg, Düsseldorf? So was bringt Geld. Allein die Nebeneinnahmen!«

»Und mit denen bist du eines Tages nach Paris ausgerissen. Dich hat wohl der Hafer gestochen!«

»Ach, was das angeht – Paris ist auch nicht mehr das, was es einmal gewesen sein soll; die Pariser sind müde. Übrigens bin ich nicht ausgerissen, ich bin entführt worden.«

»Aha! Da wollte wohl einer Eulen nach Athen tragen?«

»Eine, nicht einer... wenn ich bitten darf!«

»Du darfst. Und zwar eine mit viel Geld – wie man sieht.«

»Die Frau eines spanischen Granden. Wenn ich dir meine krokodillederne Brieftasche zeige, fällst du um.«

»Gar nicht erst nötig – hat sich schon rumgesprochen. Jetzt fehlt nur noch das Statussymbol aller Zuhälter: der klotzig-protzige Armbandwecker.«

Winfrid lachte: »Vergiß nicht den Rolls! Aber nun raus mit der

Sprache: Um was geht's?«

»Rita und ich brauchen deine Hilfe. Es geht um die Alte.«

»Sucht die immer noch einen Leib- und Kammerdiener?«

»Den hat sie anscheinend schon gefunden, und mit dem will sie die geplante Weltreise antreten.«

»Soll sie doch!«

»Soll sie nicht – das ist ja unser Problem.«

»Oho! Große Aussöhnungsfeier mit bengalischer Beleuchtung in Sicht?«

»Nichts weniger als das. Also nun setz dich erst mal hin und hör zu.«

Winfrid parierte und spitzte die Ohren.

Udo machte ihm die Lage klar.

»Und diesem Professor...«

»...diesem sogenannten Professor!«

»...soll ich nun den Hals umdrehen.«

»Bildlich gesprochen, bevor er ihn der Alten tatsächlich umdreht. Du mußt versuchen, dich zwischen die zwei zu schieben. Vielleicht kannst du sie warnen. Die Alte war doch damals ganz scharf auf dich.«

»Hm. War sie wohl. Fragt sich, ob sie's auch jetzt noch ist...«

»Wenn du so im ›Hilton‹ aufkreuzt – so in schmucker Schale...«

»Versuchen kann ich's ja, aber...«

»Versuch's. Häng dich in die Bar oder ruf sie einfach an oder...«

»Äh, am Telefon war die damals vielleicht komisch.«

»Ach, du wirst das schon irgendwie machen. Die nötigen Spesen stehen dir uneingeschränkt zur Verfügung.«

»Läßt sich hören. Ich muß mir das aber erst mal gründlich durch den Kopf gehen lassen.«

»Gründlich ja, nur nicht zu lange. Es brennt.« Udo zog seine Börse, doch Winfrid winkte ab: »Die Kleinigkeit stecke ich großkotzig vor.«

Udo schoß plötzlich ein Verdacht durch den Kopf. »Würdest du aus lauter Liebe zu mir mal deine Jacke ausziehen?«

Winfrid wußte sofort, was gespielt werden sollte, zog seine Jacke aus und krempelte gleich den rechten Hemdsärmel hoch: Keine Einstiche. »Ich bin sauber. Sonst noch Wünsche?«

»Nur noch einen, daß du's auch bleibst!«

Winfrid streifte den Hemdsärmel zurück und zog seine Jacke wieder an. »Udo, ich hab' dir mal zwanzig Mark geklaut, weil ich an der Nadel hing...«

»Ich weiß.«

»Du hast es also gemerkt und nichts gesagt.«

»Nur weil ich's viel zu spät gemerkt habe. Aber Gisi und ich haben uns damals große Sorgen um dich gemacht.«

Winfrid lief rot an und steckte Udo die Hand entgegen. »Tschüß!«

Udo sah den feuchten Schimmer in seinen Augen und schob ihn sanft hinaus.

Winfrids Versuche, mit Ariane telefonisch Kontakt aufzunehmen, gingen alle ins Aus: Die Telefonistin des Hotels stellte die gewünschte Verbindung zwar ohne weiteres her, aber dann meldete sich niemand. Sie versuchte es anschließend im Frühstücksraum, im Restaurant, im Grillroom, in der Bar – vergebens.

»Die Zimmerschlüssel sind nicht abgegeben, die Herrschaften dürften also im Hotel sein. Vielleicht versuchen Sie es später noch einmal. Oder möchten Sie eine Nachricht hinterlassen?«

Nein, das wollte er nicht; sie hätte in die falschen Hände fallen können.

Er versuchte es in den nächsten Tagen wohl noch ein dutzendmal, verlor aber schließlich die Geduld.

Da die Telefonistin immer von den »Herrschaften« sprach, würde es wohl kaum möglich sein, Ariane allein am Telefon zu erreichen, um ungestört mit ihr sprechen zu können. Er mußte also einen andern Weg versuchen.

Aber welchen?

Vielleicht wußte Gisi Rat.

Doch wie sie auch hin und her überlegten, er mußte persönlich im Hotel auftreten und Ariane zufällig begegnen. Das aber war nur in der Bar möglich... sofern sie dort allein erscheinen sollte; und das war wiederum höchst unwahrscheinlich.

Vier Abende lang hockte er gelangweilt an der Theke. Von Ariane keine Spur. Selbst der Barkeeper konnte ihm nicht weiterhelfen. Er kannte sie nicht. Wie sollte er auch bei dem ständigen Wechsel der

Hotelgäste!

Nur eines konnte er aufgrund der Telefonanrufe mit Sicherheit sagen: Die »Herrschaften« waren noch nicht abgereist. Darüber hinaus hätte ihm nur der himmelblau livrierte Chasseur ein paar interessante Auskünfte geben können, doch das wußte er nicht.

Ariane war – aus welchem Grunde auch immer – nicht erreichbar. In dieser Situation hatte Gisi einen Einfall: Wie wär's, wenn man den Professor direkt anging?

Man sollte ihm klarmachen, daß man seine dunklen Pläne durchschaue und entschlossen sei, Ariane vor ihm zu warnen, wenn er sich nicht sofort von ihr zurückzöge.

Winfrid besprach den Plan mit Udo.

»Eine gute Idee«, sagte Udo, »aber wie soll diese Warnung aussehen?« Telefonisch würde der Professor ebenso wenig zu erreichen sein wie Ariane.

Ihm schreiben? Da man seinen Namen nicht kannte, war leider auch das ein Problem.

Schließlich fand man doch noch einen Weg...

Ariane entnahm dem an sie adressierten Briefumschlag einen zweiten und reichte ihn gleich weiter. »An dich; da weiß einer wohl nicht, wie du heißt.«

Der Professor nahm den Brief mit sichtbarem Unbehagen und zögerte, ihn zu öffnen. Ein für ihn bestimmter Brief – und an die Adresse Arianes gerichtet? Wer anders als das Hotel konnte wissen, daß er mit Ariane Schenk zusammenlebte? »Merkwürdig!« stammelte er.

Ariane sah, wie er den Brief öffnete, ihm eine Karte entnahm, ihren Inhalt überflog und bis in die Ohren erblaßte.

»Ist was?« fragte sie erstaunt.

Er ließ den Umschlag fallen und steckte die Karte ein. Auf seiner Stirn erschienen kleine Schweißtropfen, während sein Gehirn blitzschnell wie ein Computer arbeitete und seine Augen das besorgt-skeptische Gesicht Arianes festhielten. »Ja«, sagte er nach kurzem Zögern. »Diese verfluchte Paßgeschichte. Ich muß sofort nach Wien, um die Sache in Ordnung zu bringen. Diese Schlawiner...«

»Daß du dich darüber so aufregst! Diesen dummen Papierkrieg

wirst du doch auch noch hinter dich bringen. Flieg morgen los, und in zwei, drei Tagen können wir schon Europa hinter uns lassen.«

Wie sie ihm aus der Seele gesprochen hatte! Aber zu langem Hin- und Herreisen war jetzt keine Zeit mehr.

»Wieder diese Trennung – das bringt mich um, Liebste.« Er kniete vor ihr nieder und barg sein Gesicht in ihrem Schoß. »Wieder Tage und qualvolle Nächte ohne dich! Komm mit, ich flehe dich an! Sag ja, und ich packe die Koffer. Morgen schon können wir auf dem Umweg über Wien zu unserer Glücksreise starten.« Er nahm ihre Hände und bedeckte sie mit Küssen. »Wie könnte ich auch nur einen Tag ohne dich sein!«

Die Maschine startete am nächsten Morgen kurz vor zehn.

Pünktlich um elf landete sie in Wien.

Erst vier Tage später, als Winfrid wieder im Hotel anrief, um festzustellen, ob Ariane noch immer mit dem Professor zusammenlebte, erfuhren sie es: »Die Herrschaften sind vor vier Tagen abgereist.«

»Haben sie eine Adresse zum Nachsenden von Post hinterlassen?«

»Moment bitte.« Und ein paar Sekunden später: »Nein. Sie haben nur als Reiseziel Finnland angegeben.«

Winfrid glaubte, sich verhört zu haben. »Wie bitte? Finnland?«

»Ja, Finnland.«

»Dieser Schweinehund, dieser verfluchte!« sagte Winfrid und legte auf.

Der Versuch, Ariane zu warnen, war mißlungen.

So erschreckend diese Nachricht Rita auch traf, sie hatte zugleich etwas Klärendes, ja Beruhigendes an sich: Das schmerzlichste Kapitel ihres Lebens war durch diesen unbegreiflichen Schritt ihrer Mutter abgeschlossen. Ob sie wohl jemals wieder von ihr hören würde?

Udo, der ihr diese Nachricht mit einer gewissen Sorge überbracht hatte, atmete erleichtert auf, als er sah, wie sie darauf reagierte. Auch er hatte die Anwesenheit ihrer Mutter ständig wie eine Art Alpdruck empfunden. »Ich glaube, wir müssen mit den Filmleuten nun endlich einen festen Termin für die Probeaufnahmen verabreden«, sagte er, um sie abzulenken. »Der Produktionsleiter hat erst gestern wieder angerufen.«

Rita nickte stumm.

»Ich habe mitunter den Eindruck, du drückst dich ein bißchen daran vorbei, statt diese einmalige Chance mit Mut und Begeisterung anzugehen.«

Rita wollte ihm widersprechen, doch als sie das verständnisvolle Lächeln in seinen Augen sah, fühlte sie, daß er recht hatte. »Ja«, sagte sie, »so ist es wohl. Mir fehlt einfach die Courage, mich frisch und unbekümmert in dieses neue, fremdartige und seit jeher etwas anrüchige Milieu zu stürzen.«

Udo sah, daß sie das ernst meinte, und er glaubte auch den wahren Grund ihrer Unsicherheit zu kennen: Hier fehlte ihr die führende und schützende Hand der Mutter. Aber das fühlte sie wohl nur im Unterbewußtsein, er vermied es deshalb wohlweislich, diesen Gedanken auszusprechen. »Daß ich dich zu den Probeaufnahmen und – wenn es dazu kommt – auch zu allen Dreharbeiten wie ein Schatten begleite, ist doch wohl klar, oder?«

Rita verstand. »Was denn sonst? Ich habe doch nur dich!«

Sie sagte das so schlicht, daß er sie einfach wie schützend in die Arme nahm und küßte.

Winfrid entwickelte in diesen Tagen und mehr noch in den folgenden Wochen eine Aktivität, die von Gisi mit reichlichem Argwohn, von Udo mit leichtem Unbehagen und von Zandel mit behaglichem Schmunzeln registriert wurde.

»Du führst doch was im Schild!« sagte Gisi eines Abends zu ihm, als er einem holländischen Keksfabrikanten von Udos Erfolgen vorschwärmte und ihn als einen modernen Michelangelo bezeichnete. Geld haben und keinen Kling – das war eine Kulturschande, wenn man Winfrid so reden hörte.

Bei Udo machte er sich unbeliebt, indem er jedesmal mit einem leicht vorwurfsvollen Unterton fragte, an welchem Gemälde er denn nun arbeite.

»An keinem, verdammt noch mal«, fuhr ihn Udo schließlich an. »Kümmere dich nicht um ungelegte Eier!«

»Und du Faulpelz sitzt wie eine fette Henne über den ausgebrüteten Küken.«

»Was dich das bloß angeht!« fauchte Udo zurück.

»Sehr viel, denn erstens bin ich dein einziger und bester Freund, zweitens dein Ausstellungsleiter...«

»Fein ausgedrückt!«

»...und drittens gewissermaßen dein Teilhaber.«

»Aha! Das ist mir alles neu: der Freund sowohl wie der Ausstellungsleiter und der Teilhaber!«

»Macht nichts. Ich habe Blut geleckt und mit Zandel verabredet, daß wir nächsten Monat nach Düsseldorf gehen.«

»Du mit Zandel? Du spinnst!«

»...und von da zwei Wochen später nach Köln.«

»Wenn das beschlossen ist, dann viel Spaß und glückliche Reise!« Udo schüttelte den Kopf. »Der Zandel – nicht zu fassen!«

Winfrid sah ihn treuherzig mit seinen himmelblauen Augen an. »Außer dem Contergankind gibt es doch auch Dioxinkinder und langsam verkrüppelnde Wälder. Meinst du, die Umweltschützer wären jemals wieder aus der Welt zu schaffen?«

»Ach, redest du vielleicht einen Stuß! Komm nicht vom Hundertsten ins Tausendste!« Udo sah Winfrid plötzlich skeptisch an. »Oder plant ihr etwa...?«

»Jetzt ist der Groschen runtergefallen. Genau das. Und nach Köln kommt Frankfurt und nach Frankfurt Paris.«

»Und das verabredest du Stricher mit dem Zandel alles hinter meinem Rücken? Oder hängst du wieder mal an der Nadel?«

»Die Nadel könntest du endlich mal vergessen, statt mich immer wieder dran zu erinnern! Ich halte dir ja auch nicht alle naselang deine perverse Eliane vor.«

»Die Eliane? Um Himmels willen, lebt die überhaupt noch?«

»Und ob! Die lebt wie die Made im Speck von ihrem Liebeslohn und erzählt jedem, der es hören will, von ihren phantastischen Nächten mit dem weltberühmten Maler...«

»Windhund, halt ja die Luft an! Das saugst du dir doch aus den Fingern.«

»So viel Finger habe ich gar nicht, wie ich brauchte, um das alles aus ihr rauszunuckeln! Wenn man der zuhört, bist du der geilste Bock von München.«

Udo lachte. »Du wirst von Tag zu Tag unverschämter!«

»Und du bestimmt dick, faul und gefräßig, wenn das so weitergeht.«

»Also, was ist mit dem Zandel?«

»Du scheinst langsam wach zu werden. Die genannten Ausstellungen...«

»Ausstellungen?«

»...sind alle schon bis ins Kleinste geplant.«

»Nett, daß ich davon auch mal was höre!«

»Dich brauchen wir dabei nicht unbedingt, obwohl sich der Herr Kunstmaler in schwarzer Samtjacke zwischen seinen vielgerühmten Meisterwerken ganz gut machen würde. Aber wir verstehen andererseits auch recht gut, daß du hier unabkömmlich bist. Was du zu deinem unsterblichen Ruhm beitragen sollst, ist nur ein neues, zeitnahes Bild wie das Contergankind.«

»Ach, und du glaubst im Ernst, ich würde jetzt aus dem Elend anderer ein Geschäft machen!«

»Wer spricht von Geschäft? Natürlich erwartet keiner, daß du jetzt ein Kind aus Seveso malst. Aber du könntest doch mal im Sinne der Umweltschützer... Meinst du nicht auch, daß man so was jetzt von dir erwartet? Wir brauchten nur ein einziges neues Bild, und Zandel hätte einen aktuellen Aufhänger für die Presse.«

»Mit Zandel scheinst du ja schon einig zu sein.«

»Seine Idee. Nachdem du mich ihm so heiß ans Herz gelegt hast, werde ich ihm bei Auf- und Abbau der Ausstellungen tüchtig helfen... und dabei wieder eine Stange verdienen.«

»Nebenbei verdienen!«

»Auch das. Und was die Gisi angeht...«

»Was soll denn das nun wieder?«

»Die ist ganz stolz auf dich und singt ihren Gästen tagtäglich die Ohren von dir voll. Meinst du nicht, daß wir ein oder zwei Bilder in ihrem Lokal aufhängen sollten? Sie traut sich natürlich nicht, dich darum zu bitten...«

»Was du nicht sagst! Seit wann ist ausgerechnet die Gisi so schüchtern?«

»Vielleicht weil du dich so gut wie gar nicht mehr bei ihr sehen läßt.«

»Du kannst ja Zandel mal fragen, was er davon hält. Ich hätte nichts dagegen.«

»Zandel ist sogar dafür. Er hält es für eine gute Reklame.«

»Das ist also auch schon geklärt!«

»Du solltest wieder mal bei ihr aufkreuzen. Eine bessere Freundin als die...«

»Gut, gehen wir heute oder morgen mal hin. Vielleicht kann ich Rita sogar überreden mitzukommen.«

»Fürs erste besser nicht.«

»Wieso?« Er besah sich Winfrid wieder einmal von oben bis unten. Mochte der Bursche sein, wie er wollte, er war zweifellos das, was man einen hellen Berliner nannte, und ein ehrlicher Kumpel, den man gern haben mußte. Das hatte Zandel offenbar noch besser erkannt als er selber...

»Wieso, weiß ich selber nicht; ist bloß so 'ne innere Stimme.«

»Deine inneren Stimmen!«

»Die sind richtig!«

»Aber mal muß ich doch auch Rita dein Jagdrevier zeigen.«

»Ein andermal. Ich hab' da so 'n komisches Gefühl im Bauch.«

»Also gut. Gehen wir solo hin.«

Es war vorauszusehen, daß die Filmgesellschaft Rita nach der Ausstellung ihres Porträts und dessen farbiger Wiedergabe in mehreren eleganten Zeitschriften immer wieder auf Verhandlungen drängte.

Leider überschnitten sich die Termine – hier Theater, hier Filmaufnahmen – so stark, daß Rita zunächst keine Möglichkeit sah, die so verlockende und für ihre Karriere so entscheidend wichtige Rolle zu übernehmen.

Schließlich bat sie Udo um Rat und Hilfe.

Er verhandelte mit dem Intendanten und versuchte zu vermitteln, doch er war selber schon viel zu sehr mit dem Theater und seinen Möglichkeiten vertraut, um dem Intendanten angesichts des ständig ausverkauften Hauses eine zumutbare Lösung vorschlagen zu können.

Die Filmgesellschaft wiederum lockte mit einem neuen Vertragsentwurf, der Rita auch eine erhebliche Gewinnbeteiligung garantieren würde, und schlug Probeaufnahmen vor. Sie abzulehnen wäre töricht gewesen, denn dazu würde ein beliebiger Nachmittag genügen.

Udo empfahl Rita, diese Möglichkeit zu nutzen, schon um sich selber ein Bild ihrer Wirkung im Film machen zu können. Rita sagte zu. Der Termin wurde gleich auf den nächsten Tag festgelegt.

In dem riesigen, kalt und nackt wirkenden Atelier herrschte eine seltsame Spannung, denn jeder wußte, um was es ging: Probeaufnahmen kamen nicht alle Tage vor, sie konnten nicht nur über das Schicksal eines Schauspielers oder Sängers entscheiden, sondern auch die Weiterentwicklung und – wie viele Beispiele der Vergangenheit gezeigt hatten – sogar die Existenz einer Filmgesellschaft entscheidend beeinflussen.

Rita Schenk hatte die Herzen der Münchener in wenigen Monaten erobert. Ihr Name war schon ein Begriff geworden.

Sie konnte eine neue Martha Eggert werden und damit eine schmerzliche Lücke des deutschen Films füllen.

War das, was man jetzt miterleben durfte, die Geburtsstunde eines neuen Filmstars?

Rita und Udo wurden von dem Produzenten, dem Drehbuchautor und dem Regisseur mit großer Herzlichkeit empfangen und gleich ins Atelier geführt.

Für Rita war es der Eintritt in eine völlig fremde Welt, in ein gefährliches Wunderland, in das sie sich nur unsicher und beklemmt hineinwagte, wohl wissend, wieviel für sie und ihre Zukunft von dieser ersten Stunde abhing.

Udo dagegen strahlte Sicherheit und Ruhe aus. Wie gut, daß sie ihn hatte! Ohne ihn hätte sie kaum den Mut gehabt, sich der Filmkamera zu stellen.

Der kleine Stab hatte sie mit einem kurzen, aber herzlichen Applaus begrüßt: Das war fast wie allabendlich im Theater und gab ihr das beruhigende Gefühl, nicht unter völlig Fremden zu sein.

Der Kameramann empfing sie freundlich, aber sachlich, kühl. Um ihn herum ein Stab von Mitarbeitern: Beleuchter, Tontechniker, Maskenbildner.

Der Maskenbildner und die Schminkmeisterin nahmen Rita in Empfang und entführten sie in ihre Kabine. Sie studierten ihr Gesicht und überlegten liebevoll jede kleinste Nuance. Wie sind die Augenbrauen zu schminken, der Mund, die Nase? Das war alles ganz anders, als wenn sie sich abends für die Bühne schminkte. Hier wurde mit einer völlig anderen Schminktechnik und mit viel subtileren Mitteln gearbeitet.

Als sie dann schließlich vor der Kamera stand, ging alles überraschend schnell. Der Kameramann dirigierte die großen und kleinen Scheinwerfer mit einer fast pedantisch wirkenden Sorgfalt, der Regisseur bat sie, den Kopf und die Augen nach links, nach rechts, nach oben und unten zu bewegen, verwickelte sie vor der Kamera in ein kurzes Gespräch, und dann hieß es: »Licht aus, Ton aus!«

Es war überstanden.

Den Film und die Bilder, die der Standfotograf während der Aufnahmen geschossen hatte, würde man am nächsten Tag besichtigen und beurteilen können.

Udo war auf der Rückfahrt merkwürdig still. Der Produzent hatte ihn während der Aufnahmen beiseite gezogen und ihm von seinen Filmplänen erzählt.

Es waren große, weit in die nächsten Jahre reichende Projekte, in denen Rita bei dem zu erwartenden Erfolg die Hauptrollen übernehmen und als neuer Star der Gesellschaft groß herausgestellt werden sollte.

Das würde eine ganze Anzahl kaum übersehbarer Probleme aufwerfen. Nicht nur für Rita, sondern auch für ihn. Er hatte sich immer intensiver mit dem Gedanken an eine Heirat getragen und je länger um so mehr die Überzeugung gewonnen, daß eigentlich nur noch eine Aussprache nötig sei, um Rita für immer zu gewinnen.

Schon die nächsten Tage und Wochen konnten Angebote der Filmleute bringen, die zu völlig neuen Überlegungen zwingen und die Frage einer eventuellen Heirat weit in den Hintergrund drängen würden.

Udo sah das alles mit erschreckender Klarheit. Jetzt mußte er darüber mit Rita sprechen und mit ihr das Für und Wider ehrlich gegeneinander abwägen.

Udo war – wenn auch erst seit Wochen – ein anerkannter Maler und erzielte Spitzenpreise. Er konnte sich ein Haus kaufen, eine Familie gründen und der Zukunft sorglos entgegensehen.

Wie sieht eine Frau aus, die ein arrivierter Mann in den besten Jahren braucht? Kann eine Schauspielerin eine solche Rolle überhaupt spielen?

Fragen über Fragen...

»Du bist so still«, sagte Rita, während er den Wagen langsam dem Zentrum der Stadt entgegensteuerte. »Bist du enttäuscht? Habe ich vor der Kamera versagt?«

»Es hat doch an begeistertem Zuspruch nicht gefehlt.«

»Du weichst mir aus: Ich bat um deine eigene Meinung!«

»Du warst so überzeugend gut, daß ich mir nun ernsthafte Sorgen um unser zukünftiges Verhältnis mache.«

»So um drei Ecken kann wohl auch nur ein Mann denken. Mir ist das zu hoch. Wenn es so ist, wie du sagst, haben wir doch allen Grund, uns zu freuen.«

»Laß uns morgen nach der Vorführung der Probeaufnahmen in Ruhe darüber sprechen. Vielleicht sieht dann alles doch ein wenig anders aus, als ich es jetzt sehe.«

Rita sah die Falten auf seiner Stirn und schwieg. Verstehe einer die Männer!

Manche denken manchmal mehr, als gut ist...

Abends trafen sich Udo und Winfrid bei Gisi.

Udo war eine Viertelstunde später erschienen und stellte gleich fest, daß Winfrid sie schon über die letzten Ereignisse informiert hatte.

»Das entschuldigt alles«, sagte Gisi mit leicht säuerlicher Miene. »Winfrids Witwentröster hat also den Gordischen Knoten zerschlagen und euch von der Alten erlöst.«

»Den Witwentröster wirst du mir wohl auch noch an meinem Geburtstag aufs Butterbrot schmieren«, brummte Winfrid.

»Dann gibt's keine Butterbrote, sondern Pflaumenkuchen mit Schlagsahne.«

»... und das versprochene goldene Feuerzeug.«

»Vergoldete, wenn ich richtigstellen darf. Ich bin ja schließlich noch eine ehrsame Kneipwirtin und kein verliebter Cowboy auf Abwegen.«

»Du darfst, mein Schatz, obwohl ich mich deshalb noch lange nicht als Abweg sehe.«

»Entschuldige, mein Süßer, wollte ich damit auch nicht gesagt haben. Ich meinte nur von wegen Paris und so. – Hast du wegen dem Ding an die Polizei geschrieben?«

»Nee! Gehe nie zu deinem Fürst, wenn du nicht gerufen wirst! Da nehm' ich lieber das echt vergoldete.«

Udo spitzte die Ohren. »Um was geht's denn da?«

»Ach, daß ihm dieser...«

»Gisi!«

»...na ja, dieser komische... Ostzonenfreund und Witwentröster das Feuerzeug wahrscheinlich geklaut hat.«

»Witwentröster?« griff nun Udo das Reizwort auf. »Hast du denn was mit diesem sogenannten Professor zu tun gehabt?«

Winfrid wurde sichtlich nervös. »Ich habe weder mit dem Professor noch mit irgendeinem Witwentröster was gehabt. Das ist so ein Tick von unserer Busen-Freundin, mit dem sie mich ständig aufzieht.« Er starrte bockig in sein Glas.

Udo und Gisi beobachteten ihn dabei eine ganze Weile schweigend.

»Na, willst du dich denn dazu nicht äußern?« bohrte Udo schließlich.

»Auf die Idee, daß der Kerl auch unser sogenannter Professor wäre, bin ich Rindvieh natürlich nicht gekommen.«

»Ebenso wenig wie auf die naheliegende Idee«, ergänzte Gisi, »daß er der Mörder mit deinem goldenen Feuerzeug sein könnte.«

»Himmelarschundzwirn.« Winfrid lief rot an.

»Du scheinst ja ein besondes harmloses Gemüt zu sein«, sagte Gisi. »Und so was kommt aus Ost-Berlin!«

»Von was für einem Mörder ist denn nun die Rede?« Udo sah mit umwölkter Stirn zwischen Gisi und Winfrid hin und her. »Und was hat der Kerl mit einem vergoldeten Feuerzeug zu tun?«

»Macht nur weiter so«, zischte Winfrid in sein Glas. »Zum Schluß wird mir dann auch noch der Raubmord an dieser Mumie angehängt.«

Udo und Gisi sahen sich wortlos an. Winfrid war böse. Mit ihm war jetzt nichts mehr anzufangen.

Eine Weile schwiegen die drei, Gisi offensichtlich etwas verlegen.

»Rita und ich waren heute zu Probeaufnahmen bei den Filmleuten«, sagte Udo nach einer Pause, um das Thema zu beenden.

»Und?« fragte Gisi überrascht.

»Wir kriegen morgen die Aufnahmen zu sehen, und dann...«

»Ist ja toll! Das wird für Rita bestimmt ein Mordserfolg.«

»Die Leute haben großartige, weitreichende Pläne mit ihr. Und das kann Folgen haben...«

»Du sagst das, als fändest du ein Haar in der Butter.«

»Nein, aber ich mache mir natürlich meine Gedanken, wie's dann weitergehen soll.«

Gisi sah ihn prüfend von der Seite an. »Du meinst, zwischen dir und Rita.«

Udo nickte. »Laß uns in den nächsten Tagen darüber reden. Ich muß jetzt ins Theater.« Er klopfte Winfrid auf die Schulter. »Tschüß, du Windhund!«

Winfrid sah auf, ihm direkt in die Augen.

Udo zwinkerte ihm ermutigend zu. »Herr Ausstellungsleiter, wir sehen uns doch morgen bei Zandel, wenn's dir recht ist.«

Winfrid nickte. Ihm war plötzlich nicht mehr wohl in seiner Haut.

Gisi witterte Unheil. Jetzt hätte sie Winfrid am liebsten ein Loch in den Bauch gefragt. Statt dessen setzte sie ihm einen Gin Fizz vor und fuhr ihm durch die blonden Locken. »Nun laß mal nicht die Nase hängen; wir mögen dich doch. Und für die Dummen sorgt Gott.«

Winfrid ballte beide Fäuste vor seiner Stirn und schwieg beharrlich.

Rita hatte es an diesem Morgen schon früh aus den Federn getrieben. Heute würde eine wichtige Entscheidung fallen, vielleicht sogar die wichtigste ihres bisherigen Lebens. Je mehr sie darüber nachdachte, desto besorgter sah sie dem verabredeten Besuch in den Filmstudios entgegen.

Wenn ihr die Filmleute einen langjährigen Vertrag vorlegten – und daran zweifelte sie kaum noch –, dann stand sie einer Situation gegenüber, die sie im stillen schon immer gefürchtet hatte: Dann mußte sie ihre gesicherte Bühnenlaufbahn verlassen.

War das das Ziel, das ihr einst vorgeschwebt hatte?

Ihre bisherigen Erfolge hatten sie stark gemacht, aber nicht stark genug, um damit – ganz auf sich gestellt – Entscheidungen von solcher Tragweite treffen zu können.

In diese Überlegungen und Sorgen drängte sich schmerzlich und beängstigend immer wieder das Bild der Mutter. Sie würde in einer solchen Situation nicht lange überlegen. Sie würde, ohne sie zu fragen, wie beim Kauf eines Möbels kühl und sachlich entscheiden und bei den anstehenden Verhandlungen herausholen, was nur herauszuholen war.

»Du warst so überraschend gut, daß ich mir nun ernsthafte Sorgen um unser zukünftiges Verhältnis mache«, hatte Udo auf der Rückfahrt gesagt. Und sie hatte den sorgenvollen Ausdruck wohl bemerkt, mit dem er den Wagen voller Behutsamkeit durch den dichten Verkehr der Innenstadt gesteuert hatte.

Was war dabei in seinem Innern vorgegangen?

Udo war nicht mehr der »nette Inspizient«, der ihr heimlich verliebte Blicke zugeworfen hatte. Dieser Mann hatte in aller Ruhe und mit bewundernswerter Konsequenz seinen großen Schritt in die Öffentlichkeit vorbereitet, und dieser Schritt hatte ihn über Nacht zu einem hochgeschätzten und hochbezahlten Künstler gemacht. Würde ein solcher Mann an ihrer Seite auf die Dauer die Rolle eines »Lebensgefährten« oder Beraters oder Freundes spielen wollen und spielen können?

Und sie selber? Würde sie ihm – nebenbei – das sein können, was über eine noch so leidenschaftliche Liebesbeziehung hinausreichte? Sie waren sich in der letzten Zeit näher gekommen. Aus einer anfänglichen Freundschaft war sehr viel mehr geworden. Sie hatten sich einander nicht nur immer mehr genähert, sie hatten sich schon so aneinander gewöhnt, daß ihre ganze Tageseinteilung von diesem Zueinander und Miteinander beeinflußt wurde.

Rita fühlte, daß es zu einer schwerwiegenden, vielleicht sogar dramatischen Aussprache zwischen ihnen kommen mußte und daß diese Aussprache unmittelbar bevorstand. Der Gedanke, daß sie zu einer Trennung führen könnte, ließ sie zittern.

Udo holte sie wie verabredet pünktlich um zwei ab.

Er gab sich heiter und unbefangen, wie immer, aber sie fühlte die Spannung, die plötzlich wie eine unsichtbare Mauer zwischen ihnen stand.

Im Straßenverkehr war er sichtlich nervös und reizbar. Auf gelegentliche belanglose Fragen fand er nur einsilbige Antworten. Ihre Angst, ihn zu verlieren, wuchs von Minute zu Minute. Am liebsten hätte sie ihn gebeten umzukehren...

Erst als sie das Weichbild der Stadt verlassen hatten, beobachtete sie eine gewisse Lockerung in seinem Verhalten.

»Ich war gestern mit Winfrid bei Gisi«, sagte er. »Zandel hat eine große Ausstellungstournee durch verschiedene Großstädte vorbereitet, und Winfrid soll ihn dabei begleiten.«

»Das heißt, daß auch du für längere Zeit...« Das Erschrecken in ihrer Stimme war unüberhörbar.

»Zandel fände das zwar gut, aber es muß nicht sein. Außerdem möchte ich dich bei den wichtigen Entscheidungen, die jetzt wohl auf dich zukommen, nicht allein lassen.«

Bei den wichtigen Entscheidungen? Nur bei den wichtigen Entscheidungen? Das klang wie eine Einschränkung.

»Umkehren, umkehren!« wollte sie schreien, doch dann kam nur ein leises »Dankeschön!« über ihre Lippen. Sie legte zärtlich die Hand auf die Hand, die das Steuerrad hielt, und hielt sich daran fest.

So fuhren sie schweigend auf das weitgestreckte Gelände der Filmgesellschaft.

Die Probeaufnahmen lösten bei den Filmbossen Entzücken und Begeisterung aus – auf Rita und Udo wirkten sie ernüchternd und belanglos.

Gesicht von vorne, von halbrechts, von halblinks, etwas von oben, etwas von unten, Augen dabei jedesmal nach links, nach rechts, nach oben, nach unten, mal lachend die Zähne zeigend, mal ernst... und so weiter.

Eine scheinbar zusammenhanglose und zufällige Folge von Bewegungsabläufen, so schien es ihnen. Interessant und gut fand Rita lediglich die spezielle Schminktechnik.

Die ganze Vorführung dauerte nur wenige Minuten. Als es wieder hell wurde, sahen Udo und Rita sich schweigend an. Mit diesem Ergebnis wußten sie nichts anzufangen. Wenn die Filmleute nicht anschließend wie elektrisiert von ihren Stühlen aufgesprungen wären und Rita begeistert die Hände geschüttelt hätten, hätten sie sich am liebsten still in ihren Wagen gesetzt, um nach München zurückzufahren und diesen Abstecher in eine völlig fremde Welt zu vergessen.

Die Begeisterung der anderen empfanden sie als unecht. Selbst die leuchtenden Augen des Regisseurs wirkten auf sie eher wie ein Applaus der Claque.

Der Standfotograf überreichte Rita ein ganzes Paket seiner Aufnahmen. »Jedes Bild ein Plakat!« schwärmte er.

Rita dankte ihm mit dem einzigen Lächeln, das sie an diesem Tage zu vergeben hatte, und gab die Bilder an Udo weiter.

Wenn dieses Theater doch bloß erst zu Ende gewesen wäre!

Man komplimentierte sie in ein enges, nüchtern wirkendes, mit allerlei Modellen, Entwürfen, Plakaten vollgestopftes Büro des Direktors, und dann kam – ganz überraschend – nüchtern und präzise das fast märchenhaft wirkende Angebot:

Wenn der erste Film ein Erfolg werde, wolle man eine Serie von Ausstattungsfilmen drehen, scheinbar zusammenhanglos herausgegriffen aus der Überfülle erfolgreicher europäischer und amerikanischer Operetten und Musicals, beginnend mit Ritas erster Paraderolle als Rosemarie. »Und hier ist unser Vertragsentwurf!«

Udo sah, wie Rita das Dokument zögernd entgegennahm und dann sofort – als sei das die selbstverständlichste Sache der Welt – an ihn weitergab. Mochte es auch nur eine unscheinbare, aus dem Unterbewußtsein kommende Geste sein – was sie in Wirklichkeit zu bedeuten hatte, war ihm klar. Es war, als hätte sie damit die Entscheidung über ihr weiteres Schicksal in seine Hände gelegt.

Die kleine Geste war von den Anwesenden wohl bemerkt und richtig gedeutet worden. Man wandte sich nun an ihn.

»Wir verhandeln schon mit einer der größten amerikanischen Filmgesellschaften über eine Gemeinschaftsproduktion für den Fall, daß der Film einschlägt. Mit den Dreharbeiten müßten wir in einem Vierteljahr beginnen. Wir wären Ihnen deshalb besonders dankbar, wenn

Sie unsern Vertragsvorschlag recht bald studierten und uns Ihren Entscheid möglichst noch diese Woche wissen ließen. – Der Vertrag mit dem Theater dürfte sich wohl reibungslos abwickeln lassen.«

Udo nickte stumm. Rita wirkte bedrückt. Für Sekunden lag eine gespannte Stille im Raum.

Rita erhob sich. »Herzlichen Dank für Ihr vertrauensvolles und großzügiges Angebot. Es ist allerdings von einer Tragweite, die ich im Augenblick noch nicht zu überschauen vermag...«

Und Udo ergänzte: »Wir werden Sie, schon mit Rücksicht auf den geplanten Drehbeginn, nicht einen Tag länger warten lassen als nötig.«

Wenn die Leute vom Film geglaubt hatten, Rita Schenk mit ihrem großzügigen Vertrag zu einem schnellen Abschluß reizen zu können, so sahen sie sich enttäuscht.

Einen solchen Vertrag einer jungen Sängerin und Schauspielerin anzubieten, die bis dahin beim Film noch völlig unbekannt war, war fast sensationell. Sie hatten sich dazu allerdings nicht leichtfertig und nicht von heute auf morgen entschlossen: Ohne daß Rita es ahnte, hatten an manchen Abenden ihre Regisseure und Drehbuchautoren, ihre Geldgeber und sogar eigens aus den USA eingeflogene Männer der befreundeten MGM heimlich im Theater gesessen und nicht nur die Sängerin, sondern auch ihre Beliebtheit beim Publikum studiert.

Erst daraufhin war aus dem anfangs geplanten Vertrag für den ersten Film ein weit in die nächsten Jahre vorausgreifender Plan geworden, mit dem man hoffen konnte die Künstlerin fest an die Gesellschaft zu binden.

Weder Rita Schenk noch ihr Begleiter hatten auf dieses Angebot normal reagiert. Sollte schon eine andere Filmgesellschaft im Spiel sein? Man rätselte herum, ohne den wahren Grund auch nur zu ahnen: Rita und Udo wußten, wie sich der Abschluß eines solchen Vertrages auf ihr persönliches Schicksal auswirken konnte, ja fast zwangsweise auswirken mußte, und suchten – jeder für sich – die Entscheidung hinauszuzögern.

Die Entscheidung, das hieß die nun unvermeidliche Aussprache.

Zu dieser Aussprache sollte es aber so bald noch nicht kommen, denn als Udo am nächsten Vormittag bei Rita im Hotel erschien und mehr symbolhaft als ernstgemeint den Vertragsentwurf der Filmgesellschaft vor ihr ausbreitete, winkte sie ab.

»Laß uns diese ganzen Pläne ein paar Tage später studieren, ich...« Sie sprach den Satz nicht zu Ende.

Udo horchte auf. Da war irgend etwas in ihrer Stimme – oder eigentlich mehr in ihrer Stimmung –, das ihn befremdete.

»Wie du willst – mit Anstand können wir diese Entscheidung nun allerdings nicht mehr lange aufschieben.«

»Das möchte ich auch nicht. Aber vielleicht bleibt sie uns vorerst erspart.«

»Wieso erspart? Das verstehe ich nicht.« Auf seiner Stirn erschienen zwei dünne Falten. Er ergriff spontan ihre beiden Hände und sah ihr fassungslos in die Augen. »Rita – wenn ich dir bei diesem Entschluß im Weg stehen sollte...«

Sie schüttelte lächelnd den Kopf. »Du mir im Weg stehen? Unmöglich!« sagte sie fest. »Einen solchen Entschluß kann es niemals geben.«

»Ja, aber dann...? Hast du etwa unangenehme Nachrichten von deiner Mutter? Oder gibt es sonst etwas, das dich bedrückt? Kann ich dir helfen?«

»Laß mir zwei bis drei Tage Zeit und frag nicht weiter. Hab Vertrauen!«

Udo küßte schweigend ihre Hände. Das Thema war damit vorläufig vom Tisch. Es ließ aber weder ihn noch Rita zur Ruhe kommen.

Um die quälenden Gedanken über Ritas seltsames Verhalten zurückzudrängen, hatte Udo nach dem letzten Gespräch mit ihr in aller Ruhe und mit einem gesunden Maß von Mißtrauen den Optionsvertrag der Filmleute studiert, dabei aber außer ein paar verhältnismäßig belanglosen Punkten nirgends die bei solchen Verträgen zuweilen versteckten »automatischen Verlängerungsklauseln« entdecken können. Das Angebot war seriös und ließ zweifelsfrei die hochgesteckten und großzügig angestrebten Ziele der Gesellschaft erkennen. Es abzulehnen wäre töricht gewesen. Und das mußte er Rita bei dem anstehenden Gespräch auch unumwunden sagen.

Ihre Sorge, daß er sie während der geplanten Gemäldeausstellungen wochen- oder gar monatelang allein lassen müßte, erwiesen sich bei einem Gespräch mit Zandel als unbegründet.

Es genügte schon, wenn er bei der Eröffnung anwesend war – um sich den Interessenten vorzustellen und den Presseleuten ihre naheliegenden Fragen zu beantworten.

»Es wird ein Wanderzirkus werden, von dem man spricht«, flachste Zandel. »Und wenn Sie uns inzwischen gar ein neues, zeitnahes Gemälde mitgeben könnten...«

»Ich will es versuchen!« sagte Udo. »Winfrid hat mir mit diesem Wunsch schon zugesetzt: Ich sei zu faul!«

»Hat er?« Zandel lachte. »Der junge Mann zeigt von Tag zu Tag mehr Interesse und Verständnis für den Kunsthandel und ganz speziell für Ihre Arbeiten. Wenn er sich so weiter entwickelt, könnte ich eines Tages sogar daran denken, ihn fest anzustellen.«

Udo schüttelte ein wenig sorgenvoll den Kopf. »Das würde mich freuen – aber ob sich dieser Windhund irgendwo festbinden läßt... Versuchen Sie's jedenfalls! Ich bin sicher, er wäre ein Gewinn für uns beide.«

Nach dem Gespräch mit Udo und Winfrid fühlte sich Gisi etwas irritiert. Was da unausgesprochen in der Luft hing, fing allmählich an, sie zu beunruhigen. Und Winfrids bockiges Schweigen war auch keineswegs dazu angetan, ihre wachsenden Sorgen zu zerstreuen.

Udos Fragen zeigten eindeutig, daß er die möglichen Zusammenhänge zwischen Winfrid, dem Feuerzeug, dem Mord an der Witwe und dem Witwentröster oder Professor überhaupt nicht begriff. Ihr selber war allerdings auch etliches schleierhaft. Udo ließ sich schon am nächsten Tag wieder bei Gisi sehen. »Um was ging es eigentlich bei deinen gestrigen Andeutungen?« fragte er besorgt.

»Um die Frage, ob das wertvolle Feuerzeug ihm gehört, ihm also von seinem Bekannten – gestohlen worden ist.«

»Wie soll man das wohl feststellen?«

»An der eingravierten Fabrikationsnummer, und wenn wir die von der Kripo erfahren könnten...«

»Was dann?«

»Das würde beweisen, daß dieser Lump bei der ermordeten Frau zu Gast gewesen ist.«

»Dann braucht Winfrid die Polizei doch nur zu fragen.«

»Bißchen heikel – das Ding hat ihm nämlich ein verliebter Amerikaner aus Paris mitgebracht.«

»Hm...« Udo schwieg vielsagend. Als er Winfrid schließlich auf das Feuerzeug ansprach, stieß er auf Granit.

»Woher sollte ich die Fabrikationsnummer haben?«

»Vielleicht hat der Cowboy die Garantiekarte.«

»Um Himmels willen! Dem netten Burschen womöglich Ärger mit seiner Familie ans Bein binden? Und überhaupt: Dieses Zusammenspiel mit der hiesigen Polizei – Mann! Was die dann alles wissen wollen! Ob ich dem Ami das Feuerzeug nicht etwa selber gestohlen hätte. Und wenn nicht, wofür mir der Mann wohl eine so teure Spielerei geschenkt haben sollte, einem armen Rumtreiber, dem mit einem Zwanzigmarkschein zehnmal mehr geholfen sei. Nein, nein! Lieber verzichte ich auf dieses lächerliche Statussymbol der Stricher, das mir sowieso immer wie ein Bleiklotz in der Tasche hing. Danke!«

»Aber wenn du dich selber meldest, wieso sollte die Polizei dann denken...«

»Was die Holzköppe denken... Mann, da sitze ich erst mal hastdunichtgesehen im Loch. Untersuchungshaft. Und Verhöre über Verhöre. Mit ›so einem‹ machen die doch, was sie wollen. Abgesehen von dem zuerst mal beschlagnahmten Telefon- und Adressenverzeichnis. Das ist für die doch jedesmal ein gefundenes Fressen. ›Wer ist das? Und wer das? Wo hast du denn den aufgegabelt? Hast du auch mit dem geschlafen?‹ Ich freiwillig zur Polizei? Nich in die Tüte!«

Winfrid hatte sich regelrecht in Rage geredet. Udo versuchte zu bremsen, aber gegen den hochroten Kopf des Berliners kam er nicht an.

»Mann, bin ich bescheuert? Ich, als einer aus der Ostzone, der hier doch nur geduldet wird!«

Udo verstummte. Was der Bursche da sagte – da war ja tatsächlich was dran! Und mit Vernunftgründen war da nichts zu machen. Der würde sich doch nicht peinlichen Verhören aussetzen, damit man feststellte, ob der mit Ariane Schenk in irgendein Ausland geflüchtete Heiratsschwindler etwa auch den Mord an der Alten auf seinem Gewissen hatte.

Winfrid war inzwischen die Puste ausgegangen. Er holte einmal tief Atem, sah Udo treuherzig an und sagte an: »Ist doch wahr, oder?«

Was blieb da noch viel zu sagen?

Udo legte ihm die Hand auf die Schulter und zog ihn behutsam um die Ecke zu einer kühlen Maß...

Udo hatte Rita im Theater abgesetzt. »Zandel will mich heute abend mit einem der bedeutendsten New Yorker Kunsthändler zusammenbringen«, sagte er. »Er verspricht sich davon einen baldigen und aufsehenerregenden Start in den USA. Vielleicht kann der Mann sogar eines meiner Bilder in dem berühmten New Yorker ›Museum for Modern Art‹ ausstellen. Das würde mein Erscheinen auf dem amerikanischen Kunstmarkt natürlich sehr erleichtern und den Wert meiner Bilder gleich erheblich steigern.«

»Viel Glück! – Ich sehe dich schon als amerikanischen Multimillionär...«

»...und ich dich als brillantenbehängten Filmstar.«

»Das Traumpaar des Jahres!« ergänzte Rita lachend.

»Für mich würde ein Erfolg unserer heutigen Besprechung allerdings bedeuten, daß ich den Vorwurf Winfrids ernst nehmen und mit der ›Faulenzerei‹ energisch Schluß machen müßte. Es kommt mir bald selber so vor, als hätte ich mich auf meinen Lorbeeren allzu lange ausgeruht.«

Über Ritas Züge huschte ein leichter Schatten. Ihr stand heute noch eine Unterredung bevor, der sie mit ebenso viel Sorge wie heimlicher Angst entgegensah.

»Ich hole dich nach der Vorstellung ab«, versprach Udo. »Anschließend würde ich dich gerne noch zu einem Souper ins ›Tantris‹ einladen.«

Rita nickte. Sie wußte, was er damit sagen wollte. Das war das Souper, bei dem endlich ein paar in der Luft hängende Fragen geklärt werden sollten. Nicht nur die Fragen, die ihren Beruf angingen!

Ihr war nicht ganz wohl bei dem Gedanken, und sie spürte, daß auch er dieser schon seit Monaten fälligen Auseinandersetzung am liebsten ausgewichen wäre, doch die Filmleute drängten. Auch die

Zeit, denn da war leider noch eine kleine ganz persönliche Sorge, von der sie ihm bisher noch kein Wort gesagt hatte...

Im Theater fand sie einen Brief. Er war mit einem kleinen Veilchenstrauß in der Garderobe abgegeben worden. Absender: P. Debeye. Sie drehte ihn erst um und um.

Debeye?

Als sie den Umschlag aufgerissen hatte, fiel ihr das Foto eines jungen Mannes entgegen.

Ein zweites Foto: der junge Mann bei einem Sprung hoch in der Luft schwebend. Das übliche Tänzerfoto.

Ein Tänzer also. Sie kannte ihn nicht und schüttelte verständnislos den Kopf.

Dann las sie die Unterschrift: Patrick.

Sie nahm wieder die Fotos zur Hand. War das der Patrick vom Babillet-Ballett, der sie damals beim Training mit seinen rehbraunen Jungenaugen angeschmachtet hatte, ein halbes Kind noch – genau wie sie selbst?

Wie sehr er sich verändert hatte!

Einen Augenblick tauchte das Bild der keifenden Mutter vor ihr auf, die diese harmlose Jugendfreundschaft damals sofort in Fetzen gerissen hatte.

Rita wischte sich unwillkürlich über die Augen, als könnte sie damit die Erinnerung an eine der bittersten Stunden ihrer Jugendjahre verdrängen.

Dann las sie den Brief:

»Anbetungswürdige Rita!

Wir sind mit unserer Truppe vorgestern in München angekommen. Und heute morgen schon sehe ich Dein Bild im ›Stern‹.

Quelle surprise!

Meine kleine Rita, die ich damals partout zu meiner Partnerin machen wollte, ist inzwischen ein großer Star geworden.«

Sie sah ihn wieder vor sich, wie er ihr bei ihrem ersten und einzigen verschwiegenen Rendezvous in dem kleinen Café am Kurfürstendamm gegenübergesessen hatte, ein bißchen zu zart, fast zerbrechlich wirkend...

Und wieder die Fotos.

Wie sehr er sich verändert hatte! Nur langsam erkannte sie ihn wieder. Der überzarte Eleve hatte sich zu einem gutgewachsenen muskulösen Tänzer entwickelt.

»Ich bin noch immer bei unserm Ballett und tanze zur Zeit meine erste Hauptrolle: den Albrecht in ›Giselle‹.

Hoffentlich darf ich Dich recht bald wiedersehen und Dir bei dieser Gelegenheit meine Partnerin vorstellen, eine Deutsche.

Wir wohnen alle im ›Interconti‹ und bleiben mindestens vier Wochen hier. Hoffentlich viel, viel länger, denn von München sind wir alle begeistert.

Bitte ruf mich gleich mal an! Ich brenne darauf, Dich wiederzusehen.

Je t'embrasse avec beaucoup de grosses bises.

Ton ami fidèle

Patrick.«

»Dein treuer Freund Patrick« – sie ließ den Bogen sinken und führte den kleinen Veilchenstrauß an ihre Lippen. Wie das alles wieder vor ihr stand: das erste zarte, halb verschämte, halb draufgängerische Werben des fast mädchenhaft wirkenden Jungen! Er hatte in ihr mit seinen offenen Augen nichts anderes als eine Partnerin gesehen und gesucht. In ihnen war noch nicht der geringste Anhauch jener gefährlichen und zugleich beglückenden Sinnlichkeit gewesen, die eines Tages in das Leben eines jeden Menschen einbrechen, ihn wie eine Sturmflut ergreifen und ebenso gut zu den höchsten Höhen tragen wie in die tiefsten Tiefen reißen kann.

Wieder tauchte in diesem Augenblick das Zerrbild der Mutter vor ihr auf: warnend und beängstigend zugleich. Es konnte ihr kein Leitbild sein, es ließ sie frösteln.

Sie tat den kleinen Strauß in ein Trinkglas und stellte es vor sich auf den Schminktisch. Die beiden Fotos steckte sie an ihren Spiegel. Den Brief legte sie in ihre Handtasche. Mit ihm war ein unzerstörbares und unvergeßliches Stück Jugend zurückgekommen, mochte es auch nur eine kurze, allzu kurze Episode gewesen sein.

Ich werde ihn morgen vormittag gleich anrufen, dachte sie.

Es klopfte. Eine bejahrte Dame des Sekretariats: »Sie hatten den Wunsch geäußert, den Herrn Intendanten zu sprechen. Er ist eben eingetroffen und steht zu Ihrer Verfügung.«

Rita straffte sich und folgte ihr.

Es wurde ein sehr kurzes, aber inhaltsschweres Gespräch, zu dem sie sich nur mühsam durchgerungen hatte.

Sie hatte dem Intendanten möglichst schonungsvoll über das Angebot der Filmgesellschaft berichtet und ihn zugleich um seinen Rat gefragt.

Es hatte ihn wie ein Blitz aus blauem Himmel getroffen. Er war blaß geworden.

»Wir haben Sie doch schon vor Monaten in unsere nächste Operette eingeplant!« stammelte er.

»Ich weiß.« Eine Gebärde hilflosen Bedauerns.

»Haben Sie sich das auch gründlich überlegt?«

»Nein...«

»Wie bitte?« Der Intendant glaubte, nicht recht gehört zu haben.

»...und deshalb habe ich Sie schon heute mit dieser Nachricht überfallen. Ich brauche Ihren Rat – und Ihre Hilfe.«

»Meine Hilfe? Herr von Kling wird Ihnen in dieser Situation gewiß besser raten und beistehen können als der Intendant eines Staatstheaters, der vor allem die Interessen des ihm anvertrauten Hauses zu wahren hat.«

»Nicht auch ein wenig die der ihm anvertrauten Mitarbeiter?«

Der grauhaarige Intendant horchte verwirrt auf. Da war etwas in ihrer Stimme gewesen, das wie ein unüberhörbarer Ruf um Hilfe klang.

»Verzeihen Sie, Rita: der Schock...« Er holte zunächst einmal tief Luft. »Wenn Sie meine menschliche Hilfe brauchen – ich fühle mich Ihnen zu tiefem Dank verpflichtet. Sie wissen, was Sie für dieses Haus bedeuten. Schon der stürmische Auftrittsapplaus, mit dem man Sie allabendlich empfängt, beweist es Ihnen. So ist in diesem Haus vor Ihnen nur eine Martha Eggert empfangen worden.« Er streckte ihr spontan die Hand entgegen.

Sie griff nach ihr wie nach einem Rettungsanker. »Ich fürchte, ich werde Sie darum bitten müssen, wenn ich den für morgen vormittag angesagten Arztbesuch hinter mir habe.«

»Ich hoffe, es ist nichts Ernsthaftes!«

Rita schwieg. Täuschte er sich, oder lag wirklich die Andeutung eines Lächelns um ihre Lippen?

»Wenn das so ist«, sagte der Intendant, »ich stehe jederzeit zu Ihrer Verfügung.«

Zurück in die Garderobe.

Wenige Minuten später rief die Klingel des Inspizienten sie auf die Bühne. Sie trat zwischen die Kulissen und sammelte sich, wie schon so oft, für ihre Rolle.

Das Stichwort.

Hinaus ins blendende Licht der Effektscheinwerfer.

Und wieder aus dem tiefen Dunkel des Zuschauerraums der stürmische Auftrittsapplaus, der ihr hier an jedem Abend entgegenbrandete, eine Welle der Zuneigung und Dankbarkeit.

Ein zartes Lächeln, ein paar diskrete Verbeugungen zum unsichtbaren Publikum – der Dirigent hob den Taktstock – die Geschichte von Rosemarie konnte beginnen...

Kurz vor ihrem letzten Auftritt rief Udo an: »Wir sitzen hier noch mitten in den dicksten Verhandlungen. Du mußt also leider mit dem Taxi ins Hotel fahren.«

»Macht nichts. – Wie sieht's denn aus?«

»Amerikanisch. Vorläufig noch mehr nach Geschäft als nach Kunst. Ich komme morgen vormittag gleich ins Hotel, um dir zu berichten.«

Rita erschrak. »Ruf aber vorher an, denn morgen früh muß ich erst noch zum...« Beinahe hätte sie sich verplappert. Aber dann fing sie sich noch rechtzeitig: »...zum Friseur.«

Was Rita seit Wochen vermutet hatte, bestätigte der Gynäkologe nach einer kurzen Untersuchung: Schwangerschaft im zweiten Monat.

Rita war sich schon bei den ersten Unregelmäßigkeiten darüber im klaren gewesen, daß ein solches Ereignis wie mit Urkraft in ihr weiteres Leben eingreifen würde, wenn sie nicht – vor allem mit Rücksicht auf ihren Beruf – von der naheliegenden Möglichkeit einer Abtreibung Gebrauch machen wollte.

Für solche Gedanken hatte es in ihr jedoch von Anfang an und bei all ihren weiteren Überlegungen keinen Raum gegeben.

Merkwürdigerweise hatte dabei auch der Gedanke an den Vater ihres Kindes kaum eine Rolle gespielt. Daß er die Vaterschaft bestreiten oder auch nur bezweifeln würde, schien ihr absurd. Aber selbst in einem solchen Fall würde sie ihr Kind austragen.

Ihr Kind! Sie dachte immer: »mein« Kind; sie dachte nie: »unser« Kind. Diese unbewußte Einstellung stand in einem merkwürdigen, kaum deutbaren Gegensatz zu der Tatsache, daß dieses Kind ein Kind ihrer gemeinsamen, tief empfundenen Zuneigung, also im besten Sinne ein Kind der Liebe war.

Nur so ist es auch zu verstehen, daß sie Udo geduldig zuhörte, als er ihr am nächsten Tage stolz und froh über seine Verhandlungen mit dem Amerikaner und dessen hohe Bewertung seiner Arbeiten berichtete und ihr von neuen Plänen sprach. Er war plötzlich von einem Arbeitseifer, den sie lange nicht mehr bei ihm bemerkt hatte.

»Ich soll so bald wie möglich nach New York kommen, um dort die Menschen der Millionenstadt zu studieren und zu malen. Gewissermaßen meine ›Münchener Typen‹ auf amerikanisch. Am liebsten hätte mich der Mann gleich mitgenommen.«

Rita spürte, wie er brannte. Das war der Udo, den sie nicht nur liebte und in dessen Nähe sie sich geborgen fühlte, das war der Mann, den sie bewunderte.

Gleich würde sie ihm verraten, was sie nun schon halb ahnungsvoll seit Wochen mit sich herumtrug. »Das muß gefeiert werden!« rief sie strahlend.

»Heute abend, wenn wir das Essen nachholen.«

Rita sah eine Weile schweigend vor sich hin und sagte dann leise, als sei es ein großes Geheimnis: »Ich erwarte nämlich ein Kind. Der Arzt hat es mir vor einer Stunde gesagt.«

Udo war wie vom Donner gerührt. »Um Himmels willen, nur das nicht! Denk bloß an die unübersehbaren, ja katastrophalen Folgen für deine künstlerische Laufbahn!« Er fegte sinnlos mit der Hand über den Tisch. Er sah plötzlich all die längst verdrängten Schreckensbilder wieder vor sich: den Bruder, die Mutter. Er hörte wieder die mahnende Stimme des Arztes und starrte Rita mit entsetzt geweiteten Augen an. »Ein Kind! Das kann doch nicht dein Ernst sein! Ein Kind –

das wäre das Letzte, was wir in dieser Situation brauchen könnten! Du hier womöglich allein und ich in New York... Unvorstellbar! Und die Filmleute würden sofort abspringen.«

Rita starrte ihn schweigend an. Seine Reaktion war so heftig und unverständlich, daß ihr fast der Atem stockte. Ihr war, als täte sich ein Abgrund zwischen ihnen auf.

Er spürte es, schüttelte die erschreckenden Vorstellungen ruckartig ab und riß sich zusammen. »Verzeih mir«, sagte er leise. »Ich war, ich war... Wie mir das bloß hat passieren können! Das war zu viel auf einmal!« Er wischte sich mit dem Handrücken den Schweiß von der Stirn. Etwas wie Angst lag plötzlich in seinen Augen. Er begriff sich selber nicht, fühlte, daß er die Selbstbeherrschung völlig verloren hatte, und versuchte ruhig und sachlich zu erscheinen.

In diesen Sekunden sprang etwas von seiner Angst auf sie über. Er war doch ein kluger vorausplanender Mann. Sollte sie in ihrer ersten Freude die zweifellos vorauszusehenden Schwierigkeiten und beruflichen Konsequenzen übersehen haben?

Udo faßte ihre beiden Hände und hielt sie fest umklammert. »Ein Kind – unser Kind – könnte ich mir wohl ein größeres Glück wünschen? Hab Vertrauen. Ich will doch dasselbe wie du. Aber auch ein Kind muß eingeplant sein: in geordnete Familienverhältnisse... nicht in ein Zigeunerdasein!«

Sie fühlte, daß seine Sorgen und Ängste nicht unbegründet waren, und sah ihn fragend an.

Er atmete tief durch. »Es gibt nur eine Lösung – die einzige, die uns bleibt: Ich werde sofort Kontakt mit einem befreundeten Arzt aufnehmen. Im zweiten Monat ist das noch Augenblickssache. Wir werden ihn gleich heute nachmittag in der Sprechstunde besuchen – und heute abend stehst du schon wieder auf der Bühne, als wäre nichts geschehen.«

»Als wäre nichts geschehen...« Hatte er das wirklich gesagt? Sie starrte ihn fassungslos an. Eine solche Reaktion hätte sie nie für möglich gehalten, und es fiel ihr deshalb auch schwer, sie ernst zu nehmen. »Deine Sorgen sind verständlich. Ein Kind ist unter den derzeitigen Umständen nur unter den größten Schwierigkeiten durchzubringen. Wenn ich nur an das Leben in einem Hotel denke. Und...«

»Na, daß du's einsiehst! Ein Säugling in einem Hotel – unmöglich! Unmöglich für Mutter und Kind... und unzumutbar für das Hotel. Deine schöne Suite wärst du los.«

Rita nickte zustimmend und fuhr unbeirrt fort: »Wir werden uns also eine süße kleine Villa mit einem großen Swimming-pool am Westrand der Stadt suchen – dazu haben wir ja genügend Zeit – und gleich ein großes Atelier für den Rubens des zwanzigsten Jahrhunderts anbauen.«

Udo lachte: »O Mädchen, mein Mädchen, bist du drollig!« Er preßte sie stürmisch an sich und sang pathetisch: »Winterstürme wehn wonnig-weiße Windeln im weiten Park! – Frei nach Wagner.«

Rita wehrte ihn sanft ab. »Du machst dich lustig über mich!«

»Und ob! Bist du ja auch!« Er wollte sich ausschütten vor Lachen. »Nein, bist du komisch!«

Rita richtete sich auf und sagte ganz ernst: »Findest du das wirklich?«

»Aber Rita, bleib auf dem Teppich! – Kinder sind ein Geschenk des Himmels. Ich liebe Kinder, und ich mache dir mit dem größten Vergnügen ein ganzes Dutzend, wenn du willst, eines nach dem andern, wie die Orgelpfeifen – aber sie dürfen nur nicht zur Unzeit kommen. Nun sei vernünftig und laß mich machen.« Er nahm das Telefonbuch und blätterte darin herum: »Kabel, Kahlert, Kitzelmann... wie kann man bloß Kitzelmann heißen! – Köhnen, König – aha, König, König, König... Vier ganze Seiten König, und das nach so viel Revolutionen! Wir bleiben wohl in alle Ewigkeit ein Land von Königen! Aha, da haben wir ihn: König, Dr. Xaver, Gynäkologe!«

Er wählte die Nummer. »Ein guter Freund von mir. – Ah, Xaver, welch ein Glück, dich gleich an der Strippe zu haben... Mir? Natürlich prima, prima... Ich möchte dich heute nachmittag besuchen. Ganz kleine Sache – du weißt schon... Paßt es dir um drei? – Gut, wir sind pünktlich.«

Er legte auf. »Und nach der Vorstellung gehen wir zwei dann aber wirklich ins ›Tantris‹! Das muß mit einer Flasche Pommery begossen werden.«

Rita schwieg.

»Na, du sagst ja gar nichts! War doch überhaupt kein Problem, wie du siehst. So was macht doch jeder mal durch.« Er trat näher und bog ihren Kopf zu sich herauf. »Nanu, du weinst ja! Hab' ich etwas falsch gemacht?«

»Etwas? Alles!«

Er wollte sie küssen.

Sie wehrte ihn ab. »Laß das jetzt! Laß mich!«

Er erschrak: In ihrer Stimme war ein bisher nicht gehörter Klang. Das war nicht die Stimme eines verliebten Mädchens, das in blindem Vertrauen Schutz und Rat sucht.

»Aber Rita!« versuchte er sie zu beschwichtigen. »Ich wollte dir doch bloß helfen.«

»Indem du... Nein. Wenn du mir wirklich helfen willst und nicht nur an dich denkst...«

»Wieso an mich? Ist deine Karriere meine Karriere?«

»Aber vielleicht fürchtest du, durch mein Kind moralisch zu einer Heirat gezwungen zu sein.«

»Eine solche Scheinmoral ist mir fremd. Übrigens dachte ich, wir wären längst verheiratet... sozusagen. Das Standesamt ist doch nur noch eine Formsache. Wir holen sie gleich morgen nach, wenn du willst.«

»Auf diese Formsache lege ich auch in dieser Situation ebenso wenig Wert wie zuvor.«

Er schwieg betreten.

Einige Sekunden hörte sie nichts als den dumpfen Schlag ihres eigenen Herzens.

»Dann werde ich unsern Besuch bei Dr. König also absagen«, sagte er schließlich kleinlaut.

»Es sei denn, daß du deinen Freund allein besuchen willst.«

Das klang fremd und endgültig.

»Aber die Flasche Pommery werden wir nach der Vorstellung trotzdem trinken.«

»Mit Freuden – auf das Wohl meines Kindes!«

Udo nickte stumm. Er hatte verstanden.

Die Verstimmung lastete schwer im Raum.

Udo steckte sich umständlich eine Zigarette an. Rita ordnete die Blumen in der Vase und stellte sie ans Fenster, eine Handlung ohne

Sinn und Zweck.

Jeder wartete auf ein erlösendes Wort des andern. Jeder wartete vergebens.

»Ich hole dich wie üblich zur Vorstellung ab«, sagte Udo schließlich und ging.

Rita nickte schweigend.

Udo hatte spontan reagiert. Überrascht und mit einer Heftigkeit, die sie bei ihm noch nie erlebt hatte.

Kind oder Karriere – so hatte er das Problem dargestellt. Hieß das nicht auch: Abtreibung oder... Trennung?

Sie saß eine Weile wie betäubt.

War das nun Ernst oder nur der Ausdruck einer momentanen Verkrampfung, die sich lösen würde, oder...? Sie wagte diesen Gedanken nicht zu Ende zu denken.

Waren sie nicht beide in ein Problem verstrickt, das unweigerlich zu einer Entfremdung führen mußte?

In dieser Stunde wurde ihr klar, was sie bisher noch nie mit so erschreckender Deutlichkeit gesehen und nur selten unbewußt gefühlt hatte: Udo war der einzige Mensch in ihrem Leben, der ihr etwas von dem gegeben hatte, was man Liebe nennt.

Die Mutter war ihr nie eine Mutter gewesen. Eine Frau, die in ihr nur sich selber gesehen hatte und in ihr die eigene verunglückte Karriere neu erstehen lassen wollte: Sie, Rita, war ein Objekt ihres brennenden Ehrgeizes gewesen.

Sie erinnerte sich nicht einer einzigen Minute, in der von dieser Frau etwas wie Zärtlichkeit zu ihr herübergeströmt war. Für diese selbstsüchtige, harte Frau, die jede tiefere Gefühlsregung – selbst die zu ihren zahllosen, wahllos gekauften Männern – wie einen störenden Ballast von sich geworfen hatte, war sie nur ein Objekt der Dressur gewesen.

Und als zum erstenmal in ihrem Leben so etwas wie eine zarte Freundschaft aufkeimen wollte – damals, als dieser zerbrechliche Junge sie mit seinen unschuldigen Augen angeschwärmt hatte –, wie hatte sie da hart und unerbittlich zugeschlagen!

Merkwürdig, daß der Junge von damals sich just in diesen Stunden gemeldet hatte.

War es Zufall, oder war es gar ein Wink des Schicksals?

Man würde sich wiedersehen und wehmütig lächelnd an die wenigen Augenblicke denken, von denen nur noch so etwas wie eine langsam verblassende Erinnerung geblieben war.

Sei es drum.

Sie nahm den Hörer und rief ihn an.

Die Stimme! Nein, seine Stimme hatte sie so ganz anders in Erinnerung!

»Patrick, wie schön, daß uns das Leben noch einmal zusammengewürfelt hat! Komm, sobald du kannst, zu mir ins Hotel und bring deine Partnerin mit. Ich glaube, wir haben uns viel zu erzählen.«

Patrick wollte allein kommen. Aus purem Egoismus, wie er sagte. »Wir müssen uns doch erst einmal unter vier Augen sprechen, Erinnerungen austauschen, die keinem andern etwas bedeuten können.«

Als der Portier ihn eine Stunde später meldete, überlegte sie einen Augenblick, ob sie ihn in ihre Suite bitten oder unten empfangen sollte. Ein kurzes Zögern, dann entschied sie sich für die Halle. Die luxuriöse Suite würde ihm womöglich einen Teil seiner Unbefangenheit nehmen.

Als die Fahrstuhltüren auseinanderflogen, stand er schon vor ihr. Sie sah ihn sofort, sie wußte, das ist er – aber wiedererkannt hätte sie ihn nicht.

»Rita!« Er starrte sie an wie eine Göttin. »Rita!«

Seine Lippen blieben offen, seine Augen umfingen sie, als könnten sie nicht fassen, daß das dieselbe Rita sei, die immer noch in seinen Träumen lebte.

»Patrick – mein Gott, ist das mein kleiner Patrick?« Sie streckte ihm impulsiv beide Hände entgegen. »Ein junger Herr – ein Mann! – Wie lange haben wir uns nicht mehr gesehen?«

»Viel zu lange!« Er blieb steif und abwartend stehen.

»So schüchtern warst du aber damals nicht.«

»Und du auch noch nicht der kommende Filmstar.«

Sie sah ihn überrascht an. »Wie kommst du denn darauf?«

Er zog lächelnd die frische »Abendzeitung« aus der Jackentasche.

In Riesenlettern stand auf der ersten Seite: »Rita Schenk dreht 6 Ausstattungsfilme in Hollywood! Millionenvertrag unter Dach und

Fach!«

»Gratuliere!«

Rita wurde blaß.

»Das hat sich dieser Zeitungsmann aus den Fingern gesogen.«

Ein paar Hotelgäste waren aufmerksam geworden.

Rita zog Patrick zur Seite. »Ich bin entsetzt«, sagte sie nervös. »Wie das bloß in die Zeitung kommt... Das stimmt doch nicht. Ich habe den Vertrag nicht unterschrieben und werde ihn auch nicht unterschreiben.« Sie versuchte den Text des Artikels zu überfliegen, aber die Buchstaben flimmerten ihr vor den Augen. »Ist es dir recht, Patrick, wenn ich dich bitte, mit auf mein Zimmer zu kommen? Dieser Bericht... Ich muß das erst mal schlucken.«

Patrick hatte sich dieses erste Zusammentreffen mit Rita zwar ein bißchen weniger aufregend vorgestellt, aber das gehörte wohl ebenso wie die luxuriöse Suite zum Leben eines Stars. »Ich hatte gehofft, dir mit diesem Bericht eine besondere Freude zu machen«, sagte er. »Die ›Abendzeitung‹ war eben erst im Straßenhandel aufgetaucht. Selbst wenn die Zeitung – wie alle andern – etwas übertreibt, was könnte denn an einem solchen Star-Vertrag so schlimm sein?«

»Der Vertrag ist völlig in Ordnung...«

»Ja, aber dann...« Er dachte respektlos: Der Himmel verstehe die verrückten Weiber!

»Ich weiß, was du sagen willst. Um das zu verstehen, müßtest du schon ein bißchen aus meinem bisherigen und vor allem aus meinem jetzigen Leben wissen.«

»Ich brenne darauf. Deshalb bin ich hier. Was für einen Weg bist du gegangen, bis du dahin gekommen bist, wo du bist?« Er sah sich halb staunend, halb bewundernd um. »Ich war ein kleiner Eleve, als wir uns kennenlernten. Und was bin ich heute? Ein kleiner Solotänzer in einem Ballett, das wie ein Wanderzirkus ruhelos durch die Welt tingelt. Als wir uns kennenlernten, hatte ich kein Zuhause. Und heute... Was ich habe, ist eine Partnerin, die mich versteht und akzeptiert, wie ich nun einmal bin.«

Er war aufgestanden und ging im Zimmer hin und her. Rita sah: An ihm war nichts mehr von dem schüchternen Knaben, der damals bei ihr Halt gesucht hatte. Dieser Patrick war ein Mann, den das Leben schon gehärtet hatte.

Er war gut und unauffällig gekleidet. Unauffällig in seinen Bewegungen. Und doch: Er ging, wie nur Tänzer gehen. Mit diesem andressierten Schritt, den weit nach außen gedrehten Füßen. Diesem Schritt, der sie alle verrät.

Unvermittelt setzte er sich wieder zu ihr. »Rita, du hast Kummer. Das tut mir weh. Kann ich dir helfen?«

Dabei machte er wieder dieselben Knabenaugen, die sie damals so gerührt hatten. Wußte er um die Wirkung, die er damit erzielen konnte? Bestimmt; das wissen nicht nur Frauen, das wissen auch Männer.

»Ja«, sagte Rita nach einer langen Pause, in der ihre Blicke sich verfingen. »Du bist in dieser Situation der einzige Mensch, dem ich mich anvertrauen und der mir raten kann: Ich bekomme ein Kind.«

Patrick erschrak, fing sich aber gleich wieder. »Im wievielten Monat bis du denn?«

»Im zweiten. Noch ist das ja nicht zu sehen, aber vom fünften oder sechsten Monat an...«

»Na so weit wirst du's doch gar nicht erst kommen lassen! In einer Großstadt wie München gibt's bestimmt ein paar Dutzend Ärzte, die das machen... Im zweiten Monat ist das doch ein Kinderspiel.«

Rita erstarrte. War das ihr Patrick, der da sprach? Genau so sprach wie der andere? »Ja«, sagte sie mit einem seltsamen Ton in der Stimme, »ich glaube, das ist wirklich kein Grund zur Sorge. Entschuldige, daß ich dich damit überhaupt behelligt habe, aber die Zeitungsmeldung... Ich war wohl ein bißchen durcheinander.

Und nun erzähl du mir mal, wie es dir und deiner Partnerin in eurem ›Wanderzirkus‹ geht.«

Patrick sah eine Weile stumm vor sich hin. »Man lebt. Man arbeitet. Man hat Applaus. Man kriegt ein bißchen von der Welt zu sehen und ist doch niemals zu Hause. Alles, was ich habe, schleppe ich immer mit mir herum. Man lebt aus Koffern, schläft immer wieder in anderen Hotelbetten – es ist ein Zigeunerleben, das ich mir im Grunde niemals gewünscht habe. Meine Kinderträume sind längst verweht. Wenn ich mein Leben neu beginnen könnte...«

»Du hast doch Erfolg, du hast eine Partnerin.«

»Eine Partnerin! Eine großartige Partnerin, eine Freundin, die an mir hängt und mich wie eine kleine Mutter betreut, obwohl...« Er schwieg.

»Obwohl?«

»Ich fühle, wie nur allzu viele meiner Kollegen, nicht das für Frauen, was man wohl Liebe nennt. Und dem Menschen, dem ich mehr als nur ein Kollege oder ein guter Bekannter sein könnte, den wirklichen Freund habe ich bisher noch nie gefunden. Wie sollte ich auch – bei diesem unsteten Leben.«

Rita war betroffen. Dieses Geständnis rührte sie seltsam an. Patrick, dieses Bild von einem jungen Mann, ein Tänzer, dem man allabendlich zujubelte – ein im Grunde einsamer Mensch? Es fiel ihr schwer, das zu begreifen.

Etwas wie Mitleid ließ sie für einige Augenblicke die eigenen Sorgen vergessen. »Du solltest versuchen, in irgendeiner Großstadt Fuß zu fassen«, sagte sie, »wenn möglich sogar in Paris.«

»Das habe ich selbstverständlich versucht. Im ›Alcazar‹ könnte ich sogar morgen anfangen, aber dieser moderne harte Tanzstil liegt mir nicht; er grenzt an Akrobatik, und ich bin nun einmal im klassischen Ballett aufgewachsen.«

»Du schriebst mir, daß dir München gefällt – sollte ich nicht einmal mit unserm Ballettmeister sprechen? Vielleicht könnte er dir eine Chance geben oder beim Ballettmeister der Oper ein Wort für dich einlegen?«

»Es wäre ein Wunder, wenn zufällig ein Platz frei wäre!«

»Gewiß, aber versuchen möchte ich's doch – wenn du einverstanden bist.«

»Muß ich dir sagen, wie glücklich mich das machen würde?«

Er brauchte es ihr nicht zu sagen. Sie sah den Hoffnungsschimmer in seinen Augen und dachte, wie schön es wäre, einen solchen Freund in ihrer Nähe zu wissen.

Als Patrick gegangen war, fühlte sich Rita wortwörtlich allein gelassen. Sollte sie so altmodisch und wirklichkeitsfremd sein?

Hatte ihre harte Mutter nicht in einer ähnlichen Lage ebenso entschieden, obwohl sie damals viel größere Schwierigkeiten hatte durchstehen müssen?

Nein – sie würde bei ihrem Entschluß bleiben, komme, was da wolle.

Kurz vor sieben rief Udo an. »Ein paar Filmleute möchten sich mit uns nach der Vorstellung zusammensetzen. Darf ich zusagen?«

Rita zögerte. »Dann fällt unser geplantes Abendessen mit Aussprache also ins Wasser.«

»Ich glaube, die Aussprache ist nun nicht mehr nötig.«

Rita horchte auf. »Um was geht es den Filmleuten denn?«

»Es sind der Regisseur und zwei Drehbuchschreiber: ein Deutscher und zwei Amerikaner. Sie möchten vor dem Beginn ihrer Zusammenarbeit gern ein paar grundsätzliche Fragen mit dir besprechen.«

»Muß das denn jetzt schon sein? Noch ist der Vertrag nicht einmal unterschrieben.«

»Die Amerikaner möchten nicht länger als nötig bleiben. Ich glaube, dafür sollten wir Verständnis zeigen. Außerdem...«, er zögerte einen Augenblick, »außerdem müßten wir ihnen wohl auch bezüglich des möglichen Termins reinen Wein einschenken.«

Rita nickte für sich.

»Vielleicht können die Dreharbeiten um etwa ein Jahr verschoben werden«, fuhr Udo fort. »Es sei denn, daß sich eine Lösung finden läßt, die den Zeitverlust ausgleicht. Dann wärst du nachher sogar an keine Termine mehr gebunden. Das aber ist ein Punkt, der vor der endgültigen Unterzeichnung des Vertrages unbedingt geklärt werden muß.«

Rita atmete auf. Udo hatte also ihre Entscheidung stillschweigend anerkannt.

»Wenn du einverstanden bist, möchte ich zusagen und mich dann vorher noch mit den Filmleuten zusammensetzen, um sie über die etwaige Notwendigkeit einer Terminverschiebung zu unterrichten, damit wir nachher – in deiner Gegenwart – darüber nicht zu sprechen brauchen. Ich würde dir dann vorschlagen, zur Fahrt ins Theater ein Taxi zu nehmen.«

»Gut«, sagte Rita, offenbar erleichtert. »Ich lasse dir freie Hand.«

Als sie wenig später in ihre Garderobe kam, stand auf ihrem Schminktisch ein großer Strauß dunkelroter Rosen.

Von Patrick, dachte sie.

Er war von Udo.

»Verzeih mir mein Unverständnis! Wir Männer brauchen in solchen Situationen wohl etwas mehr Zeit als ihr Frauen.«

Die Männer... Auch Patrick!

»Ihr Kerle seid doch einer wie der andere«, sagte sie lächelnd, während sie sich über die duftenden Rosen beugte.

Faghera hatte sich den Kopf immer wieder vergeblich nach einer neuen Anlaufmöglichkeit zergrübelt. Da er von dem gespannten Verhältnis zwischen Mutter und Tochter nichts wußte, mußte er annehmen, daß Rita über seinen Auftritt im »Hilton« ebenso unterrichtet war wie über die peinliche Abfuhr, die er sich geholt hatte.

Konnte er da noch hoffen, bei seiner Tochter eine bessere Aufnahme zu finden, zumal sie ihn im »Sheraton« überhaupt nicht empfangen, sondern gleich an die Mutter weitergereicht hatte?

Die ganze Reise nach Europa war ein einziger Fehler. In seiner Verzweiflung versuchte er eine raffiniert eingefädelte Überrumpelung Arianes im »Hilton«. Dort mußte er jedoch erfahren, daß die »Herrschaften« sich auf eine Weltreise begeben hatten.

Jetzt konnte er sein Glück nur noch bei Rita versuchen. Im »Sheraton« wies man ihn kalt und formlos ab: Frau Schenk sei für niemanden zu sprechen.

Dieser Bescheid brachte ihn in Harnisch. »Das mag für alle anderen gelten, aber nicht für den Vater von Frau Schenk. Also verbinden Sie mich gefälligst!« zischte er mit hochrotem Kopf. »Es ist dringend!«

Der Mann am Empfang musterte ihn gelassen. Wenn es dringend sei, möge er sich an Herrn von Kling wenden. Er wohne gleich gegenüber im Arabellahaus.

»Ich will nicht diesen Herrn Kling sprechen, sondern meine Tochter. Also!«

»Tut mir leid, ich habe strikte Anordnung, Frau Schenk unter keinen Umständen zu belästigen. Aber wenn Sie den Direktor sprechen wollen...«

Die Sicherheit des andern brachte Faghera zur Besinnung, ehe er explodierte. Man hatte also offenbar damit gerechnet, daß er es ein zweites Mal versuchen würde, und entsprechende Anweisungen gegeben. Mit Dreistigkeit würde er bei diesem Stand der Dinge wohl ebenso wenig weiterkommen wie mit Liebenswürdigkeit, wohl aber Gefahr laufen, wieder einmal eine Abfuhr zu erleben.

Er warf den Kopf zurück und ging hocherhobenen Hauptes hinaus.

Das massivgoldene Feuerzeug ließ die Männer der Kripo nicht ruhen, obwohl die Mordakte Gandert wieder einmal zur Seite gelegt worden war. Es gab da nämlich zwei Fragen, die sich immer wieder in den Vordergrund drängten:

Gehörte es einem Mann, der sich ein solches Luxusstück leisten konnte? Oder diente es, wie viele klotzige Armbanduhren Marke Rolex, einem Zuhälter oder derartigem Gesindel als Statussymbol – ähnlich wie mancher in Frankfurt oder Cannes laufende Rolls Royce?

Beides war möglich. Weshalb sollte sich im Bekanntenkreis der alten Dame nicht ein Herr befinden, der sich ein solches Feuerzeug leisten konnte und es »verloren« hatte? Konnte es bei einem Besuch nicht unbemerkt zwischen die Polster des Sofas gerutscht und dann vergessen worden sein?

Es wäre nicht das erste wertvolle Stück, das auf diese Weise verschwunden und zuweilen erst nach Jahren wieder aufgetaucht war.

Daß es einen solchen Freund oder Bekannten nicht gab, war verhältnismäßig leicht festzustellen.

Das Feuerzeug mußte sich also im Besitz eines Mannes befunden haben, der dem Bekanntenkreis der alten Dame nicht angehört hatte, dem ein Verbrechen also unter Umständen zuzutrauen war.

Man übergab deshalb das wertvolle Stück – nachdem alle Fingerabdrücke fotografiert worden waren – einem bewährten Beamten der Nachtstreife zum Herumzeigen in den einschlägigen Bars und Kaschemmen. Konnte nicht ein Drogensüchtiger aus einer höheren Gesellschaftsschicht das Feuerzeug eines Tages bei einem Dealer gegen Heroin eingehandelt haben?

Der Beamte kannte seine Pappenheimer und zeigte sein Goldstück überall in dieser Szene herum.

Leider ohne sichtbaren Erfolg. Das heißt aber nicht: ganz erfolglos, denn als der Beamte es eines Nachts einer »alten Freundin« vorlegte, witterte er eine erste Spur. »Na, mein Rauschgoldengel, hast du das nicht schon einmal bei einem deiner Kunden gesehen?«

Sie hatte, und sie wußte auch sofort, bei wem. »Was ist denn damit?« versuchte sie herauszuhorchen.

»Nichts weiter; es wurde in einem Fundbüro abgeliefert, und wir möchten es dem rechtmäßigen Eigentümer gegen einen angemessenen Finderlohn zurückgeben. Der ehrliche Finder besteht nämlich darauf.«

»Wie nett die Polizei doch sein kann – wenn sie will!« Sie drehte das Feuerzeug spielerisch hin und her. »Sehr hübsch! Wär' mir bestimmt aufgefallen.«

»Und massiv Gold! Könnte ja einer in Zahlung gegeben haben.«

»Mir?« Sie schüttelte den Kopf. »Wofür? Auf dem Strich bin ich noch nicht gelandet.«

»Glaub' ich dir aufs Wort.« Und nach einer kleinen Pause scheinbar völlig arglos: »Den Handel mit dem Schweinkram hast du doch völlig aufgegeben, oder?«

»Völlig. Die sechs herrlichen Monate hinter den Schlössern von Stadelheim, für die ich dir ja so von Herzen dankbar bin, sind mir eine heilsame Lehre gewesen!«

»Was du nicht sagst! – Aber denk mal nach, mein Schatz, vielleicht fällt dir doch der reiche Kunde ein, bei dem du das wertvolle Stück schon mal gesehen hast! In diesem Sinne!«

Als er wieder draußen war, atmete sie tief durch. Nein, der Bursche, bei dem sie das Feuerzeug schon ein paarmal gesehen und bewundert hatte, war kein reicher Kunde, sondern ein bildhübscher blonder Gigolo, ihre stille, ebenso leidenschaftliche wie hoffnungslose Liebe. Ein paarmal war es ihr zwar gelungen, ihn mit Hasch und Heroin für ein paar unvergeßliche Tage und Nächte an sich zu binden, einmal sogar für drei Wochen voller Seligkeit, doch dann war er ihr immer wieder ausgewichen.

Sie hatte ihn schon monatelang nicht mehr gesehen, aber nun gab es einen guten Grund, ihn anzusprechen und zu warnen… Also einen guten Grund, ihn zu suchen und womöglich wieder einmal in ihre Netze, das heißt in ihr rosarotes Himmelbett, zu ziehen.

Die Unterhaltung mit dem Regisseur und den Drehbuchschreibern verlief in einer sachlichen Atmosphäre, die Rita sofort gefangennahm. Ehe sie es recht wollte und wußte, war sie von den Plänen der Fachleute so fasziniert, daß sie sogar dem Vorschlag zustimmte, mit einem Teil der Dreharbeiten so bald wie möglich zu beginnen und dabei jene Szenen vorzuziehen, die in einigen Monaten vor der Kamera nur noch schwer oder kaum noch möglich sein würden, also vor allem die Tanzszenen.

Für die Autoren ebenso wie für den Produktionsleiter keine leichte Aufgabe, denn wenn man auch gewohnt war, die einzelnen Szenen ohne einen direkten Zusammenhang zu drehen und sie erst später in der richtigen Folge aneinanderzufügen, so blieb doch die Schwierigkeit, diese Aufnahmen – mit Rücksicht auf das Theater – ausnahmslos in den frühen Vormittag und in die ersten Nachmittagsstunden zu legen.

Rita sah in diesem Vorschlag die Möglichkeit, allen weiteren Auseinandersetzungen über eine Abtreibung aus dem Weg zu gehen und sich nach der Niederkunft ganz ihrem Kinde zu widmen. Sie drängte deshalb selber auf einen baldigen Vertragsabschluß und bat Udo, ihn nun – nach Übereinkunft mit dem Theaterintendanten – in die Wege zu leiten.

Wenige Tage später war es so weit. Die Besetzung der wichtigsten Rollen war ohnehin seit langem geplant, die Vorverträge waren unter Dach und Fach, und wenn alles nach den Plänen des Produktionsleiters lief, konnte man in vier Wochen mit den vorzuziehenden Szenen ins Atelier gehen.

Den Brief hatte der Zimmerkellner mit dem Frühstück gebracht. Rita entdeckte ihn sofort und schob ihn mit einer Gebärde des Unwillens beiseite.

Diese dünne verschnörkelte Fadenschrift mit den übertriebenen Ober- und Unterlängen ließ sie frösteln.

Der Brief kam aus München. Der Mann war also nicht – wie sie gehofft hatte – nach Brasilien zurückgeflogen. Nun würde sie wohl mit weiteren Belästigungen zu rechnen haben. Erst als sie das Zimmer schon verlassen wollte, nahm sie den Brief in einem jähen Entschluß und riß ihn auf.

»Liebe Margerita!

Mein gutgemeinter Versuch, nach den langen bitteren Jahren der Trennung zu Deiner Mutter zurückzukehren, mit der ich zwei Jahre lang aufs engste verbunden war, ist leider gescheitert, ehe ich auch nur die geringste Chance hatte, sie meiner unverbrüchlichen Zuneigung zu versichern. Ich hatte zuversichtlich gehofft und geglaubt, hier in unserer kleinen Familie eine neue Heimat zu finden, und deshalb in Brasilien alle Brücken hinter mir abgebrochen. Ein Zurück gibt es also nicht mehr. Zu meiner größten Überraschung mußte ich erfahren, daß Deine Mutter mit einem mir unbekannten Gigolo eine Weltreise angetreten hat. Ich sitze hier also buchstäblich auf dem Trockenen.

Meine Lage wirst Du Dir sicher vorstellen können, denn meine geringe Barschaft ging hier schneller zur Neige, als ich es für möglich gehalten habe. Morgen oder übermorgen liege ich womöglich auf der Straße, während Deine Mutter sich – wie schon vor, während und nach meiner Zeit – teure Liebhaber leistet und meine Tochter allabendlich die größten Gagen bezieht.

Ich bin völlig verzweifelt und weiß ohne Deine Hilfe nun nicht mehr ein noch aus.

Soll der langjährige Geliebte einer steinreichen Opernsängerin und Vater ihrer so überaus erfolgreichen Tochter im Rinnstein enden und damit der Skandalpresse ein nur allzu willkommenes Fressen liefern?

Schon hat mir eine hiesige Zeitung für den Tatsachenbericht über mein Liebesleben mit Ariane Schenk und meine Flucht aus den Armen dieser unersättlichen Nymphomanin ein wahrhaft fürstliches Honorar angeboten. Daß ich in meiner Not darauf eingehe, kannst du aber ebenso wenig wollen wie ich.

Ich muß Dich deshalb ebenso herzlich wie dringend bitten, mir zunächst mit einem Scheck über 1000 Mark aus meiner ersten Not zu helfen und mir gleichzeitig unter der obenstehenden Adresse mitzuteilen, wann ich Dich sehen und über unsere gemeinsame Zukunft mit Dir sprechen kann.

Dein stolzer Vater Manuel Faghera.«

Rita hatte den Brief nur mühsam und stellenweise überhaupt nicht entziffern können: Die ineinander verhedderten Buchstaben schwammen immer wieder vor ihren Augen. Blitzartig aber wurde ihr klar, daß dieser Mann jetzt energisch versuchte, aus seiner früheren Beziehung zu ihrer Mutter Kapital zu schlagen, und daß er auch vor Erpressungen und übelsten Diffamierungen nicht zurückschreckte.

Diese Entwicklung der Dinge ängstigte sie. Sie legte den Brief angewidert und bedrückt in die Schublade ihres Sekretärs und versuchte, ihn zu vergessen. Erst als Udo kam, um sie zur gemeinsamen Fahrt ins Theater abzuholen, zog sie ihn hervor. »Wieder ein Brief von diesem Brasilianer«, sagte sie. »Der Mann wird mir allmählich unheimlich. Dabei weiß ich nicht einmal, ob er nicht wirklich mein Vater ist.«

»Eine Unverschämtheit!« zischte Udo, als er den Brief gelesen hatte. Er zerriß ihn und warf ihn wütend in den Papierkorb – um ihn kurz darauf wieder herauszunehmen. Einen besseren Beweis für den Erpressungsversuch dieses Brasilianers konnte er sich in dieser Situation kaum wünschen...

Rita sah ihn fragend an.

»Ich glaube, wir beide haben im Augenblick ein dringenderes Problem«, sagte er, um sie abzulenken. »Wir müssen sofort mit dem Intendanten sprechen und mit ihm abstimmen, wie es nun weitergehen soll. Vor allem auch angesichts der Tatsache, daß du schon in etwa einem halben Jahr...«

»Das weiß er schon«, sagte Rita. »Ich habe gestern abend darüber mit ihm gesprochen.«

»Und?« fragte Udo überrascht.

»Er zeigte volles Verständnis, hofft aber, daß ich seinem Theater verbunden bleibe. Und das möchte auch ich, trotz der Filmarbeiten, denn die dankbare Rolle der jungen Sängerin in dem musikalisch sehr feinen ›Kleinen Hofkonzert‹ reizt mich sehr, nachdem ich inzwischen schon das Regiebuch und den Klavierauszug studiert habe. Vielleicht kann er die Zwischenzeit mit einer anderen Operette überbrücken und mir die Rolle sichern.« Sie war plötzlich wieder besten Mutes.

Udo bot ihr mit einer grotesken Bewegung den Arm: »Also nichts wie hin!«

Patrick hörte es zunächst nur mit halbem Ohr, und er hörte es glücklicherweise erst, als er nach dem sechsten Vorhang den wohlverdienten

Applaus allein entgegennehmen durfte: Der Ballettmeister des Operettentheaters hatte sich die Vorstellung angesehen.

Das war an sich nicht überraschend. Es konnte eine unter Theaterleuten übliche Geste gegenseitiger Anerkennung sein.

Und so sahen es nicht nur seine Kollegen, so sahen es auch die Ballettfans.

Es konnte aber auch mehr sein...

Das fiel ihm jedoch erst auf, als ihn der Chef der Truppe voller Stolz auf den hohen Besuch aufmerksam machte.

Patrick erschrak. Wenn er diesen Besuch der Fürsprache Ritas zu verdanken hatte... Er hatte an diesem Abend ein bißchen zu routiniert getanzt: seiner Sache und seiner Wirkung allzu sicher. Er hätte mehr zeigen können. Bessere Sprünge, größere, weiter ausgreifende Bewegungen, er hätte statt dreimal viermal battieren können, er hätte – ach was! Er hätte verkrampft sein und damit den Gesamteindruck nur verschlechtern können.

Vielleicht war es sogar ganz gut, daß ihm Rita den so entscheidend wichtigen Besuch nicht avisiert hatte. Nun hieß es warten; nichts fiel ihm schwerer als das.

Zwei Tage, drei Tage, vier Tage – das war kein gutes Zeichen. Und Rita anzurufen wagte er nicht.

Schon hatte er die Hoffnung aufgegeben, da kam ein Brief von Rita: »Ruf mich bitte in den nächsten Tagen mal an!«

»In den nächsten Tagen« – für ihn hieß das heute, und zwar sofort.

»Unser Ballettmeister ist sehr von dir angetan«, sagte Rita. »Aber es wird nicht leicht sein, dich in unser Ballett einzubauen. Doch darüber mußt du dich nun selber mit ihm unterhalten. Er erwartet deinen Anruf. Du erreichst ihn täglich vormittags im Ballettsaal. Und nun viel Glück!«

Das Echo, das die Ausstellung der Klingschen Gemälde fand, überraschte Zandel immer aufs neue: Selbst angesehene Kunstzeitschriften des Auslandes widmeten dem raketenhaft aufgestiegenen Maler eingehende Besprechungen.

Ein deutscher Mammutverleger fragte nach dem Preis für ein Porträt seiner jungen Ehefrau. Ein arabischer Ölscheich wollte gleich eine ganze Galerie seiner Haremsfrauen bestellen, und Zandel drängte wegen des neuen Gemäldes, das mit auf die Wanderausstellung nach Düsseldorf, Köln, Frankfurt und anschließend nach Paris gehen sollte.

Alle Vorverhandlungen mit den bedeutendsten Galeristen dieser Städte waren erfreulich gut verlaufen, und der besonders hochgeschätzte New Yorker Kunsthändler wartete nervös auf die Unterzeichnung des besprochenen Vertrages.

Für Zandel ein Signal, die längst geplante »Wanderausstellung« nun ernsthaft in Angriff zu nehmen.

Es gab viel zu tun: Neue farbige Prospekte mit den Abbildungen der schon an weltbekannte Museen verkauften Bilder und den Kritiken anerkannter Kunstbetrachter mußten entworfen, und – nicht weniger wichtig – praktische, immer wieder verwendbare Transportkisten mußten bestellt werden...

Bei all diesen Plänen und Arbeiten war ihm Winfrid ein ebenso zuverlässiger wie einfallsreicher Helfer, so daß er sich entschloß, ihn für die ganze Dauer der Ausstellungen zu beschäftigen. Und da Winfrid die gutbezahlte und interessante Arbeit Freude machte, schien alles in bester Ordnung – bis eines Tages eine junge, recht reizvolle, aber auch ebenso selbstbewußt auftretende Person in Zandels Galerie erschien und »ihren Freund Winny« zu sprechen wünschte.

Winfrid war von diesem Besuch sichtlich überrascht, um nicht zu sagen peinlich berührt. Er bat die Besucherin gar nicht erst in den eigentlichen Ausstellungsraum, sondern bemühte sich – die Türklinke in der Hand – vergeblich, die heftig auf ihn einredende Besucherin möglichst rasch hinauszukomplimentieren. Von dieser sehr eindeutigen Geste war sie aber nicht im geringsten zu beeindrucken, während seine Nervosität von Minute zu Minute wuchs. Als es ihm nach einer Viertelstunde endlich gelungen war, sie loszuwerden, ging er mit besorgtem Blick wieder an seine Arbeit.

Der fragende Blick Zandels blieb unbeantwortet.

Abends bat er Zandel, sichtbar verlegen, ihn für den nächsten Vormittag zu entschuldigen. »Eine dringende Privatangelegenheit.«

Na ja, dachte Zandel, das kennt man ja – die jungen Leute...

Kaum, daß Winfrid die Galerie verlassen hatte, war sie schon an seiner Seite.

»Also, wo brennt's?« brummte er statt einer Begrüßung.

Sie hängte sich bei ihm ein und zog ihn weiter. »Die Kripo will wohl was von dir.«

»Soll sie doch, in Gottes Namen. Und was hat das mit dir zu tun?«

»Dich hat sie natürlich erst mal bei mir gesucht.«

»Wieso natürlich und wieso bei dir?« Er sah sie wütend von der Seite an. »Uns hat man wohl schon ein Jahr lang nicht mehr zusammen gesehen.«

»Bestimmt nicht meine Schuld. Du läßt dich in letzter Zeit doch nirgendwo mehr sehen.«

»Du meinst, bei dir.«

»Auch das«, sagte sie bitter. »Aber wenn die erst mal hinter einem her sind…«

»Ich habe einen Job, wie du siehst; ich habe nicht nötig, mich zu verstecken.«

»Glaub' ich dir aufs Wort. Fragt sich nur, ob die dir das auch glauben.«

Winfrid blieb unvermittelt stehen und schüttelte den Kopf. »Also verdammt noch mal, nun rück doch endlich raus mit der Sprache! Um was geht's?«

»Um ein Feuerzeug.«

Winfrid zuckte leicht zusammen. »Na und?«

»Um ein goldenes. Um deins. Der Bulle hielt mir's unter die Nase und wollte wissen, ob ich das wohl schon mal gesehen hätte.«

Wieder dieses verfluchte Feuerzeug! Genug, daß Gisi ihm deswegen schon immer in den Ohren lag. »Scheißfeuerzeug!« knurrte er sichtlich nervös. »Ich hab' nie eins gehabt und will nie eins haben, und nun fängst auch du noch damit an!«

Jetzt hatte sie ihn genau da, wo sie ihn haben wollte. »Schon gut, schon gut!« machte sie besänftigend. »Ich brauch's ja nicht gesehen zu haben, aber man muß doch mal darüber reden, denn die Bullen lassen bestimmt nicht locker. Ich möchte nicht, daß die Brüder dir was am Zeug flicken – das weißt du doch.«

Ja, das wußte er: Irgendwo unter seinen blonden Locken hatte es geblitzt. Und wenn er's nicht gewußt hätte, ihr Blick war deutlich genug. »Schön«, sagte er. »Eine Ehre ist der andern wert. Eine Stunde hätte ich Zeit.«

»Mein Wagen steht gleich um die Ecke. Also?«

»Also!«

Sie kletterten in den kleinen alten Zweisitzer, die Türen schepperten beim Zuschlagen wie Konservendosen, der Motor sprang nur widerwillig an, heulte dann aber plötzlich wie irre los.

Er lehnte sich in dem durchgerittenen Polstersitz zurück und schloß für kurze Zeit die Augen.

Sie werkelte mit Händen und Füßen, bald schob sich das Uraltvehikel ruckartig ein Stück vorwärts, bald zurück...

Dann legte sie die Hand auf seinen Oberschenkel; ihm wurde heiß und kalt.

Die Zeit versank, alles versank, er legte den Arm um ihre Schulter und wurde geil. Es war alles wie schon hundertmal zuvor.

Der enge Fahrstuhl, die kleine, immer etwas schmuddelige Wohnung mit ihrem typischen Geruch nach Bratkartoffeln und Quelquesfleurs, die winzige Küche, der schnell aufgebrühte Kaffee mit viel Zucker und Dosenmilch, das Badezimmer mit halbzerquetschten offenen Tuben und liederlich herumliegenden Handtüchern... Es war weiß Gott alles genauso wie schon hundertmal zuvor!

Das überbreite, rosarote Himmelbett mit den üppig wallenden, staubüberladenen Wolkenstores...

War das heute? War es gestern? Egal: Es war. Und es lief alles ab wie hundertmal zuvor.

Sie lagen bald nebeneinander, bald übereinander, sie nahm von ihm Besitz, als hätte es die Zeitspanne, die zwischen dem Damals und dem Heute lag, nie gegeben. Ihre Hände streichelten, ihre fieberheißen Lippen nahmen ihn...

Es war alles wie schon hundertmal zuvor. Er ließ es geschehen.

Die Else hatte ihn geschafft...

Nun lagen sie nackt nebeneinander auf dem rosaroten Himmelbett und starrten in die Wolkenstores.

Winfrid hatte die Arme unter dem Kopf verschränkt und zog einen Flunsch.

Elses Hand ruhte besitzergreifend zwischen seinen Schenkeln und hielt ihn fest.

»Auf was wollte der Bulle denn eigentlich hinaus?« fragte er nach einer Weile. »Ich verstehe dein Gerede immer noch nicht ganz.«

»Die suchen den Mann, dem das Feuerzeug gehört.«

»Und weshalb? Doch nicht aus reiner Menschenliebe – da steckt doch was dahinter!«

»Habe ich mir gleich gedacht.«

»Und was hast du gesagt?«

»Mann, das habe ich dir doch nun schon zehnmal vorgekaut! Ich habe ihn regelrecht veralbert.«

»Veralbert! Was hast du gesagt? Das will ich genau wissen.«

»Daß ich das Ding sehr schön fände, und na ja, was man so sagt. Blabla.«

Winfrid richtete sich auf und schob ihre Hand unwillig zur Seite. »Laß das jetzt! – Weshalb zeigt der das Ding ausgerechnet dir? Das ist doch kein Zufall; der wollte bloß hören, daß du es schon mal bei mir gesehen hast.«

»Hab' ich nicht. Würd' ich jeden Eid drauf leisten. Jeden, hörst du: jeden! Und nun gib doch endlich Ruhe mit dem dummen Feuerzeug. Daß du das irgendeinem Freier geklaut hast, müßten sie dir doch erst mal beweisen. So ein Theater wegen einem Feuerzeug! Die Scheißbullen spielen wohl vor lauter Langeweile Sherlock Holmes.«

»Quatsch! Es geht leider nicht um einen Diebstahl, es geht um einen Mord. Einen Raubmord. Und da ist dieses verfluchte Feuerzeug die einzige heiße Spur, die sie haben.«

»Um Himmels willen!« Else war blaß geworden. Sie hatte sich nun auch aufgerichtet und starrte ihn entgeistert an. »Einen Mord, sagst du? Einen Raubmord?«

»An irgendeiner alten Hexe, die sich unbedingt noch einen Kerl anbinden wollte.«

Else rückte unbewußt etwas von ihm ab. »Und was spielt das Feuerzeug dabei für eine Rolle?«

»Das hat man bei der Alten gefunden.«

Else lief es eiskalt über den Rücken. »Dein Feuerzeug?«

»Ja, verflucht noch mal, mein Feuerzeug, das mir vorher so ein österreichischer Heiratsschwindler geklaut hat. Jetzt ist der Strizzi mit einer andern Alten auf Weltreise.«

Else schwieg und ließ sich wieder in die Kissen fallen. »Mann, das wird dir so leicht keiner glauben!« hauchte sie nach einer geraumen Weile fassungslos.

Winfrid sah mit gerunzelter Stirn auf sie hinab. Er spürte das panikartige Mißtrauen, das plötzlich von ihr ausging, und biß wütend die Zähne aufeinander. »Und du?« zischte er.

»Ach komm, komm schon! Was soll das Gesabbele?« Sie schlang die Arme um seinen Hals und versuchte, ihn zu sich niederzuziehen. »Komm, komm! Du weißt doch, daß es für mich nur einen gibt!«

»Nur eines!« korrigierte er sie.

Sie bäumte sich unter ihm auf und preßte ihn an sich.

In seinen Augen glomm plötzlich ein gefährliches Feuer. »Ja«, stieß er hervor, während er sich auf sie warf und sich brutal zwischen ihre Schenkel drängte. »Ja, ja, nur eines und nur einen, und den nur zum Ficken! Also los: zum drittenmal!«

Hart und rücksichtslos, böswillig und gemein in seiner Wut, stieß er nun in sie hinein, während sie stöhnend vor Lust und Qual die Arme um ihn schlang. Er gab sich völlig aus in seinem Haß.

Dann lagen sie total erschöpft nebeneinander unter dem rosa Himmel.

Als sie erwachten, dunkelte es schon.

»Ich werde uns einen starken Kaffee machen«, sagte sie und ging in die Küche.

Er setzte sich auf den Bettrand, zog den Minislip über und wankte zu ihr in die Küche.

»Ich brauch' jetzt erst mal einen gehörigen Schuß«, sagte sie, »und der würde auch dir gut tun.«

Er sah, wie sie die Spritze vorbereitete und die Nadel in die Armbeuge setzte. Dann brühte sie den Kaffee auf.

Er schlürfte ihn heiß hinunter und wankte zurück ins Bett.

Die dringende Privatangelegenheit mußte es wohl in sich haben, denn Winfrid erschien weder am nächsten noch am übernächsten Morgen. Ja, er erschien zu Zandels größtem Kummer überhaupt nicht wieder...

Zandel stand vor einem Rätsel. »Schade, schade, der Bursche hatte einen angeborenen Kunstverstand«, murmelte er immer wieder vor sich hin. »Dem hätte ich eines Tages vielleicht sogar mein Geschäft anvertrauen können. Aber diese verfluchten Weiber!«

Dabei waren es keineswegs die »verfluchten Weiber« – die hatten ihn noch nie über Bord spülen können. Aber was es wirklich war, ahnte er nicht...

Zandels Vorbereitungen für die geplanten Ausstellungen waren blockiert. In der Eile einen neuen Winfrid zu finden war aussichtslos. Die geplanten Termine zu halten schien unmöglich. Sie nicht einzuhalten hätte die mühsam angebahnten Beziehungen ernsthaft gefährdet. Zandel war bestürzt.

Daß Winfrid ihm das antun und ihn völlig im unklaren lassen konnte, überstieg sein Vorstellungsvermögen. Klar war ihm nur, daß es mit dem rätselhaften Besuch zusammenhing...

Als er Udo in seiner Not berichtete, schüttelte auch der verständnislos den Kopf. »War das etwa eine aufgetakelte Dame gesetzten Alters, die ihn sich geangelt hat?« fragte er besorgt.

»Eine Dame? Ein Flittchen! Wahrscheinlich eine Nutte. Sah ganz danach aus! Und wie die auf ihn eingeredet hat!«

»Merkwürdig und höchst rätselhaft! Ich muß darüber sofort mit Gisi sprechen«, sagte Udo. »Die kennt ihn besser. Vielleicht weiß sie Rat.«

Gisi allerdings ahnte Unrat. »Wenn das die Else, dieses Untier, war, dann hat ihn der Teufel geholt, und dann kriegen wir ihn auch so bald nicht mehr zu sehen.«

»Die Else? Was für eine Else?«

»Dieses geile Miststück ist doch schon seit Jahren hinter ihm her, und ein paarmal ist es ihr leider auch gelungen, ihn an die Kette zu nehmen.«

»Eine Liebe ganz besonderer Art, wie mir scheint.«

»Eine Haßliebe! Ein Wunder, daß er es dann doch immer wieder geschafft hat, sich von ihr loszureißen.«

»Kaum zu verstehen – wie der Bursche aussieht! Der kann doch so viele haben, wie er will!«

»Aber nicht mit Heroin! Die handelt nämlich schon seit Jahren mit dem Zeug und ist allabendlich in allen Bars und Kaschemmen anzutreffen.«

»Das heißt also, daß wir ihn fürs erste einmal abschreiben müssen?«

»Ich fürchte, ja.«

»Und die Polizei?«

»Die hat sie schon ein paarmal total high erwischt und zur Zwangsentziehung eingesperrt. Ihr den Drogenhandel nachzuweisen ist der Polizei aber erst vor einem Jahr gelungen, als sie ein Gramm verkaufen wollte. Das gab ein Jahr... mit Bewährung, und das heißt, daß sie sofort wieder freigelassen wurde. In der Drogenszene rein Schiff zu machen ist wohl ebenso aussichtslos wie die Absicht, ein Schiff von seinen Ratten zu befreien.«

Winfrid verschwunden, Zandel in echten Terminsorgen. Eine Schwierigkeit jagte die andere. Udo brummte der Schädel. Er fühlte sich von dem Tempo der Entwicklungen gehetzt, fast überrannt.

Erst als er in einer ruhigen Stunde mit Rita darüber sprechen und sie ihre gemeinsamen Probleme in einem großen Gesamtrahmen sehen konnten, kristallisierte sich der wesentlichste Punkt heraus: Um zur Ruhe zu kommen, mußten sie sich so bald wie möglich eine große Stadtwohnung oder – besser noch – ein Haus am Stadtrand mieten oder kaufen.

Udo beauftragte sofort nach diesem Gespräch drei Makler mit der Suche nach einem geeigneten Objekt.

Seine eigenen Bedürfnisse und Ritas verständliche Wünsche unter einen Hut zu bringen war nicht leicht. Aber schließlich fanden sie im Süden der Stadt ein modernes Haus mit Garage und großem Garten, das auch Ritas Vorstellungen entsprach.

Er kaufte es kurzentschlossen und beauftragte einen modernen Architekten mit dem Anbau eines Ateliers.

Der Weg in den Ehestand war geebnet...

Doch damit war zunächst einmal für lange Zeit genau das Gegenteil von dem erreicht, was sie eigentlich angestrebt hatten – das merkten sie allerdings erst etwas später. Denn nun kamen Architekten mit Bauplänen und Umbauplänen, Gartengestalter mit ihren Vorschlägen, Innenarchitekten mit berauschenden Entwürfen für alle Räume von der Küche über das Arbeitszimmer und einen großen »Livingroom« mit Konzertflügel bis hin zu einem Schlafzimmer.

Apropos: Ans Heiraten mußte man ja nun wohl auch denken. Doch das war so brandeilig noch nicht.

Faghera hatte die Antwort auf seinen Brief mit wachsender Ungeduld, aber auch in voller Zuversicht erwartet: Der Scheck über 1000 Mark schien ihm nach diesem sorgfältig durchdachten Plan sicher. Und wenn erst das Eis gebrochen war, würde auch noch mehr zu holen sein.

Um so größer war die Enttäuschung, als er in dem nervös aufgerissenen Briefumschlag statt des erwarteten Schecks nur einige kühl abgewogene Zeilen fand.

»Sehr geehrter Herr Faghera,

Frau Rita Schenk bedauert, Ihrem Wunsch aus grundsätzlichen Erwägungen nicht entsprechen und Ihre auch von Frau Ariane Schenk energisch bestrittene Vaterschaft aufs entschiedenste zurückweisen zu müssen – es sei denn, daß Sie imstande wären, dafür vor Gericht stichhaltige Beweise zu erbringen.

Daß Ihnen das nicht möglich ist, wissen Sie selber.

Ich bin trotzdem bereit, mich mit Ihnen über Ihre Probleme zu unterhalten, muß allerdings betonen, daß ich dazu von Frau Rita Schenk nicht ermächtigt bin. Sie selber lehnt – ebenso wie ihre Mutter – jede persönliche Kontaktnahme mit Ihnen ab.

Mich können Sie vormittags telefonisch im Arabellahaus erreichen.

Dr. Udo von Kling.«

Faghera erstarrte einen Augenblick vor Wut. Kling, das war wohl der Mann, der ihn im »Sheraton« empfangen und sofort zu der alten Hexe gebracht hatte. Wer war dieser Mann, und was spielte er für eine Rolle?

Seine Gesprächsbereitschaft war immerhin bemerkenswert. Hatte er's am Ende mit einem Rechtsanwalt zu tun? Dann war allerdings Vorsicht geboten. Aber wie dem auch sei: An diesem Gespräch würde er nicht vorbeikommen, wenn er nicht jetzt schon die Flinte ins Korn werfen oder... einen andern Weg einschlagen wollte.

Die Warnung mit der Presse hatte sicher einige Wirkung gehabt. Vielleicht war die Gesprächsbereitschaft nur darauf zurückzuführen. Vielleicht sollte er sogar vor dem angebotenen Gespräch tatsächlich Kontakt mit einer Zeitung aufnehmen. Doch die Zeit drängte, er brauchte dringend Geld.

Kurzentschlossen griff er zum Telefon.

Udo hatte diesen Anruf erwartet. Daß Faghera sich über seinen Brief »sehr gefreut« hatte, nahm er erstaunt zur Kenntnis. »Wenn es Ihnen recht ist, können wir uns morgen oder übermorgen in der Stadt treffen«, sagte er, wohl ahnend, daß Faghera das Wasser schon bis zum Halse stand.

Faghera schluckte. »Da ich in den nächsten Tagen einige sehr wichtige Verabredungen habe, würde ich ein Gespräch noch im Laufe dieses Vormittags vorziehen.«

»Gut. Wenn ich Sie in etwa einer halben Stunde in der Halle des Arabellahauses erwarten darf...«

Faghera atmete auf.

Als er die Halle betrat, sah Udo schon auf den ersten Blick, daß von der Selbstsicherheit in seinem Auftreten nicht mehr viel übriggeblieben war. Faghera befand sich offensichtlich in einem Zustand, in dem er bereit war, jedes Hilfsangebot dankbar zu akzeptieren. Es kam also nur darauf an, ihn nicht erst zu reizen.

Udo ging nicht lange um den heißen Brei herum, sondern sagte kurz und bündig: »Ihre Reise nach Europa ist – wie Sie inzwischen wohl bemerkt haben – ein Fehler gewesen. Zu erwarten, daß eine Frau, die Sie vor zwanzig Jahren bei Nacht und Nebel verlassen und bei der Sie sich in all den Jahren nicht ein einziges Mal gemeldet haben, daß eine solche Frau Sie dann mit weitgeöffneten Armen empfängt – das zu erwarten ist doch wohl etwas naiv gewesen.«

Faghera lächelte: »Zugegeben, das war es in der Tat. Aber wenn man eines Tages durch Zufall erfährt, daß man mit dieser Frau eine bildschöne Tochter hat, der die Bewunderer dutzendweise zu Füßen liegen, und wenn man dann das Bedürfnis verspürt, diese Tochter kennenzulernen und in die Arme zu schließen – ist das auch naiv?«

»Nein. Das wäre durchaus verständlich. Aber wer sagt Ihnen denn, daß Rita Schenk Ihre Tochter ist?«

»Ich bitte Sie!« tat Faghera mit einem Hauch von Entrüstung. »Wenn man mit der Mutter zwei Jahre lang intim zusammengelebt hat!«

»Allein?«

»Was denn sonst! Sie glauben doch wohl nicht...«

»Doch, genau das. In dieser Zeit hat Frau Schenk auch mit anderen Männern geschlafen!«

»Unmöglich!« Herr Faghera richtete sich auf. »Das müßte ich doch wissen! Ich kann beschwören...«

»Vorsicht, auf Meineid stehen zwei Jahre! Es gibt einen Kronzeugen, der Sie widerlegen wird!«

»Ha, den möchte ich sehen!«

»Dazu brauchen Sie nur vor den Spiegel zu treten. Sie haben in Ihrem letzten Brief ausdrücklich gesagt, daß Frau Schenk vor, während und nach Ihrer Zeit sich ihre Liebhaber gekauft hat. Sie haben Frau Schenk in diesem Zusammenhang sogar als Nymphomanin bezeichnet.«

Faghera war blaß geworden. »Aber das... das habe ich doch nicht so gemeint«, stammelte er.

»Sie haben es sogar geschrieben! Und das dürfte wohl auch den Tatsachen entsprechen, denn sonst hätte Frau Schenk Ihnen im ›Hilton‹ nicht eine so schimpfliche Abfuhr erteilen können.« Er machte eine wohlüberlegte Pause und sagte dann, langsam und mit Nachdruck, um den andern zu überrumpeln: »Frau Schenk kennt nämlich den wirklichen Vater, einen spanischen Stierkämpfer.«

Dieser Schlag saß.

Faghera schwoll die Zornesader. »Ein Stierkämpfer! Natürlich ein Stierkämpfer – was denn sonst wohl? Dieses Weib!« zischte er. »Diese geile...«

»Sie brauchen den Ausdruck nicht zu wiederholen«, sagte Udo seelenruhig. »Im ›Hilton‹ haben ihn genügend Leute gehört. Und das hat wohl auch dazu beigetragen, daß Frau Schenk unverzüglich abgereist ist.« Er bot dem völlig verdutzten Faghera eine Zigarette an, lehnte sich zurück und sagte nach einer Pause: »Ich glaube, wir sollten jetzt lieber über Ihre Probleme sprechen. Wollten Sie nicht nach Rio zurückfliegen?«

»Wovon? Ich besitze noch knapp fünfzig Mark. Morgen liege ich auf der Straße. Und das als Ausländer.«

»Herr Faghera, als Sie sich auf die Reise nach Europa machten, glaubten Sie, hier mit offenen Armen empfangen zu werden. Das war ein Irrtum, den ich als Mann sogar verstehen kann – aber jetzt sollten Sie unverzüglich zurückfliegen. Und ich bin angesichts Ihrer verzweifelten Situation persönlich bereit, Ihnen dabei zu helfen – wenn Sie meinen Vorschlag akzeptieren.«

Faghera horchte auf. Aber in seinen Augen lag etwas wie Mißtrauen.

»Hier im Haus befindet sich ein amtliches Reisebüro«, fuhr Udo unbeirrt fort. »Kommen Sie mit: Ich buche und bezahle Ihren Rückflug für diese Nacht und gebe Ihnen außerdem noch einen Verrechnungsscheck über fünfhundert Mark, den Sie in Rio – wohlgemerkt erst in Rio – sofort präsentieren können. Die ganze dumme Sache wäre damit aus der Welt geschafft. – Gewiß ein nobles Angebot.«

Faghera drückte nervös die Zigarette aus und starrte lange Zeit schweigend vor sich hin. Sollte es nicht möglich sein, doch 1000 Mark herauszuschlagen?

»Ein Angebot... meiner Tochter?« fragte er lauernd.

Udo erhob sich steif. Seine Geduld mit diesem Erpresser war erschöpft. »Sie sind offenbar nicht bereit, sich endlich von Ihrer absurden Idee zu trennen! Das ist Ihre Sache. Aber ich bin noch weniger bereit, mich auf dieser Ebene weiterhin mit Ihnen auseinanderzusetzen. Vielleicht überlegen Sie sich mein Angebot noch einmal in Ruhe. Es sei denn, daß Sie ein Gespräch mit dem Rechtsanwalt Ihrer angeblichen Tochter vorziehen.« Er verbeugte sich kühl und ging, ehe der andere noch recht begriffen hatte, daß das Gespräch zu Ende war.

Faghera sah zähneknirschend seine letzten Felle davonschimmen.

Daß Kling dieses Gespräch so abrupt beenden würde, hatte er nicht erwartet, aber er war gewarnt.

Der Stierkämpfer als Vater Mageritas konnte eine geschickte Erfindung sein; bei dem Männerverschleiß der Alten war diese Vaterschaft allerdings auch nicht ganz ausgeschlossen.

Die finanzielle Hilfe, die man ihm angeboten hatte, war nicht gerade verlockend. Man wollte ihn loswerden und war bereit, sich das etwas kosten zu lassen. Hier war der Angelpunkt.

Er blieb noch eine Weile sitzen, in der Hoffnung, Udo würde zurückkehren, doch dann erhob er sich und wankte hinaus. Seine Lage war inzwischen unerträglich geworden. Wenn er morgen nicht zahlte, lag er auf der Straße. Enttäuschung und ohnmächtige Wut machten ihn für den Rest des Tages kopflos.

Immer wieder suchte er nach einem neuen, einem letzten Ansatzpunkt, doch die bittere Erkenntnis blieb: Er hatte dieses Spiel verspielt. Er würde klein beigeben und – so bitter ihn das auch ankam – nach Brasilien zurückkehren müssen. Es sei denn...

Ein neuer Einfall ließ ihn hoffen. Ja, wenn ihm das gelang!

Der Portier des Arabellahauses hatte Faghera wiederholt versichert, daß Herr von Kling nicht im Hause sei und daß er auch nicht wisse, wann er wohl erscheinen werde.

Der Mann stand eine Weile ratlos herum. »Wissen Sie denn nicht, wo der Herr telefonisch zu erreichen ist? Es ist sehr dringend.«

Der Portier machte eine Geste des Bedauerns. »Herr von Kling kommt zu den verschiedensten Tageszeiten zurück. Manchmal sogar erst spät nach Mitternacht. Sie können aber eine Nachricht für ihn hinterlassen. Ich werde dann dafür sorgen, daß sie ihm sofort beim Betreten des Hauses übergeben wird.«

Faghera überlegte einen Augenblick. Was tun? Er betrat kurzentschlossen den Schreibwarenladen des Hauses, kaufte Briefpapier und setzte sich damit in die Empfangshalle. Das Ergebnis seiner Überlegungen übergab er dem Portier.

Udo hatte damit gerechnet, daß Faghera sich schon bald wieder melden und um ein weiteres Gespräch bitten würde, und war im Grunde froh, die Sache nun endlich aus der Welt schaffen und diese Wanze zurück nach Brasilien schicken zu können.

Er ging mit ihm nach einem sehr kurzen, kühlen Gespräch zum Reisebüro, buchte und bezahlte den Flug für den nächsten Tag und zog sein Scheckbuch. Die 1000 Mark sollten Faghera erst in Rio ausgezahlt werden, doch Faghera fand tausend und einen Grund, sich den Betrag anschließend bei der Deutschen Bank im Arabellahaus holen zu dürfen.

Udo hatte Bedenken. Faghera winselte und ließ und ließ nicht lokker. Seine Zähigkeit und Klebrigkeit ekelten Udo so an, daß er schließlich wütend nachgab.

Froh, die widerliche Angelegenheit damit erledigen zu können, schrieb er den Scheck aus. Faghera nahm ihn mit einem kaum unterdrückten Grinsen entgegen. Sein Plan war gelungen.

Udo verabschiedete ihn kühl. Rita würde aufatmen können.

Als Patrick ihr freudestrahlend von dem Ergebnis seiner Verhandlungen mit dem Ballettmeister berichtete, fühlte Rita zugleich die leichte Enttäuschung, die er zu überspielen versuchte.

»König in der Stadt oder Kaiser im Dorf?« sagte sie. »Du mußt selber entscheiden, was du willst. Du hast bei eurem Ballett eine große und sichere Position. Du bist allabendlich der Star, dem zugejubelt wird, und du hast eine gute Presse. Du hast eine Partnerin, die dich versteht und betreut und die du aufgeben, also praktisch sitzen lassen müßtest.«

»Ich habe selbstverständlich versucht, auch für sie ein Wort einzulegen. Leider...«

»Ich weiß. Aber ihre Chancen sind offenbar zu gering, als daß sie den Absprung wagen sollte. Außerdem steht auch sie vor der entscheidenden Frage, ob sie ihre sichere Position bei eurem Ballett aufgeben und das zweifellos große Risiko eingehen soll, in unserm großen Ballettkorps ein paar Stufen tiefer neu zu beginnen. Gute Tänzer sind rar, Tänzerinnen weniger.«

»Ich habe keine Wahl – du weißt es, denn du hast mir die Augen geöffnet und mir durch deine Fürsprache den Weg geebnet. Wenn ich es jetzt nicht wage, wer weiß, ob mir die Möglichkeit noch einmal gegeben wird und ob ich dann noch die Kraft und den Mut dazu finde.« Er straffte sich. »Ich werde so an mir arbeiten, daß ich in einem Jahr auch an diesem Theater wieder in der ersten Reihe stehen kann.«

Er sagte es mit einer Festigkeit, die Rita überraschte. Sie streckte ihm spontan beide Hände entgegen. »Dann sage zu! Wer so viel Vertrauen in das eigene Können hat, der schafft es auch.«

Eines Abends – es war kurz nach sechs, Gisi hatte ihre Bar gerade geöffnet – trat Winfrid ein.

Gisi erschrak. »Du?« Es klang nicht nach einer freudigen Überraschung, es klang eher nach einem tödlichen Erschrecken. »Winfrid – mein Gott, wie siehst du aus! Bist du krank? Wo kommst du her? Wo hast du denn die ganze Zeit gesteckt?« Aus Gisis Stimme schrie helles Entsetzen.

Er wagte nicht, ihr die Hand entgegenzustrecken. Er stand da wie erstarrt, graugrün in dem mageren Gesicht, mit einem müden Lächeln um die farblosen Lippen, die blonden Haare ungepflegt. »Gisi, ich seh' aus wie ein Penner; schmeiß mich nicht raus!« Es klang stumpf und dünn. Seine blauen Augen hatten allen Glanz verloren und irrten haltlos im Raum umher, er wagte nicht einmal, sie anzusehen.

Sie sagte nichts. Sie sah nur das elende Wrack eines Mannes, den sie im stillen trotz all seiner Fehler immer wieder mit den Augen eines verliebten Mädchens gesehen hatte – und immer mit der gleichen Sorge. Nun war das Schreckliche geschehen; sie hatte es all die Monate geahnt und gefürchtet.

Sie nahm ihn schweigend bei der Hand, führte ihn in eine dunkle Ecke der kleinen Bar und setzte sich zu ihm. »Darf ich dir ein Sandwich machen? Eine Tasse Kaffee oder Tee?« fragte sie besorgt.

Er sah schweigend vor sich hin und schüttelte den Kopf.

»Möchtest du sonst was?«

»Ich komme geradewegs aus Stadelheim. Ich war sechs Wochen in Untersuchungshaft.«

Gisi fühlte, daß sie sich in ihrem ersten Erschrecken falsch benommen hatte, und war nun vorsichtiger. Ohne auch nur die Spur einer Überraschung zu zeigen, sagte sie wie beiläufig: »Das kann auch dem Harmlosesten passieren. Was wollten sie dir denn anhängen?«

»Dealerei.«

»So was!«

»Ein Glück, daß sie mir's nicht beweisen konnten, aber die Else... die sitzt. Zwei Jahre, und diesmal ohne Bewährung. Bei der haben sie fünf Gramm Heroin gefunden. Dabei hatte sie das Zeug vorher noch zur Hälfte mit Traubenzucker verdünnt.«

Gisi schwieg betreten. Das waren erschreckende Geständnisse, und sie mußte sich zusammennehmen, um Winfrid naheliegende Vorwürfe zu ersparen.

Winfrid hatte offenbar damit gerechnet und sah Gisi fragend von der Seite an. »Du sagst ja nichts.«

»Was ich zu sagen hätte, weißt du. Lassen wir's also! Du bist wieder da, und ich bin froh, daß du wieder da bist. – Hast du schon Kontakt mit Udo und Zandel aufgenommen?«

»Bei dem schlechten Gewissen? Das trau' ich mich nicht. Die hab' ich doch regelrecht hängen lassen. Nein, Gisi, diese Chancen habe ich mir ein für allemal versaut.«

»Um Himmels willen, wie soll's denn dann weitergehen?«

»Das weiß ich nicht; aber mach dir darüber keine Gedanken. Irgendwie werde ich mich schon wieder hinkriegen.«

»Das klingt nicht sehr zuversichtlich. Udo ist in der Zwischenzeit öfters hier gewesen und hat dabei jedesmal nach dir gefragt...«

»...und mich zum Teufel gewünscht.«

»Daß er wütend war, ist wohl verständlich. Trotzdem haben wir beide uns große Sorgen um dich gemacht... Ich meine, daß du so bald wie möglich Kontakt mit ihm aufnehmen solltest. Er wird dir zwar nicht wie einem verlorenen Sohn vor Freude und Dankbarkeit um den Hals fallen, aber er ist ein feiner Kerl, und wenn einer bereit ist, dir zu helfen, dann er. Vielleicht hat er sogar eine Arbeit für dich, denn seit du weg warst, hat sich viel ereignet. Aber das soll er dir selber erzählen. Ich werde ihn jedenfalls gleich anrufen und ihm sagen, daß du wieder da bist.«

Winfrid machte eine hilflose Geste der Abwehr, doch Gisi war in Fahrt gekommen und handelte rasch. Winfrid sah, wie sie telefonierte. Es war ein sehr kurzes Gespräch. Dann verschwand sie irgendwo hinter der Bar, und schon wenige Minuten später stellte sie ihm einen Teller mit einem überreichlich belegten Sandwich und eine Tasse Kaffee vor die Nase.

»Jetzt iß erst mal was und mach dich auf einen schweren Krach mit Udo gefaßt; er wird in einer Viertelstunde hier sein und dir die Leviten lesen.«

Winfrid sah sie schweigend an. In seine Augen trat ein verräterischer Schimmer. Er streichelte kurz ihre Hand. »Daß es so was gibt wie dich ...«

...und so was wie dich – kaum zu glauben, was?« sagte sie lachend.

In der Tür erschienen die ersten Gäste. Offenbar Stammgäste. Er kannte sie vom Ansehen.

Gisi stand auf, um sie zu begrüßen. »Und nun hau rein! Ich habe zu tun.«

Gleich würde Udo kommen, der einzige Freund, den er vielleicht noch hatte...

Vielleicht?

Er hatte ihn noch. Das sah er schon, als Udo eintrat. Winfrid erhob sich und grüßte verlegen.

Udo legte beide Hände auf seine Schultern und besah ihn sich mit umwölkter Stirn von oben bis unten. »Hat diesmal ja eine Weile gedauert, du Rumtreiber! – Und wie lange willst du uns diesmal die Ehre geben?«

Sie setzten sich.

Winfrid atmete auf. Das war Udo, das war wieder der alte herzlich-rüde Ton, den er an ihm so liebte. »Udo, wenn du mir jetzt nicht den verdienten Laufpaß gibst – für immer.« Er sah ihm treuherzig in die Augen. »Ich war monatelang völlig weg. Ich war nicht mehr ich. Ich hing hilflos an der Nadel, und wenn die Kripo mich nicht eines Tages geschnappt hätte, hätte ich mir bestimmt den letzten Schuß gegeben... Daß sie mich schnappten, war meine Rettung. Ich bin kuriert. Die sechs Wochen U-Haft waren für mich zugleich eine harte Lehre und eine noch härtere, aber wirksame Entziehungskur. Das war die Hölle.«

»Den Himmel kann ich dir auch nicht anbieten, aber Arbeit unter meiner Fuchtel. Und die kennst du! Weniger die Arbeit als die Fuchtel.«

»Ist Zandel denn noch immer mit den Ausstellungen unterwegs?«

»Reden wir nicht davon. Bei dem hattest du einen dicken Stein im Brett, aber ob du dem noch einmal vor die Augen treten kannst? Ihn hat dein Verschwinden am stärksten getroffen. Ich wage bei ihm nicht einmal mehr deinen Namen zu nennen.« Udo besah sich Winfrid noch einmal kritisch von der Seite. »Siehst verdammt elend aus, aber das kriegen wir schon wieder hin. Wollen wir gleich um die Ecke, was essen?«

»Nein, danke. Die Gisi hat mir schon ein Sandwich gegeben. Ich kriege vor Aufregung kaum was runter.«

»Hast du eine Bleibe?«

»Ich liege auf der Straße.«

»Also gut. Jetzt holen wir deine Klamotten, und dann kommst du mit zu mir.«

»Klamotten is nich.« Er wies mit dem Kopf auf das kleine Bündel an seiner Seite. »Das ist der jämmerliche Rest. Alles in Stadelheim für Zigaretten verkimmelt.«

Udo erhob sich. »Heut bring' ich dich noch bei mir unter, und morgen mieten wir für dich ein Studio im Arabella. Tagsüber müßtest du dann am Bau sein. Ich brauch' da sowieso einen, auf den ich mich verlassen kann.«

»An welchem Bau?«

»Wir haben inzwischen ein Haus gekauft und bauen um.«

»Und du meinst, daß du dich trotz all dem Mist, den ich gebaut habe, auf mich verlassen kannst?«

»Ich riskier's. Aber nun verabschiede dich von Gisi und erzähl mir unterwegs, weshalb du damals so plötzlich in der Versenkung verschwunden bist.«

»Da gibt's nicht viel zu erzählen. Ich bin wieder mal auf die Else reingefallen. Regelrecht reingefallen. Ich hing wieder an der Nadel und war völlig von ihr abhängig. Es ging mit mir rapide bergab. Ich sah das selber, doch ich konnte nicht dagegen an. Und wenn die Polizei sie nicht erwischt hätte...«

»Sie sitzt also?«

»Zwei Jahre ohne Bewährung.«

»Das läßt mich hoffen«, sagte Udo.

»Und du, Herr Malermeister? Ruhst du dich immer noch auf den Lorbeeren aus?«

»Kaum bist du draußen – schon riskierst du wieder deine freche Berliner Klappe. Aber damit du diese Nacht gut schlafen kannst: Zwei Porträts und sechs Bilder für New York.«

»Mensch Udo – dann wird da ja schon bald eine Ausstellung fällig!«

»Und du denkst, der Zandel nimmt dich dann wieder mit!«
Winfrid kratzte sich verlegen hinter den Ohren...

Udo hatte es nicht einen Tag zu bereuen, daß er Winfrid mit der Beaufsichtigung der Bauarbeiten betraut hatte. Winfrid war jeden Tag pünktlich am Bau, berichtete ihm allabendlich über den Fortgang der Arbeiten, klärte dabei auftretende Fragen und nahm seine Aufgabe so ernst, daß unnötige Verzögerungen vermieden wurden und die Arbeiten zügig vorangingen.

Udo brauchte sich infolgedessen kaum um den Bau zu kümmern, zumal Winfrid von Tag zu Tag sicherer wurde und schon bald viele Einzelfragen selbständig entscheiden konnte.

Es genügte, daß Udo jeden zweiten Sonntag mit Winfrid hinausfuhr und sich von dem Fortgang der Arbeiten ein Bild machte. Udo war damit eine Sorge abgenommen, die ihn in den letzten Monaten von der eigenen schöpferischen Arbeit so stark abgelenkt hatte, daß seine aussichtsreichen New Yorker Verbindungen ins Stocken geraten waren.

Rita hoffte, ihr Kind schon in dem neuen Heim zur Welt bringen zu können. Als ihr klar wurde, welche Hilfe Winfrid sein konnte, riet sie Udo, ihm einen Assistentenvertrag anzubieten, der auch über die Zeit der Bauarbeiten hinausreichen sollte.

Winfrid merkte schon nach wenigen Wochen, daß Udo ihm eine Arbeit anvertraut hatte, die ihn nicht nur fürs erste über Wasser hielt, sondern daß der später angebotene großzügige Vertrag ihm endlich eine gesunde Lebensgrundlage garantierte.

So innerlich gefestigt, wagte er eines Tages einen Besuch bei Zandel, um ihn um Verständnis und Verzeihung zu bitten.

Der alte Galerist wußte, daß Winfrid endlich zurückgefunden hatte, aber es fiel ihm schwer, die bittere Enttäuschung und die großen Schwierigkeiten zu vergessen, die Winfrid ihm damals bereitet hatte.

Die Enttäuschung wog doppelt so schwer, weil er in Winfrid nicht nur einen wertvollen Helfer, sondern sogar etwas wie einen Sohn und Nachfolger gesehen hatte.

»Die Ausstellungen in Düsseldorf, Köln, Bonn und Frankfurt sind ein großer Erfolg gewesen«, sagte Zandel, und es klang, als wollte er sagen: »Du siehst, es geht auch ohne dich.«

Winfrid fühlte, was in dem alten Freund vorging, und verließ ihn nach dem ersten kurzen Besuch in gedrückter Stimmung, fest entschlossen, sein Vertrauen und seine Sympathie mit der Zeit zurückzugewinnen...

Die Amerikaner drängten.

»Durch die Aufnahme Ihres Gemäldes ins ›Museum of Modern Arts‹ und die Ausstellung Ihrer fünf Bilder in meiner Galerie ist der Boden hier für Sie aufs beste vorbereitet. Man erwartet mehr zu sehen. Vor allem auch Sie selber. Fast täglich fragen Reporter der Presse und des Fernsehens nach Ihnen. Es wäre schädlich, das derzeitige große Interesse an Ihnen nicht zu nutzen; New York kann auch schnell jemanden vergessen. Wann darf ich Sie erwarten?«

Dieses Telegramm wirkte wie eine Peitsche. Udo mußte einsehen, daß die längst geplante und immer wieder verschobene New-York-Reise nicht länger aufgeschoben werden konnte.

Bisher hatte er einen gewichtigen Grund gehabt: den Umbau des Hauses, aber, seit Winfrid sich so überraschend gut eingearbeitet hatte, nicht mehr. Und Rita war erst im siebten Monat; er brauchte sie also in ihrer schweren Stunde nicht allein zu lassen. Sie hatte keine Bedenken und riet ihm zu.

Als er Zandel das Telegramm vorlas, reagierte der erfahrene Galerist sehr schnell und energisch. »Wir können morgen abend fliegen. Ich lasse sofort fünf weitere Bilder packen und schon heute als Luftfracht auf den Weg bringen.«

Udo fühlte sich leicht überfahren – aber er ergab sich in sein Schicksal.

Winfrid zerdrückte eine heimliche Träne. »Eine Ausstellung in New York – und ich muß das Haus hüten!«

»Das hast du dir selber eingebrockt!«

»Und wenn ich plötzlich vor einer Frage stehe, die ich ohne dich nicht entscheiden möchte?«

»Dann strenge deinen Hirnkasten an und entscheide ohne mich!«

»Das heißt selbstherrlich.«

»Gegebenenfalls sprich mit meiner Frau darüber.«

Die Sache war entschieden. Am Abend saßen Udo und Zandel schon in der Maschine nach New York.

Der New Yorker Kunsthändler hatte Nägel mit Köpfen gemacht: Schon bei der Landung wurden Udo und Zandel von Reportern überfallen.

»Baron Dr. Udo von Kling, das größte Genie am europäischen Künstlerhimmel«, so kündigte der Amerikaner ihn an.

Udo drehte sich der Magen um. Zandel fühlte den Erdboden unter sich schwanken. Weiß Gott, das war zu viel des Guten!

Irrtum: War es nicht. Der starke Tobak tat seine Wirkung, und als der New Yorker Galerist sogar durchblicken ließ, Udo habe es in wenigen Monaten zum Millionär gebracht, wagte auch der skeptischste Kunstkenner nicht mehr, an seiner Bedeutung zu zweifeln. Udo erschien in allen Zeitungen und in Dutzenden von Fernsehsendungen.

»Seiner inzwischen weltberühmt gewordenen Gemäldeserie ›Münchener Typen‹ wird der Künstler nun eine noch größere Serie New Yorker Typen folgen lassen«, versprach der Kunsthändler.

Udo und Zandel hatten ihn anfangs zu bremsen versucht, aber da im Leben nun einmal der Erfolg entscheidet – und der war eindeutig auf seiner Seite –, ergaben sie sich in ihr amerikanisches Schicksal...

Erst als der Presse- und Fernsehrummel abgeklungen war, konnte Udo an die Arbeit, das heißt auf Typensuche, gehen. Dabei führte ihn der Amerikaner, von einem Polizisten in Zivil begleitet, in alle Bezirke von Greenwich Village, durch das elegante Stadtzentrum mit dem verrufenen Central Park, nach Harlem und der verfallenden Bronx.

Udo fand schon in der ersten Woche Dutzende großartiger Typen, die für ein paar Dollar bereit waren, sich geduldig in jeder gewünschten Position fotografieren zu lassen. Mit fünf Filmen zu je sechsunddreißig Aufnahmen hatte er genug Unterlagen, um in seiner Hotelsuite unverzüglich mit der Arbeit beginnen zu können.

New York und sein Menschengemisch imponierten ihm – aber sie waren ihm zugleich auch ein bißchen unheimlich. Er legte deshalb keinen Wert darauf, die Stadt intensiver kennenzulernen, als für seine Arbeit notwendig war, und lehnte fast alle privaten Einladungen prominenter Bewunderer ab.

Die Bauarbeiten in München gingen inzwischen langsam ihrem Ende zu. Nun konnte mit der Innenausstattung begonnen werden. Da alle grundsätzlichen Fragen mit dem Innenarchitekten längst geklärt waren, die Maler und Tapezierer ihre Arbeit begonnen hatten und die vorgesehenen Möbel bereitgestellt waren, begann für Winfrid eine Zeit, die ihm ein besonders hohes Maß an Aufmerksamkeit abverlangte, denn ein altes Volkssprichwort behauptet, der Handwerker Nummer zwei reiße mit dem Hintern ein, was der Handwerker vor ihm mit den Händen mühsam aufgebaut habe.

Die Wahrheit dieses Sprichwortes sollte Winfrid zu seinem ständigen Ärger immer wieder bestätigt sehen. Und das gab dann ständig Auseinandersetzungen mit den verschiedenen Berufsgruppen...

In diesen Tagen erhielt Rita wieder einen Brief aus Berlin, der sie aufs neue beunruhigte. Der Notar, der mit dem Verkauf der Berliner Häuser beauftragt worden war, teilte ihr kurz mit, die Versteigerung sei inzwischen erfolgt. Da sie keinerlei Ansprüche auf persönliche Sachen erhoben habe, sei der Vorgang damit abgeschlossen.

Rita rief sofort in Berlin an, in der Hoffnung, nun die Anschrift ihrer Mutter zu erfahren. Doch sie erhielt dieselbe Antwort wie schon Monate vorher: Da Frau Schenk sich zur Zeit auf einer Weltreise befinde und keinen festen Wohnsitz habe, laufe die Korrespondenz über das Büro eines südamerikanischen Anwalts. Außerdem sei auch ihm – nach Abschluß der Verhandlungen – die jetzige Adresse seiner Auftraggeberin unbekannt.

Ritas Mißtrauen und ihre Sorge erhielten damit neue Nahrung. Das Millionenvermögen der Mutter, auf das sie unter normalen Umständen ein gewisses Erbrecht gehabt hätte, war inzwischen ins Ausland transferiert und für sie allem Anschein nach so gut wie verloren.

Als sie Udo bei einem Telefongespräch über den Bescheid des Berliner Anwalts berichtete, versuchte er, sie zu beruhigen, doch das Gefühl, in dieser Sache etwas tun, das heißt, vor allem ihre Mutter warnen zu müssen, ließ sie nicht mehr los.

New York war für Udo eine Zeit harter, aber ungewöhnlich interessanter Arbeit. So besessen hatte er nicht einmal an seiner Münchener Serie gearbeitet. Es war, als sei ein neuer Schaffensrausch über ihn gekommen.

Die Typen des New Yorker Rassengemischs, die er schließlich aus der Überfülle wählte, standen den Münchener Typen an Intensität und Originalität nicht im geringsten nach. Schon die ersten fertigen Gemälde versetzten den New Yorker Galeristen in einen Taumel der Verzückung. Er hätte Udo am liebsten gleich eine eigene Wohnung verschafft, um ihn möglichst lange an New York zu fesseln.

Zandel war schon bei Beginn der dritten Woche zurückgeflogen. Udo wollte zunächst nur vier Wochen bleiben, doch der Fortgang seiner Arbeit hatte ihn so gepackt, daß er den Termin immer wieder vor sich herschob.

Rita hörte aus jedem seiner Telefonanrufe heraus, wie glücklich er bei seiner Arbeit war; er fragte sie dann und wann besorgt, ob er wohl in Anbetracht ihres Zustands noch »ein paar Tage« länger bleiben könne.

Sie beruhigte ihn dann guten Gewissens mit dem Hinweis, daß auch ihr Hausarzt keinen Grund zur Besorgnis sehe. Es gehe alles seinen rechten Weg, und wenn es nicht irgendeine unerwartete Schwierigkeit gebe, werde ihr Kind schon in dem neuen Heim zur Welt kommen, denn Winfrid zeige sich seiner Aufgabe nach wie vor gewachsen. »Ich lasse mir ab und zu von ihm berichten und lade ihn dann jedesmal zum Abendessen ein. Ein Glück, daß wir ihn haben!«

Der New Yorker Galerist besuchte Udo täglich, um sich nach seinen Wünschen zu erkundigen, immer in Sorge, daß Udo eines Tages seinen Pinsel beiseite legen und nach Europa zurückfliegen würde.

Dieser Tag kam, als Udo ihm sein achtes Gemälde übergeben konnte. Es war das Bild eines etwa achtzehnjährigen nackten Italieners, der versunken auf einem Felsbrocken des Central Park hockte, im Hintergrund schwach angedeutet die Silhouette der 58. Straße. Ein Bild von unerhörter erotischer Ausstrahlung.

»Ich werde morgen zurückfliegen und in München sofort weiterarbeiten«, sagte Udo. »Der Öffentlichkeit wollen wir die Bilder aber erst zeigen, wenn wir eine in sich geschlossene Serie vorlegen können. Ist das klar?«

»So ist es mit Herrn Zandel vereinbart. Ihre anderen Bilder werde ich inzwischen ausstellen. Drei sind schon verkauft, ich gebe sie aber erst weg, wenn ich Ihre neue Serie ankündigen kann.«

Abends führte er seinen Gast ins Lincoln Center, wo Bernstein die Gershwin-Oper »Porgy und Bess« dirigierte. Am nächsten Morgen brachte er ihn zum Flughafen.

Winfrid holte Udo am Flughafen ab. Dieser sah schon auf den ersten Blick, wie sehr sich Winfrid in den zwei Monaten verändert hatte. Er war körperlich erholt und gepflegt wie in seinen besten Tagen, gut und unauffällig gekleidet und von einer Haltung, die in einem verblüffenden Gegensatz stand zu dem Bild des Jammers, mit dem er ihm nach seiner Entlassung in Gisis Bar gegenübergetreten war.

Auf dieses Wiedersehen hatte Winfrid sich unbändig gefreut. Vor allem, weil er nun dem Freund, dem einzigen Menschen, der auch in den dunkelsten Tagen seines Lebens treu zu ihm gehalten hatte, mit einem gewissen Stolz gegenübertreten konnte. Und dieser Stolz war ihm anzusehen.

Das war der Winfrid, wie Udo ihn sich wünschte: ein kluger Freund und Mitarbeiter, mit dem er sich überall sehen lassen konnte.

»Teufel , Teufel, was hast du aus dir gemacht!« sagt er bewundernd, während sie sie sich mit drei schweren Koffern durch die Halle schleppten und draußen auf ein Taxi warteten.

Winfrid warf sich gewaltig in die Brust. »Ja, Herr Professor, es wächst der Mensch mit seinen höheren Zielen. – Hat das nicht schon Goethe gesagt?«

»Der hat so ungeheuer viel gesagt, daß ich ihm auch das zutraue. Und deine höheren Ziele? Komm auf den harten Boden der Tatsachen zurück: Wann können wir einziehen?«

»Spätestens an Werners Geburtstag.«

»Werner? Wer ist denn das?«

»Dein Herr Sohn.«

»Aha! Das sind zwei Überraschungen. Bißchen viel auf einmal! Woher die Weisheit?«

»Von der hochverehrten Frau Professor. Sie war heute morgen in der Klinik. Die Ultraschall-Untersuchung hat es zweifelsfrei an den Tag gebracht.«

»Ultraschall-Untersuchungen gibt es doch noch gar nicht! Die werden doch erst noch erfunden.«

»Große Geister stört das nicht. Jedenfalls wissen wir nun, was für ein Individuum in ein, zwei Wochen auf uns zukommt.«

Udo setzte den Koffer ab. »Jetzt Schluß mit der Frotzelei: Ist das amtlich?«

»Rita hat mir aufgetragen, es dir als Empfangsgeschenk brühwarm zu servieren. Es ist ein Junge.«

Das Taxi fuhr vor. Der Fahrer sprang heraus und öffnete den Kofferraum.

»Ein Junge! Mensch Windhund, heut besauf' ich mich!« Während Udo dem Fahrer den dritten Koffer reichte, musterte er Winfrid skeptisch von der Seite. »Und Werner? Wieso Werner? Ich kenne keinen Werner. Dann könnten wir ihn ja auch Winfrid nennen! Fänd' ich schöner.«

»Fänd' ich schlechter.«

»Aber Werner? Wie kommt Rita bloß auf Werner?«

»Sicher eine verflossene Jugendliebe«, sagte Winfrid trocken. »Die Herzen der Frauen sind unergründlich.«

»Was du nicht sagst! Könnte auch von Johann Wolfgang sein. Ritas einzige Jugendliebe bin ich – und ich bin noch lange nicht verflossen!« stellte Udo fest, während sie in den Wagen kletterten.

»Rührt mich, wenn du damit sagen willst, daß du drüben nicht gefaulenzt, sondern etwas für dein Fortleben nach dem Tode getan hast!«

»Hab' ich. Und nun erzähl, was du so am Bau verbrochen hast.«

Winfrid berichtete, weniger sachlich als dramatisch.

Udo hörte staunend zu. »Bursche, du machst dich. Wenn du jetzt auch noch vergißt, daß es neben liebenswerten Frauen auch liebenswerte Kerle gibt...«

»Schwer. Damit rührst du an meine heiligsten Gefühle. Das steckt nun einmal in mir drin, wie in dir der Hang zur Pinselquälerei, Herr Professor!«

»Werner. Die glückliche Geburt eines gesunden Jungen zeigen hocherfreut an...«

Sie waren zwar hocherfreut, aber sie zeigten es trotzdem nicht an. Schauspielerinnen und sogar Schauspieler halten so was gern geheim; sie wissen, weshalb.

Aber »Werner«?

Weshalb ausgerechnet Werner? Es gab doch weit und breit keinen Werner, der da heimlich mitgemischt haben konnte.

Rita hatte diesen Vornamen nur gewählt, weil sie ihn besonders schön fand. »Werner von Kling«, das sei Musik in ihren Ohren.

Udo fand diese Erklärung zwar »echt Frau«, hatte aber nichts dagegen. Er hätte nur was gegen Siegfried, Caesar, Alexander oder ähnliche Vornamen gehabt, mit denen ehrgeizige Mütter ihre Söhne behängen, ohne darüber nachzudenken, wie es wohl wirkt, wenn sich der Herr Sohn weder zum schlagkräftigen Recken noch zum Geisteshelden entwickelt, sondern sich später mit seinem anspruchsvollen Vornamen als armes Würstchen durchs Leben schlängeln muß.

Drei Tage vor der Geburt des Kindes hatte Rita das neue Heim bezogen. Winfrid hatte es mit Hängen und Würgen geschafft, daß wenigstens die beiden Schlafzimmer und die Küche bewohnbar waren und Udo sein Malgerät aus dem Arabellahaus ins eigene Atelier schaffen konnte. Es war zwar alles noch recht neu und ungewohnt und roch nach Farbe, doch was wog das schon gegenüber der befreienden Gewißheit, endlich im eigenen Haus zu sein.

Werner war von seiner Umgebung nicht zu beeindrucken. Er schrie rücksichtslos bei Tag und bei Nacht, nuckelte wie ein Elefantenbaby und machte die Windeln naß.

Rita fand ihn und alle seine Lebensäußerungen wundervoll. Sie hielt ihren ungestümen Sprößling – wie alle Mütter – für das schönste Kind der Welt und war davon auch nicht abzubringen, als der Vater lachend feststellte, daß Werner seine abstehenden Ohren geerbt hatte. Mütter sind nun mal so. Udo dagegen besah sich den Kleinen manchmal mit seltsam kritischen Augen. Wir hätten kein Kind haben sollen, dachte er dann insgeheim, doch das Lachen in den Augen des Jungen ließ ihn diese Sorgen immer wieder schnell vergessen. Er liebte seinen Jungen und war dennoch heilfroh, sich vor seinem zuweilen unbändigen Geschrei in den recht großzügig gestalteten Atelieranbau zurückziehen zu können...

Eine kleine Geburtstagsfeier hatte sich trotz des noch reichlich rohen Rahmens und trotz aller äußeren Umstände nicht umgehen lassen. Aus diesem Anlaß erschien außer dem Theaterintendanten und seiner Frau selbstverständlich auch Herr Zandel, und mit ihm ein gewisser Rechtsanwalt namens Florath, den Zandel ihm schon wiederholt dringend ans Herz gelegt hatte.

Udo hatte was gegen Rechtsanwälte und war einer solchen Zusammenkunft immer ausgewichen. Doch Zandel hatte den Advokaten einfach mitgebracht.

Udo und Florath fanden einander durchaus sympathisch, und als Zandel dann mit der schrecklichen Tatsache herausrückte, daß der nette, ungewöhnlich kunstverständige Herr ein Rechtsverdreher sei, war es schon passiert. Die vielen, zum Teil weltumspannenden Verträge seiner Frau mit Filmgesellschaften, Schallplattenfirmen, Theatern und Managern drohten Udo schon lange über den Kopf zu wachsen, und seine eigenen immer komplizierter werdenden Verträge mit den Verlegern und Galeristen in Europa und Amerika hatten ihm zuweilen auch schon tiefe Sorgenfalten auf die Stirn gezeichnet. Die Festung war sturmreif.

Die menschlichen Qualitäten Floraths, allen voran seine Sachkenntnis und Besonnenheit, wirkten in dieser Zeit einer stürmischen künstlerischen Entwicklung wie Balsam. Verträge, die unter seiner Mitwirkung so weit wie möglich berichtigt oder ergänzt werden konnten, sowie alle neuen Verträge waren hieb- und stichfest.

Die Spannungen zwischen Winfrid und Zandel waren natürlich ein Problem besonderer Art. Udo hatte sich vorgenommen, es bei dieser Gelegenheit in Ordnung zu bringen, denn die Arbeit, die er für Winfrid hatte, würde eines Tages zu Ende gehen, und dann...

Zandel kam ihm an diesem Abend mit der Frage entgegen, wie Winfrid sich in seinem neuen Arbeitsfeld zurechtgefunden habe.

»Besser, als ich je zu hoffen wagte, denn zuerst wollte ich dem armen Hund nur helfen, aber inzwischen ist er mir am Bau unentbehrlich geworden. Er ist fleißig, zuverlässig und paßt auf wie ein Schießhund. Nur schade, daß ich ihn eines Tages nicht mehr beschäftigen kann und daß Sie leider das Vertrauen in ihn verloren haben...«

»Vertrauen hin, Vertrauen her – die Portokasse hat er ja nicht geplündert, und abgerechnet hat er auch exakt, aber daß er mich damals in der schwersten Arbeit wegen eines Frauenzimmers hat sitzen lassen und daß ich deshalb eine Stinkwut auf ihn hatte, ist wohl zu verstehen.«

»Und ob! Ich war nicht weniger wütend. Wenn er nach der Entlassung nicht einen so bejammernswerten Eindruck gemacht hätte, hätte ich ihm am liebsten das Fell gegerbt.« Udo machte eine Pause und beobachtete die Wirkung seiner Worte auf Zandel. Dieser hatte beide Hände wie schützend um sein Glas gelegt und warf einen kritischen Blick auf den in der Nähe stehenden Winfrid.

Udo fuhr fort: »Wir wußten zwar alle, daß er drogengefährdet war, und haben ihn damals so weit wie möglich unter Kontrolle gehalten, aber dann kam dieses verdammte Frauenzimmer...«

»...sogar zu mir in die Galerie – eine Frechheit!«

»Ja und dann...« Udo atmete tief durch: »Die Liebe, die Liebe...«

»Ich glaube nicht einmal, daß es das war. Er wirkte nach diesem Besuch merkwürdig bedrückt und hat mit mir auch kein Wort darüber gesprochen, obwohl er wußte, daß er bei mir Vertrauen und Verständnis fand. Schon am nächsten Morgen blieb er weg. Hinter der Sache hat bestimmt irgendwas anderes gesteckt...«

»Er erzählte mir kürzlich, daß er sich eines Tages Mut angetrunken und sich bei Ihnen persönlich entschuldigt habe.«

»Entschuldigt, entschuldigt, als ob man so was mit ein paar Phrasen aus der Welt schaffen könnte!«

»Daß Sie ihn fallen gelassen haben, schmerzt ihn mehr als alles andere, denn er hat wohl in Ihnen so was wie einen väterlichen Freund gesehen.«

»Bin ich ihm das nicht gewesen? Der Bursche brachte doch alles mit, was ich mir immer gewünscht hatte. Ich war froh, ihn gefunden zu haben, und dann das!« Zandel schüttelte verständnislos den Kopf.

Winfrid hatte das Gespräch der beiden aufmerksam beobachtet. Er fühlte, daß über seine Zukunft gesprochen wurde, und starrte besorgt in sein Glas, denn daß seine Arbeit in diesem Hause bald zu Ende gehen würde, war ihm klar.

Was dann? Wieder zurück in das alte »Geschäft«? Ihn schüttelte es bei dem Gedanken.

»Hallo, Windhund!«

Das war der Kosename, den ihm Udo nur bei bester Laune gab. Er war in diesem Augenblick Musik in seinen Ohren. »Allergehorsamster Diener, Herr Professor.« Er trat mit übertriebenen Verbeugungen näher.

»Komm, setz dich mal zu uns. Und zwar zwischen uns; wir haben mit dir zu reden. Du kannst dein Glas ruhig mitbringen.«

Winfrid setzte sich und sah fragend nach links und rechts. Es waren keine allzu freundlichen Gesichter, in die er dabei sah.

Zandel sah starr geradeaus, als ginge ihn das Ganze nichts an.

Udo schwieg eine Weile und sagte dann: »Wir haben uns darüber unterhalten, was nun werden soll, wenn die Arbeit hier zu Ende geht. Kurz und gut: Möchtest du die Arbeit wieder aufnehmen, die du damals einfach hingeschmissen hast?«

»Du meinst, bei Herrn Zandel?« Winfrid sah zu Zandel hinüber, erblickte aber nur sein starres Profil. Das sah nicht sehr gut für ihn aus. »Ob ich möchte, steht doch gar nicht zur Diskussion. Ich fürchte, daß Herr Zandel jedes Vertrauen in mich verloren hat – und das kann ich sogar verstehen.«

Zandel sah ihm plötzlich voll ins Gesicht. »Mit einem Drogensüchtigen will ich nichts mehr zu tun haben, das eine Mal hat mir gereicht.«

»Ich bin kuriert – das schwöre ich Ihnen.«

»Das schwören sie alle.«

»Ich weiß«, sagte Winfrid kleinlaut.

»Andererseits sagt Udo, daß Sie sich jetzt monatelang tadellos gehalten haben. Wenn ich das als eine Art Garantie für die Zukunft betrachten könnte...«

»Dafür lege ich meine Hand ins Feuer«, sagte Udo fest. »Nehmen Sie ihn wieder, auch mir zuliebe! Sie werden es bestimmt nicht bereuen.«

»Ich hoffe es!« Zandel streckte Winfrid die Hand entgegen. »Also gut, versuchen wir's noch mal!«

Winfrid schlug ein, und Udo legte seine Hand dazu. Es sah fast wie der Rütli-Schwur aus.

»In sechs Wochen starte ich eine Wanderausstellung durch sechs französische Städte«, sagte Zandel. »Sie wissen, was das heißt.«

»Viel Arbeit – aber auch viel zu sehen!« ergänzte Udo. »Dafür verlasse ich sogar Frau und Kind und komme eine Weile mit.«

Winfrid wurde merkwürdig still.

»Hast du was?« fragte ihn Udo.

Winfrid drückte ihm heimlich die Hand. »Kannst du mich das noch fragen? Jetzt möcht' ich bloß noch flennen...«

Die sechs nächsten Jahre flogen nur so dahin. Jahre, in denen ihr Leben sich langsam festigte und in ruhigeren Bahnen floß. Der Erfolg blieb ihnen treu.

Ihr Leben hatte eine solide Grundlage. Es gab keine beruflichen Probleme, die nicht im Handumdrehen gemeistert werden konnten, und schon gar keine menschlichen. Ihre Ehe war harmonisch. Sie hatten ihren Jungen. Er war das Zentrum der kleinen Familie. Er lernte laufen und sprechen wie alle Kinder. Er beschäftigte sie, er quälte sie, er forderte sie, er machte ihnen täglich Freude und fast täglich die üblichen kleinen Sorgen.

In all diesen Glücksjahren hörte Rita nichts mehr von ihrer Mutter; es war, als hätte sie ihre Spuren absichtlich verwischt. Selbst Florath gelang es nicht, ihren Aufenthaltsort zu erfahren...

Dagegen erfuhr Udo eines Tages aus einer Zeitungsnotiz zu seiner Bestürzung, daß man in Frankfurt einen Brasilianer namens Faghera wegen Drogenhandels festgenommen hatte. Er war also nicht nach Brasilien zurückgekehrt.

Das Reisebüro bestätigte Udos Verdacht, daß Faghera den von ihm bezahlten Flug damals nicht angetreten und das Fluggeld noch am selben Tag zurückerhalten hatte.

Udo verschwieg Rita die beunruhigende Neuigkeit in der Hoffnung, von diesem Schmarotzer auch in Zukunft verschont zu bleiben...

Aber Gisi erregte dann eines Tages große Aufregung mit der Behauptung, dem sogenannten Professor begegnet zu sein. Er sei sehr elegant und teuer gekleidet gewesen und habe sich, als er sich trotz seines vielleicht nur angeklebten Schnurrbartes von Gisi erkannt und beobachtet sah, schnell in ein Warenhaus geflüchtet.

Alarm! Sollte Ariane Schenk mit ihrem Liebhaber nach München zurückgekehrt sein? Udo telefonierte alle in Frage kommenden Hotels an, doch Ariane Schenk war anscheinend nirgendwo abgestiegen.

Sie besuchten Gisi noch am selben Abend in ihrer Bar und fragten nach Einzelheiten. Vergeblich: Mehr als die Tatsache, daß der »Professor« einen dunkelblauen Anzug mit Nadelstreifen getragen hatte, wußte Gisi nicht zu berichten. Trotzdem schwor sie Stein und Bein, ihn erkannt zu haben, und sie war nicht davon abzubringen, daß dieser Mann – der Besitzer des goldenen Feuerzeugs – nicht nur die alte Frau Gandert, sondern auch Ariane umgebracht und sich in der Zwischenzeit ihr gesamtes aus Deutschland abgezogenes Vermögen angeeignet hatte.

»Der Kerl muß unverzüglich der Polizei übergeben werden«, ereiferte sie sich.

»...und vor Gericht gestellt werden!« pflichtete Rita ihr bei.

Udo war skeptischer. »Also erst mal finden. Die Nürnberger hängen keinen – sie hätten ihn denn! Weshalb sollte er sich statt im fernen Süden hier in München herumtreiben? Ihr seht am Ende nur Gespenster!« versuchte er die Frauen zu beruhigen.

Trotzdem – um des lieben Friedens willen – bat er Winfrid, sich bei Zandel für ein paar Tage freizumachen.

»Das heißt, ich soll die Nadel in einem Heuhaufen suchen. Es gibt doch nicht den kleinsten Anhaltspunkt dafür, wo sich der Kerl aufhalten könnte«, sagte Winfrid. »Aber bevor ich mitansehe, daß euer Haussegen deswegen schief hängt...«

Er suchte drei Tage und drei halbe Nächte lang. Einem ebenso naheliegenden wie kühnen Einfall folgend wagte er sich dabei sogar auf den »Ball der einsamen Herzen«.

Den sogenannten Professor fand er auch dort nicht. Wohl aber wäre er von den liebeshungrigen Frauen beinahe erdrückt worden. Als sich schließlich zwei seinetwegen sogar in die Wolle kriegten, ergriff er die Flucht.

Blaue Anzüge mit Nadelstreifen fand er wohl ein Dutzend, aber in keinem von ihnen steckte der gesuchte »Professor«.

Das wirkte zwar etwas beruhigend, aber Gisi war von ihrer Überzeugung nicht abzubringen, und Rita wurde die Sorge nicht los, daß ihre Mutter eines Tages am Arm dieses »Professors« erscheinen und sie mit einem strahlenden Lächeln umarmen würde, so, als hätte man sich nur ein paar Wochen nicht gesehen.

Diese Sorge konnte allerdings jene andere, größere Sorge nur kurze Zeit überdecken, die schon vor mehr als einem Jahr begonnen hatte und fast von Woche zu Woche wuchs: Sie machte sich Sorgen um Udo.

Es war, als läge ein Schatten über ihm.

Er saß oft stundenlang grübelnd vor seiner Staffelei, fing ein Bild an, stellte es halbfertig zur Seite und begann ein anderes. So hatte er wohl ein Dutzend Bilder angefangen, aber nicht eines vollendet.

Manchmal zog er mitten in der Arbeit seinen Malerkittel aus und lief, die Hände auf dem Rücken verschränkt, im Park umher, manchmal warf er einen Pinsel fluchend in die Ecke, manchmal riß er ein eben begonnenes oder ein fast fertiges Bild wütend in Stücke.

Er war auf einmal – so schien es ihr – mit sich und seiner Arbeit unzufrieden. Er tobte und schimpfte zuweilen vor sich hin, sprach darüber aber nie zu ihr, als hätte er einen Kampf mit sich selber auszufechten, bei dem kein anderer ihm raten oder helfen konnte.

Er war von einer seltsamen Unruhe erfaßt, die ihn oft auch nachts nicht zur Ruhe kommen ließ.

Und dann die vielen geheimnisvollen Wochenendreisen, über die sie von ihm nie mehr als ein paar nichtssagende Worte zu hören bekam.

Trotz alledem war er zu ihr nach wie vor von schonungsvoller Zärtlichkeit, als wüßte er selber, wie schwer er mitunter zu verstehen war, und als wolle er sich deshalb unentwegt entschuldigen.

Oder sollte diese Zärtlichkeit nur der Ausfluß seines schlechten Gewissens sein, weil eine andere Frau dahinter steckte?

Rita fühlte immer mehr, wie er litt, und sie litt mit ihm.

»Hab noch etwas Geduld mit mir«, bat er sie eines Nachts. »Das geht zu Ende, und zwar schon bald.«

Rita horchte auf. Was wollte er damit sagen?

Doch er schwieg, als hätte er schon zu viel gesagt.

Für sie hatte das siebte Jahr ihrer Ehe begonnen. Das »gefährliche siebte Jahr«, und Rita hatte Angst vor diesem Jahr, in dem schon so oft zerbrach, was man einander im Rausch des ersten Glücks geschworen hatte: ewige Treue.

Rita fürchtete, daß Udo ihr entgleiten könne. Sie hatte bisher nie so recht darüber nachgedacht. Der tägliche Jubel ihrer Anbeter war wie ein Rauschgift gewesen.

Wenn eine andere Frau zwischen ihnen stand, was hätte sie dagegen tun können? Sie konnte dabei nur gefährden, was noch bestand. Und das war viel: Sie hatte ihren Jungen und Udo. Nicht nur seine Freundschaft. Wenn er sie zärtlich an sich zog, war er wie immer...

Das verflixte siebte Jahr! Konnte es sein, daß der Mann neben ihr sie eines Tages verließ? Undenkbar!

An jenem Tag, an dem für Udo eine Welt zerbrach, hatte Rita das Manuskript einer neuen Filmrolle studiert und sich dabei so festgelesen, daß sie sich beeilen mußte, um noch rechtzeitig ins Theater zu kommen.

Während sie ihren Wagen aus der Garage holte, kam Werner mit mordsmäßigem Geheul angelaufen. Er hatte sich im Park an einer Glasscherbe geschnitten und mußte schnell noch versorgt werden. Ruhe gab er erst, als das kleine, aber stark blutende Wehwehchen mit einem riesigen Verband umwickelt war.

»Wann kommt denn der Papa?«

»Dein Papa ist verreist.«

»Schon wieder?«

»Ja, schon wieder.«

»Nach Amerika?«

»Nein, diesmal nicht.«

»Warum bleibt er denn so lange weg?«

Rita wurde ungeduldig. »Das weiß ich nicht.«

»Warum weißt du das denn nie? Andere Papas sind immer zu Hause.«

»Aber Junge, die haben auch alle einen Beruf!«

»Hat unser Papa denn keinen Beruf?«

»Doch, doch, aber nun Schluß mit der Fragerei! Ich muß ins Theater. Geh und laß dich von der Mariandel ins Bett bringen.«

Umarmung, Küßchen und noch ein Küßchen.

Zehn verlorene Minuten, die ihr nun in der Garderobe fehlten.

Auf dem Schminktisch lagen, von der Garderobiere aus Langeweile liebevoll arrangiert, ein paar Blumensträußchen mit Autogrammbitten und ein kleines Paket. Es war ziemlich schwer.

Rita schob die Sachen mit einer raschen Handbewegung beiseite, musterte das Päckchen einen Augenblick und stutzte. »Was schickt mir mein Mann denn da? Ach nein, da schreibt doch einer nur genau wie er! Was einem die Leute alles so schicken...« Wahrscheinlich wieder ein dickes Autogrammbuch, in das sie ein Foto einkleben und was schreiben sollte.

Rita warf einen Blick auf die Uhr.

Jemand klopfte. »Frau Schenk, in fünf Minuten...«

»Ich weiß, ich weiß!«

Die Garderobiere zitterte. Während Rita mit ihrer Hilfe rasch ins Kostüm der Arizona-Lady schlüpfte und sich in aller Eile schminkte, keuchte die alte, asthmatische Frau vor Aufregung. Erst als Rita in letzter Sekunde die Garderobentür hinter sich zuwarf, atmete sie auf. »Geschafft!« Dann sank sie erschöpft auf ihren Hocker.

Der erste Akt der Kálmán-Operette lief nun schon seit vier Monaten mit der gleichen Präzision und mit dem immer gleichen Erfolg über die Bühne. Rita spielte und sang darin die Rolle einer aus Ungarn stammenden, von allen Cowboys umschwärmten, aber immer noch ledigen Rancherin. Es war eine Paraderolle, die ihr allabendlich den Jubel der Theaterbesucher eintrug und sich mit ihren Filmverpflichtungen nicht kreuzte.

Als sie am Ende des ersten Aktes den Beifall ihres Publikums entgegennahm, ahnte sie nicht, daß das der letzte Applaus ihres Lebens sein sollte...

Die große Pause nach dem ersten Akt dauerte gewöhnlich zwanzig Minuten. An diesem Abend dauerte sie nur eine Viertelstunde: Noch bevor die Klingeln das Ende der Pause ankündigten, erschütterte eine dumpfe Detonation das Haus.

Kurz darauf drang unter dem großen roten Vorhang dichter Qualm in den fast leeren Zuschauerraum. Der eiserne Vorhang senkte sich, um Bühnenhaus und Zuschauerraum feuersicher zu trennen, blieb aber zum Entsetzen der Hausfeuerwehr etwa einen Meter über dem Bühnenboden stecken.

Menschen sprangen von der Bühne herab in den Zuschauerraum, jemand schrie: »Feuer!« Die Besucher, die während der Pause auf ihren Sitzen verharrt hatten, sprangen auf und drängten in panischer Angst zu den Türen.

Die Menschen im Theaterrestaurant, auf den Treppen und Fluren erstarrten und sahen sich mit großen erschreckten Augen um.

Noch wußte niemand, was geschehen war. Erst das Aufkreischen einer hysterischen Frauenstimme löste die Erstarrung.

»Feuer!«

»Hilfe, Feuer!«

Das war der Beginn einer unbeschreiblichen Panik, die dann in wenigen dramatischen Minuten zu der folgenschwersten Theaterkatastrophe der Stadt führen sollte.

Gisi hörte von dem Unglück erst kurz nach elf, als zwei Theaterbesucher bei ihr erschienen und, noch völlig verstört, von ihrer panischen Flucht aus dem brennenden Theater berichteten, von hysterisch schreienden Frauen, von Männern, die sich mit Fäusten und Füßen brutal den Weg ins Freie erkämpft und dabei sogar Frauen und Halbwüchsige niedergetrampelt hatten.

Kurz nach Mitternacht erschien Winfrid, kreidebleich und in desolatem Zustand. Er hatte von dem Unglück gegen halb elf durch den Telefonanruf eines Freundes gehört, war sofort zur Unglücksstelle gefahren und über den Personaleingang bis hinter die Bühne vorgedrungen. Was er berichtete, ließ allen Anwesenden den Atem stocken: Tote und Verletzte und eine verzweifelt gegen den Brand ankämpfende Feuerwehr.

»Und Rita? Was ist mit Rita?« schrie Gisi.

Winfrid sank zusammen, stierte vor sich hin und schüttelte nur stumm den Kopf.

Gisi packte ihn bei den Schultern und schrie ihn an: »Was ist mit Rita? Ist sie gerettet? Hast du sie gesehen? Nun sag doch was!«

»Ja – in ihrer Garderobe...« Er schlug sich stöhnend die Hände vors Gesicht.

»Und? Und? Nun sag doch endlich was!«

Winfrid legte statt einer Antwort den Kopf in die verschränkten Arme und schluchzte wie ein Kind. Die Bargäste umdrängten ihn, verstört, verschreckt, völlig ernüchtert, und überschütteten ihn mit immer neuen Fragen.

»Und Udo?« bohrte Gisi.

»Seit ein paar Tagen irgendwo im Süden.«

Gisi brachte ihm einen Whisky. »Mein Gott, du siehst ja aus!«

Winfrid schob das Glas beiseite. »Wenn Udo das erfährt... Es war die Hölle.«

»Da muß doch was geschehen! Ein Telegramm! – Hast du die Adresse?«

Kopfschütteln.

»Und der Junge? Und das Haus? Entsetzlich, entsetzlich! Wir müssen uns doch kümmern!«

»Ja, kümmern«, lallte Winfrid wie ein Betrunkener. Dann sackte er in sich zusammen.

Die Presse schrie es am nächsten Morgen in Riesenlettern: »Gasexplosion in Theatergarderobe! Rita Schenk tot! Garderobiere auf Intensivstation. Sieben Schwer- und zwölf Leichtverletzte. Zahlreiche Opfer der entstandenen Panik.«

München stand unter einem Schock. Rita Schenk Opfer einer Gasexplosion?

Wie konnte es dazu kommen?

Fehlende Sicherheitsvorschriften? Versagte die Hausfeuerwehr?

Wer waren die Schuldigen?

Noch hingen Fragen über Fragen in der Luft, da erschienen die Abendausgaben mit den Schlagzeilen: »Erste Berichte vom Unfallort. Kriminalpolizei schaltet sich ein. Fünf Bühnenarbeiter und dreiundzwanzig Theaterbesucher in klinischer Behandlung. Verwirrende Aussagen der Verletzten. Widerspruchsvolle Darstellungen der Hausfeuerwehr, der Bühnenarbeiter und der Künstler.«

Erst die nächsten Morgenausgaben brachten eine gewisse Klärung. Der Polizeibericht meldete: »Keine Gasexplosion – Bombe in einem Postpaket! Riesiger Sachschaden. Theater für Monate geschlossen. Polizei fieberhaft auf der Spurensuche.«

»Ich bedaure aufrichtig, Ihnen das Verhör unter keinen Umständen gestatten zu können«, sagte der Chefarzt des Hospitals. »Die Frau liegt auf unserer Intensivstation mit schweren Verletzungen und lebensgefährlichen Brandwunden. Außerdem ist sie durch den Schock so verwirrt, daß ein Verhör ohnehin nichts hergeben würde. Wir selber konnten sie nicht einmal ansprechen und haben deshalb auch nur den Besuch ihrer Tochter zugelassen. Sie muß jeden Augenblick kommen.«

Abteilungsleiter Trenker warf den Hörer enttäuscht auf die Gabel zurück. Verdammt noch mal, jetzt hängen wir fest!

Dabei hatten die Männer seiner Spurensicherung saubere Arbeit geleistet. Doch was sie gefunden hatten, war so gut wie nichts. Das so überaus wichtige Verpackungsmaterial des Sprengsatzes war verbrannt, verkohlt, verdreckt, vom Löschwasser aufgeweicht und mit den Autogrammbitten zu einem unappetitlichen Paket verkleistert.

Jetzt waren seine Männer trotzdem dabei, Blatt für Blatt mit äußerster Akribie abzuheben, zu sichten, zu trocknen, damit auch nicht die winzigste Spur verloren gehen konnte – wenn es überhaupt noch eine gab.

Unterdessen wurden die verdammten Presseleute, die schon eine Stunde sein Vorzimmer belagerten, immer aufdringlicher.

Er mußte sich wohl oder übel äußern. Also gut. Er ging zu ihnen hinaus, brummte: »Verdammte Scheiße!«, forderte sie mit einem Wink auf, ihm zu folgen, und führte sie in das enge Labor, in dem seine Spürhunde bei der Arbeit waren. »Seht euch das an! Wenn wir in diesem Misthaufen noch etwas fänden, wäre es ein Wunder – aber... wir glauben an solche Wunder bis zur letzten Stunde – das ist die Religion unseres verdammten Berufs.«

Die Journalisten kannten und mochten ihn. Er war zwar hart und mitunter der reinste Brummstiefel – aber er versuchte nie, sie für dumm zu verkaufen.

»Also wieder mal ein hoffnungsloser Fall«, sagte einer der Journalisten, um ihn zu kitzeln.

»Du bist ein kluges Kind, hättest du nicht Lust, uns bei dieser Pusselarbeit ein bißchen zu helfen? Vielleicht steigen unsere Chancen dann ein wenig.«

»Nee, danke!«

Diese Lust reizte keinen seiner Besucher.

»Und damit ihr wißt, wie mies es aussieht: Eben hat mir der Chefarzt des Krankenhauses jede Unterredung mit der einzigen Zeugin verweigert.«

»Ist das die auf der Intensivstation?«

»Sie ist es: schwer verletzt, geistig total durcheinander, und wenn nicht ein Wunder geschieht, wird sie diese Sache kaum überleben.«

»Sie glauben doch an Wunder!«

»Wie mein Enkel an den Weihnachtsmann. Ich habe Ihnen gesagt und gezeigt, wie die Dinge liegen. Machen Sie jetzt kein Geschrei in Ihren Blättern und lassen Sie uns arbeiten. Vielleicht erleben wir doch noch...«

»...ein Wunder«, ergänzten ihn die Männer im Chor.

»Rufen Sie mich also in zwei, drei Stunden wieder an.«

Das Wunder geschah tatsächlich.

Der Chefarzt des Krankenhauses rief an. Er könne ihm, Trenker, zwar nicht die gewünschte Besuchserlaubnis geben, sehe aber eine Möglichkeit, ihm behilflich zu sein. Die fünfunddreißigjährige Tochter der Patientin habe ihre Mutter inzwischen besucht und sei bereit, die Polizei über eine interessante Einzelheit dieses Gesprächs zu informieren.

Ein Hoffnungsschimmer?

Es war nur wenig, was die Frau sagen konnte, aber es war womöglich eine Spur: »Meine Mutter sagte, Rita Schenk habe wohl geglaubt, ihr Mann sei der Absender des Pakets, wegen der Schrift. Außerdem sei Rita Schenk in letzter Zeit oft bedrückt gewesen, weil der Professor sie und den Jungen durch seine vielen Auslandsreisen vernachlässigt habe.«

Also wieder mal ins Labor!

»Wenn ihr eine Adresse findet...«

»Da liegen schon vier von Autogrammjägern.«

»...und eine handgeschriebene, die auf dem Paket geklebt haben könnte – die könnte unsern Professor schwer in Druck bringen.«

Die Männer pfiffen durch die Zähne. »Oho!«

»Wir müssen jedenfalls sofort Schriftproben aus der Villa holen; ich werde das veranlassen. – Weitermachen!«

Man machte weiter und fand schließlich einen Fetzen, einen Teil der Anschrift – kaum größer, als drei nebeneinander geklebte Briefmarken –, der ganz danach aussah, als ob...

Leider war die Schrift vom Wasser stark verwaschen.

Eine halbe Stunde später sagte der herbeizitierte Schriftsachverständige beim Vergleich der beiden Schriften: »Die Ähnlichkeit ist unverkennbar. Der Professor könnte die Adresse geschrieben haben. Mit absoluter Sicherheit läßt sich das aber nicht sagen.«

»Könnte, könnte! Himmelarschundzwirn, könnt ihr feigen Brüder denn jemals was mit absoluter Sicherheit sagen?«

Auch was Trenker selber den Journalisten eine Stunde später sagte, war nicht viel sicherer. Die Sache mit der Adresse behielt er zunächst für sich. Er wies aber geschickt auf die »nur schwer verständliche« Tatsache hin, daß keiner wisse, wo sich der Maler aufhalte, und daß er sich auch noch nicht gemeldet habe. Wenn sie das schlagkräftig herausstellten, könnten sie ihm möglicherweise weiterhelfen.

Die Presseleute fanden das gut. Sie sahen schon die dicke Schlagzeile auf der nächsten Ausgabe. »Das große Rätsel im Fall Schenk: Wo ist der Ehemann der Ermordeten?«

Winfrid riß den Hörer aus der Gabel: »Zandel und Ebermayr!«

Am anderen Ende der Leitung hing Gisi. »Wieso Ebermayr? Der ist doch schon lange tot.«

»Das ist Herr Kempinsky auch.«

»Hast du denn keinen Familiennamen?«

»Doch, doch, Gisi!«

»Sollte ja auch nur ein Stoß in die Rippen sein!«

»Den hat mir eben schon die ›Abendzeitung‹ verpaßt. Was da zwischen den Zeilen steht...«

»Deshalb rufe ich dich an. Da muß doch was geschehen, sonst glauben alle, Udo wäre auf der Flucht. – Daß der sich aber auch nicht meldet...«

»Wo's doch riesengroß auf der ›Abendzeitung‹-Ausgabe von Honolulu steht«, höhnte Winfrid.

»Wie kommst du auf Honolulu?«

»Von da aus oder sonst woher hat er vor zwei Wochen mit Herrn Zandel telefoniert. Der hat beim Anblick der Schlagzeilen fast einen Schlaganfall bekommen und ist jetzt auf dem Weg zu Florath.«

»Hast du mal draußen in der Villa angerufen?«

»Natürlich. Alle paar Stunden. Aber da ist immer irgendeine dumme Gans am Telefon und legt gleich auf. Sobald Herr Zandel zurück ist, fahre ich mal raus.«

Zandel kam nicht allein; mit ihm kam Rechtsanwalt Dr. Florath. Sie waren sehr ernst.

»Wir sind bei der Polizei gewesen«, sagte Zandel. »Das Ergebnis ist wenig erfreulich. Es gibt da gewisse Verdachtsmomente, die wir so schnell wie möglich ausräumen müssen.«

»Verdachtsmomente gegen Udo? Daß die Polizei es überhaupt wagt, ihn zu verdächtigen!«

»Die Polizei verdächtigt ihn nicht, aber sie untersucht – und das ist ihre Pflicht«, sagte Florath. »Sie hat uns gefragt, ob wir etwas über Spannungen zwischen Udo und seiner Frau wüßten oder ob wir selber irgendeinen Verdacht hätten. Ob der Anschlag vielleicht ein Racheakt sein könnte.«

»Einen Verdacht«, sagte Winfrid, »den hätte ich schon, und den hat bestimmt auch Gisi, aber das ist – bei Licht besehen – nur blauer Dunst. Und der Mann, um den es geht, ist mit Ritas Mutter auf einer Weltreise. Welchen Grund könnte er haben, ihre Tochter umzubringen?«

»Hm, das weiß ich nicht«, sagte Florath. »Meinst du nicht, daß du der Polizei trotzdem diesen Hinweis geben solltest?«

»Ich – freiwillig zur Polizei? Keine zehn Pferde...«

Florath schüttelte verständnislos den Kopf.

Zandel sagte: »Wir können nur hoffen, daß unser Professor sich bald meldet.«

»Ich hatte die Absicht, einmal hinauszufahren und mich in der Villa umzusehen«, sagte Winfrid. »Vielleicht hat Udo dort inzwischen angerufen.«

Sie fuhren gleich zu dritt hinaus. Doch das Ergebnis war sehr mager: Udo hatte noch nicht angerufen. Der Junge fing an, immer öfter und immer dringlicher nach seiner Mutter zu fragen, und das Personal begann ratlos zu werden...

Tage qualvollen Wartens. Immer neue Meldungen, Mutmaßungen, Verdächtigungen in der Tagespresse. Und immer bohrender die Frage: »Wo bleibt Kling?«

Dann endlich der erhoffte Anruf bei Zandel.

»Ich habe eben meine Frau sprechen wollen und höre von dem fürchterlichen Unglück«, sagte Udo. »Ich bin noch völlig benommen.« Er schluchzte. »Wie konnte das nur passieren?« Seine Stimme flatterte.

»Die Polizei steht vor einem Rätsel und möchte Sie dringend sprechen. Hier herrscht – wie Sie sich denken können – eine unbeschreibliche Aufregung.«

»Entsetzlich! Ich komme mit der nächsten Maschine.«

Florath, Zandel und Winfrid erwarteten Udo auf dem Flughafen. Er war blaß und wirkte völlig verstört. Sie fuhren gemeinsam in die Villa.

Udos erste Sorge galt dem Jungen. Er preßte ihn an sich und hielt ihn fest, als wollte er ihn nie mehr loslassen, während Werner immer wieder und immer eindringlicher nach der Mutter fragte.

Die drei Freunde setzten Udo so schonend wie möglich über alle bisherigen Untersuchungen und Überlegungen in Kenntnis und empfahlen ihm dringend, sofort Kontakt mit der Polizei aufzunehmen.

Trenker, ein etwa vierzigjähriger drahtiger Mann mit markanten Zügen, hieß nicht nur wie der Filmschauspieler, er erinnerte auch stark an ihn. »Wir haben leider tagelang vergeblich versucht, Sie zu erreichen«, sagte er. Es klang wie ein Vorwurf.

Udo überhörte ihn geflissentlich.

»Sie waren im Ausland.«

»Sonst hätte ich nicht erst gestern erfahren, was hier vorgefallen ist.«

»Und wo erreichte Sie die Nachricht?«

»Nirgends. Ich erfuhr es erst, als ich gestern hier anrief und meine Frau sprechen wollte.«

»Wo waren Sie da?«

»Das sagte ich Ihnen schon.«

»Wo?«

»Erwarten Sie von mir eine Reisebeschreibung, oder wollen wir über den grauenhaften Unfall sprechen, dem meine Frau zum Opfer gefallen ist?« antwortete Udo unwirsch.

»Es war kein Unfall – es war gemeiner, hinterlistiger Mord!«

»Sind Sie da so sicher? Für einen Mord müßte es doch einen Grund geben.«

»Den suchen wir – und wenn wir den kennen, finden wir im allgemeinen auch den Mörder.«

»Meine Frau hatte keine Feinde und keine Neider. Sie hatte nur Freunde und glühende Verehrer.«

»Es gibt auch andere Tatmotive.«

»Gewiß, zum Beispiel Raub; aber es wurde nichts geraubt.«

»Ach! Woher wissen Sie das denn?«

»In Theatergarderoben gibt es nichts zu rauben. Die Brillanten sind nicht echter als die gespielten Leidenschaften. Meine Frau jedenfalls trug auf der Bühne nicht einmal ihren Trauring.«

»Sie haben von dem Mord also erst drei Tage nachher erfahren?«

Udo nickte.

»Die Tat hat doch weltweit Aufsehen erregt.«

»Kein Wunder, bei einem so bekannten Filmstar.«

»Aber Sie – Sie haben trotzdem erst gestern…«

»Ja, zum Teufel!« Udo wischte mit einer überraschenden Handbewegung über den Tisch. »Ich hing in einem Kral auf Borneo.«

»Mit direkter Flugverbindung nach München?«

»Über Frankfurt.«

»Die Maschine ist hier gegen elf Uhr gelandet. Und wie lange mußten Sie in Frankfurt warten?«

»Eine verdammte Ewigkeit. Vielleicht finden Sie es verständlich, daß ich in meiner Aufregung nicht auf die Idee gekommen bin, die Zeit zu stoppen!«

»Gewiß. – Entschuldigen Sie mich einen Augenblick!« Trenker ging hinaus, kam aber schon nach wenigen Minuten wieder. »Ich sagte: gewiß. Aber wie ich eben höre, ist die Maschine aus Borneo schon neun Stunden vor Ihrem Weiterflug gelandet. Neun Stunden, in denen es ein halbes Dutzend Flüge nach München gab. Können Sie mir das erklären?«

Udo schwieg eine Weile. »Nein. Ich war völlig durcheinander. Vielleicht waren die andern Maschinen besetzt...«

»Versucht haben Sie das aber nicht?«

»Wie ich schon sagte: Ich war völlig durcheinander.«

Der Beamte schüttelte besorgt den Kopf. »Neun Stunden! Neun Stunden auf so einem quirligen Flughafen... Hm. – Ich habe da einmal zwei Stunden warten müssen; darüber bin ich fast gestorben. Tatsächlich!« Er sah Udo treuherzig in die Augen. »Sollten Sie nicht mit einer anderen Maschine – das heißt: aus einer anderen Ecke der Welt – in Frankfurt gelandet sein?«

Udo war blaß geworden. »Was hat das alles mit dem Tod meiner Frau zu tun?« sagte er wütend.

Der Beamte blieb ruhig: »Gar nichts – entschuldigen Sie. Aber solche Fragen gehören nun mal zu unserer mühseligen Kleinarbeit. Wir müssen uns doch ein möglichst lückenloses Bild machen. – Also: Sagen Sie mir bitte, woher Sie wirklich kamen und...«

»Diese Fragerei geht mir zu weit«, brüllte Udo. »Sind wir hier, um den Tod meiner Frau aufzuklären oder über den Frankfurter Flughafen zu plaudern?«

»Sie kamen also offenbar nicht von Borneo, sondern...«

»Jetzt platzt mir aber der Kragen. Bleiben Sie gefälligst sachlich, oder ich verweigere die Aussage.«

»Das können Sie, aber ich fände das – offengestanden – schlecht. Wir haben ein Verbrechen aufzuklären, oder nicht?«

»Ihre letzten Fragen hatten mit dieser Aufgabe nicht das Geringste zu tun.«

»Wenn das wirklich Ihre Meinung ist...«

»Ja!« Udo schlug mit der Faust auf den Tisch.

»Gut, ich nehme sie zur Kenntnis.« Der Beamte ergriff einen Briefbogen, legte ihn Udo vor und bat: »Bitte schreiben Sie auf dieses Blatt die Theateradresse Ihrer Gattin, so wie auf einen Briefumschlag.«

»Was soll denn das nun wieder?«

»Es dient unseren Ermittlungen.«

»Also schön!« Udo griff kopfschüttelnd nach dem Kugelschreiber, der auf dem Schreibtisch lag.

»Nein, bitte nehmen Sie Ihren eigenen!«

»Auch das, wenn es sein muß!« Er schrieb die Adresse und schob Trenker das Blatt wieder zu.

Dieser legte es zu seinen Akten. »Das wär's fürs erste«, sagte er. »Haben Sie die Absicht, im Lauf der nächsten Zeit zu verreisen?«

»Nein; jetzt gibt es leider noch eine Menge trauriger Dinge zu regeln. Außerdem muß ich mich um meinen Jungen kümmern; das ist jetzt meine größte Sorge. – Weshalb fragen Sie?«

»Weil ich Sie auffordern muß, München nicht zu verlassen, ohne mich vorher von einer solchen Absicht zu unterrichten.«

Udo schluckte: »Ich verstehe.«

Trenker nahm sich das Blatt mit Udos Schriftprobe noch einmal vor.

Eine markante, kräftige Handschrift mit starken Rundungen und ausgesprochenem Formensinn, nicht eine der vielen Schriften, die lediglich eine Funktion erfüllen oder mit ihren Schnörkeln den verschnörkelten Charakter ihres Urhebers verraten. Eine breite, ausgesprochen schöne, sympathische Schrift. So und nicht anders hätte er sich die Schrift dieses Mannes vorgestellt: selbstsicher und zweckbestimmt. Eine einzigartige Schrift, die unter Hunderten sofort herauszufischen war.

Und da hatte dieser Schriftgelehrte, dieser Idiot nur sein verdammtes »Könnte« gestammelt.

Als er selber die Schulbank gedrückt hatte, gab es noch Feder- und Füllfederhalter und einen Lehrer, der sehr scharf zwischen Grund- und Haarstrichen unterschied und damit für jeden Buchstaben eine

Form prägte, die sich ins Schriftbild harmonisch einfügte. Nicht nur die Form der Buchstaben, auch ihre Grund- und Haarstriche waren charakteristisch. Der Kugelschreiber hatte dieses Merkmal einer jeden Handschrift ausgelöscht.

Und trotzdem...

Dieser Kling war das, was er ohne jede abwertende oder kritische Nebenbedeutung einen Kerl nannte. Kein ausgekochter Intellektueller, sondern einer, der schnell dachte und schnell handelte. Schnell – mitunter auch zu schnell. Sonst hätte ihm dieser offensichtliche Schwindel mit den Flugverbindungen nicht passieren können.

Woher war Kling gekommen?

Er bat einen seiner Mitarbeiter zu sich und legte ihm das Problem vor: »Da es zwischen Frankfurt und München täglich über zwanzig Direktflüge gibt, ist anzunehmen, daß die Zubringermaschine höchstens eine Stunde vor dem Weiterflug gelandet ist. Frage: Mit welcher dieser Maschinen ist Kling gekommen? Jede Fluggesellschaft kann das feststellen.«

»Sie tut es aber nur unwillig, denn alle Fluggesellschaften haben außer der zeitraubenden Arbeit mit solchen Auskünften schon großen Ärger gehabt – oder bei ihren Fluggästen ausgelöst. Es hat dadurch zuweilen Ehetragödien gegeben.«

»Wir haben einen Bombenanschlag zu klären... Hängen Sie sich ans Telefon und lassen Sie nicht locker, bis wir wissen, woher unser Vogel angeflogen kam.«

»Kapiert!« Der Beamte ging.

Trenker lehnte sich zurück und überdachte seine zukünftige Taktik. Dieser Kling war ein hochangesehener Bürger der Stadt, da war Vorsicht geboten. Anderseits drängelten die Journalisten als Vertreter der Öffentlichkeit. Jetzt hieß es vorsichtig sein. Ein Wort, eine Andeutung zu viel konnten die weiteren Untersuchungen gefährden und ihm schweren Ärger eintragen.

Die Schriftprobe, die da vor ihm lag, faszinierte ihn. Immer wieder studierte er Buchstabe für Buchstabe. Und dabei fiel ihm eine kleine Besonderheit auf. Er ging zu seinen Leuten hinaus und bat sie, auf einem Blatt Schriftproben aller anwesenden Beamten und Beamtinnen zu sammeln.

Jede Person sollte nur den Namen Rita in normaler Schrift, also mit Groß- und Kleinbuchstaben, schreiben. Die »Sammelaktion« wurde zwar ein wenig bestaunt und bewitzelt, brachte aber schon nach zehn Minuten über vierzig Schriftmuster.

Trenker überflog sie und lächelte. Aha! Da war vielleicht eine neue, interessante Möglichkeit...

Er rief seine Spurensucher an und bat sie, ihm von dem gefundenen Adressenstück eine vergrößerte Kopie anzufertigen. Fünf Minuten später lag sie auf seinem Schreibtisch.

»Habt ihr noch ein Stückchen mehr von der Adresse gefunden?«

»Nein. Wir haben alles Material daraufhin noch einmal sorgfältig untersucht – mehr ist nicht.«

Trenker legte Kopie und Original nebeneinander. Die Schriftzüge waren einander schon auf den ersten Blick zum Verwechseln ähnlich.

Und das Wort Rita?

Teufel noch mal! Das hat dieser sogenannte Schriftsachverständige nicht gesehen? Unglaublich! Er pfiff durch die Zähne...

»Ich brauche noch sechzigmal den Namenszug Rita«, sagte Trenker zum Erstaunen seiner Beamten. »Und zwar nicht nach einer bestimmten Auswahl, sondern egal von wem, nur nicht von Kindern.«

Wenige Stunden später war das Hundert voll. Trenker blätterte die seltsame Autogrammsammlung durch, nickte zufrieden und fügte sie seiner Mordakte bei.

Daß der Maler die Paketadresse geschrieben hatte, daran war wohl kaum noch zu zweifeln...

Und dennoch: Aus welchem Grunde sollte dieser hochangesehene Mann seine Frau auf eine so bestialische Weise umgebracht haben? Sollte eine andere Frau im Hintergrunde stehen?

»Cherchez la femme!« – dieses uralte Sprichwort galt immer noch als Leit- und Lehrsatz aller Kriminalbeamten.

Wenn die Schriftproben ein überzeugendes Beweisstück waren, und das waren sie zweifellos, dann mußte er den Mann in Untersuchungshaft nehmen. Das aber wagte er nicht ohne die Rückendeckung seines Vorgesetzten. Und ehe er sich da eine Abfuhr holte, brauchte er den noch ausstehenden Bericht über den von Kling benutzten Flug.

Diesen Bericht lieferte ihm Kriminalkommissar Weiher, einer seiner ältesten Mitarbeiter, noch am selben Tage. »Was wir wissen möchten, ist leider nicht feststellbar, da die früher üblichen Passagierlisten schon seit vielen Jahren nicht mehr geführt werden. Bei Licht besehen ist es sogar fraglich, ob Kling tatsächlich über Frankfurt gekommen ist, denn um diese Zeit landet in München eine Maschine nach der andern.«

»Hm!« brummte Trenker.

»Ja, und wenn wir schon skeptisch sein wollen...«

Trenker horchte auf. »Sind wir immer! Also?«

»Unser Vogel könnte sogar aus... München gelandet sein!«

»Wieso?« fragte Trenker überrascht.

»Na, denken Sie mal nach!«

Trenker zog seine hohe Stirn in Falten. »Verdammt noch mal, das hieße doch...«

»Genau das!«

»Eine völlig neue Perspektive.«

»Na, so neu wäre dieser Dreh auch wieder nicht. Erst vor vier Jahren, Sie erinnern sich...«

»Und ob! Da wären wir doch in der Sache mit Schorrsiegel beinahe auf diesen Trick hereingefallen. Aber sollte dieser Kling wirklich ein so gerissener Hund sein?«

»Er sollte nicht – er könnte!«

Während Trenker noch skeptisch dreinschaute, legte ihm ein anderer seiner Beamten die neueste Ausgabe der »Morgenpost« auf den Tisch.

Schlagzeile: »Udo von Kling überraschend von Südseereise zurück. Neue Rätsel im Mordfall Kling. Was sagt die Polizei dazu?«

»›Verdammte Sauerei!‹ sagt sie!«

Also Akten gepackt und rauf zum Chef...

Zandel saß mit verfinsterter Miene in seinem winzigen Büro. Hatten ihn schon die Ereignisse der letzten Tage aufs schwerste erschüttert, so fingen sie jetzt an, ihn hochgradig zu beunruhigen.

Er hatte erwartet, daß der in der Presse bereits angedeutete absurde Verdacht bei Udos Gespräch mit der Polizei schnell ausgeräumt werden konnte und daß Udo ihm anschließend sofort berichten würde. Doch das verfluchte Telefon, das oft bis zum Verrücktwerden bimmelte, blieb stumm. Udo meldete sich nicht.

Statt dessen entwickelte Winfrid eine Aktivität, die seine Unruhe nur noch steigerte. Er lief zwischen den Gemälden hin und her, rückte hier ein Bild zurecht, korrigierte dort einen Effektscheinwerfer, holte sich – was er sonst nie tat – einen Staubwedel, um damit über die Bilder zu pinseln, und das alles mit einem Gesicht, das Zandel bei ihm bisher noch nicht gesehen hatte.

Auch Winfrid war bedrückt – kein Wunder.

Zandel sah zum hundertstenmal auf die Uhr. Daß Udo sich bisher noch nicht gemeldet hatte, schien ihm ein untrüglicher Beweis dafür, daß die Polizei ihn immer noch verhörte; das war kein gutes Zeichen...

Als es schließlich sieben wurde und Winfrid damit begann, ein paar Gemälde für die Nacht umzubauen, das heißt näher an das Schaufenster heranzurücken, hielt es Zandel nicht länger. Er nahm das Telefon und wählte die Villa an.

Er hörte das Rufzeichen, doch es meldete sich niemand. Sollte er sich verwählt haben? Er wählte die Nummer noch einmal. Wieder keine Antwort. Schließlich legte er irritiert auf.

Winfrid sah ihn fragend an.

»Merkwürdig«, sagte Zandel, »daß sich überhaupt niemand meldet.«

Winfrid schluckte.

Zandel schob auf seinem Schreibtisch nervös ein paar Sachen hin und her, dann stand er unvermittelt auf und begann das Geschäft zu schließen. »Da bleibt uns wohl nichts anderes übrig, als zu warten. Wenn Udo zu Hause ist, wird er mich bestimmt anrufen.«

Winfrid überlegte einen Augenblick, ob er ebenfalls nach Hause gehen und dort auf einen Anruf Udos warten sollte. Warten, warten – nein, dann fällt mir die Decke auf den Kopf! Lieber zu Gisi und ihr berichten.

Auch sie war voller Unruhe. »Daß sich da überhaupt keiner meldet, verstehe ich nicht, selbst wenn Udo noch bei der Polizei sitzen sollte«, sagte sie.

Winfrid nippte an seinem Gin Fizz und sah finster vor sich hin. Total verstört rief er gegen zehn bei Zandel an. Doch auch der hatte noch nichts von Udo gehört.

»Ich werde morgen früh gleich mal hinausfahren«, sagte Winfrid. »Dieses sture Warten bringt mich um.«

Als er sich gegen Mitternacht von Gisi verabschiedete, begleitete sie ihn bis zur Tür. »Was soll eigentlich mit dem Jungen werden?« sagte sie besorgt. »So ein Kind braucht doch eine Mutter!«

»Typisch Frau!« flachste Winfrid. »Ein Junge braucht vor allem einen Vater, aber zur Not... Am Ende entdeckst du noch rechtzeitig deine Mutterinstinkte! Gegen dich hätte Udo sicher nichts einzuwenden.«

»Gegen mich als Stiefmutter?«

»So hatte ich das zwar nicht gemeint, aber warum nicht?«

»Diese Antwort und das zugehörige blaue Auge holst du dir am besten bei Paul.«

Auf jede denkbare Überraschung vorbereitet, drückte Winfrid am nächsten Morgen schon um neun den großen Klingelknopf an der Eingangspforte zum Hause seines Freundes Udo.

Er nannte seinen Namen, das Törchen sprang auf, in der Haustür erschien, wie immer mit sauberer Zierschürze, die trotz ihrer Jugend schon reichlich mollige Liesl und ließ ihn ein. »Ah, Grüß Gott, der Herr Winfrid! – Wann S' glei durchgehn wolln, der Professor ist im Atelier.«

»Und?« Diese Frage stand für viele und wurde auch so verstanden.

»Na ja, Schrecken, Tränen und Verzweiflung. Wir sind hier alle ganz durcheinand – und dann der arme Bub...« Sie hob einen Zipfel der Zierschürze und wischte sich ein paar Tränen aus den Augen. »Was soll jetzt bloß werden?«

»Wann ist der Professor denn von der Polizei zurückgekommen?«

»Gestern abend gegen acht. Aber er war nicht mehr wiederzuerkennen. Er hat nichts gesagt, nichts gegessen, nichts getrunken und ist dann die ganze Nacht in seinem Atelier wie ein gereizter Löwe hin und her gelaufen. Sogar um den Jungen hat er sich nicht gekümmert. Sein Bett war heute morgen unberührt.«

»Und der Junge?«

»Den Werner habe ich vor einer Stunde zur Schule gebracht. Daß sein Vater schon im Hause war, hat er gar nicht mitgekriegt. Hoffentlich können Sie auf den Professor einreden, daß er wenigstens sein Frühstück nimmt.«

Winfrid schob besorgt die Unterlippe vor. Er traf Udo in einer Verfassung, die er bei ihm noch nie erlebt hatte: unrasiert, brummig, wortkarg. Udo stand unzweifelhaft unter einer schweren Depression.

Wahrscheinlich hatte die Polizei ihm eine schonungslose Schilderung des Unglücks gegeben und ihm Einzelheiten berichtet, mit denen sie ihn besser verschont hätte.

Doch als Winfrid danach fragte, winkte Udo ab. »Ich darf die Stadt nicht verlassen – genügt dir das?«

Winfrid verstand nicht recht. »Na und? Das ist doch wohl normal.«

»Im Gegenteil! Das heißt nicht mehr und nicht weniger, als daß sie mich in den Kreis der verdächtigen Personen einbezogen haben.«

»Sollen sie doch ruhig! Morgen werden sie am Ende mich verdächtigen. So ist die Polizei nun mal. Wenn ich mich bei der wegen meines lausigen Feuerzeugs meldete, was denkst du wohl, was die mit mir anstellen würden, von wegen Stricher und so!«

Udo schwieg. Die schweren Falten auf seiner Stirn zeigten, wie es dahinter arbeitete.

»Dr. Florath meint, wir sollten Rita in aller Stille beisetzen«, sagte Winfrid nach einer langen Pause.

Udo nickte zustimmend. »Ich glaube, ich werde seine Hilfe in Anspruch nehmen müssen – ich habe Probleme…«

Der tiefe Ernst dieser Worte ließ Winfrid frösteln. Sollte dahinter mehr sein, als er wußte oder ahnte?

Trenker hatte seinem Chef berichtet. Knapp und exakt, wie es seine Art war.

»Und Sie erwarten nun, daß ich Ihren Plan absegne.«

»Jawohl…«

»Obwohl Sie selber Bedenken haben! – Sie sind doch sonst so entschlußfreudig.«

»Meine Bedenken sind nicht sachlicher, sondern rein taktischer Art.

Bei dem hohen Ansehen des Professors...«

»Dürfen wir uns ebenso wenig einen Fehlgriff leisten wie bei Herrn Huber oder Herrn Meier. Also: Handeln Sie so, wie es Ihnen nach Lage der Dinge notwendig erscheint.«

»Gewiß, aber die Presse...«

»...soll uns gestohlen bleiben. Schicken Sie wild gewordene Reporter zu mir, das nehme ich auf meine Kappe!«

Trenker verbeugte sich und ging sorgenvoll zurück an seinen Schreibtisch. Was tun? Nach langem Zögern bat er Weiher, seinen ältesten Mitarbeiter, zu sich und beriet sich mit ihm.

»Jetzt eine Verhaftung?« sagte der Mann. »Davon rate ich ab. Fahren wir doch zusammen hinaus und fragen wir Herrn von Kling mal, von wo er eigentlich gekommen ist.«

»Das ist ein Vorschlag – es muß ja was geschehen. Also los, fahren wir und sehen wir uns einmal bei ihm um!«

Eine halbe Stunde später trafen sie den Maler im Atelier.

»Es tut mir leid, daß ich Sie noch einmal belästigen muß«, sagte Trenker, »aber es gibt da noch einen Punkt, der mir etwas schleierhaft erscheint.«

»Um was geht es?«

Trenker hielt ihm die Fotokopie des Adressenausrisses vor: »Ist das Ihre Schrift?«

Udo erwiderte spontan: »Ja, weshalb?«

»Sind Sie da ganz sicher?«

»Na, ich werde doch meine Handschrift erkennen.«

»Das a am Ende des Vornamens wird zwar von jedem als a gelesen, wir haben aber unter hundert Menschen nicht einen gefunden, der es so schreibt.«

»Ach, ist der Buchstabe wirklich so originell? Ich habe ihn schon im ersten Schuljahr so geschrieben, er muß uns demnach wohl so beigebracht worden sein. Ein Unikum ist er also keinesfalls. Aber worauf wollen Sie mit Ihrer Frage hinaus?«

Trenker wich aus: »Das hängt mit Ihrem Flugticket zusammen. Sie kamen doch aus...«

»Sansibar«, ergänzte Udo leicht verwirrt.

»Sagten Sie nicht Borneo?«

»Ja, natürlich! Man reist so viel in der Welt herum...«

»Oder könnte es auch – Mallorca gewesen sein?«

Die Frage traf Udo wie ein Schlag. Er wurde blaß. »Wollen Sie damit sagen, ich...?«

»Sie haben es erraten. Darf ich fragen, weshalb Sie Wert darauf legen, Ihren Aufenthaltsort zu verheimlichen?«

Udo lief rot an. »Nein!« schrie er unbeherrscht. »Nein, das dürfen Sie nicht!«

»Meinen Sie?«

»Ja, das meine ich, und dabei bleibe ich, denn meine letzte Reise hatte rein privaten, streng persönlichen Charakter.«

Die beiden Polizeibeamten wechselten kurze vielsagende Blicke.

»Es geht also um eine andere Frau«, sagte Trenker trocken.

»Worum es geht, geht die Polizei nichts an, denn es hat mit Ihren Untersuchungen nichts zu tun.«

»Aha!«

»Ich verweigere deshalb auch jede weitere Aussage über diesen Punkt und verlange, daß mein Anwalt hinzugezogen wird.«

»Das kann sofort geschehen«, sagte Trenker höflich. »Und zwar bei der Polizei. Ich muß Sie infolgedessen auffordern mitzukommen.«

»Das heißt, daß ich mich als verhaftet betrachten darf?«

»Keineswegs, aber da Sie Ihre weiteren Aussagen von der Gegenwart Ihres Rechtsanwalts abhängig machen und dieses Verhör für den Fortgang unserer Untersuchungen von allergrößter Bedeutung ist – Sie verstehen! Wir werden jedenfalls versuchen, Herrn Dr. Florath so schnell wie möglich zu erreichen, und Sie nicht länger als nötig von Ihrer Arbeit abhalten.«

Bis Dr. Florath und Udo sich dann tatsächlich gegenüberstanden, vergingen allerdings vier Stunden, in denen Udo mehrmals die Geduld zu verlieren drohte.

Trenker ließ diese Stunden nicht ungenutzt. Der Professor hatte sich zu der Schriftprobe bekannt. Zu leugnen wäre in diesem Fall wohl auch sinnlos gewesen. Also wieder hinunter zu den Spürhunden.

»Haltet ihr es für möglich, daß sich unter dem gefundenen Papierkram noch feststellen läßt, woher das Paket mit der Bombe kam?«

»Wenn wir das für möglich hielten, dann sollten Sie uns alle auf der Stelle entlassen, denn das ist doch das allererste, wonach wir in einem solchen Fall suchen.«

»Also nichts – auch nicht etwa eine ausländische Briefmarke?«

»Wäre uns aufgefallen.«

Möglich also, daß das Paket nicht einmal per Post zugestellt, sondern im Theater abgegeben worden war, vielleicht sogar bei der schwerverletzten Garderobiere. Oder daß der Täter es heimlich in die Garderobe geschmuggelt hatte...

Ein Anruf in der Klinik: Die Frau war nicht vernehmungsfähig, ihr Zustand hatte sich sogar besorgniserregend verschlechtert.

So ein Pech! Trenker knirschte mit den Zähnen.

Also ins Theater! »Wer nimmt hier ein Paket entgegen, das für einen Künstler abgegeben wird?«

»Pakete? Das kommt kaum vor. Wohl aber Blumen. Und da kennen wir hier im allgemeinen die Boten der Blumenhändler.«

»Wenn hier aber einer trotzdem ein Päckchen oder Paket loswerden will?«

»Dann wird er ins Büro des Intendanten geschickt. keiner von uns darf etwas anderes als Blumen entgegennehmen.«

Trenker ging nun auch ins Büro des Intendanten. Dort aber war seit langem kein Paket oder Päckchen für Rita Schenk abgegeben worden.

Wenn das Paket also wirklich nicht per Post gekommen war – wie dann? Sollte Kling es am Ende selber auf Ritas Schminktisch gelegt haben? Er konnte das Theater doch jederzeit betreten, ohne aufzufallen.

Fragen über Fragen.

»Wenn Kling die Bombe selber angefertigt und verpackt hat, würden wir mit einer Haussuchung am schnellsten weiterkommen«, sagte Weiher.

Trenker überlegte nur wenige Sekunden. »Verdachtsmomente gibt es genug. Also übernehmen Sie das, während ich hier nach Eintreffen seines Rechtsanwalts das Verhör fortführe.«

Florath erhielt die Aufforderung erst, als er schon auf dem Heimweg war. Daß Kling seinen Beistand fordern würde, hatte er erwartet. Daß man ihn bei der Polizei festgehalten hatte, fand er empörend, und er war fest entschlossen, dagegen aufs schärfste zu protestieren.

Als er jedoch erfuhr, weshalb er gerufen worden war, wurde er stutzig. Aus welchem vernünftigen Grund mochte Udo sich weigern, der Polizei reinen Wein einzuschenken? Mit einem solchen Verhalten machte er sich doch nur verdächtig. Und was die Skandalpresse sagen würde, wenn sie das erfuhr – nicht auszudenken!

Trenker stimmte ihm achselzuckend zu: »Das hätte sich Herr von Kling dann aber selber zuzuschreiben.«

»Selbst wenn Herr von Kling sich irgendwo heimlich mit einer Dame getroffen haben sollte, ihren Namen aber nicht preisgeben möchte, gäbe Ihnen das doch nicht das Recht, ihn hier festzuhalten«, sagte Florath.

Dieser Auffassung vermochte sich Trenker allerdings nicht anzuschließen. Auf der Beantwortung dieser Frage müsse er unbedingt bestehen.

Udo weigerte sich selbst nach stundenlangem Zureden mit einer Hartnäckigkeit, für die selbst Florath schließlich keinerlei Verständnis mehr aufbringen konnte, die Berechtigung dieser Frage einzusehen. Sein Verhalten wirkte schließlich nicht mehr verständlich, sondern wie kindlicher Eigensinn.

Trenker blieb hart, denn er spürte mit dem Scharfsinn des Kriminalisten, daß Kling etwas zu verbergen hatte.

Florath mußte ihm innerlich recht geben. Er wurde von Minute zu Minute nervöser und begann an der Zurechnungsfähigkeit seines Mandanten zu zweifeln, denn das ganze Gespräch drehte sich wie ein Kinderkarussell im Kreis: immer wieder dieselben Argumente Trenkers, immer wieder dieselben, völlig haltlosen, unsinnig wirkenden Gegenargumente Udos. Schließlich blieb Florath nichts anderes übrig, als sich mit seinem Mandanten zu einem Gespräch unter vier Augen zurückzuziehen.

Es dauerte allerdings nur wenige Minuten, denn Udo kochte vor Wut, und es gelang Florath nicht, ihn zur Einsicht zu bewegen. Er stand vor einem Rätsel. Ihm wurde bei diesem Gespräch nur klar, daß es etwas gab, von dem auch er nichts wußte. »Udo«, sagte er schließlich in dem alten vertrauten Ton, während er seine Hände über Udos geballte Faust legte, »wenn ein Mensch bereit ist, dich zu verstehen...«, er sah ihm lange in die fiebrig glänzenden Augen, »dann bin ich es. Wenn es ein Geheimnis gibt...«

Udo sank in sich zusammen. »Ja«, flüsterte er nach einer langen schweren Pause, »ein Geheimnis, das ich nicht preisgeben kann – ohne mich selber preiszugeben.«

Florath war wie betäubt. »– ohne mich selber preiszugeben« – was sollte das heißen? Er nahm seine Brille ab und wischte nervös daran herum. »Udo, ich weiß nicht recht, ob du dir darüber klar bist, was eine Aussageverweigerung in dieser Situation für Folgen haben kann. Meinst du nicht, daß es dir möglich ist, die gewünschte Erklärung abzugeben, ohne daß du damit auch nur ein Wort mehr sagst, als du für richtig hältst? Wollen wir nicht versuchen, eine solche Antwort gemeinsam zu formulieren?«

Udo starrte eine Weile finster vor sich hin. »An dem, was ich mit mir selber abzumachen habe, gibt es nichts zu formulieren, und was sich daraus ergibt, habe ich zu tragen.« Er erhob sich schwerfällig.

Das Gespräch war zu Ende.

Trenker erklärte Kling wegen dringenden Tatverdachts für verhaftet.

Florath blieb nur noch die Möglichkeit, Haftverschonung zu beantragen.

Als das Mädchen die Haustür öffnete und beim Anblick von drei Polizeibeamten leicht zusammenzuckte, sagte Kriminalkommissar Weiher so freundlich wie möglich: »Grüß Gott – ja, wir haben hier...« Er zog umständlich ein Papier aus der Innentasche seiner dunkelblauen Uniformjacke und holte tief Atem, um das entscheidende Wort »Haussuchungsbefehl« mit der vorgeschriebenen Unzweideutigkeit auszusprechen. Doch die ängstlich geweiteten Augen des Mädchens verwirrten ihn so, daß er den Satz zum Erstaunen seiner zwei jüngeren Begleiter etwas leiser und im Stil einer vertraulichen Mitteilung mit dem schonungsvollen Wörtchen »Suchauftrag« schloß.

»Der Herr Professor is fei net da«, sagte das Mädchen, während sie die drei Polizisten eintreten ließ. »Aber wenn S' was suchen, bitt' schön!« Und nach einer kleinen Pause: »Was suchen S' denn?«

Auf diese Frage antwortete Herr Weiher mit der Gegenfrage:

»Wenn wir vielleicht im Atelier anfangen könnten...«

Dort fingen sie allerdings recht gründlich an. Sie suchten in allen Kisten und Kästen, in allen Schränken und Schubladen, sie drehten sogar die Couch um, auf der der Professor sich ab und zu ein wenig ausgeruht hatte, und suchten, suchten...

Das Hausmädchen setzte sich still in eine Ecke und beobachtete neugierig, was nun geschehen würde.

An einer Seitenwand standen etwa ein Dutzend halbfertige Gemälde wie Spielzeug, das ein kapriziöser Junge beiseite geräumt hat. Auf der Staffelei das unvollendete Bild einer alten Bäuerin.

Sie räumten alle Bilder beiseite und stellten sie dann ordentlich zurück.

Neben der Staffelei lag in einem Korb ein Stapel Post. Der Professor hatte nach seiner Rückkehr offenbar noch nicht die Zeit gefunden, sie zu sichten. Ansichtskarten und Briefe aus aller Welt. Alle Briefe noch ungeöffnet. Und bergeweise die lästigen, allerorts üblichen Reklame- und Wurfsendungen der verschiedensten Art. Daneben gezielte Mustersendungen von Farbenfabriken und Herstellern von Pinseln und anderem Malerwerkzeug.

Weiher hatte sich einen Hocker herangezogen und besah sich Stück für Stück.

Es waren durchweg Sendungen, deren Harmlosigkeit sich schon an den Absendern eindeutig erkennen ließ. Nur zwei kleine Pakete erregten sein besonderes Interesse: Sie waren nicht mit der Post gekommen, also zweifellos durch Boten zugestellt worden.

Keines wog mehr als etwa ein Kilo. Die Adresse war mit Schreibmaschine auf Selbstklebeetiketten geschrieben, der Absender nicht genannt.

»Ich sehe hier zwei Pakete, die nicht von der Post gebracht worden sind; haben Sie die entgegengenommen?« fragte Weiher das Hausmädchen.

Sie trat näher und schüttelte den Kopf: »Nein, bestimmt nicht. Aber vielleicht die Köchin. Wenn ich den Jungen zur Schule bringe oder zum Einkaufen bin, öffnet sie die Tür.«

»Also gut, dann rufen Sie die doch bitte mal.«

Die rundliche Köchin kam beim Anblick der Beamten nur zögernd näher, und als Weiher ihr die beiden Pakete entgegenhielt, wollte sie sich zuerst an nichts erinnern, aber schließlich fiel ihr doch ein, daß beide Pakete schon vor etwa zwei Wochen abgegeben worden waren – das eine von einem jungen Mann und das andere zwei Tage später von einem blonden jungen Ding. Einfach so – ohne Quittung oder dergleichen.

»Haben Sie eines der beiden gekannt? Hat eines öfter einen Brief oder ein Paket für Herrn von Kling abgegeben? Würden Sie den jungen Mann oder das Mädchen wiedererkennen?«

Ein Kopfschütteln. »So genau habe ich mir die nicht angesehen.«

Weiher drehte die beiden Pakete hin und her. Irgendwo in seinem Unterbewußtsein hatte es geklingelt. Er sah auf die Uhr. Wenn er sie jetzt gleich ins Amt brächte... »Schluß für heute!« sagte er zu seinen Leuten, indem er sich die Pakete unter den Arm klemmte. »Vielleicht haben wir da was für den Trenker.«

Florath war nach seinem Gespräch mit Udo völlig ratlos, denn für sein Verhalten gab es nach allem, was er bisher von diesem großartigen Menschen und bewundernswerten Künstler wußte, keine Erklärung.

Sollte tatsächlich eine andere Frau in Udos Leben getreten sein? Sollten er, Winfrid und Zandel nie etwas davon gemerkt, sollte er keinem von ihnen etwas anvertraut haben?

Undenkbar!

Als Florath das Gerichtsgebäude verließ, stand er einen Augenblick unschlüssig vor seinem Wagen. Er fühlte, daß er in dieser Situation den Anforderungen des abendlichen Straßenverkehrs nicht gewachsen war, und nahm sich kurzerhand ein Taxi, um sich nach Hause bringen zu lassen.

Schon beim Öffnen der Wohnungstür hörte er das Klingeln des Telefons.

Gisi, in heller Aufregung und mit tausend besorgten Fragen. Er wußte in seiner Verwirrung auf keine eine Antwort.

Dann kam Winfrid an den Apparat, etwas ruhiger und gefaßter. »Verhaftet! Um Himmels willen, wenn das die Presse erfährt!«

Sorge und Ratlosigkeit...

Zwei Stunden später saßen sie bei Gisi zusammen. Was Florath über sein Gespräch mit Udo berichtete, wirkte in höchstem Grade beunruhigend, denn wenn Udo sich selber aufgab, würde das jeder als ein Schuldbekenntnis deuten.

Zur selben Zeit saß Zandel beim Chef der Kriminalpolizei. »Die Verhaftung von Professor von Kling trägt alle Merkmale, um sich zu einem weltweiten Skandal auszuwirken. Ich weiß nicht, ob Ihnen bekannt ist, welches Ansehen Kling als Maler selbst in den exklusivsten Kreisen genießt. Sogar in den Vereinigten Staaten...«

»Ich weiß, ich weiß! Ich selber gehöre zu den Bewunderern seiner Kunst – aber das sind zwei Paar Schuhe. Solange sich der Mann mit einer völlig unerklärlichen Hartnäckigkeit weigert, uns seinen letzten Aufenthalt zu nennen, und über diesen Punkt sogar grotesk wirkende, nachweislich falsche Angaben macht, bleibt er verdächtig.«

»Aber Sie können doch ebenso wenig wie ich glauben, daß ein solcher Mann, ein überaus glücklicher Ehemann, seine Frau auf so grausame Weise... Nein!«

»Es kommt nicht darauf an, was wir glauben, sondern was wir wissen, und das spricht leider gegen Herrn von Kling! – Wir werden selbstverständlich bis zuletzt versuchen, das Ansehen des Künstlers zu schonen – aber dabei muß er uns durch eine offene und ehrliche Beantwortung der nötigen Fragen helfen. Mehr kann ich Ihnen beim jetzigen Stand unserer Ermittlungen nicht versprechen.«

Das Gespräch war beendet.

Herrn Zandel blieb nichts weiter übrig, als diese halbe Zusage mit einer gewissen Erleichterung dankend zu quittieren, doch als er wieder in seinem engen Büro saß, bedrückten ihn Angst und Sorge um so stärker. Ihm war auf einmal, als fielen die Wände und Decken über ihm zusammen.

Trenker ließ Udo am nächsten Morgen aus der Haft vorführen und legte schweigend die beiden halbgeöffneten Pakete vor ihm auf den Tisch.

Udo streifte sie nur mit einem flüchtigen Blick. »Was soll das?«

»Das möchte ich gern von Ihnen wissen.«

»Bedaure. Was habe ich damit zu tun?«

»Die beiden Pakete wurden von meinen Beamten in Ihrem Atelier entdeckt.«

»Mehr nicht?«

Trenker mußte sich zusammenreißen, um auf diese ironische Frage ruhig zu antworten. »Es genügt...«

»...daß Sie mich endlich gehen lassen.«

»Es genügt, um Sie unter Mordanklage zu stellen.«

Udo war plötzlich blaß geworden. Er neigte sich vor und starrte auf die beiden Pakete. »Ich habe diese Pakete nie gesehen. Sie können nur während meiner Abwesenheit angekommen sein. Was ist denn da drin?«

»Alles, was zum Herstellen einer Bombe nötig ist.«

»Blödsinn!« Udo starrte Trenker mit flackernden Augen an. »Jetzt wird's mir aber zu viel!« schrie er. »Lassen Sie mich hier raus!«

Trenker schüttelte schweigend den Kopf.

Udos Stimme überschlug sich: »Was gehen mich diese... diese...« Sein rechter Arm fuhr ruckartig hoch, als wollte er eine unsichtbare Gestalt zurückstoßen. »Was... was gehen mich diese... diese Pakete an? Lassen Sie mich raus! Ich will raus!« Er sah sich verzweifelt um, als suche er nach einem Fluchtweg. »Und überhaupt, wo ist mein Anwalt? Ich verlange meinen Anwalt!«

Trenker war von Udos Ausbruch einen Augenblick überrascht und musterte ihn irritiert. »Herr Dr. Florath hat heute schon angerufen. Er wird in etwa einer halben Stunde hier sein. Bis dahin werden Sie also wohl oder übel in Ihrer Arrestzelle auf ihn warten müssen.«

Udo wischte sich den Schweiß von der Stirn. Dann erhob er sich schweigend und ließ sich in seine Zelle zurückführen.

Trenker empfing Florath zunächst allein.

Florath war beim Anblick der beiden Pakete wie vom Donner gerührt.

»Meinen Sie nicht auch, daß das zu einer Mordanklage reicht?« fragte Trenker den Juristen kühl.

»Selbstverständlich«, bestätigte ihm Florath ohne alle Umschweife, »aber ein Verdacht ist noch kein Beweis, und eine Anklage ist noch keine Verurteilung. Weisen die Pakete Fingerabdrücke meines Mandanten auf?«

»Nein. Sie sind – wie es scheint – während seiner geheimnisvollen Abwesenheit von jungen Leuten für ihn abgegeben worden.«

»Das beweist noch nicht, daß er sie bestellt hat.«

»Können Sie mir denn erklären, weshalb Ihr Mandant sich hartnäkkig weigert, seine falsche Aussage von gestern endlich zu berichtigen?«

»Dafür könnte er verschiedene Gründe haben, aber darüber möchte ich erst noch einmal unter vier Augen mit ihm sprechen.«

Das folgende Gespräch brachte Florath allerdings nahe an den Rand der Verzweiflung.

»Ich habe dem, was ich gestern gesagt habe, nichts hinzuzufügen: Was ich verschweigen muß und bis zur letzten Konsequenz verschweigen werde, steht mit dem grauenhaften Verbrechen an Rita – und damit auch an meinem Sohn – in keinerlei Zusammenhang!« sagte Udo.

»Darum geht es jetzt. Das müßtest du beweisen.«

»Ich bin bereit, diese Aussage zu beschwören.«

»Einen solchen Eid wird man dir nicht abnehmen. – Bist du denn wenigstens bereit, dich mir als deinem Anwalt anzuvertrauen? Vielleicht finde ich dann eine Möglichkeit…«

»Nein!« Das kam sehr entschieden.

»Wenn du der Polizei in dieser Sache nicht weiterhilfst, wirst du eines Tages unter der Anklage vor Gericht stehen, Rita ermordet zu haben. Daß man dahinter eine andere Frau vermutet, liegt auf der Hand, und daß man dann nach ihr forscht – vor allem die Skandalpresse –, wirst du auch durch noch so hartnäckiges Schweigen nicht verhindern können.«

Udo sah finster vor sich hin. Auf seiner Stirn erschienen tiefe Sorgenfalten. »Also gut – aber nur zu deiner persönlichen Information…« Dann, nach einer drückenden Pause, die kein Ende zu nehmen schien: »Es steht eine Frau dahinter…«

Florath hielt den Atem an.

Udo starrte mit tief gesenktem Kopf vor sich hin. »Eine Frau, die ich über alles geliebt habe.«

»Geliebt habe...« – hatte er das wirklich gesagt? Florath glaubte, nicht recht gehört zu haben. Bedeutete das, daß diese große Liebe nun zu Ende war?

»Sie ist vor einer Woche gestorben«, fuhr Udo fort. Es klang fast wie ein Aufatmen.

Das war alles so überraschend, fast bestürzend, daß Florath betreten schwieg.

Dann kam wieder die Stimme Udos, fast unhörbar und kaum verständlich: »Zwei Tage vor meinem Rückflug haben wir sie begraben; nur deshalb hat sich mein Rückflug verzögert... Es war meine Mutter.«

Florath war geraume Zeit wie benommen. Nie hatte Udo bisher über seine Familie gesprochen. Nie hatte er erwähnt, daß seine Mutter noch lebte und wo sie lebte. Jetzt – ja, jetzt erst fiel ihm auf, daß er allen diskreten Fragen, die in diese Richtung zielten, stets beharrlich ausgewichen war.

Und nun dieses Geständnis!

War es überhaupt ein Geständnis? Das war alles so verschwommen, so wirklichkeitsfern wie die Fieberphantasien eines Kranken.

»Udo, wenn das so ist...« Florath legte beide Hände auf seine Schultern. »Nach diesem schweren Schicksalsschlag nun auch noch dieses Attentat...«

»Der Tod meiner Mutter kam nicht unerwartet, aber was dann erst kam...«

»Ich verstehe.«

»Nein, das verstehst du nicht! Keiner wird das je verstehen!« Udo geriet plötzlich in eine seltsame Erregung. Er faßte die Hände des Freundes und löste sich dann wieder ruckartig von ihnen. »Verstehen, verstehen – was ist da zu verstehen? Keiner wird das je verstehen – auch du nicht und Winfrid nicht!« Er sprang auf und lief mit seltsamen Bewegungen hin und her und gestikulierte mit den Armen.

Florath zwang ihn mit sanfter Gewalt, sich wieder zu setzen. »Du bist schrecklich erregt; kein Wunder nach allem, was da über dich hereingebrochen ist! Aber wenn du sagst, was geschehen ist, wird man dich auf der Stelle freilassen.«

»Sagen, was geschehen ist? Das werde ich niemals sagen, und das wirst auch du keinem sagen. Keiner wird das je erfahren – auch nicht mein Sohn.«

Florath schüttelte hilflos den Kopf. »Aber dann...«

»Geh und sag dem Trenker das! Sag ihm das, sag ihm das!« Eine überraschend jähe, harte Armbewegung, die an die Bewegung einer Sense erinnerte. Dann sank Udo erschöpft zusammen.

Florath erhob sich und ging schweigend hinaus. Dieses Gespräch hatte ihn bis an die Grenzen des Erträglichen gequält.

Zandel lehnte sich zurück, stemmte seine beiden Fäuste gegen die Schreibtischkante und sah Winfrid fragend an: »Kannst du das verstehen? Udo, einer unserer zuverlässigsten Mitarbeiter, dreht plötzlich durch, statt sich zu verteidigen und diesen idiotischen Verdacht der Kripo zu entkräften, obwohl ihm das bestimmt leicht fallen würde.«

Winfrid schwieg. Die Luft in dem engen Büro wirkte bedrückend. Er machte sich nicht nur Sorgen, er machte sich auch Vorwürfe. Da war etwas, das ihm keine Ruhe gab und seine Angst von Minute zu Minute steigerte. Es war fast wie ein schlechtes Gewissen, Zandel gegenüber und – Udo gegenüber.

Weshalb hatte er die ganze Zeit geschwiegen, obwohl ihm das seltsame, mitunter völlig unerklärliche Verhalten Udos aufgefallen war und er die wachsende Entfremdung zwischen ihnen wohl gespürt hatte? Weshalb hatte er vor allem Zandel nichts von seiner inneren Unruhe gesagt und Udo, wenn Zandel bestellte Gemälde anmahnte, sogar unterstützt?

Er wußte es selber nicht. Viel zu sehr hatte er unter dem Einfluß dieses Genies gestanden, als daß Skepsis oder gar Mißtrauen in ihm hätten aufkommen können.

Hätten ihm die vielen kurzfristigen Auslandsreisen des Freundes nicht auffallen müssen?

Sie waren ihm aufgefallen, aber er hatte dazu ebenso geschwiegen wie zu den halbfertigen Gemälden, die eines hinter dem andern standen.

Früher hatte er Udo beim Anblick eines halbfertigen Bildes oder einer leeren Leinwand zuweilen Faulpelz genannt, und Udo wußte, wie das gemeint war. Doch in letzter Zeit...

»Ich werde mal hinaus in die Villa fahren«, sagte er, ohne sein Vorhaben zu begründen.

Zandel nickte. Ihm war im Augenblick alles recht; Hauptsache, daß überhaupt etwas geschah.

»Jessas, der Herr Winfrid!« begrüßte ihn das Hausmädchen; es klang fast wie ein Aufatmen. »Aber der Herr Professor ist leider immer noch net do!«

»Ich weiß. Ich möchte nur kurz mal ins Atelier sehen.«

»Da ham gestern die Herren von der Polizei alles um und um draht«, sagte das Mädchen, während sie ihn ins Atelier begleitete.

Dort sah Winfrid schon auf den ersten Blick, was geschehen war. Nicht, daß alles durcheinandergewühlt war – nein, es herrschte Ordnung, aber eben eine andere Ordnung: Nichts stand mehr genau an demselben Platz wie sonst. Sogar die Bilder waren ein paar Meter vom gewohnten Platz gerückt.

Er nahm das Bettlaken zur Seite, das als Staubschutz diente, und faltete es zusammen. Dann trat er ein paar Schritte zurück.

Das Bild zeigte einen angefangenen Mädchenakt. Der Kopf liebevoll gemalt, bis in alle Einzelheiten, die linke Schulter und dann... nichts mehr. Oder doch?

Doch!

Er stutzte. Er stellte das Bild kopfschüttelnd zur Seite und trat wieder zurück.

Udos Gärtner bei der Arbeit im Park. Vollendet, bis auf die Hände. Und dann... Wie bei dem Mädchenbildnis!

Daß ihm das bisher nicht aufgefallen war! Er hatte Udo doch immer wieder bei der Arbeit zugesehen.

Er trat an den Stapel heran, räumte die übrigen Bilder aber gar nicht erst zur Seite, sondern zog sie eines nach dem andern kurz nach vorn.

Das angefangene Bildnis eines alten Mannes, zwei spielende Kinder, Werner mit seinem Hund...

Mehr als ein Dutzend unfertige Bilder, als hätte ein Kind plötzlich im Spiel die Lust verloren.

Und überall da, wo der Maler aufgehört hatte, dieser seltsame, breite, wie ein Säbelhieb wirkende, nach oben oder unten, nach rechts oder links brutal über die Leinwand hinausfahrende Pinselstrich.

Alle Bilder – einige kaum angefangen, andere fast vollendet – einfach zur Seite gestellt, wie auf eine Müllhalde.

Winfrid faltete das weiße Tuch wieder auseinander und breitete es über die Bilder. Langsam und liebevoll, aber mit Tränen in den Augen.

Ihn fröstelte.

Er hatte etwas gesehen, was ihn bis ins Innerste erschütterte. Er hatte es gesehen und hatte es nicht begriffen, aber etwas wie Angst und Sorge nahm plötzlich von ihm Besitz.

Stumm vor Schmerz verließ er das Haus, dessen Wachsen und Werden er von der ersten Stunde an miterlebt hatte.

Erst während das Mädchen die schwere Haustür hinter ihm schloß, fragte er nach dem Jungen.

Doch was sie antwortete, drang schon nicht mehr zu ihm durch. Beim Gedanken an den Jungen hatte ihn eine merkwürdige Erinnerung überkommen.

Da war ein Gespräch – es lag schon jahrelang zurück –, an das er sich manchmal beim Anblick Werners erinnerte. Ein seltsames, streng vertrauliches Gespräch, zu dem Udo ihn gebeten und das ihn nicht nur in höchstem Grade überrascht, sondern sogar in eine gewisse Verlegenheit gebracht hatte.

Udo hatte das Gespräch mit der schlichten Feststellung begonnen, Rita wünsche sich immer wieder ein Kind.

Und wenn er Udos orakelhafte Andeutungen richtig verstanden hatte, sollte er – ohne Ritas Wissen – der Vater werden. Es war ein krauser, etwas verwegen klingender Plan, den Udo damals entwickelt hatte: Durch Zusammenarbeit mit einem befreundeten Gynäkologen sollte Rita auf den künstlich erzeugten Verdacht einer Schwangerschaft untersucht und dabei leicht narkotisiert mit dem Samen Winfrids befruchtet werden.

»Aber Udo, du glaubst doch nicht im Ernst, daß ein Arzt sich dazu bereit fände! Käme es heraus, verlöre er unweigerlich seine Approbation als Arzt.« Winfrid wußte, daß Udo Rita leidenschaftlich liebte. Er hatte deshalb nie begreifen können, daß Udo nicht selber der Vater werden wollte, und immer wieder nach dem rätselhaften Grund gefragt, bis Udo schließlich wütend erklärte: »Gut, dann lasse ich mich eben sterilisieren.«

Winfrid war wie vor den Kopf geschlagen. »Bist du verrückt? Was soll das?«

»Ich will keine Kinder!«

»Aber ich sollte doch...«

»Das ist was anderes.«

»Wieso?«

Udo winkte verschlossen ab. »Lassen wir die Geschichte!«

Damit war das Thema ein für allemal vom Tisch.

Gab es im Leben Udos ein Geheimnis, von dem bisher keiner seiner Freunde etwas geahnt hatte? Fast schien es so.

Von banger Sorge erfüllt, den Kopf voll quälender Zweifel, ging Winfrid langsam zurück.

Am nächsten Morgen meldeten die Schlagzeilen der Presse: »Professor von Kling unter Mordverdacht verhaftet. Staatsanwalt erhebt Anklage.«

Zandel und Winfrid erstarrten. Der Bericht war kurz und sachlich. Die Pakete mit dem Material für eine zweite Sprengbombe und die vom Täter selbst identifizierte Handschrift auf dem explodierten Paket ließen offensichtlich keinen Raum mehr für irgendwelche Zweifel, zumal der Beschuldigte, statt zu seiner Entlastung beizutragen, hartnäckig schwieg.

»Ich habe mit diesem ungeheuerlichen Verbrechen nichts zu tun und verlange meine sofortige Entlassung!« war seine Antwort auf alle Fragen, sofern er sich überhaupt zu einer Antwort bereit fand.

Selbst Florath sah sich in einer fast hoffnungslosen Situation, da ihm Udo bei ihrem letzten Gespräch praktisch alle etwaigen Möglichkeiten zu seiner Verteidigung genommen hatte.

Trenker fühlte sich trotz des schnellen Anfangserfolges nicht ganz wohl in seiner Rolle, weil schon die ersten Pressestimmen – statt die schnelle und erfolgreiche Arbeit der Polizei zu loben – erhebliche Zweifel anmeldeten und nach dem Motiv fragten.

Es sei doch recht schwer zu glauben, daß ein so angesehener und allseits beliebter, glücklich verheirateter Künstler zu einer im Grunde völlig sinnlosen Tat schreiten würde, selbst wenn eine heimliche Geliebte im Spiel sei. Eher sei wohl anzunehmen, daß irgendein Geisteskranker das Verbrechen begangen und die Polizei auf eine falsche Fährte gelockt habe.

Einige Meldungen klangen sogar so, als stände vor dem Wort Polizei unausgesprochen das Wörtchen »tölpelhaft«.

Der Skandal wurde zum Tagesgespräch und löste zahlreiche, nicht immer polizeifreundliche Diskussionen aus.

Trenker wehrte sich mit dem guten Gegenargument, daß Kling die Handschrift auf dem Paket in seiner ersten Überraschung sofort als seine eigene bezeichnet habe. Und wenn auch das noch nicht reiche: Die alte, schwerverletzte Garderobiere habe ihrer Tochter erzählt, daß Rita Schenk in letzter Zeit wiederholt von gewissen Spannungen in ihrer Ehe gesprochen und auf dem Paket zu ihrer Überraschung die Handschrift ihres Mannes erkannt habe. »Bei dieser Beweislage sehe ich für Ihren Mandanten schwarz«, sagte er, als Dr. Florath den schriftlich begründeten Entlassungsantrag vorlegte.

Und viel heller vermochte auch Florath die Chancen seines Mandanten nicht zu sehen. »Die Tat ist so widersinnig, daß sich alles in mir dagegen sträubt, sie einem Menschen zuzumuten, der nur die Absicht hatte, eine bestimmte Person zu treffen. Die Mordprozesse Ihres eigenen Arbeitsbereiches haben gezeigt, daß Verbrecher aller Gesellschaftsschichten Dutzende von Möglichkeiten kennen, einen Menschen auf weniger geräuschvolle und sensationelle Weise umzubringen.«

»Ich höre die Sensationspresse argumentieren!«

»Nur ein Geisteskranker...«

»Richtig, richtig! Nur ein Irrsinniger«, unterbrach ihn Trenker gereizt. »Ganz meine Meinung! Und was wollen Sie damit beweisen, Herr Doktor? Ist nicht jeder Eifersuchtsanfall schon eine Art geistiger Verwirrung? Wir wissen, wie stark in diesem Bereich das persönliche Temperament durchschlägt. Wo liegen da die Grenzen zwischen stummer Resignation, Ohrfeigen, Prügeln, Mißhandlung, Totschlag und Mord? Bleiben wir doch auf dem Boden der Tatsachen! Wir haben Indizienbeweise erster Ordnung; alles andere ist Spekulation. Wenn Ihr Mandant unschuldig ist, dann bringen Sie ihn doch dahin, sein stures Schweigen aufzugeben! Aber er schweigt – und er weiß bestimmt, weshalb! Schweigen war noch immer die beste Verteidigungswaffe der Verbrecher.«

»Sind die von einer anderen Person übermittelten Aussagen der schwerverletzten alten Garderobenfrau in Ihren Augen mehr als Hörensagen?«

»Die andere Person war ihre Tochter. Ich nehme diese Mitteilung sehr ernst, werde mir die Aussage der Frau aber trotzdem morgen von ihr bestätigen lassen. Wie mir der Chefarzt sagte, ist sie wieder bei vollem Bewußtsein.«

Florath ging noch kurz zu Udo, um sich die nötige Vollmacht zu seiner Verteidigung unterschreiben zu lassen. Er sah sich zu seiner Bestürzung einem völlig apathischen Mann gegenüber, der auf alle Fragen und Vorschläge des besorgten Freundes nur mit einem irritierenden Kopfschütteln reagierte.

Im Laufe des Nachmittags rief ihn Winfrid an. »Die Abendausgaben bringen Fotos der beiden Pakete und eine genaue Beschreibung ihres Inhalts, und die Reporter der Illustrierten bedrängen uns schon seit den ersten Morgenstunden mit ihren Fragen. Herr Zandel fürchtet verheerende Auswirkungen auf das Renommee Udos im In- und Ausland.«

»Wenn es nur das wäre!« brummte Florath. »Ich fürchte Schlimmeres!«

Winfrid legte den Hörer bedrückt auf die Gabel zurück.

Trenker besuchte schon am nächsten Morgen die schwerverletzte alte Garderobiere. Der Chefarzt war bei diesem Gespräch zugegen und bezeichnete die Frau als voll vernehmungsfähig. Ihre Aussagen waren klar und deckten sich mit dem Bericht ihrer Tochter. Das Wort »Zerwürfnis« wollte sie jedoch nicht als einen ernsthaften Ehestreit verstanden wissen. Rita Schenk habe in den letzten Monaten nur darüber geklagt, daß ihr Mann immer öfter für ein, zwei Tage verreise, ohne sie – wie sonst üblich – über Ziel und Zweck dieser Reise zu unterrichten. Sie habe zwar nicht die Besorgnis geäußert, ihr Mann treffe sich mit einer anderen Frau – dazu sei sie zu stolz gewesen –, aber sie selber habe die Äußerungen Ritas nicht anders deuten können.

»Und was hat sie gesagt, als sie das Paket in Händen hielt?«

»Sie hat die Handschrift ihres Mannes erkannt und sich etwas gewundert, es aber der Eile wegen erst später geöffnet.«

Also eine fremde Frau, dachte Trenker. Jetzt gab es für ihn kaum noch Zweifel.

Floraths Antrag auf Haftverschonung wurde abgelehnt. Er beantragte daraufhin Haftentlassung gegen eine ungewöhnlich hohe Kaution. Auch dieser Antrag blieb erfolglos.

Begründung: Das beharrliche Schweigen des Angeklagten zwinge zu dem Schluß, daß die Freilassung zur Verdunklung der Tat mißbraucht werden solle.

Der Prozeß gegen den Maler Udo von Kling erregte weltweites Aufsehen. Die Presse überschlug sich förmlich.

»Ein zweiter Fall Brühne«, schrieb die Münchner »Abendzeitung«. »Auch hier Indizien von überzeugender Beweiskraft – aber kein Geständnis. Wenn sich der Angeklagte weiterhin in Schweigen hüllt und auch im Gerichtssaal alle Fragen mit der stereotypen Antwort zurückweist, er habe mit diesem gemeinen Verbrechen nichts zu tun und verweigere jede weitere Aussage, dann steht es schlecht um ihn. Dabei gibt es viele, in denen sich alles gegen die Annahme sträubt, daß ein so hochangesehener Künstler seine bildschöne, allseits beliebte Frau ohne jeden erkennbaren Grund umbringt.«

Ohne jeden erkennbaren Grund! Da lag die Schwierigkeit, vor die sich auch das Gericht gestellt sah.

Hatte Rita Schenk einen Liebhaber, von dem niemand etwas geahnt hatte? Oder hatte sie – aus welchem Grunde auch immer – beschlossen, sich von ihrem Mann zu trennen?

Oder war eine fremde, am Ende gar eine verheiratete Frau im Spiel, deren Namen der Angeklagte auch angesichts der für ihn bedrohlichen Situation nicht preisgeben wollte oder – konnte?

Oder... Ja, was sonst?

Diese Frage blieb unbeantwortet.

»Es gibt erdrückende Indizienbeweise«, hatte Rechtsanwalt Dr. Florath am Schluß seiner leidenschaftlichen Verteidigungsrede gesagt,

»aber der Wert von Indizienbeweisen ist immer wieder von hochangesehenen Rechtswissenschaftlern bezweifelt und nur zu oft durch später erfolgte Geständnisse oder die Überführung der wahren Täter in Frage gestellt worden.« Und dann, beschwörend, direkt an die Geschworenen gewandt: »Wer von Ihnen kann und will in diesem Falle die Verantwortung für ein Schuldig auf sich nehmen? Sie, oder Sie, oder Sie?«

Diese Worte Floraths hatten im Gerichtssaal zahlreiche Beifallskundgebungen ausgelöst, doch den Urteilsspruch der Geschworenen vermochten sie nicht zu beeinflussen: Die Geschworenen waren für »Schuldig«. Das Urteil stand damit fest: lebenslänglich.

Udo hatte es durch sein brüskes Auftreten und sein eisiges Schweigen geradezu heraufbeschworen. Er nahm es zur Überraschung aller Anwesenden schweigend, aber mit einer grotesk wirkenden, weitausladenden Geste entgegen, einer Geste, die etwas Gespenstisches an sich hatte.

Jeder sah sie. Irgend jemand lachte auf, doch dieses törichte Lachen erstickte in dem eisigen Schweigen der Zuhörer. Keiner in dem hohen Saal wußte diese Geste zu deuten.

Keiner – außer Winfrid, und ihm drückte die dunkle Ahnung fast das Herz ab. Er ahnte, daß dieser Schlußstrich verwandt war mit den brutal wirkenden Pinselstrichen, mit denen Udo über ein Dutzend seiner halbfertigen Gemälde jäh beendet hatte. Ihn fröstelte. Er wurde blaß bis in die Lippen.

Als Udo abgeführt wurde, ging er aufrecht – nicht wie ein Verurteilter. Er sah sich nicht um. Er hatte diesen Weg ins Dunkel – so schien es allen – bewußt gewählt. Es war, als ginge er in eine andere Welt.

Gisi und Winfrid verließen den Gerichtssaal Arm in Arm, Gisi ganz flammende Empörung, Winfrid schweigend, mit einem Ausdruck der Hoffnungslosigkeit im Gesicht.

Licht ins Dunkel

»Kommen Sie in den nächsten Tagen zu mir, wann immer Sie wollen«, hatte der alte Rechtsanwalt gesagt, und Werner war ihm dankbar dafür, denn Florath war der einzige Mensch, der ihm helfen konnte, die Vergangenheit zu verstehen und sich in seinem neuen Leben zurechtzufinden.

Schon in den Nachmittagsstunden des nächsten Tages, nachdem er sich im Hotel »Vier Jahreszeiten« eingelebt hatte, ging er wieder zu ihm. »Ich habe mein Zimmer – ein wunderschönes, großes Zimmer mit Blick über die Binnenalster – und komme mir vor wie der Prinz in einem Märchen.«

»Also gottlob nicht wie die Prinzessin auf der Erbse! – Sie werden feststellen, wie schnell man sich an so etwas gewöhnt. Genießen Sie's!«

Florath legte ihm eine der dicken Akten vor und schlug sie auf. »Das sind nur Zeitungsmeldungen und Bilder über Ihre Mutter. Setzen Sie sich damit ans Fenster und blättern Sie darin herum. Und wenn Sie Fragen haben...«

Werner blätterte die Akte Seite für Seite durch und hatte dabei tausend und eine Frage.

Florath lehnte sich zurück und schloß die Augen. Es war still in dem großen, hohen Raum. Der Straßenlärm blieb draußen. Nur ganz schwach drang ein paar Minuten lang das nervöse Heulen eines Rettungswagens vom Ballindamm zu ihnen herauf, fern wie die Zeit, die der alte Rechtsanwalt nun langsam wieder heraufbeschwor.

Werner sah schweigend hinaus auf den blanken Spiegel der Binnenalster. Es dunkelte schon. Gegenüber auf dem Neuen Jungfernstieg flammte die Perlenkette der Straßenlaternen auf.

War das da draußen die Welt, in die er gehörte, in der er leben und sich nun allein zurechtfinden sollte? Ihn fröstelte ein wenig bei dem Gedanken.

Wenn der alte Jurist erzählte, war ihm jedesmal, als würde ein Bühnenvorhang aufgezogen, und vor ihm – auf den hellerleuchteten Brettern – erschienen fremde Menschen in einem seltsamen dramatischen Spiel. Menschen, die er vorher nie gesehen hatte und sich erst anhand der Zeitschriftenfotos einigermaßen vorstellen konnte: seine Eltern.

Erinnerungen an die Kinderjahre stiegen dabei nur selten auf. Es waren verschwommene Bilder, verwischt, verdrängt während der Jahre im Kreise seiner Mitschüler.

Und doch: Je mehr ihm Florath erzählte, desto tiefer fühlte er, daß dieser Freund der Familie die einzige menschliche Brücke in die Vergangenheit war.

Ganz fremd war ihm der Doktor nicht. Ein paarmal war er kurz im Internat erschienen, mit ein paar besorgten Fragen nach seinem Wohlergehen und seinen Wünschen, wie ein Weihnachtsmann, der aus der Ferne kommt und in die Ferne geht...

Immer wieder hatte der Alte in den Akten geblättert, ihm Kritiken über die Mutter vorgelesen, von dem einzigartigen Reiz ihrer Erscheinung und dem Zauber ihrer Stimme geschwärmt. »Dein Vater war mein bester Freund; ein Freund, auf den man stolz sein konnte. Und nur wenn man das weiß, nur wenn man ihn in allen möglichen menschlichen und gesellschaftlichen Situationen erlebt hat, kann man auch die seltsam starre und verklemmte, ja eigenwillige Haltung verstehen, mit der er in seinen Prozeß hineinging, wohl ahnend, daß er ihn verlieren und damit unter sein Leben einen brutalen Schlußstrich setzen würde.«

»Sie glauben also, daß er das schreckliche Fehlurteil hätte verhindern können?«

»Zweifellos, wenn er dafür mit der Preisgabe eines Geheimnisses – seines Geheimnisses – bezahlt hätte.«

Werner schüttelte den Kopf: »Schwer, das zu verstehen...«

»Als er für immer von uns ging, war er zweifellos ein schwer angeschlagener Mann. Hatte ihn das grauenhafte Verbrechen zerstört, oder war es jenes Geheimnis, von dem er in einer völlig verzweifelten Lage andeutungsweise gesprochen hatte, ganz abgeklärt, wie einer, der geistig schon weggetreten war? Jenes Geheimnis, das er mit ins Grab nehmen wollte? Oder war es beides? Und daraus resultierend ein unüberwindlicher Lebensüberdruß?... Konsequent in seinem unverständlichen Entschluß hat er dann doch eine Art Testament hinterlassen und mir anvertraut. Briefe – verschlossene Briefe –, die du nacheinander bis zum Erreichen des achtzehnten Lebensjahres erhalten solltest. Briefe, die dir jede Belastung durch ein allzu frühes Wissen ersparen sollten und bis auf den Tag ersparen konnten. Fromme Lügen, mehr nicht... Dein Vater hat bestimmt, daß ich dich mit einem der bedeutendsten Ärzte zusammenführe, und mir einen Brief für ihn hinterlassen. Wir haben deshalb in den nächsten Tagen einen Termin in der Universitätsklinik bei Professor Enders.«

»...damit er nicht nur Kranke, sondern auch einmal einen kerngesunden Burschen zu sehen kriegt!« ergänzte Werner lachend.

»Ich bin in Berlin geboren«, sagte Florath nach einer langen Pause. »Mein Vater war ein angesehener Rechtsanwalt. Ich hätte bei ihm gleich meine Referendarzeit absolvieren und im elterlichen Hause bleiben können, doch es drängte mich hinaus. Kurzentschlossen ging ich nach München, der Geburtsstadt meiner Mutter. Dort habe ich dann den Mann kennengelernt, der einmal mein bester Freund werden sollte und den ich später doch nicht den Klauen der Justiz entreißen konnte.

Er war ein genialer Künstler, dem es mit seiner eigenwilligen, neuartigen Maltechnik gelang, den seit Malergenerationen überholten Expressionismus noch einmal mit glutvollem Leben zu erfüllen.

Der Urteilsspruch regte die Öffentlichkeit damals zu neuen Auseinandersetzungen über Wert und Unwert von Indizienbeweisen an. Diese Zweifel sind bis auf den heutigen Tag nicht verstummt und werden immer wieder genährt, sobald in einer Ausstellung Bilder deines Vaters auftauchen.

Inzwischen sind zehn Jahre vergangen, und wenn ich dem toten Freund auch nicht viel helfen konnte, eines konnte ich und habe ich all die Jahre über getan:

In den Museumskatalogen und in der Literatur, ja sogar in hochangesehenen Kunstgeschichten stieß ich immer wieder auf die Bemerkung: ›Der Maler endete durch Freitod in der Strafanstalt, nachdem er wegen Mordes an seiner Ehefrau zu lebenslanger Haft verurteilt worden war.‹

Man glaubte wohl, auf diesen sensationellen Hinweis ebenso wenig verzichten zu können wie auf die Tatsache, daß sich sein berühmter Kollege van Gogh eines Tages das rechte Ohr abgeschnitten hat.

Ich war also in jedem Einzelfall auf die Einsicht und den guten Willen der Verleger oder Herausgeber angewiesen.

Die Korrespondenz, die ich in dieser Sache führte, füllt eine ganze Akte. Leider – wie ich mit der Zeit erkennen mußte – eine reine Sisyphusarbeit, da die vielen bereits erschienenen Veröffentlichungen nicht zu tilgen waren. Die ›Mordsache Kling‹ konnte deshalb auch nie in Vergessenheit geraten.

Und das ist Grund genug, jetzt, da du ins Leben trittst, noch einmal alles daranzusetzen, ihn reinzuwaschen.

Als ich deinen Vater kennenlernte, hatte er gerade sein Haus in dem vornehmen Münchener Villenviertel bezogen. Er brauchte damals einen Rechtsberater, und so ergab es sich ganz von selbst, daß wir oft auch abends zusammensaßen.

Schon bei meinem ersten Besuch stellte er mir seinen ›Sohn‹ vor. Er sagte komischerweise immer ›mein Sohn‹, nie ›mein Junge‹, obwohl du nicht einmal den Windeln entwachsen warst.«

Dr. Florath richtete sich schmunzelnd wieder auf.

»Er wußte natürlich selber, daß das komisch war, und beobachtete jedesmal gespannt, wie andere auf dieses Papa-Pathos reagierten; aber so war er eben. Ich übertrumpfte ihn, indem ich dich als seinen ›Herrn Sohn‹ bezeichnete. Dann blinzelte er mir jedesmal verschmitzt zu.

Siebzehn Jahre ist das nun schon her. Siebzehn Jahre, in denen so unendlich viel geschehen ist.

Eingespannt in den Zwang zum Erfolg, dem sich deine Eltern voll und ganz verschrieben hatten, schien es ihnen offenbar selbstverständlich, daß sie mitunter wochenlang auseinandergerissen wurden, obwohl es deiner Mutter schwer fiel, dich während ihrer Filmarbeit der Obhut eines Kindermädchens zu überlassen.

Dem Theater in der Schwanthalerstraße blieb sie treu.

Als ich sie eines Tages fragte, ob ihr das nicht zu viel werde, sagte sie: ›Ich möchte auf den direkten Kontakt mit meinem Publikum nicht verzichten, denn ich brauche ihn für meine Arbeit vor der reaktionslosen Kamera.‹«

Florath begleitete Werner an diesem Tag noch in ein nahes Geschäft für Herrenbekleidung. »Wir werden jetzt erst einmal das Nötigste kaufen müssen«, sagte er.

Werner war mit Freude dabei.

Als sie es nach einer Stunde verließen – Werner schwer bepackt, in einem eleganten Sportanzug –, lächelte der Doktor zufrieden vor sich hin.

Auf dem großen Schaufenster der berühmten Galerie standen noch immer – unaufdringlich, aber selbstbewußt – in feinen Goldbuchstaben die Namen ihrer Gründer »Zandel & Ebermayr«.

»Und hier«, sagte Dr. Florath zu seinem jungen Begleiter, »hier hat die dramatische Geschichte vor etwa zwanzig Jahren angefangen. Mit einem jungen Maler und seinen fünfzig Gemälden, deren Stil im Grunde schon einer vergangenen Epoche angehörte und die trotzdem mit ihrer überraschenden Technik und ihrer unerhörten Schilderung Münchener Typen einen beispiellosen Erfolg hatten.

Der Galerist, der damals den Mut hatte, ihren im Grunde schon längst nicht mehr ›modernen‹ Schöpfer in einer großen herausfordernden Schau anspruchsvoll zu präsentieren, hat den Höhenflug, aber auch den Absturz dieses Genies bis zu seinem bitteren Ende miterlebt.

Überlebt hat er ihn nur um wenige Jahre.

Der jetzige Inhaber war – genau wie dein Vater – ein eigenwilliger Typ...«

»Winfrid, der Windhund«, sagte Werner lachend.

»...ein netter Bursche, ein echter Berliner Junge, der dem Osten der Stadt rechtzeitig entwetzen konnte und hier im Westen das einzige verkaufte, was er zu verkaufen hatte: seine blonde Jugend, sein verführerisches Aussehen und seine Gutmütigkeit.

Er und dein Vater – ein gebildeter Doktor der Kunstgeschichte und ein Stricher, weiß Gott, das waren Gegensätze! Doch sie waren unzertrennlich. Schwer, das zu verstehen, denn Winfrid schlug ab und zu über die Stränge und nahm eine Zeitlang sogar Rauschgift, sehr zum Kummer deines Vaters, doch da war irgend etwas, das sie immer wieder zueinander zog. Vielleicht wußten sie selber nicht einmal, was es war.

Man hat sich später oft den Kopf darüber zerbrochen, was deinem Vater wohl die unerhörte Kraft gegeben hat, in aller Stille fünfzig Meisterwerke zu schaffen, um damit schlagartig hervorzutreten. War es, wie viele glaubten, der schöpferische Drang, der dahintersteckte? Oder war es eine geschickte Einschätzung der Marktlage?

Ich glaube erst heute zu verstehen, was hinter diesen scheinbaren Ungereimtheiten gesteckt hat.«

Werner hob erstaunt den Blick.

»Es war nackte Angst. Aber damit rühren wir schon an das dunkle Geheimnis eines Lebens, dessen Schleier erst jetzt, wie Nebelschwaden, vor meinen Augen zu zerfließen beginnen.«

»Weiß Winfrid, daß wir kommen?«

»Natürlich nicht! Mal sehen, wie er reagiert.«

Florath öffnete die Tür und zog Werner mit sich.

Winfrid erkannte den alten Juristen sofort. Freudige Umarmung. »Dr. Florath! Endlich wieder einmal in München. Wenn Sie nur wüßten, wie oft Gisi und ich an Sie gedacht haben!« Er warf einen bewundernden Blick auf Werner. »Ihr Sohn?«

»Dann müßten Sie ihn doch kennen.«

»Gewiß, aber...«

»Er ist der Sohn eines Freundes.«

»Aha!«

»...eines gemeinsamen guten Freundes.«

Winfrid stutzte nur einen Augenblick, dann riß er Werner stürmisch an sich. »Werner, mein Knirps, den man vor aller Welt in einem Internat versteckt hat.« Er senkte den Blick und wischte sich die Augen trocken. »Dein Vater und deine bezaubernde Mutter und ich, eine Art Hausfreund... Himmel, daß es das alles gegeben hat!«

»Der Doktor hat mir viel von Ihnen erzählt, und deshalb sind wir auch zuerst zu Ihnen gekommen.«

Winfrid zwinkerte mißtrauisch: »Du meinst: trotzdem!«

»Nein, deshalb«, widersprach Florath. »Über Sie könnte ich doch nur das Beste sagen!«

»Das Beste von dem, was auf meinem langen Kerbholz steht. Danke sehr, Herr Rechtsbeistand! Aber man wird älter und langsam ein bißchen vernünftiger.«

»Sie sind jetzt – wie ich annehme – der Eigentümer dieser angesehenen Galerie, obwohl draußen noch immer die Namen der Gründer stehen.«

»Dort sollen sie auch bleiben. Daß Herr Zandel mich noch kurz vor seinem Tode adoptiert und mich damit zum Alleinerben eingesetzt hat, war die größte Überraschung meines Lebens.«

»Werner und ich sind hier, um die juristisch zwar längst geklärten Vermögensverhältnisse zu überprüfen und die Villa zu besichtigen.«

»Aber nicht nur deshalb!« sagte Werner. »Der Doktor hat mir so viel von Ihnen und Gisi erzählt, daß ich geradezu darauf brannte, Sie kennenzulernen.«

»Dazu werden Sie uns hoffentlich reichlich Gelegenheit geben«, sagte Florath, »denn zwei oder drei Wochen haben wir hier bestimmt zu tun. Jetzt müssen wir erst mal den von Papa verordneten Besuch bei Professor Enders hinter uns bringen.«

Also am nächsten Vormittag raus zur Universitätsklinik!

»Herr Professor, ich überreiche Ihnen hiermit im Auftrag des Malers und Professors Udo von Kling als Testamentsvollstrecker und einer seiner ehemals besten Freunde einen geschlossenen Brief, den er vor vielen Jahren am Tag seines Todes geschrieben und mir mit dem Wunsch anvertraut hat, ihn nach dem achtzehnten Geburtstag seines Sohnes einem der bedeutendsten Spezialärzte für Erbkrankheiten zu übergeben. Wer dieser Arzt sein würde, konnte er damals nicht wissen. Der Brief trägt deshalb auch keine Anschrift und gilt – wie er mir sagte – nur der Sorge um seinen einzigen Nachkommen, den ich Ihnen hiermit präsentiere.«

Der Professor drückte Werner spontan die Hand. »Der Name Ihres Vaters ist mir ein Begriff. Ich habe ihn sehr bewundert und freue mich, nun seinen Sohn kennenzulernen.«

Der Brief war nur kurz, aber inhaltsschwer. Der Arzt sollte den Sohn des Malers nicht nur auf seinen allgemeinen körperlichen Zustand untersuchen, sondern auch auf etwa schon erkennbare erste Anzeichen von Chorea, jener heimtückischen Krankheit, deren verheerende Auswirkungen man schon seit Generationen kannte, der man aber immer noch hilflos gegenüberstand.

Gewiß, da hatte ein amerikanischer Forscher endlich vor einigen Jahren entdeckt, daß nicht etwa ein Bazillus oder ein Virus, sondern ein defektes Gen in der Erbmasse dieser Todfeind war und daß dieses Gen von beiden Geschlechtspartnern weitergegeben werden kann. Eine aufsehenerregende und wissenschaftlich außerordentlich bedeutsame Erkenntnis – aber zunächst auch nicht mehr.

Erst in allerletzter Zeit hatte man einen Test entwickeln können, mit dessen Hilfe sich das gefährliche Vorhandensein des defekten Gens feststellen ließ.

Nun konnte man hoffen, durch systematische Untersuchungen in einigen Jahren eine Waffe gegen diese Krankheit zu finden; aber noch war eine Rettung nirgendwo in Sicht.

Immerhin hatte Kling im Glauben an den Fortschritt eine solche Möglichkeit ins Auge gefaßt.

»Wenn mein Sohn eines Tages zu der Generaluntersuchung kommt«, schrieb der besorgte Vater, »dann ersparen Sie ihm das Wissen um die bittere Wahrheit, sofern Sie das verantworten können.«

Nun, das konnte er erst, wenn der völlig neuartige Test ein gutes Ergebnis brachte. Leider gab es aber bisher nur eine einzige, amerikanische Klinik, die imstande war, diesen Bluttest durchzuführen.

»Sie sind völlig gesund – soweit das in Ihrem Sonderfall ohne eine ganz spezielle Blutuntersuchung erkennbar ist«, sagte der Arzt nach einer äußerst gründlichen Untersuchung. »Das Ergebnis dieser von Ihrem Vater gewünschten Untersuchung kann aber erst in etwa zwei Wochen vorliegen. Bis dahin muß ich Sie pflichtgemäß und auf ausdrücklichen Wunsch Ihres Vaters dringend bitten, jeden Geschlechtsverkehr ohne ein sicheres Mittel zur Verhütung von Nachkommenschaft unter allen Umständen zu unterlassen.«

Werner wurde rot, stutzte einen Augenblick und nickte dann zustimmend. Die Mahnung klang zwar etwas seltsam, aber da sein Vater sie ausdrücklich veranlaßt hatte... »Sie sprachen von einem Sonderfall. Inwiefern bin ich ein Sonderfall?«

Die Frage lag damit auf dem Tisch und konnte nicht unbeantwortet bleiben. Den Namen der Krankheit zu erwähnen, selbst wenn der Test zeigen sollte, daß Werner unbelastet war, ging nicht nur gegen den strikten Wunsch des Vaters, sondern auch gegen die Vernunft. Aber weshalb sollte der junge Mann nicht die halbe Wahrheit erfahren, solange die Krankheit nicht genannt wurde?

»In solchen Familien tritt durch Vererbung meist erst nach Erreichen eines bestimmten Alters eine gewisse Anomalie auf, die in einzelnen Fällen schon früher erkennbar ist. In speziellen Fällen müssen wir den Patienten dann mit Rücksicht auf eine etwaige Nachkommenschaft zweckmäßig beraten. Vor allem im Hinblick auf Intimverkehr ohne besondere Vorsichtsmaßnahmen.«

»Aha!« lachte Werner. »Deshalb der verbotene ›Intimverkehr‹!«

»Nein«, sagte der Arzt mit fester Stimme, »Erbkrankheiten oder abnorme Erbanlagen – zum Beispiel Linkshändigkeit oder Schielen, Glatzenbildung oder Fettsucht – haben mit Geschlechtskrankheiten nichts zu tun. Sie können weder durch das Blut noch durch den Speichel übertragen werden, und man kann die Gefahr in schwerwiegenden Einzelfällen sogar schon während der Schwangerschaft erkennen, diese auf Wunsch der Eheleute unterbrechen oder weitere Schwangerschaften durch die Sterilisation eines Geschlechtspartners verhindern.«

»Ja, mein Junge«, sagte Florath, während sie sich verabschiedeten, »ganz hemmungslos können wir dich also noch nicht auf die Menschheit loslassen – aber tröste dich mit Wilhelm Busch: ›Enthaltsamkeit ist das Vergnügen an Dingen, welche wir nicht kriegen.‹«

Werner wählte die Nummer der Hotelzentrale. »Es gibt in Fürth eine Nähmaschinenfabrik Körner. Darf ich Sie bitten, mich mit ihr zu verbinden?«

»Gerne. Legen Sie bitte auf.«

Wenige Minuten später hatte er die Fabrik am Apparat.

»Maschinenfabrik Körner und Sohn.«

»Bitte verbinden Sie mich mit dem Axel.«

»Mit wem, bitte?« Das klang sehr spitz.

»Hochachtungsvoll mit Herrn Alexander Körner.«

»Sie meinen den Herrn Juniorchef?«

»Genau den.«

»Und wen darf ich melden?«

»Wenn es sein muß, den Werner.«

»Ich verbinde!« Die Dame klang leicht pikiert.

Dann war Axel dran.

»Der Flug nach Rio kann stattfinden«, sagte Werner mit verstellter Stimme.

»Wie bitte?«

»Wir wollten doch! Aufgeschoben ist nicht aufgehoben, wie du siehst.«

»Werner? Mensch, Werner! Das ist vielleicht eine Überraschung! Bist du etwa immer noch bei dem Drachen in Kost und Logis?«

»Mann, wo denkst du hin! Ich bin in München.«

»Nanu? Was treibt dich denn in unsere heimliche Hauptstadt?«

»Die Sehnsucht nach dir – und meinem Großgrundbesitz.«

»Mensch, mach keinen Quatsch!«

»Wir haben hier zu tun. Erbschaftsgeschichten und... Na, du weißt schon.«

»Wieso? Was weiß ich?«

»Nichts – wie immer, Herr Juniorchef.«

»Nur kein Neid: Ich bin's!«

»Das nennt man Karriere!«

»Ich schmeiß' mich in meinen Porsche und komme sofort. Wo wohnst du denn?«

»Im ›Bayrischen Hof‹.«

»Na, Klasse!«

»Aber den Porsche laß erst mal im Stall. Ich bin hier noch zu sehr eingespannt. Vielleicht können wir uns morgen oder übermorgen sehen. Ich wollte mich jetzt nur mal melden.«

»Nett von dir. Sag, wann ich kommen soll, und ich bin vier Stunden später da!«

»Aber überschlag dich nicht mit deinem Krachmacher!«

»Das überlass' ich dir – du darfst ihn ja mal probefahren!«

»Mach' ich. Und bleib schön brav, Herr Junior!«

»Juniorchef, wenn ich bitten darf!«

»Du darfst!«

Florath trieb sich in den nächsten Tagen ständig auf dem Gericht herum. Sein erster Besuch galt dem Beamten, der damals die ganzen

Untersuchungen geführt hatte.

Trenker war inzwischen auf der Beamtenlaufbahn ein gutes Stück vorangekommen. Er galt nach wie vor als ein heller Kopf und genoß bei seinen Vorgesetzten höchstes Ansehen.

Daß da nun nach zehn Jahren ein Rechtsanwalt auftauchte und besonders großen Wert darauf legte, sich mit ihm »in einer ruhigen Stunde«, wie er sagte, einmal über den längst begrabenen Fall Kling zu unterhalten, überraschte ihn.

In seinem Beruf gab es immer seltener »ruhige« Stunden, denn den ständigen Fortschritt von Wissenschaft und Technik machten sich nicht nur seine Spürhunde zunutze, sondern auch ihr Wild.

»Wollen Sie denn im Ernst diese längst abgeschlossene Sache noch einmal aufgreifen? Der Fall war doch klar.«

»Es war ein Urteil aufgrund von Indizien…«

»…dem doch, wie im Fall Brühne, nur noch das Geständnis dieses seltsamen Angeklagten fehlte. Das haben derartige Urteile zu meinem größten Ärger nun mal an sich. Da hat die Polizei saubere Arbeit geleistet und ein Verbrechen aufgeklärt, und dann bleiben für alle Zeit diese verdammten Zweifel…«

»…und Zweifler.«

»Das ist das Risiko, mit dem wir in unserm Beruf leben müssen. Aber auf was wollen Sie hinaus?«

»Ich habe mich in all den Jahren immer wieder gefragt, ob Sie sich wohl gefragt haben, wozu Ihr sogenannter Täter sich das Material für einen zweiten Sprengsatz beschafft hat?«

»Habe ich; wir haben hier über diesen Punkt heftig diskutiert. Doch es war kein Sinn erkennbar. Wer sagt Ihnen denn auch, daß er mit dem Zeug einen zweiten Sprengsatz herstellen wollte? Mancher Totschießer trägt zwei Kanonen mit sich herum, obwohl die eine doch gereicht hat.«

»Ich habe in meinem Leben nicht viele Freunde gehabt. Mein bester war Ihr sogenannter Täter.«

»Der es leider trotz aller guten Zureden mit einer geradezu ärgerlichen Sturheit abgelehnt hat, etwas zur Rechtsfindung beizutragen. Auch Sie – sein bester Freund, wie Sie sagen – haben es ja nicht fertiggebracht, ihn zum Reden zu bringen. Er hat das Urteil dadurch mit einer fast selbstmörderischen Hartnäckigkeit herausgefordert und widerspruchslos angenommen. So etwas habe ich bei unschuldig Verurteilten bis auf den heutigen Tag nicht mehr erlebt. Für mich wie für die Richter und Geschworenen war das das stillschweigende Bekenntnis seiner Schuld.«

Trenker forschte in dem Gesicht des Anwalts. Ihm war dieser Mann in seiner ruhigen, besonnenen Art als Rechtsbeistand Klings von Anfang an sympathisch gewesen, und er hatte ihm in seiner Rolle fast leid getan.

Florath widersprach: »Entschuldigen Sie – aber ich sehe das anders.«

»Gut – und was wollen Sie jetzt erreichen? Das Urteil ist längst rechtskräftig. Kein Staatsanwalt wird sich bereit finden, diesen Fall noch einmal aufzugreifen...«

»...es sei denn, daß ich neue Tatsachen auf den Tisch lege.«

»Selbst damit würden Sie Ihrem Freund nicht mehr helfen.«

»Er war ein großer Künstler und hat einen Sohn hinterlassen, der jetzt volljährig geworden ist. Ich halte es für meine Pflicht, alles daranzusetzen, um den Namen Kling reinzuwaschen.«

»Ein ehrenwerter Versuch, zu dem ich Ihnen vor allem im Interesse des Jungen alles Gute wünsche. Und ich bin jederzeit bereit, Ihnen dabei zu helfen; aber dazu müßten Sie mir durch neue Tatsachen erst einmal die Möglichkeit geben.«

Das war nicht viel. Doch es gab Florath immerhin die Gewißheit, daß er bei diesem Beamten auf das nötige menschliche Verständnis gestoßen war...

Wenige Stunden nach diesem Gespräch trafen Florath und Werner sich im Hotel.

»Während Sie heute vormittag bei der Polizei waren, habe ich Winfrid im Geschäft besucht«, sagte Werner. »Ich finde ihn nicht nur ungewöhnlich liebenswürdig, sondern vor allem interessant. Daß mein Vater mit ihm eng befreundet war, kann ich verstehen.«

»Wenn auch ihr zwei euch anfreunden würdet, wäre das nur zu begrüßen«, sagte Florath.

»Übrigens schlägt er vor, daß wir heute abend Gisi besuchen. Daß wir hier sind, hat er ihr noch nicht verraten; es soll eine Überraschung werden.«

Als sie eintraten, war die kleine Bar noch leer.

Der Kellner wischte noch einmal rasch mit einem Staublappen über die Tische. Gisi – nett anzusehen, wie immer – hantierte hinter der Theke.

Wenn sie sich langweilte, polierte sie Gläser. Nicht die Gebrauchsgläser; die waren Sache des Keepers. Sie polierte die Schmuckgläser.

»Die Person, die uns da den Rücken zeigt«, sagte Winfrid, »ist die Putzfrau; die Gisi würde sich das nie erlauben, denn sie ist eine Dame.«

Gisi wandte sich um, wurde beim Anblick der drei Männer rot und blaß und stürzte hinter ihrer Theke hervor. »Win-« – den »frid« verschluckte sie in ihrer Aufregung. »Ach – und Herr Doktor Florath! Schön, daß Sie sich wieder einmal in München sehen lassen!«

»Meinen hübschen neuen Freund übersiehst du wohl geflissentlich!«

»Nein«, sagte sie lachend, »das ist unmöglich!« Sie wandte sich an Florath: »Ein Verwandter von Ihnen?«

Florath schüttelte stumm den Kopf.

»Den hat der Doktor mitgebracht«, sagte Winfrid. »Besieh ihn dir doch mal genauer. Fällt dir denn nichts auf?«

Der guten Gisi fiel nichts auf, und Werner lief vor Verlegenheit rot an.

»Er heißt mit Vornamen Werner.«

Werner lächelte.

»Dieses Lächeln... Winfrid, mach keine Scherze!... Das ist doch nicht...«

»Der Hosenmatz, den du einmal adoptieren wolltest!«

»Werner von Kling, unser verlorener Sohn«, sagte Gisi. »Und was für ein hübscher Junge – na, bei solchen Eltern! So was über zehn Jahre vor der Welt zu verstecken, so was bringt auch nur ein Rechtsverdreher fertig.« Sie streckte Werner beide Hände entgegen und zog ihn an sich. »Dein Vater war ein guter Freund von mir. Nicht viel, und wir hätten sogar geheiratet.«

»Er war dir wohl ein bißchen zu zurückhaltend!« flachste Winfrid.

Gisi schwieg. War er das nicht gewesen? Sie hatte bisher nie darüber nachgedacht. War das nicht sogar der tiefere Grund dafür gewesen, daß sie schließlich den Paul geheiratet hatte, den Draufgänger? »Ach«, sagte sie schließlich, »vielleicht hast du recht – das schlägt ja in dein Fach... dein ehemaliges«, hängte sie etwas leiser dran.

Florath hatte kurz aufgehorcht. Werner verstand nicht. Wie konnte er auch? Er fühlte nur, daß er sich hier in einem kleinen Kreis von Menschen befand, mit denen nicht nur das Schicksal seiner Eltern, sondern auch sein eigenes durch viele Fäden der Vergangenheit verknüpft war. Mit diesen Menschen würde er sich verstehen. Hier konnte er ein neues Zuhause finden.

»Ich bin mit Werner gekommen, um hier als Udos Testamentsvollstrecker und als Werners bisheriger Vormund ein paar Erbschaftsgeschichten zu bereinigen – bloßen Papierkram, weiter nichts. Und um ihm seine Geburtsstadt zu zeigen. Und...« Er verschluckte, was er hatte sagen wollen, doch Gisi hakte nach: »Und? Was noch?«

»Das könnt ihr euch doch denken; schließlich wissen wir alle, daß dieses schreckliche Urteil ein Fehlurteil gewesen ist!«

Kurze Verlegenheitspause.

»Darf ich euch in Pauls Lieblingsecke verpflanzen?« suchte Gisi den toten Punkt zu überspielen, indem sie die Besucher in die stille Ecke führte. »Das war Udos Platz – und der gehört von jetzt an seinem Sohn.« »Seinem Sohn« – sie ließ die Worte auf der Zunge zergehen und schüttelte den Kopf, als könne sie es nicht fassen. »Und zur Feier des Tages...« Sie winkte dem Kellner. »Eine Pommery!« Dann wandte sie sich wieder an Florath: »Wissen wir nicht sogar, wer der wirkliche Täter ist?«

»Sie denken an den Mann, der sich nun schon seit zehn Jahren mit Werners Großmutter...«

Werner war bei dem Wort »Großmutter« zusammengezuckt. Hatte er wirklich eine Großmutter? Von ihr hatte er bis dahin nie gehört.

Alle hatten Werners Reaktion bemerkt.

»... wenn er überhaupt noch lebt und wenn sie überhaupt noch lebt und wenn sie ihm nicht längst den Laufpaß gegeben hat«, fuhr Florath fort.

»...oder er sie um ihr Vermögen betrogen und sie ebenso umgebracht hat wie diese Frau Gandert, bei der Winfrids massivgoldenes Feuerzeug gefunden wurde«, warf Gisi ein.

»Daß es mein Feuerzeug gewesen ist, mag sein«, sagte Winfrid. »Das ist deine Lieblingstheorie, aber auch dafür gibt es doch keinerlei Beweise. Und gäbe es sie wirklich, dann hätte die Polizei doch zuallererst einmal mich am Wickel.«

Florath wandte sich an Gisi: »Ich kenne Ihre Theorie und habe sie immer sehr ernst genommen. Wir müssen wohl auch diesen Gedanken wieder aufgreifen und Ermittlungen veranlassen.«

Werner hörte, hörte, hörte – und verstand von alledem kein Wort.

Florath fühlte, was in ihm vorging, und legte den Arm um seine Schulter: »Bißchen viel auf einmal, doch mit der Zeit wirst du schon dahinterkommen.«

Werner fühlte sich unter seinen neuen Freunden wohl wie nie zuvor. Er trank im Lauf des langen Abends zwei Gläser Sekt und sagte beim Abschied etwas voreilig: »München ist die schönste Stadt der Welt. Hier bin ich, und hier bleibe ich.«

Im Hotel saßen sie noch eine Weile zusammen.

»Ich habe für morgen vormittag unsern Besuch in der Villa angemeldet«, sagte Florath, »denn ich denke, es ist nun an der Zeit, daß du auch das Haus kennenlernst, in dem du geboren wurdest und in dem deine Eltern glücklich gewesen sind. Winfrid wird uns dabei begleiten, denn er kennt das Haus bis in den kleinsten Winkel. Vielleicht erinnerst du dich dort sogar an die eine oder andere kleine Einzelheit aus den ersten Jahren deiner Kindheit.«

»Das glaube ich nicht«, sagte Werner. »Ich gehe zwar zuweilen in meinen Träumen durch einen riesigen Park mit vielen schönen Blumen und einem spiegelblanken himmelblauen See – aber das werden wohl weniger Erinnerungsträume als Wunschträume sein.«

»Und daß Winfrid mitkommt?«

»Das macht mir diesen Weg erheblich leichter, denn diese Rückkehr in das Haus meiner toten Eltern hat etwas Bedrückendes.«

»Ich hatte das Glück, schon bald einen seriösen Mieter für das Haus zu finden«, sagte Florath, »einen angesehenen Chirurgen von der hiesigen Universitätsklinik. Winfrid hat damals alle beweglichen Möbel und Teppiche in das riesige Atelier schaffen und dort übereinander stapeln lassen. Nur die Bilder sind in den Räumen geblieben. Unter ihnen das lebensgroße Porträt deiner Mutter in ihrer Glanzrolle als Rosemarie. Sogar zwei Leute vom Personal sind bis auf den heutigen Tag geblieben: die Hausbesorgerin Zenzi und der Gärtner.«

Als Werner gegen ein Uhr im Bett lag, gingen ihm die Erlebnisse dieses Tages im Kopf herum. Erst gegen zwei sank er in einen tiefen, traumlosen Schlaf.

Winfrid stand schon ein paar Minuten vor der verabredeten Zeit in der Halle des Hotels.

Der gestrige Abend war für ihn so etwas wie eine Erlösung gewesen. Florath, Gisi und nicht zuletzt der Junge, den er als Knirps durch den großen Park geführt hatte und immer davor warnen mußte, sich Gänseblümchen in den Mund zu stopfen, hatten in ihm ein Gefühl der Zusammengehörigkeit ausgelöst...

Es hätte auch mein Junge sein können, dachte er, als wieder jene kurze Szene in seiner Erinnerung auftauchte, in der Udo ihm den seltsamen, ja geradezu verrückt klingenden und dennoch ernstgemeinten Vorschlag einer Samenübertragung gemacht hatte.

Was mochte in dem Freund damals vorgegangen sein, diesem stolzen Nachkommen eines alten Adelsgeschlechts, der sich nur mit einigen wenigen Menschen duzte und ihn immer näher an sich herangezogen hatte, obwohl er wußte, auf welch anrüchige Weise er sich mit wechselndem Erfolg durchs Leben liebte.

Das Thema war dann nicht mehr zur Sprache gekommen, weil Rita ihn schon zwei Tage später mit der Nachricht überrascht hatte, daß sie schwanger sei.

Er hätte nicht nein sagen können und auch nicht nein sagen wollen, denn er war sich klar darüber, daß Udo diesen Vorschlag niemals einem andern gemacht hätte.

Ein merkwürdiges Gefühl des Verwachsenseins mit dem Schicksal Werners nahm mehr und mehr von ihm Besitz, und immer wieder tauchte dabei die Frage auf: Weshalb hatte Udo wohl diese seltsame Frage in ihn gerichtet und dann alles darangesetzt, Rita zu einer Abtreibung zu bewegen?

Der Doktor erschien ein paar Minuten früher als Werner und wirkte ausgesprochen heiter. »Ich bin gespannt, in welchem Zustand sich Haus und Garten befinden«, sagte er. »Es wäre schrecklich, wenn das Haus auf Werner einen düsteren Eindruck machte.«

»Nicht zu befürchten«, versicherte Winfrid. »Ich bin manchmal sonntags aus purer Neugier am Grundstück vorbeigefahren und fand alles liebevoll gepflegt. Der Professor weiß gewiß, was er seinem Ansehen schuldig ist.«

Als Werner kam, umarmte Winfrid ihn stürmisch, wie einen alten Freund. Werner fühlte die wohltuende Wärme dieser Begrüßung, doch er wirkte still, fast etwas bedrückt.

Genau so war ihm ums Herz gewesen, als der Gefängnispfarrer ihn damals an das Grab seines Vaters geführt hatte...

Jetzt, das fühlte er, stand ihm der erste greifbare Kontakt mit einer Vergangenheit bevor, die ihn bisher kaum berührt hatte und die dennoch auch ein Stück seines eigenen Lebens war.

Winfrid hatte seinen Wagen dicht neben der Vorfahrt des Hotels geparkt. »Du sitzt neben mir«, kommandierte er Werner, »damit ich dir während der Fahrt gleich ein bißchen über München erzählen kann.«

Doch Werner blieb einsilbig.

Als der Wagen endlich in der vornehm-stillen Straße hielt, blieb Werner eine Weile vor dem Haus stehen. Er sah den großen modernen Bau, er sah den gepflegten Eingang, doch in ihm kam nicht die Spur einer Erinnerung auf, wohl aber eine leichte Beklemmung.

Sie lockerte sich erst, als Winfrid geklingelt hatte und eine dralle Person ihn mit dem Ruf begrüßte: »Ja, da schau her – der Winfrid! Des wann i g'wußt hätt'! Und gar der Herr Doktor Florath!« Sie riß die breite Tür so weit wie möglich auf. »Und... Ja, wer ist denn des?«

Werner lief rot an.

Winfrid schubste ihn vor und sagte: »Den kennst du nicht?«

Die Haushälterin schüttelte irritiert den Kopf: »Ja, wer könnt' denn des scho...« Plötzlich ging ihr ein Licht auf. »Ja, des wird doch nicht, des kann doch nicht...«

»... der Werner sein, dem du immer zu wenig Zucker in den Milchkaffee getan hast!« ergänzte Winfrid.

Die Mollige schnappte nach Luft. »Der Werner, der Bub? Mein

Gott, ist das die Möglichkeit!« Sie schlang die Arme um ihn und zog ihn ins Haus. »Und das mit dem Zucker – des war doch nur wegen den Zähnen! Daß du mir des net vergessen hast...«

»Ach, Schwindel von dem Winfrid«, versuchte Werner sie zu beruhigen. Ihm war auf einmal leichter ums Herz. Das war ein Empfang, wie er ihn sich nie und nimmer vorgestellt hätte. Selbst Florath war von diesem herzlichen Empfang überrascht.

»Der Herr Professor läßt sich entschuldigen. Wissen S', donnerstags hat er immer seinen ganz großen Operationstag. Da geht er schon um sechs aus dem Haus und kommt selten vor acht Uhr heim. Ich soll Sie herzlich grüßen und Ihnen vor allem ein anständiges Mittagessen vorsetzen.« Sie besah sich Werner immer wieder von der Seite und sagte schließlich: »Ein bissel mager bist ja, mein Bub, aber nett schaust aus – grad wie die Mutter.«

Sie sagte es just in dem Augenblick, in dem sie den Gästen die Tür zum großen lichtüberfluteten Wohnzimmer öffnete.

Gegenüber, über dem Kamin, hing das lebensgroße Bild der Mutter.

Werner sah es sofort und stand lange wie gebannt davor.

Florath, Winfrid und die Mamsell wußten, was dieser Augenblick für ihn bedeutete, und verharrten schweigend, bis er nach einem tiefen, befreienden Aufatmen langsam weiterging.

Die Haushälterin öffnete bereitwilligst alle Türen. Das ganze Haus atmete Ordnung und Sauberkeit, fast, als sei es unbewohnt.

»Das alles gehört dir; hier kannst du eines Tages wohnen – wenn du willst«, sagte Winfrid.

Werner warf einen Blick auf den Park und schüttelte stumm den Kopf. Es war, als hätte er fast Angst vor diesem großen Besitz.

Dann standen sie vor der verschlossenen Tür zum Atelier.

Die Mamsell übergab Werner einen versiegelten Briefumschlag. »Das ist der Schlüssel zum Allerheiligsten«, sagte sie mit einem leichten Ton von Ehrfurcht in der Stimme.

Das hätte blasphemisch klingen können, doch jeder wußte, wie es gemeint war.

Hier hatte der große Maler täglich viele Stunden zugebracht und wie in einem Rausch geschaffen. Ein Genie, das von der Welt bewundert wurde und über dem doch während der letzten Monate ein unerklärlicher Schatten gelegen hatte.

Werner gab den Umschlag mit einem fragenden Blick an Florath weiter. Florath brach das Siegel auf und öffnete die Tür.

Sie sahen ins Dunkel. Winfrid machte Licht.

Werner sah zunächst nichts als einen riesigen Raum, der bis zu der schrägen Glasdecke mit Möbeln aller Art vollgestopft war. Die meisten waren in graue Decken gehüllt und ließen nur die Umrisse erkennen.

»Unser Möbellager«, sagte Winfrid trocken. Er schob mit einer langen Holzstange einen Teil der unter der Glasdecke hängenden schwarzen und weißen Blendvorhänge zur Seite. »Hier haben wir in wochenlanger Arbeit jedes Stück mit größter Sorgfalt gelagert und registriert. Es sind alles persönliche Stücke deiner Eltern, und wenn ich mich recht erinnere, befindet sich irgendwo sogar eine große Kiste mit deinen Spielsachen.« Er übergab Werner eine dicke Akte.

Werner warf nur einen flüchtigen Blick hinein und gab sie ihm zurück.

Winfrid wandte sich an Florath: »Und dieser Karton mit den Akten, einer Flut von Briefen, Korrespondenzen mit ausländischen Galeristen und Museen, in der die Polizisten eine Zeitlang gewühlt haben, Rechnungen und Quittungen... Man wird sie eines Tages aussortieren und vernichten müssen. Aber das braucht viel Zeit.«

»Zeit, die ich jetzt im Übermaß habe«, sagte Florath. »Ich werde den Karton mitnehmen und ihn – zusammen mit Werner – Blatt für Blatt sichten.«

Etwas abseits standen, von einem weißen Leintuch verhüllt, etwa zwei Dutzend bespannte Bildrahmen.

»Hier stehen die letzten begonnenen oder halbfertigen oder in letzter Minute mit einem Pinselstrich wertlos gemachten Bilder aus den letzten Monaten.«

Florath und Werner horchten auf.

»Man könnte zu gegebener Zeit daran denken, diese letzten Stücke von seiner Hand unter gewissen Voraussetzungen auf den Markt zu bringen. Aber das ist nicht unbedenklich. Schon Herr Zandel sagte: ›Das ist Dynamit.‹ Wir könnten damit Wunden aufreißen, die inzwischen vernarbt sind, denn jedes dieser unfertigen Bilder hat eine Geschichte unbekannten Inhalts. Udo hat sie eines nach dem andern frisch und arbeitsfreudig begonnen und dann aus unerklärlichem Grund zur Seite gestellt. Auf den Müllhaufen, wie er das nannte.«

Winfrid nahm das weiße Tuch ab, zog eines der Bilder hervor und rückte es ins Licht.

»Das ist der Gärtner, der jetzt noch den Park betreut«, erklärte Winfrid. »Aber sehen Sie selbst!«

Werner und Florath traten näher. Kopf und Brust und eine Hand des Gärtners waren liebevoll in der charakteristischen Technik des Meisters auf die Leinwand gebannt und dann – es wirkte geradezu erschreckend – mit einem brutalen Pinselstrich beendet, wenn man das überhaupt so nennen konnte.

»Nach Ansicht deines Vaters Müll«, sagte Winfrid. »Für mich der dünne Faden, an dem wir uns eines Tages vielleicht aus dem Labyrinth der tausend Fragen und Rätsel heraushangeln können.«

»Wie meinen Sie das?« fragte Florath.

»Meinen wäre zu viel gesagt. Es ist vielleicht nur ein Spleen von mir. Zandel wollte diese Bilder zunächst in der Galerie ausstellen, denn er neigte zu der Ansicht, sie könnten unter Umständen als letzte Schöpfungen sogar besonders hoch bewertet werden. Doch ich habe mich dagegen aus einem dunklen Gefühl immer wieder gewehrt. Mir ist, als klebe an diesen Bildern Blut, und ich bin auch heute noch der Ansicht, daß wir sie vorläufig da lassen sollten, wo sie sind, denn es gibt nur ein Entweder-Oder. Mag sein, daß die Bilder eines Tages eine besondere Bedeutung und damit einen besonders hohen kulturhistorischen Wert bekommen. Wenn nicht, sollten wir sie verbrennen.« Dann zeigte er ihnen auch die übrigen Bilder, aber es fiel ihm offensichtlich schwer.

Werner hatte fast den Eindruck, als hasse er sie, sagte aber nichts.

»Ich bin ganz Ihrer Meinung«, pflichtete Florath ihm bei, »denn noch sind viele Fragen um unsern Freund nicht geklärt. Ob sie je geklärt werden, steht in den Sternen. Aber wenn wir eines Tages die nötige Klarheit haben, dann werden wir auch wissen, was mit diesen Bildern geschehen muß. Mir sagt ein dunkles Gefühl, daß sie noch einmal große Bedeutung erlangen werden.«

Winfrid starrte ihn einen Augenblick überrascht an, doch dann breitete er das weiße Tuch wieder über die Bilder und reichte Florath den Karton mit den Akten. »Ich glaube, das meiste davon wird man wohl vernichten müssen, doch Sie werden sicher auch einige besonders wertvolle Anerkennungsschreiben von Museen oder Kunstsammlern finden, die die Galerie aufheben und archivieren sollte.«

Werner hatte still und, wie es schien, fast teilnahmslos zugehört. Er war offenbar bedrückt. Das ist alles wie in einem Mausoleum, dachte er. Erst als sie mit dem Karton draußen standen und der Doktor den Schlüssel an sich nahm, atmete er durch.

»Nun?« fragte ihn Florath.

In diesem Wort lag alles. Doch Werner faßte sich an die fieberheiße Stirn und fand keine Antwort.

Bei einem kurzen Spaziergang durch den Park begegneten sie dem Gärtner. Er kannte Winfrid und begrüßte ihn herzlich.

»Und das ist der Bursche, der immer die Gänseblümchen essen wollte«, stellte Winfrid ihm Werner vor.

Der Gärtner besah ihn sich schmunzelnd von oben bis unten. »Ein hübscher Bub! – Wir bekommen also wohl einen neuen Herrn.«

»Mag sein«, sagte Florath, »aber das wird bestimmt noch eine ganze Weile dauern.«

Als die Haushälterin zu Tisch bat, hatte sich die Stimmung wieder etwas gelockert. Die Frau erzählte Werner lustige Episoden aus seinen Kindertagen und schuf damit eine erste schwache Brücke des Vertrauens. »Wenn du jetzt in München bist, mußt du dich aber mindestens einmal im Monat sehen lassen: Ich koche dir dann jedesmal was ganz besonders Leckeres!«

»Das wäre ein Grund«, sagte Werner, obwohl er noch keinerlei Vorstellung davon hatte, was sich in den nächsten Tagen oder Wochen ereignen würde.

Ein paarmal hatte er das Gefühl, zurück nach Hamburg zu müssen, doch wenn er Florath oder Winfrid gegenüber davon sprach, winkten sie jedesmal heftig ab: »Du gehörst nach München, und daß du dich hier wohlfühlst, dafür werden wir schon sorgen.«

Beim Abschied zog die Wirtschafterin Florath einen Augenblick beiseite. »Hier ist in den letzten Jahren – zuletzt vor etwa einem Vierteljahr – ein verkommenes Subjekt aufgetaucht. Er behauptete, der

Vater Ritas und der Großvater ihres Sohnes zu sein, und versuchte mit einer Zähigkeit sondergleichen, mich in ein Gespräch zu verwickeln. Das letzte Mal drängte er sich dabei so weit in den Hauseingang, daß ich ihn nur mit Nachdruck hinausweisen und die Tür hinter ihm zudrücken konnte.«

»Der Kerl ist ein Schwindler«, sagte Florath, peinlich überrascht. »Wenn er noch einmal auftaucht, verständigen Sie bitte sofort Winfrid oder mich. Ich werde Werner inzwischen über diesen Betrüger aufklären.«

Während sie sich verabschiedeten, verstaute Florath den schweren Karton im Gepäckraum des Wagens.

Als er Winfrid während der Fahrt andeutungsweise von dem Auftauchen Fagheras erzählte, zeigte der sich völlig überrascht. »Gisi hat zwar einmal behauptet, der Kerl sei in ihrer Bar aufgetaucht, aber ich habe das nicht ernst genommen.«

Im Hotel ließ Florath den Karton gleich auf sein Zimmer schaffen. »Ich werde mir jetzt einen Reißwolf mieten und mich mit dem Papierkram einige Tage vergraben; ich glaube, ich mache das am besten allein«, sagte er zu Werner. »Du hast ja Winfrid. Er kann dir München und Umgebung zeigen und wird es bestimmt mit Freuden tun.«

Am nächsten Tag stand es in überdimensionalen Lettern auf der ersten Seite der Morgenausgaben: »Unschuldig zum Tode verurteilt? Sohn und Verteidiger Udo von Klings in München eingetroffen. Erbitterter Kampf um seine Rehabilitierung zu erwarten. Wer war der wirkliche Mörder Rita Schenks?« Dazu heimlich geschossene Aufnahmen Floraths und Werners beim Verlassen des Hotels.

Der Fürther Nähmaschinenfabrikant Körner faltete die feuchtfrische Ausgabe mit weitausladenden Bewegungen zusammen, reichte sie seinem Sohn über den Frühstückstisch und wischte sich die Druckerschwärze an der Serviette ab. »Verdammte Sauerei das!«

Axel blickte überrascht auf: »Ich muß mir nachher auch immer die Hände waschen!«

»Das wirst du erst müssen, wenn du dich in diese dreckige Geschichte hineinziehen läßt. Von wegen Spritztour nach München – ist nicht! Wir halten uns da raus.«

Axel überflog die wenigen Zeilen und zog die nicht allzu hohe Stirn in Falten.

»Um was geht's denn?« fragte Frau Körner.

»Werner ist in München, und ich wollte mich in den nächsten Tagen mit ihm treffen.«

»Ja, und?«

Er reichte ihr die Zeitung.

Frau Körner wandte sich an ihren Mann. »Daß der sympathische junge Mann versucht, den Familiennamen von einer solchen Schande reinzuwaschen, ist doch aller Ehren wert.«

»Meinetwegen!« brummte Herr Körner. »Aber bitte ohne uns als Waschlappen! Ein Mord ist und bleibt ein Mord, und ein Selbstmord im Zuchthaus ist ein Eingeständnis...«

»...oder ein Akt der Verzweiflung!«

Er legte die Serviette auf den Tisch und stapfte mit stolzgeschwellter Brust hinaus.

Frau Körner konnte sich ein Lachen nicht verkneifen: »Ach Junge, wenn dein Vater bloß vernünftiger wäre!«

»Aber ich kann Werner doch nicht mit irgendeiner faulen Ausrede kommen! Dann erscheint er hier, und wir haben den schönsten Familienkrach!«

Frau Körner legte die Hand auf seine Schulter und sagte: »Noch habt ihr euch ja nicht verabredet. Und bis dahin laß mich machen.«

»Apropos: Meinst du nicht, daß auch Erika etwas von der Nähe des heimlich Geliebten erfahren dürfte?«

»Sie wird's sicher schon gelesen haben!«

»Um so besser; dann kann ich sie ja fragen, ob sie nicht mit nach München kommen will.«

Zu dieser Frage kam er gar nicht, denn Erika überfiel ihn schon wenige Minuten später mit der Behauptung: »Wir fahren nach München. Werner von Kling ist da, um die Ehre seines Namens wiederherzustellen.«

»Klingt ja doll«, sagte Axel. »Aber was du dabei zu suchen hast... Du weißt ja, wie die Firma Körner – aber ohne Sohn! – über diese anrüchige Familie denkt.«

Erika machte: »Ph!«

Und damit behielt sie recht; denn beim Abendessen sagte Mama Körner: »Ihr könnt morgen früh nach München fahren. Und abends um zehn seid ihr zurück!«

Florath kämpfte sich in den folgenden Tagen durch einen wahren Wust von Briefen, Drucksachen, Rechnungen, Bankauszügen, ohne wesentlich mehr zu finden als Futter für den Reißwolf und einige Anerkennungen, die für Winfrids Geschäft von Bedeutung sein mochten.

Keine handschriftlichen Notizen, keine Aufzeichnungen nach Art eines Tagebuches, alles in genialer Unordnung bunt durcheinandergewürfelt. Möglich, daß dazu auch die Polizisten bei ihrer Suchaktion ihr Teil getan hatten.

Das einzige, was ihn immer wieder stutzig machte, war die Eintragung »Mar 65 1734«.

Persönliche Telefonverzeichnisse sind bei allen Polizeistationen der Welt besonders beliebt, denn nichts gibt so schnell und so leicht Auskunft über die menschlichen und vor allem über die intimen Beziehungen ihres Eigentümers. Telefonverzeichnisse haben schon Minister in hochpolitische Skandale verwickelt und zum Selbstmord getrieben.

Besonders brisant und von der Polizei begehrt sind deshalb vor allem die Telefonregister von Huren und Strichern. Und die notieren scham- und rücksichtslos in ihren Namenlisten nicht nur Telefonnummern, sondern darüber hinaus zuweilen auch eine Fülle von intimen Einzelheiten und Eigenheiten ihrer Klienten, die besser ungeschrieben blieben.

Florath hatte – bei A beginnend – systematisch jede Rufnummer durchleuchtet; da war nichts, was seine besondere Aufmerksamkeit erregt hätte.

Nichts – bis auf diese eine mit rotem Farbstift auf den Umschlag geschriebene Nummer.

Diese Nummer ging ihm ebenso wenig aus dem Kopf wie die überraschende Tatsache, daß Faghera auch jetzt noch, nach so vielen Jahren, die Unverschämtheit besaß, nicht existierende verwandtschaftliche Beziehungen ins Spiel zu bringen, und sich immer noch in Europa herumtrieb.

Das Erscheinen der aufsehenerregenden Zeitungsmeldung über den Kampf des Rechtsanwaltes Dr. Florath um die Rehabilitierung des weltberühmten Malers Udo von Kling hatte ungeahnte Folgen.

Schon eine knappe Woche später brachte der »Stern« in einer groß aufgemachten Reportage eine korrekte Darstellung des damaligen Prozeßverlaufs, nicht ohne in diesem Zusammenhang die Anfechtbarkeit und Fragwürdigkeit sogenannter Indizienbeweise durch ein paar aufrüttelnde Berichte über die spätere, oft zu späte Rehabilitierung Verurteilter zu untermauern.

Daß Klings nun großjähriger Sohn den Kampf aufgenommen hatte, weckte Sympathie. Eine Großaufnahme Werners, die ohne sein Wissen geschossen worden war, zeigte einen sympathischen, gutaussehenden jungen Mann: »Werner von Kling, einziger Sohn des großen Malers und des weltberühmten Filmstars Rita Schenk, Erbe eines riesigen Vermögens, kämpft um die Ehrenrettung seines Vaters.«

Als Florath den Bericht sah, erschrak er. Erst ein sorgfältiges Studium der sachlich sauberen Darstellung beruhigte ihn. Nun galt es allerdings, eine andere, vorher keineswegs beabsichtigte Gangart zu wählen. Gleichzeitig warnte er Werner, sich von Reportern ausfragen zu lassen. »Beantworte auch nicht die einfachste Frage; hinter jeder dieser Fragen kann mehr stecken, als du ahnst. Sage jedem, er möge sich an mich wenden.«

Die internationale Berühmtheit seiner Eltern, das unerklärliche Verhalten seines Vaters vor Gericht und sein Selbstmord warfen ständig neue Fragen auf und verleiteten die Journalisten zu immer neuen und verwegeneren Spekulationen.

Sogar der »Paris Match« stieg sofort mit vier reich bebilderten Seiten ein und wenig später die Londoner »Sunday Post«.

Das hatte Folgen, die beim damaligen Stand der Dinge niemand voraussehen konnte.

Die erste war ein Interview mit einem alten verkommenen Brasilianer, der behauptete, jahrzehntelang der intimste Freund der ungemein liebeshungrigen Opernsängerin Ariane Schenk und der Vater ihrer unehelichen Tochter Rita gewesen, also der rechtmäßige Großvater Werners zu sein. Er halte Udo von Kling jedoch nicht für den Mörder, denn der Mord sei ein Racheakt gewesen und gehe zweifellos auf das

Konto eines der vielen anderen abgehalfterten »Freunde« der Toten.

Dieses skandalöse Interview erschien zwar in keiner anderen Zeitung, da Florath sofort mit einer einstweiligen Verfügung reagierte und eine Verleumdungsklage gegen Faghera einreichte; sie wirbelte aber sehr viel Staub auf, der sich inzwischen über dieses peinliche Kapitel gesenkt hatte.

Trotzdem ein neuer Ansturm der Presseleute, diesmal aber von Florath erfolgreich abgewehrt.

Winfrid registrierte ein sofortiges Ansteigen der Preise für einen Kling. Das staatliche Kunstmuseum von Lissabon, das sich mit Rücksicht auf die magere Finanzlage des Landes mit Neuerwerbungen schon seit Jahrzehnten zurückhielt, fragte telegrafisch nach Liefermöglichkeit und Preis eines Gemäldes.

Ein Münchener Kunstliebhaber, der seinerzeit drei »Münchener Typen« für seine Sammlung erworben hatte, erklärte sich bereit, eines der Bilder abzugeben, forderte aber den fünffachen Preis. Alle Bilder, die Kling nach dem Start der »Münchener Typen« in den zehn Jahren gemalt hatte, waren in festen Händen. Lieferbar waren nur noch einige wenige Schwarzweißlithographien, unter ihnen vor allem das in Riesenauflagen gedruckte und in alle Welt verkaufte Bild des Gekreuzigten, das er kurz vor seinem Tode auf die Wand der Zuchthauskapelle gemalt hatte und das nun von neuem in den Vordergrund des Interesses gerückt war.

Gisi beobachtete den Gang der Dinge mit gewohnter Aufmerksamkeit. Daß Faghera schon ein halbes Jahr vorher in ihrer Bar erschienen war, hatte Winfrid offenbar nicht für möglich gehalten und nur mit einem gleichgültigen Achselzucken zur Kenntnis genommen, genau wie damals, als der sogenannte Professor in der Stadt aufgetaucht war. »Ich glaube, du siehst manchmal Gespenster«, hatte er gespottet, und wenn sie gar das goldene Feuerzeug erwähnte – also da hakte er jedesmal aus. Die Geschichte war ja ein bißchen peinlich, aber Mord blieb schließlich Mord, und unter diesem Gesichtswinkel konnte sie Winfrids Verhalten beim besten Willen nicht verstehen.

Dr. Florath wiederum jagte – wie sie glaubte – einem Phantom nach. Es war die Zahl »Mar 65 1734«. An dieser Zahl hatte er offenbar einen Narren gefressen, denn jedesmal, wenn er sie – mit oder ohne Werner

– in ihrer Bar besuchte, hielt er ihr diese angebliche Geheimnummer unter die Nase. »Denken Sie bitte noch mal genau nach: Haben Sie diese Nummer nicht doch schon mal irgendwo gehört oder gelesen? Ich habe das dunkle Gefühl, daß sie uns eines Tages wie ein Tresorschlüssel den Blick in eine bisher verborgene Welt öffnet.«

Nein, diese Zahl sagte ihr gar nichts, und das sagte sie ihm auch jedesmal unumwunden.

Axel parkte seinen Porsche gleich hinter der Anfahrt zum »Bayrischen Hof«, zerrte Erika hinter sich her und stürmte zum Empfang. »Wir möchten zu Herrn von Kling.«

Der Mann griff zum Telefon. »Wen darf ich melden?«

»Intimus und Schwester.«

»Hier sind Herr Intimus und…« Weiter kam er nicht.

»Die zwei sollen in der Halle Platz nehmen. Ich komme runter.«

Axel umarmte Werner stürmisch: »Mensch, bist du elegant in Schale! Wo gibt's denn so was hier?«

Werner überhörte die Frage. »Nett, daß du Erika mitgebracht hast!«

»Daß ich die mitgeschleppt habe, ließ sich leider nicht vermeiden. Du weißt ja, wie die Weiber sind.« Er wandte sich an Erika: »Na, findest du ihn immer noch so berauschend? Im Internat war ein Finne ständig hinter ihm her. Wenn ich nur wüßte, was ihr an dem Besonderes findet!«

Erika wurde puterrot, fing sich dann aber wieder und sagte: »Genau das, was du nicht hast!«

Axel schluckte. »Ist das dein Ernst?«

»Nein, aber wenn du schon so dämlich fragst: Ich mag ihn eben – und das ist ja wohl kein Wunder, wenn sogar ein Finne…«

»Axel«, sagte Werner, »verrat mir lieber, wieviel Beulen du deinem Wägelchen schon verpaßt hast.«

Axel druckste herum.

Erika half ihm aus der Klemme: »Keine, von der Papa weiß, denn sonst hätte er den Porsche schon längst gegen einen gebrauchten Käfer ausgewechselt.«

»So wie Erika dein Bild aus dem ›Stern‹ gegen das Foto von Hansi

Müller. Wurde ja auch Zeit, nachdem er verheiratet ist.«

»Dein Vater ist doch ein berühmter Maler gewesen«, sagte Erika. »Kann man hier einige seiner Bilder sehen?«

»Wahrscheinlich nur in den Museen. Wenn ihr wollt, spreche ich mit Winfrid, der hat hier ganz in der Nähe eine Galerie und wird uns bestimmt gerne durch die verschiedenen Museen führen. Er war übrigens der beste Freund meines Vaters, und ich mag ihn auch. Wir sind fast täglich zusammen.«

»Dann lad ihn zum Essen ein, und anschließend gehen wir zusammen durch die Museen!« schlug Erika vor.

Als Werner telefonieren wollte, sagte der Mann am Empfang: »Herr Dr. Florath sucht Sie. Er hat gefragt, ob Sie noch im Hotel wären.«

»Danke, ich rufe ihn sofort an.« Zu Florath sagte Werner: »Wo brennt's?«

»Ich habe vor wenigen Minuten mit Professor Enders gesprochen. Ich habe eine sehr wichtige Nachricht für dich. Der Testbericht aus Amerika ist eingetroffen.«

»Ja?«

»Er ist negativ.«

»Das heißt...?«

»Daß ich dir gratulieren kann. Du bist gesund! Mir fiel ein Stein vom Herzen.«

»Ist das so – so – was Besonderes?«

»Besonderes? Ach Junge, wenn du wüßtest, was das heißt!«

»Ach ja, ach doch, wichtig ist das schon!«

»In deinem Fall besonders.«

»Wieso in meinem Fall? Ich finde das ganz normal.«

Florath zögerte einen Augenblick. »Das muß ich dir in Ruhe erklären. Komm rauf und...«

»Ich habe Besuch. Mein Schulfreund Axel und seine Schwester Erika aus Fürth. Körner und Sohn, Nähmaschinen. Der Sohn ist der Axel.«

»Dann laß uns doch zusammen essen! Treffen wir uns im Restaurant!«

»Prima Idee. Ich wollte gerade Winfrid zum Essen einladen; er soll uns nämlich nachher durch ein paar Museen führen und uns die ausgestellten Bilder meines Vaters zeigen.«

Winfrid traf zehn Minuten später ein. »Ich habe den Laden für heute dicht gemacht und für das Festessen...«

»Von wegen Festessen – hier gibt's ein anständiges Mittagessen, und damit hat sich's«, sagte Werner.

»Ich erlaubte mir, schon an heute abend zu denken, und habe vorsorglich einen Tisch bei Bachmaier am Tegernsee bestellt. Es gibt Champagner und Kaviar.«

»Aha, du gehst ja groß ran.«

»Wieso ich? Anordnung von Herrn Rechtsanwalt Dr. Florath. Er hat eben mit mir telefoniert. Familienfeier aus besonderem Anlaß.«

Werner ging ein Licht auf. Aus welchem besonderen Anlaß, fragte er erst gar nicht. Merkwürdig, daß der Doktor das so wichtig nahm!

Als er kam, strahlte er Werner an, als sei er von den Toten auferstanden.

Werner fand das alles zwar ein bißchen verwirrend, aber der Tag hatte so sonnig begonnen, Axel und Erika waren so nett und Winfrid ein wahres Goldstück von Gemüt... Was soll's! Feiern wir heut abend ein Familienfest aus besonderem Anlaß!

Ernst wurde er erst wieder, als er in der Neuen Pinakothek vor dem ersten Gemälde seines Vaters stand.

Winfrid merkte, was in ihm vorging. Nur er sah, wie Werners Augen feucht wurden... Er legte den Arm um Werners Schulter, zog ihn an sich und sagte so leise, daß kein anderer es hören konnte: »Ich habe ihn angebetet, er war ein Genie!« Dann führte er ihn zum nächsten Bild...

Das Telegramm, das Dr. Florath wenige Tage später in aller Herrgottsfrühe unter der Tür in sein Zimmer geschoben wurde, war eine Überraschung sondergleichen.

Jedenfalls seiner Wirkung nach, denn als er es überflogen hatte, schnappte er erst einmal nach Luft. Dann schaltete er das Licht ein und setzte sich mit dem Telegramm an den Schreibtisch.

Das Telegramm kam aus Copacabana.

Absender: Dr. jur. Targena.

»Im Auftrag von Frau Ariane Schenk habe ich Ihnen mitzuteilen, daß Frau Schenk von den sensationellen Veröffentlichungen in der Mordsache Kling aufs höchste überrascht und bestürzt ist.

Sie hat Ihnen und der Polizei in dieser Sache wichtige Mitteilungen zu machen und ist bereit, zu diesem Zweck eigens nach München zu kommen.

Frau Schenk befindet sich allerdings in einer beengten wirtschaftlichen Lage, die ihr eine solche Reise eigentlich verbietet. Ich bitte deshalb um Mitteilung, ob Sie bereit sind, die Spesen für Hin- und Rückreise zu übernehmen. In diesem Fall bitte ich den Flug für Ende der Woche zu buchen und zu bezahlen. Mit kollegialem Gruß« usw.

Dr. Florath faßte sich an die Stirn: Stehen die Toten auf?

Ariane Schenk, die vor rund zehn Jahren zum Entsetzen ihrer Tochter mit einem fremden Mann höchst zweifelhaften Charakters eine Weltreise angetreten, alle Brücken hinter sich abgebrochen, ihren Besitz verkauft, ihren kostbaren Schmuck und ihre Millionen ins Ausland geschafft, wie eine Verbrecherin alle Spuren hinter sich gelöscht und sich in all den Jahren nicht ein einziges Mal gemeldet hatte...

Er sah sie wieder vor sich, diese stolze Frau, die sich im Alltag stets wie auf der Opernbühne bewegt hatte: arrogant, anspruchsvoll, eine Königin, die nicht zur Kenntnis nehmen wollte oder konnte, daß ihre Zeit vorbei, ihr Ruhm langsam verdorrt, ihre Schönheit verwelkt war. Eine Erotomanin, die in allen Männern nichts als den Mann sehen wollte und sah...

Er überflog noch einmal den Text. Da stand es: »In einer beengten wirtschaftlichen Lage«. War das denn überhaupt möglich?

Was mochte diese kalte Frau bewogen haben, plötzlich aus ihrem Versteck hervorzutreten?

Der gute Wille, ihm beim Kampf um das Ansehen ihres Schwiegersohns und eine ehrenvolle Zukunft ihres Enkels zu helfen?

Nie und nimmer!

Was also wollte sie? Rache nehmen? An wem?

Konnte sie etwa annehmen, ein Erbrecht zu besitzen?

Konnte sie glauben, ihr Enkel werde ihr auch nur eine Spur von Sympathie oder gar Liebe entgegenbringen?

Was wollte sie? Welche Chancen konnte diese Frau von fünfundsechzig Jahren sich noch ausrechnen?

Florath las den Brief noch einmal langsam Wort für Wort.

Wie die Dinge lagen, blieb ihm und Werner nichts anderes übrig, als Ariane Schenk kommen zu lassen.

Werner sagte gleichmütig: »Soll sie doch kommen – ich habe nichts dagegen.« Da er diese Frau nie erlebt hatte und nur von Florath über sie wußte – von Florath, der es sorgfältig vermieden hatte, bei ihm Gefühle der Abneigung oder gar des Hasses gegen die Mutter seiner Mutter zu wecken –, sah er ihrem Kommen mit ruhiger Neugier entgegen.

Anders Winfrid und Gisi!

»Die Alte kommt! Ist das zu glauben? Was die Hexe wohl hier will? Was Gutes bestimmt nicht! – Das wird Peinlichkeiten und Ärger geben!«

»Und in einer beengten wirtschaftlichen Lage?«

»Ein Trick; vielleicht hofft sie auf einen dicken Batzen Geld, um sich noch ein paar Kerle mehr leisten zu können!« sagte Winfrid.

»Du siehst das natürlich wieder aus deiner Ecke«, widersprach ihm Gisi. »Dahinter steckt ganz was anderes!«

»Aha!« machte Winfrid ironisch. »Mein goldenes Feuerzeug – dein Lieblingslied. Du hast den Kerl ja auch mit einem angeklebten Vollbart in ein Warenhaus flüchten sehen.«

»Stimmt nicht ganz: Es war nur ein Schnurrbart.«

»Und bei dem bleibst du.«

Gisi rastete hörbar ein: »Winfrid, du bist ja nach wie vor meine stille Liebe – aber auch nur ein Mann. Was ihr Kerle nicht anfassen könnt, das faßt ihr nicht!«

»Womit du wieder bei der Leiche auf dem Sofa wärst. Du wirst mich damit noch ins Zuchthaus bringen! Mach jetzt nur nicht auch noch den Doktor mit deinem Krimi verrückt!«

Der Doktor war in diesen Tagen kaum ansprechbar. Der angekündigte Besuch der alten Dame beunruhigte ihn. Selbst Werner gegenüber blieb er einsilbig. »Wir werden am Sonntagabend deine Großmutter am Flughafen empfangen«, sagte er. »Ich weiß, daß sie dir nicht viel bedeuten kann und mitunter recht schwierig ist. Sei äußerst korrekt und liebenswürdig – aber halte dich zurück. Du weißt, daß sie eine der berühmtesten Opernsängerinnen ihrer Zeit gewesen ist. Ich würde dir deshalb raten, in einem großen Schallplattengeschäft nach ihren Platten zu fragen, gleich zwei oder drei zu kaufen und dir vorführen zu lassen, damit du einen Eindruck ihrer künstlerischen Bedeutung erhältst. Laß sie bei einer passenden Gelegenheit unaufdringlich wissen, daß du ihre Platten kennst – Künstler sind in diesem Punkt alle wie die Kinder.«

Die Maschine der Lufthansa war pünktlich gelandet. Florath und Werner standen wartend bei der Zollsperre, Werner nicht in Jeans, sondern korrekt gekleidet, mit einem Strauß gelber Rosen.

Florath hatte eine Ariane erwartet, so wie er sie kannte: hocherhobenen Hauptes, mit dem selbstsicheren, stets etwas überheblich wirkenden, beifallheischenden Blick des erfolggewohnten Weltstars, ganz in feierlichem Schwarz und geschminkt wie für einen Bühnenauftritt, mit jeder Geste, jedem Schritt eine Königin der Oper...

Er fand sie nicht.

Fast hätte er die kleine verhutzelte Gestalt übersehen, die den Gepäckträger mit einer müden Geste durch den Zoll dirigierte, hilflos stehen blieb und sich suchend umschaute.

Ein menschliches Wrack, ein erschreckendes Zerrbild der Erinnerung, eine zerronnene Vision.

»Ariane Schenk?« Es hatte eine Begrüßung sein sollen, es klang wie eine Frage voller Zweifel.

Eine welke kraftlose Hand, ein müdes Lächeln. »Herr Doktor, nett, daß Sie zum Airport gekommen sind.«

Florath wies auf Werner: »Das ist Werner, der Sohn Ihrer Tochter. Er ist vor wenigen Tagen achtzehn geworden.«

Ariane Schenk blickte überrascht auf. »Ach! Du bist...« Sie suchte in seinem Gesicht nach irgendeiner Ähnlichkeit. »So schwarze Lokkenhaare hat doch nur einer gehabt!« Glitt da nicht ein heller Schimmer der Erinnerung über die welken Züge? »Du bist ein junger Kling?«

Werner verbeugte sich und überreichte ihr die Rosen. »Ich freue mich, die berühmte Mutter meiner berühmten Mutter nun auch persönlich kennenzulernen. Zwei so große Sängerinnen – ich bin richtig stolz.«

»Das kannst du auch sein!«

Florath sah, wie sie sich bei diesen Worten innerlich aufrichtete und dabei wieder einen Schimmer ihrer früheren Größe ausstrahlte. »Werner kennt Sie schon seit Jahren von Ihren Schallplatten«, sagte er.

Ariane sah ihn lächelnd an. »Ein Sohn meiner Tochter, ja, ja. – Hübscher Junge!« Sie nahm ihn wie ein Kind bei der Hand und zog ihn zum Ausgang.

War das die Frau, die in beispielloser Überheblichkeit die Männer angezogen und fortgeworfen hatte? Florath wischte sich über die Augen, als versuche er, eine finstere Vision zu verscheuchen.

»Wir wohnen im ›Bayrischen Hof‹. Ich habe ein besonders schönes und ruhiges Zimmer für Sie reservieren lassen«, sagte Werner während der Fahrt. »Hoffentlich fühlen Sie sich dort wohl.«

»Ach, für die paar Tage! Ich bin nicht gekommen, um mich hier wohlzufühlen.« Das klang überraschend sachlich. Sie lehnte sich zurück und schloß die Augen. »Deinen Vater habe ich schon gekannt, als er noch beim Operettentheater tätig war«, sagte sie nach einer Weile. »Ein sympathischer junger Mann, ein Herr«, sagte sie mit Nachdruck. Ihre Züge verfinsterten sich, ihre Stimme wurde hart und scharf. »Aber auch er mußte sterben, weil ...«

Florath beobachtete sie erschreckt von der Seite. Unfaßbar, wie dieses Gesicht sich plötzlich verhärtet hatte.

»Ich habe Ihnen morgen Vorkommnisse zu berichten, die auch mich an den Rand des Grabes gedrängt haben. Nur deshalb bin ich hier.«

Florath schwieg. Werner war blaß geworden.

Im Hotel begleiteten sie Ariane schweigend auf ihr Zimmer.

»Ich bin sehr müde«, sagte sie. »Dieser lange Flug ... Ich habe in der ganzen Zeit kein Auge zugetan. – Darf ich Sie bitten, mich morgen gegen zehn in meinem Zimmer zu besuchen? Ich stehe schon um acht Uhr auf und werde dafür sorgen, daß das Zimmer bis dahin gemacht ist.«

Der Doktor nahm Werner mit auf sein Zimmer. »Das wäre überstanden!«

Werner ließ sich aufatmend in einen Sessel fallen. »Mein Gott – eine uralte verhutzelte Frau und doch mit jeder Geste...« Er suchte nach Worten. »Haben Sie gesehen, wie diese faltigen Hände alles unterstrichen und überspielten? Ich habe immer wieder auf diese Hände sehen müssen. Wie muß diese Frau aufgetreten sein, wie muß sie sich bewegt, wie muß sie die Männer fasziniert haben! Eine bewundernswerte Frau!«

Florath sah lange schweigend auf ihn hinab. Dann sagte er wie beiläufig ohne jeden Unterton: »Ein Satan in Seide – bis auf den heutigen Tag! Eine Sekunde lang habe ich auch die Krallen an ihren durchsichtigen Händen gesehen.« Er nahm das Telefon und wählte Winfrid an. »Wir haben sie abgeholt. Sie hat sich gleich hingelegt. Kommen Sie zum Abendessen ins Restaurant und lassen Sie sich von ihrem Enkel berichten!«

Die Frau, die sie am nächsten Morgen erwartete, war eine ganz andere als die, die sie zu sehen erwartet hatten. Es war, als hätten die paar Stunden Schlaf wie ein Wunder gewirkt.

Über dem faltigen, nur leicht gepuderten Gesicht lag ein Zug von Entschlossenheit und Energie. Keine Spur von Müdigkeit oder Resignation.

»Herr Dr. Florath, mir liegt daran, reinen Tisch zu machen. Noch ist es nicht zu spät dazu, und wenn die hiesige Polizei imstande ist, über ihren eigenen Schatten zu springen, das heißt, statt des vermeintlichen Mörders meiner Tochter den wirklichen Verbrecher zu fassen, dann habe ich diese harte Reise in die Vergangenheit nicht umsonst auf mich genommen.« Sie reichte ihm die Hand und bat ihn durch eine Handbewegung, Platz zu nehmen. Dann wandte sie sich an Werner: »Gestern habe ich zwar in deinem Gesicht vergebens nach einer Ähnlichkeit mit meiner Tochter oder ihrem Mann gesucht, aber jetzt sehe ich sie beide. Du bist ein hübscher junger Mann geworden – aber das ist auch kein Wunder, bei diesen Eltern.«

Werner nahm verlegen die Hand, die sich ihm bot und ihn dann festhielt. »Gekannt habe ich sie leider ebenso wenig wie meine...« Jetzt hing er fest.

»Na, sag's, was du gestern so geschickt umgangen hast. Es tut einer alten Frau nicht mehr weh: Die Mutter deiner Mutter ist nun einmal eine ›Großmutter‹! Ich habe es zur Kenntnis genommen ... Komm, setz dich neben mich, nicht gegenüber. Denn bei dem, was ich zu sagen habe, wird es mir nicht immer leicht sein, dir in die Augen zu sehen. Du bist noch so jung.«

Vor ihr auf dem Tisch lag ein kleiner flacher Aktenkoffer. Daneben das Porträt eines gutaussehenden Mannes.

Sie reichte es ihnen. »Sehen Sie sich's an – und dann drehen wir's herum, denn das ist der Lump, durch den die ganze Familientragödie ausgelöst wurde. Aber um Ihnen das begreiflich zu machen, muß ich leider mit einem bitteren Geständnis beginnen: Diesem Mann war ich vom ersten Tag an verfallen. Ganz und gar und wie nie einem andern Mann zuvor. Ich war schon älter, als er in mein Leben trat. Das ist vielleicht eine Erklärung; entschuldigen will ich damit nichts ... Er war, wie man sagt, ein ungelernter Arbeiter. Aber er war intelligent und skrupellos. Sein gutes Aussehen und die zuweilen an Frechheit grenzende Sicherheit seines Auftretens öffneten ihm Tür und Tor. Dazu kam, daß ihn die Natur in einem entscheidenden Punkt geradezu verschwenderisch ausgestattet hatte. Dieses Geschenk geschickt auszuspielen, hatte er von Jugend auf gelernt, und er tat es mit diabolischer Virtuosität und Unermüdlichkeit: ein Bettgenosse, wie ihn sich keine Frau besser wünschen konnte. Ich genoß seine Umarmungen stets aufs neue wie ein Rauschgift. Ich hatte mich an ihn verloren – und ich wußte es.«

Sie sagte das alles – zum Erstaunen Floraths – ohne jede Spur von Prüderie, aber es waren nicht die Tatsachen, die ihn verblüfften – er kannte ihren Ruf nur allzu gut –, es war die Unumwundenheit, ja völlige Schamlosigkeit, mit der sie sich enthüllte. Die Wirkung dieses Geständnisses auf den erst achtzehnjährigen Werner machte ihm Sorgen.

Als ahnte sie, was in ihm vorging, sagte sie: »Werner wird das vielleicht nicht ganz verstehen, aber ich glaube, daß es notwendig ist, ihn die unretuschierte Wahrheit über die tiefere Ursache unserer Familienkatastrophe wissen zu lassen.«

Werner nickte. Er empfand in diesem Augenblick für die selbstkritische Darstellung der alten Dame fast etwas wie Bewunderung.

»Das Verhältnis zwischen meiner Tochter und mir war seit ihrem

Engagement am Münchener Operettentheater leicht getrübt. Zu dem verhängnisvollen Bruch kam es aber erst, als dieser Mann in mein Leben trat.

Er ahnte wohl von Anfang an, daß meine Tochter ihn instinktiv ablehnte. Sie kritisierte meine Beziehungen zu ihm schließlich in einer Form, die ich mir nicht bieten lassen konnte und die jedes weitere Zusammenleben unmöglich machte. Mag sein, daß ich ihm das nach der folgenschweren Auseinandersetzung mit meiner Tochter auch gesagt habe.

Er hat jedenfalls vom ersten Tag an alles getan, um eine Versöhnung mit meiner Tochter zu hintertreiben.

Zunächst riet er mir dringend, das Hotel zu wechseln.

Ich übersiedelte ins ›Hilton‹. Dort zog er schon wenige Tage später zu mir. Er schirmte mich vor allen Besuchern ab und überredete mich unter leidenschaftlichen Umarmungen zu unserer gemeinsamen Weltreise.

Die Trennung von meiner Tochter war damit besiegelt; ich war ihm ausgeliefert und vertraute ihm blindlings...

Es gelang ihm deshalb auch schon nach wenigen Monaten, mich davon zu überzeugen, daß es aus vielen Gründen vorteilhafter sei, meine Berliner Häuser zu verkaufen und mein gesamtes Vermögen ins Ausland zu transferieren. Ich gab ihm dazu gutgläubig alle nötigen Vollmachten.

Er wickelte diese Transaktionen zügig ab. Dann begab er sich – etwas überstürzt, wie mir schien – wieder auf eine seiner vielen Auslandsreisen, bei denen er mich mitunter wochenlang allein ließ.

Doch diesmal vergaß er das Wiederkommen! Und als ich bei der Bank Geld abheben wollte, mußte ich feststellen, daß mein Konto bis auf einen winzigen Rest geräumt war.

Sollte er mein Vermögen einer anderen Bank anvertraut haben?

Voller Unruhe, aber immer noch nichts ahnend, öffnete ich schließlich einen seiner zurückgelassenen Koffer. In ihm fand ich eine Aktenmappe, deren Inhalt mir schlagartig die Augen öffnete. Hier ist sie.

Zunächst stellte ich fest, daß er unter verschiedenen Namen zu gleicher Zeit zwei, zeitweise sogar drei weitere Verhältnisse unterhielt. Diese Frauen waren ausnahmslos sehr reiche Witwen.

Ich fand zahlreiche Briefe von vereinsamten Frauen, denen er auch während unserer Reise auf ihre Zeitungsanzeigen geschrieben und offenbar den Himmel auf Erden versprochen hatte. Ferner eine deutsche Zeitung, die auf ihrer ersten Seite groß über den Raubmord an der vierundsiebzigjährigen Witwe eines Möbelfabrikanten berichtete.

Auf den Gedanken, ihn mit diesem Verbrechen in Zusammenhang zu bringen, kam ich allerdings erst viel später. Heute bin ich sicher, daß diese Frau – und vielleicht nicht nur sie – ein Opfer dieses Heiratsschwindlers geworden ist.«

Ariane entnahm dem Koffer ein zusammengeheftetes Aktenbündel und schob es Florath zu. »Das genügt, damit ihn die Polizei für immer hinter Schloß und Riegel setzt...«

»...wenn sie ihn hat!« ergänzte Florath skeptisch. »Kennen Sie denn seinen jetzigen Aufenthalt?«

»Ja, durch den Brief, den Sie in dem Aktenbündel finden. Ohne ihn würde ich auch heute noch völlig im Dunkel tappen, denn ich wußte nicht einmal, ob er überhaupt noch lebt. Manchmal hatte ich mir sogar eingeredet, er sei auf der letzten Reise irgendwo festgenommen worden oder tödlich verunglückt... Die volle Wahrheit hätte ich vielleicht nie erfahren, wenn nicht ein allzu treuer Postbeamter bemerkt hätte, daß unter seinem immer wieder benutzten Kennwort ›Lebensabend‹ mit der Zeit mehr als ein Dutzend Briefe vergebens darauf warteten, abgeholt zu werden. Die Post hebt solche Briefe nur ein paar Wochen auf, dann läßt sie sie zurückgehen. Vorausgesetzt, der Absender hat seine Adresse angegeben. Und da hapert's allzu oft, denn es gibt Fälle, in denen so ein ›Rückläufer‹ maßlosen Ärger auslösen kann, wenn er in die falschen Hände fällt. Das hat schon zu fürchterlichen Eheszenen und Ehescheidungen geführt. Für viele Grund genug, keinen Absender anzugeben.«

»So viel ich weiß, werden solche Briefe von einer Vertrauensstelle der Post geöffnet und dann...«

»Ich weiß: Dann steht diese nur zu oft vor einer heiklen oder unlösbaren Aufgabe! Briefe ohne Absender und Briefe allzu intimen Inhalts werden vernichtet. Der zuständige Schalterbeamte kannte das Kennwort ›Lebensabend‹ und ebenso den Mann, der jahrelang jede Woche ein paarmal seine Post abholte. Er glaubte also etwas besonders Gutes zu tun, indem er ihm kurz mitteilte, daß schon seit langem mehrere Briefe für ihn vorlägen. Ich ging zum Postamt, erklärte, mein Mann liege im Hospital, und erreichte nach einigem Hin und Her, daß er die Briefe herausrückte.«

Florath nahm das Aktenbündel an sich. »Ich würde mich damit gern auf mein Zimmer begeben und mich dann wieder bei Ihnen melden, wenn Ihnen das recht ist.«

»So habe ich mir das gedacht! Und machen Sie sich beim Studium des letzten Briefes auf eine große Überraschung gefaßt. Vielleicht darf ich Sie beide dann im Lauf des Nachmittags zum Tee erwarten, um gemeinsam zu beraten, wie wir mit diesem Beweismaterial am besten vorgehen. Ich werde inzwischen ein bißchen durch die Stadt bummeln.«

Dr. Florath ließ sich einen Whisky aufs Zimmer bringen und setzte sich dann mit dem Aktenbündel ans Fenster.

Er las sorgfältig Brief um Brief. Sie alle bewiesen, daß dieser Mann Dutzende von Frauen angeschrieben und überall nach ihren Vermögensverhältnissen geforscht hatte. Das war zweifellos schwerwiegend, aber Beweismaterial im Sinne der Polizei war es nicht.

Ebenso wenig wie der Zeitungsbericht, obwohl er immerhin zeigte, daß der Mann zu dieser Tat irgendeine besondere Beziehung hatte.

Der letzte Brief sollte nach Ansicht der Alten allerdings wichtiger sein.

Zartblaues, elegantes Briefpapier mit dunkelblauer Prägung: »Christa Edle von Treunstein-Egenfels«. Drei Seiten mit einer markanten, energischen Handschrift:

»Sehr geehrter Herr,

wenn ich diese Zeilen nicht an seine Durchlaucht Prinz Leopold von Lignerone, Bad Ischl, richte – obwohl Ischl sehr viel näher bei Wien liegt als Caracas und ich die Ehre gehabt habe, den alten, knorrigen, leider verarmten Prinzen Wilhelm von Lignerone persönlich zu kennen –, sondern an Herrn Dr. Neuhaus unter der Postlagerchiffre ›Lebensabend‹ nach Caracas, so geschieht das nur der Ordnung halber, denn ich bin gewohnt, eingehende Post der Reihe nach zu beantworten.

Ihr freundliches und vielversprechendes Echo auf mein Heiratsinserat in der ›Neuen Wiener Presse‹ hat mich in besonderem Maße interessiert, weil Sie schon äußerlich genau dem Idealbild entsprechen, das ich von dem Mann in meinem Herzen trage, dem ich mich und die Verwaltung meiner Güter nach dem allzu frühen Ableben meines Gatten anvertrauen möchte.

Nun befinde ich mich allerdings in einer etwas schwierigen Situation, denn das Echo, das auf mein ähnlich lautendes Inserat im ›Münchener Merkur‹ eintraf, stammt von dem Adoptivsohn des Prinzen und zeigt mir auf dem ihm beigefügten Foto dasselbe sympathische Gesicht, das Ihrem Schreiben beigelegen hat.

Ich hoffe, daß Sie meine Irritation verständlich finden, denn ich bezweifle nicht, daß Sie und Prinz Lignerone identisch sind, daß der alte in der Nachkriegszeit leider total verarmte Prinz Sie also in der Zwischenzeit adoptiert hat.«

»Moment, Moment«, stöhnte Florath verwirrt, »das ist ein bißchen viel auf einmal!« Also noch mal: »Wenn ich diese Zeilen...« Er las den Brief ein zweites Mal und begriff überrascht, daß aus dem Heiratsschwindler in der Zwischenzeit durch Adoption ein österreichischer Prinz geworden war. Kein geborener, sondern einer, der sich den Namen gekauft hatte und sich nun auch mit Fug und Recht so nannte. Daß all diese Titel nach dem Krieg ihre Bedeutung verloren hatten, wo lag da schon der Unterschied, in einem Land, in dem nach wie vor jeder Kaffeehausbesucher mit Baron angeredet wurde? Ein Prinz war dort nach wie vor ein Prinz!

Immerhin: Die Edle schien doch gewisse Zweifel zu hegen, denn schon im nächsten Satz sprach sie es aus:

»Ihre beiden Briefe sind in Schrift und Inhalt bis auf einige nicht ganz zu übersehende und sogar bemerkenswerte Varianten identisch, obwohl Sie nicht wissen konnten, daß Sie, wenn auch mit einigem Zeitabstand, zweimal an dieselbe Person geschrieben haben.

Ich hoffe, Sie verstehen mich, wenn ich Sie angesichts dieser Umstände recht herzlich um ein paar aufklärende Worte bitte, denn daß Sie inzwischen einen anderen Namen tragen – mit Recht tragen, wie ich annehme –, ist eher eine Empfehlung als das Gegenteil.

In Erwartung Ihrer baldigen Antwort verbleibe ich mit den ver-

bindlichsten Grüßen Ihre
Christa Edle von Treunstein-Egenfels.«

Die Nachricht, die Florath und Werner an diesem Abend Winfrid und Gisi in der kleinen Bar servierten, verschlug ihnen sekundenlang den Atem.

»Dieser Verbrecher – ein Prinz? Leben wir in einem ordentlichen Staat oder in einem Tollhaus?« Gisi raufte sich ihre blonden Locken.

»Der Kauf des Prinzentitels ist noch kein Verbrechen«, stellte Florath ruhig fest. »Es sei denn, daß er den alten Prinzen dabei übers Ohr gehauen hat. Das einzige, was wir ihm beweisen können – und das wird ihm das Genick brechen –, ist die Tatsache, daß er Ariane Schenk um ihr gesamtes Vermögen betrogen hat. Nun nützt ihm auch der Trick nicht, sich hinter dem Namen eines österreichischen Prinzen zu verstecken. Morgen wandern die gesamten Unterlagen zur Polizei – und dann ist es nur noch eine Frage von Tagen, bis er sitzt.«

»...und wir ihm den Mord an der Witwe des Möbelfabrikanten nachweisen!« rief Gisi erregt.

Winfrid warf ihr einen schiefen Blick zu: »Ihm den Tod von Werners Mutter nachzuweisen wäre wohl wichtiger.«

»Aber hundertmal schwieriger. Im andern Fall haben wir doch...«

»Ja, ja, das verfluchte Feuerzeug! Damit kannst du jetzt nur noch beweisen, daß ich der Mörder bin!«

Florath spitzte die Ohren. »Was ist denn das für eine Geschichte?«

»Ein Krimi unserer Freundin Gisela Agatha Christie. Vielleicht gibt sie ihn gelegentlich mal zum besten.«

»Ja, aber dann gleich der Kripo! Man muß sie nur erst drauf bringen. Dein Feuerzeug mit seinen Fingerabdrücken hat sie ja, und wenn sie ihn erst hat...«

Florath sah Winfrid fragend an: »*Dein* Feuerzeug mit *seinen* Fingerabdrücken...«

Winfrid stöhnte: »Und das bei meiner Vergangenheit – ich geb's auf.«

Gisi erschrak: »Winny, mein Schatz, so habe ich das doch nie gemeint!«

»Aber du pflanzt mich damit bei jeder Gelegenheit«, brummte er.

»Was sollen der Doktor und Werner sich nur dabei denken!«

»Also, was mich angeht«, sagte Werner, »ich denke von meinen Freunden grundsätzlich das Beste.«

»Und wir zwei kennen uns doch zur Genüge«, suchte Florath ihn zu besänftigen.

»Nett von euch!« brummte Winfrid.

Gisi versuchte krampfhaft, die abgerissene Unterhaltung wieder in Gang zu bringen, doch vergeblich.

Winfrid fuhr Florath und Werner ins Hotel.

Unterwegs drückte ihm Werner lange die Hand. »Ich komm' dich morgen vormittag in deinem Laden besuchen, ist es dir recht?«

»Ach Junge, was fragst du?«

Dr. Florath überbrachte Trenker am nächsten Vormittag ein verschnürtes und plombiertes Aktenbündel und einen Brief. »Frau Ariane Schenk und ich hielten es für zweckmäßig, Ihnen die beiliegenden Unterlagen und das erklärende Begleitschreiben schon heute morgen zu überreichen, um damit die solide Grundlage für ein baldiges Gespräch zu schaffen. Wie ich Ihnen schon sagte, ist die alte Dame eigens zu diesem Gespräch herübergekommen – sie möchte jedoch so bald wie möglich zurückfliegen. Ich wäre Ihnen deshalb sehr verbunden, wenn sich dieses Gespräch schon an einem der nächsten Tage ermöglichen ließe.«

Trenker nahm das Aktenbündel etwas überrascht entgegen, sagte dann aber: »Eine vernünftige Idee. Ich werde mir die Akten gleich ansehen und hoffe, Sie dann schon morgen vormittag zu einem Gespräch bitten zu können.«

Trenker hatte einen langen juristischen Schriftsatz erwartet. Die sachliche Kürze des Begleitschreibens wirkte um so verblüffender, sein Inhalt nicht minder.

»Sehr geehrter Herr Trenker,

wir werden Ihnen durch diese unanfechtbaren Belege der Bank von Caracas beweisen, daß der in Ischl lebende Prinz Leopold von Lignerone (ein Adoptivsohn des etwa siebzigjährigen Prinzen Wilhelm von Lignerone) Frau Ariane Schenk, die Mutter der ermordeten Rita Schenk, vor etwa einem halben Jahr unter Mißbrauch einer Zeichnungsvollmacht um ihr gesamtes Vermögen von mehr als 2 Millionen Mark beraubt hat. Wir nehmen an, daß er sich die Adoption mit einem Teil dieses Geldes von dem verarmten österreichischen Prinzen erkauft hat.

Wir werden Ihnen ferner beweisen, daß dieser Mann ein Heiratsschwindler ist, der sich schon seit vielen Jahren unter den verschiedensten Namen an wohlhabende Witwen heranmacht, um sie um ihr Vermögen zu betrügen. Sein richtiger Name ist selbst Frau Schenk, wie wir leider annehmen müssen, bis heute unbekannt geblieben.

Wir glauben darüber hinaus, der Polizei nach Festnahme des Genannten wertvolle Hinweise zur Aufklärung eines Schwerverbrechens geben zu können, möchten damit aber noch warten, bis Ihre eigenen Aktionen angelaufen sind.«

»Starker Tobak!« sagte Trenker, nachdem er die wenigen Zeilen gelesen hatte. Dann steckte er sich eine Zigarre an und begann in Ruhe mit dem Studium der Akten. Doch die Zigarre ging schon bald aus, und seine Ruhe schwand von Minute zu Minute, bis er schließlich den Hörer aus der Gabel riß und sich mit dem Chef der Wiener Kripo verbinden ließ.

Was er da alles wissen wollte, war einfach zu viel, denn bei der Wiener Polizei gab es kein Protokoll mit dem Namen Lignerone. Man wußte nur »beiläufig«, daß der alte, reichlich wackelige Prinz vor einigen Wochen sanft entschlafen und mit großen Feierlichkeiten beigesetzt worden war.

»Wie bitte? Ich hör' wohl nicht recht? Dann legt mal schleunigst eine Akte ›Lignerone‹ an«, sagte Trenker. »I möcht' wieder amal in Grinzing sein, beim Wein, beim Wein, beim Wein! Und beschafft mir ein gemütliches Zimmer.«

Der Wiener Kollege Permenzl schüttelte den Kopf. Ein Münchener beim Wein – na, das gibt's doch net! Aber das Zimmer bestellte er. Nur den Papierkrieg um einen neuen Aktendeckel ersparte er sich vorerst noch...

»Wir brauchen die alte Dame vorläufig gar nicht zu bemühen«, sagte Trenker, als Florath am nächsten Morgen anrief, um das geplante Gespräch zu verabreden. »Ich habe die Akten mit wachsendem Interesse studiert und anschließend gleich mit meinen Wiener Kollegen telefoniert.«

Florath machte große Augen. »Das ging aber schnell!«

»Nun, was ich dabei erfahren habe...« Trenker machte eine unheilschwangere Pause. »Sie werden ein solches Maß von Dreistigkeit ebenso wenig für möglich halten wie zunächst ich – und ich bin schon allerlei gewöhnt. Der alte Prinz Lignerone ist vor zwei Monaten in den Armen seines todunglücklichen Sohnes an Herzversagen gestorben und unter großen Feierlichkeiten in der alten, prächtig wiederhergerichteten Familiengruft beigesetzt worden.«

»Und sein einziger Erbe und Nachkomme des altehrwürdigen Adelsgeschlechtes ist unser Freund.«

»Zu erben gab's außer dem halbverfallenen Stammsitz höchstens noch ein paar Schulden, und die wird er sicher längst beglichen haben.«

»Dieses Maß von Frechheit ist fast bewunderungswürdig.«

»Wieso? Ein gutaussehender, liebenswürdiger Fremder kommt, bringt Geld ins Land, hilft einem heruntergekommenen Prinzen wieder auf die Beine, läßt das ehemals bildhübsche Schlößchen restaurieren, strahlt nach allen Seiten Charme und Reichtum aus – ich bitte Sie: Wer sollte einen solchen Paradiesvogel nicht willkommen heißen!... Ich fliege in der Sache noch heute nachmittag nach Wien, und ich nehme an, daß das mitgebrachte Aktenmaterial dem zuständigen Staatsanwalt genügt, um den Kerl verhaften und die Leiche gerichtsmedizinisch untersuchen zu lassen.«

Florath schüttelte sich leicht. »Werden Sie Frau Schenk auch noch persönlich sprechen wollen?«

»Bestimmt – sobald ich zurück bin. Schließlich geht es ja auch darum, ihr das geraubte Vermögen so weit wie möglich wieder zu verschaffen.«

Der Wiener Kriminaldirektor Anderegger empfing seinen Münchener Kollegen mit gewohnter Herzlichkeit. Sie kannten sich seit mehr als zwanzig Jahren und hatten schon manchen grenzüberschreitenden Fall – wo es angebracht schien, auch unter Umgehung der Paragraphengrenzen – gemeinsam zum erfolgreichen Abschluß gebracht.

Sie verstanden sich großartig, wenngleich dem Münchener die etwas zu lasche, oft gleichgültig wirkende Arbeitsweise des Wieners ein leichtes Fingerkribbeln verursachte und dem friedliebenden Wiener die draufgängerische Art des Bayern manchmal ein wenig zu gewagt erschien.

Doch im Leben entscheidet der Erfolg – und den hatten sie bei ihren gemeinsamen Aktionen immer auf ihrer Seite, sogar bei der österreichischen Presse, die den Trenker zwar reichlich ruppig fand, aber zugeben mußte, daß er sie immer gut und gerne, ohne allen »Schmäh« informierte...

»Ich habe mir die Unterlagen angesehen und habe keine Bedenken, diesen sogenannten Prinzen – schon wegen Verdunklungsgefahr – unverzüglich durch meine Leute verhaften zu lassen, wobei Sie als Gast natürlich immer zusehen dürfen. Und dabei wird es sich gewiß bald zeigen, ob es angebracht ist, die Leiche des Alten wegen Mordverdachts exhumieren zu lassen. Ich bin damit aus Pietät und wegen der Mentalität meiner Landsleute immer ein bisserl zurückhaltender als ihr, aber was sein muß... Nun, wir werden sehen! Zunächst hätte ich aber gerne noch die Korrespondenz, die dieser Mann mit der Baronin Treunstein geführt hat. Vor allem auch die beiden Fotos, die er seinen Briefen beigefügt hat, denn sie sind der unmittelbarste Beweis, daß beide Personen identisch sind.«

»Frauen heben solche Schreiben erfahrungsgemäß meist auf. Das dürfte also keine Schwierigkeiten machen«, sagte Trenker. »Da sie wohl die meiste Zeit nicht auf einem ihrer Güter, sondern in Wien lebt, könnte ich das doch gleich einmal versuchen.«

Die Baronin Christa Edle von Treunstein-Egenfels empfing den Besucher in ihrer luxuriös eingerichteten Wiener Stadtwohnung mit leicht gemischten Gefühlen. Sie warf einen flüchtigen Blick auf die Karte und bat ihn durch eine elegante Handbewegung, Platz zu nehmen. »Darf ich fragen, welchem Anlaß ich die Ehre Ihres Besuches verdanke?«

»Ich fürchte, es ist eher eine Belästigung, aber sie ist leider notwendig – und ich bitte deshalb schon im voraus um Entschuldigung.«

Die Edle lächelte konventionell.

»Also – um gleich zur Sache zu kommen: Sie haben mit einem Herrn korrespondiert, der sich bei Ihnen unter den Namen Neuhaus und Prinz Lignerone um eine, na sagen wir gehobene Vertrauensstellung beworben hat.«

Der Edelfrau ging gleich ein kleines Licht auf. Die zwei Namen waren ihr ja auch ein bißchen fragwürdig vorgekommen, und wenn nun gar die Kriminalpolizei... »Sie umschreiben das Problem zwar sehr charmant, aber nennen wir das Kind getrost beim Namen: Ich habe nach dem Tode meines Mannes einen neuen Lebenspartner gesucht, und da, na ja...«

»Ich weiß: Ihr Brief an Herrn Neuhaus liegt in unsern Akten. Darf ich fragen, ob Sie inzwischen auch mit dem Prinzen Lignerone Kontakt aufgenommen haben?«

»Wie Sie meinem Brief entnehmen können, haben mich die beiden Namen gleich irritiert; sie haben mich aber keinesfalls stutzig gemacht – der Mann sah sehr gut aus, schrieb einen geschliffenen Stil und... Nun, man wird ja nicht gleich das Schlimmste denken. Man glaubt sehr schnell, was man gerne glaubt – jedenfalls habe ich ihn diesbezüglich in höflichster Form um eine Erklärung gebeten. Sie ist allerdings bis heute noch nicht eingetroffen. Ich habe mich aber inzwischen vorsichtig über ihn erkundigt und nur Gutes gehört.«

»Dann bin ich wohl oder übel der erste, der Sie enttäuschen muß: Der Mann ist ein Heiratsschwindler.«

»Nein, nein!« Die Edle richtete sich mit einem spitzen Schrei des Entsetzens auf. »Das darf doch nicht wahr sein! Ein so gut aussehender, vertrauenerweckender Mann!«

»Das war sein Betriebskapital. Alle Heiratsschwindler sehen so aus und sind nicht totzukriegende Liebhaber.«

»Und womit kann ich Ihnen nun... Ich meine: Was kann oder soll ich nun in dieser Sache tun?«

»Die Polizei braucht die beiden Briefe und die Fotos – wenn ich Sie darum bitten dürfte.«

Die Dame des Hauses erhob sich, ging zu ihrem Sekretär und kramte kurze Zeit in einem Karton, der offenbar auch noch eine stattliche Anzahl anderer Bewerbungsschreiben enthielt. »Dann brauche ich doch hoffentlich nicht vor Gericht!« sagte sie, während sie ihm die

Briefe und die Fotos überreichte. »Sie werden verstehen, daß mir das schrecklich peinlich wäre... Ich habe noch nie mit dem Gericht zu tun gehabt.«

Trenker beruhigte sie mit der Versicherung, sie werde in dieser Sache bestimmt nicht noch einmal belästigt.

Die Edle versicherte ihm, sein Besuch sei ihr eine Ehre gewesen, und atmete tief durch, während sie die große Haustür langsam hinter ihm schloß.

Der altehrwürdige Adelssitz der Prinzen von Lignerone strahlte seit Monaten in neuem Glanz.

Das langsam zerfallende Gemäuer war aufgerichtet, die unkrautüberwucherte Auffahrt in Ordnung gebracht und für den eleganten Sportwagen des neuen Herrn mit blankem Kies belegt; jede zerbrochene Fensterscheibe, durch die der Wind in den letzten zehn Jahren wie aus Trauer um den verblichenen Glanz ehemals glorreicher Zeiten oft schauerlich geheult hatte, war durch eine neue Scheibe ersetzt und das zwar kleine, doch ehemals recht noble Schlößchen wie eine in Ehren ergraute Dame mit einem vornehm wirkenden silbergrauen Make-up erheblich verjüngt worden.

Sogar der alte klapprige Prinz, der sich in den letzten Jahren kaum noch aus dem schäbig gewordenen, langsam zerfallenden Stammsitz seiner Väter gewagt hatte, war seit dem Einzug seines Adoptivsohnes zu neuem Leben und Lebensmut erwacht; er war voll des Lobes für den jungen, großzügigen Herrn.

Doch dann hatte sein altes Herz plötzlich versagt. Ein schönes besonntes Lebensende, wie der Pfarrer in seiner wohlklingenden Grabrede sagte...

Den beiden unscheinbar wirkenden Herren aus Wien wurde von einem dunkelhäutigen Diener in schwarzer Hose und blauweiß gestreifter Weste geöffnet. Sie mußten sich von ihm aber sagen lassen, daß Seine Hoheit die Herren nicht empfangen könne, da er gerade einem Porträtisten zu einem Gemälde für die Ahnengalerie sitze.

Die Herren sagten nur: »Wo?« und deuteten durch eine unmißverständliche Geste an, daß er sie sofort zu seinem Herrn und Gebieter zu führen habe.

Er saß in königlicher Pose, kostbar in dunkelblauen Samt und gelbe Seide gekleidet, auf einem thronähnlichen Sessel. Vor ihm der Maler mit seinem halbfertigen Bildnis...

Die beiden Herren traten ein, der Diener machte eine hilflose Geste. Der Prinz sah fassungslos, wie die beiden Herren dem Diener ein Zeichen gaben zu verschwinden und dann auch den Maler aufforderten, den Raum zu verlassen. Da sprang er auf. »Meine Herren, was erlauben Sie sich? Was soll das heißen?«

»Daß Sie hiermit im Auftrag des Staatsanwaltes aufgefordert werden, uns zu einer Vernehmung nach Wien zu folgen.« Sie überreichten ihm ein amtliches Papier.

»Aber das ist doch...« Der Prinz war blaß geworden. »Ich kann doch nicht in diesem Kostüm... Ist denn das so eilig? Ich könnte doch morgen vormittag...«

»Ziehen Sie sich in Ruhe um. Wir haben den Auftrag, Sie mitzubringen, und das werden wir tun.«

»Was das bloß soll!«

Die beiden Herren schüttelten schweigend die Köpfe.

Der Prinz zog das kostbare Kostüm aus, legte den Straßenanzug an und folgte ihnen schweigend mit betont lässigen Bewegungen.

Der dunkelhäutige Diener grinste hinter ihnen her.

Kriminaldirektor Anderegger warf nur einen flüchtigen Blick auf die beiden Fotos, die Trenker ihm vorgelegt hatte, und überflog die Briefe. Dann legte er sie zu den Akten. »Ja, das ist unser Vogel – kein Zweifel. Und hier die Kopie der Adoptionsurkunde. Sie ist ordnungsgemäß ausgefertigt, und der amtliche Auszug aus dem Taufregister nennt uns auch seinen richtigen Namen: Der Mann heißt Adrian Ballner und wurde vor vierzig Jahren in Linz an der Donau geboren. Er ist gestern nachmittag eingeliefert worden. Ich habe ihn der Ordnung halber gleich kurz verhört. Er trat sehr arrogant und selbstsicher auf, bezeichnete die Verhaftung als einen Fehlgriff, der für die Behörde noch Folgen haben würde, und verlangte seine sofortige Freilassung.«

»Und was sagt der Totenschein des Arztes?«

»Er ist mir eben vorgelegt worden: Herzversagen.«

»Genau das, was auch bei uns gutgläubige Hausärzte allzu oft leichtfertig bescheinigen.«

»Wir werden feststellen, ob die Diagnose stimmt; ich habe die sofortige Exhumierung angeordnet.«

»Ich möchte empfehlen, die Fotos mit einem entsprechenden Hinweis an die Presse zu geben«, schlug Trenker vor. »Wahrscheinlich wird sich dann auch noch die eine oder andere Witwe melden, die auf den Heiratsschwindler hereingefallen ist.«

»Danke, machen wir!«

Trenker flog noch am selben Abend nach München zurück.

Trenker rief Dr. Florath schon am nächsten Mittag im Hotel an: »Herr Adrian Ballner – schreiben Sie sich den Namen auf – ja, Adrian Ballner, alias Prinz Lignerone, alias Neuhaus und, und, und...«

»Wie bitte? Ballner?«

»...in Linz an der Donau geboren – sitzt. Und damit Sie auch gleich wissen, wie es weitergeht: Die Adoption ist hieb- und stichfest, aber halten Sie sich fest – der arme alte Prinz ist inzwischen gestorben!«

Florath verschlug es den Atem.

»Totenschein des Hausarztes: Herzversagen. Die in der Nacht durchgeführte Exhumierung ergab: Stimmt zwar, aber durch eine Überdosis Digitalis.«

»Das hieße doch...«

»Zweifellos Mord. So, und das wär's fürs erste. Frau Schenk wird nun wohl demnächst nach Wien müssen – zum frohen Wiedersehen. Bereiten Sie sie schon langsam darauf vor.«

Ehe Florath noch etwas sagen konnte, hatte Trenker schon aufgelegt.

Florath betrachtete den Hörer noch eine Weile kopfschüttelnd, als könne er nicht fassen, was er ihm soeben zugetragen hatte.

Das hätten wir also, dachte er; jetzt wird Gisi eines Tages auch noch ihren Krimi an den Mann bringen, und dann werden sich wohl noch ein Dutzend andere enttäuschte oder hereingefallene Witwen melden, aber was hat das alles mit dem Mord an Rita Schenk zu tun und mit der großen Aufgabe, die er sich gestellt hatte: den Namen Kling wieder reinzuwaschen?

Vor ihm lag mahnend die Karte mit der rätselhaften Nummer aus

Udos Telefonverzeichnis: Mar 65 1734.

Offensichtlich eine Telefonnummer, oder?

Er stand auf, trat ans Fenster, schob die Gardinen zur Seite und starrte mit gefurchter Stirn hinunter auf die Straße.

Wagen kamen, fuhren vor, fremde Menschen stiegen ein und aus; Gepäckträger, Hotelpagen. Ein dicker Mercedes, lila mit viel Gold, aufgeplustert wie eine vom »Moulin rouge«... Da fehlten nur noch die Straußenfedern im Auspuffrohr. Es roch kilometerweit nach Öl...

Dann ein Käfer. Ganz in Schwarz. Einer von denen, die nicht totzukriegen sind und mehr Kultur ausstrahlen als manche Angeberlimousine.

Als der Käfer weiterfuhr, las er die Nummer: Mar 23145. Mar – das hieß Marburg. Und Mar 65 1734? Die Nummer wurde langsam zur Qual.

Er nahm kurzentschlossen das Telefon und wählte die Zentrale. »Bitte verbinden Sie mich mit der Verkehrspolizei in Marburg.«

Die Verbindung war schnell hergestellt.

»Hier ist Rechtsanwalt Dr. Florath. Darf ich Sie bitten, mir anzugeben, wer der Besitzer des Wagens Mar 65 1734 ist?«

»Bedaure, derartige Auskünfte dürfen nur auf begründeten schriftlichen Antrag gegeben werden.«

Aus.

Er wählte Winfrid an. Ihm hatte er die Nummer noch nie genannt.

Winfrid ließ ihn gar nicht erst zu Wort kommen: »Neues aus Wien?«

»Der Kerl sitzt. Wahrscheinlich auch wegen Mordes an seinem Adoptivvater. Aber was ich Sie fragen wollte...«

»Moment, Moment, ist das alles?«

»Ja, kurz und bündig. Jetzt geht's um eine Telefonnummer: Mar 65 1734. Sagt die Ihnen was?«

»Nicht die Spur.«

»Ist Werner bei Ihnen?«

»Er war hier – mit der Alten. Ich kann sie zwar nicht riechen, aber die zwei verstehen sich seltsamerweise. Kaum zu glauben. Jetzt bummeln sie die Neuhauser und Kaufinger Straße rauf und runter.«

»Die Alte werden wir in den nächsten Tagen los. Die Wiener wollen sie sehen – es geht ja auch um ihr Vermögen. Jetzt hat sie wohl ein Schlößchen bei Wien am Hals.«

»Wollen Sie nicht mal Gisi anrufen? Sie ist in begreiflicher Unruhe. Der Mord an dem alten Prinzen gibt ihr natürlich Wasser auf die Mühle.«

»Ach ja, diese dumme Geschichte!« sagte Florath.

»Dumm ist die nicht, nur ein bißchen unangenehm – für mich. Wenn die Polizei durchdreht, faßt sie mich als Mumienschänder. Aber alles, was recht oder unrecht ist: An Mumien habe ich mich noch nie vergangen.«

»Ich werde mir das mal von ihr erzählen lassen. Dann kann ich die Sache vielleicht in die Hand nehmen.«

»Und mich dabei wenn möglich aus dem Spiel lassen.«

»Klar. Ich rufe die Gisi gleich mal an.«

Wenig später hörte er Gisis Krimi.

»Aber der Winfrid spielt da ja nicht mit«, sagte sie, »weil er das Feuerzeug von einem, na, sagen wir guten Freund bekommen hat.«

»Einem, der massiv goldene Feuerzeuge verschenkt?«

»Na ja, ein verliebter Amerikaner.«

»Ach so... Na, das brauchen wir doch nicht zu sagen! Lassen Sie mich das machen. Ich gehe morgen zu Trenker und erzähle ihm die Geschichte. Winfrid bleibt dabei ganz draußen.«

Gisi konnte sich zwar nicht vorstellen, wie der Doktor das hinkriegen wollte, aber wenn das möglich war – ihr sollte es recht sein, schon wegen des lieben Friedens mit Winfrid...

Florath meldete sich am nächsten Morgen bei Trenker in dessen Büro. »Ich habe gestern abend einen anonymen, aber trotzdem sehr interessanten Anruf erhalten.«

»Aha!«

»Und zwar in einer längst begrabenen Mordsache.«

»...die jetzt wieder ausgebuddelt werden soll.«

»Da ist plötzlich und unerwartet ein wichtiger Zeuge aufgetaucht.«

Trenker nahm seinen Kugelschreiber und setzte an: »Name, Vorname?«

»Anonym!«

»Anonyme Anzeigen lieben wir besonders. Das heißt: Sie wollen mir die Quelle nicht nennen.«

»Ich bin Rechtsanwalt.«

»Also gut. Um was geht's?«

»Vor etwa acht Jahren ist in einem hiesigen Villenviertel die achtundsiebzigjährige Witwe eines Möbelfabrikanten erdrosselt aufgefunden worden. Raubmord.«

»Ich erinnere mich.«

»Es gab Fingerabdrücke – aber keine Spuren.«

»Stimmt.«

»Und wenn ich Ihnen jetzt sage, zu wem die Finger gehören, die diese Spuren auf einem Sektglas und einem goldenen Feuerzeug hinterlassen haben?«

»Nach acht Jahren! Ei der Daus! Und das weiß Ihr Anonymus erst seit gestern!«

»Keine Antwort ist auch eine.«

»Und wer soll es gewesen sein?«

»Es könnte – ich sage könnte! – Ihr schöner Freund Adrian Ballner gewesen sein.«

Trenker sprang auf. »Was, dieser Schweinehund? Wir haben damals sogar von einem Staatsanwalt aus Garmisch den Hinweis auf einen vermutlichen Heiratsschwindler erhalten – sogar mit Foto –, aber wir konnten leider damit nichts anfangen; es gab nicht den geringsten Zusammenhang.«

»Vielleicht machen Sie gelegentlich einen Spaziergang durch Ihre Asservatenkammer; ich bin sicher, daß da wohlverwahrt ein goldenes Feuerzeug und ein Sektglas zu finden sind.«

»Meinen Sie?«

»Ja, und das wär's dann für heute.«

»Wenn Ihr Anonymus das schon zehn Jahre weiß und erst jetzt damit herausrückt... Verdammt noch mal!«

»Er hatte schwerwiegende Gründe.«

»Die er jetzt nicht mehr hat?«

»In der Tat, dank Ihrer Tüchtigkeit.«

»Allerhand zum Frühstück!«

»Guten Appetit!«

Kurz darauf rief Florath bei Winfrid an: »Die Sache ist geklärt. Ich habe weder Gisela Agatha Christie noch einen gewissen, offenbar sehr liebenswerten jungen Mann genannt. Mich hat ein anonymer Anrufer informiert. Hauptsache, die Sache läuft.«

Winfrid atmete auf.

»Aber was ganz und gar nicht läuft«, sagte Florath, »das ist die Sache, wegen der wir hier sind.«

Irrtum: Sie lief. Und zwar in Wien. Und ohne Zutun der Münchener. Und überraschend gut und schnell.

Am Morgen nach der Verhaftung des Prinzen war in dem Schlößchen ein ebenso behäbiger wie gutmütiger Polizist erschienen und hatte dem schwarzbehosten Diener erklärt, daß sein Herr vorläufig noch verhindert sei, daß die Polizei deshalb die Verantwortung für das Haus übernommen habe, daß keine Gegenstände entfernt werden dürften und daß bis zur Rückkehr des Prinzen alles seinen geordneten Gang zu gehen habe.

Tags darauf tauchten dann noch zwei Beamte auf. Sie suchten im ganzen Schloß herum – vom Keller bis zum Söller – ohne zu verraten, um was es ihnen ging.

Am dritten Tag entdeckten sie endlich, daß die Rückwand eines prall gefüllten Kleiderschrankes in Wirklichkeit eine geheime, aber mustergültig getarnte Tür war, hinter der sich eine zweite Tür befand. Eben jene massive Stahltür, die sie gesucht hatten und zu der die beiden kompliziert gezahnten Tresorschlüssel paßten, mit denen sie ihr Chef auf die Suche geschickt hatte.

Was der Tresor enthielt, packten sie in einen großen Koffer. Mit ihm fuhren sie zum Polizeipräsidium, um ihn Herrn Kriminaldirektor Anderegger mit stolzgeschwellter Brust zu übergeben.

Der Inhalt war sensationell: riesige Barbeträge, Scheckbücher über Konten in drei verschiedenen Ländern, brillantenbesetzter Schmuck, Aktienpakete, Staatsanleihen und dazu ein sauber geführtes Verzeichnis aller Wertpapiere, ferner ein umfangreiches Adressenverzeichnis mit einer Überfülle zunächst nicht durchschaubarer Angaben und schließlich ein Buch mit handschriftlichen Eintragungen in einer winzig kleinen Geheimschrift.

Anderegger gab das Schriftwerk seinem Dechiffrierer und wandte sich den klar zutage liegenden Dingen zu; sie wogen schwer genug, denn offenbar stammten die Reichtümer nicht nur aus dem Besitz der alten Opernsängerin, sondern aus verschiedenen dunklen Quellen.

Während er noch damit beschäftigt war, kam ein Anruf aus München: Kollege Trenker bat um Fingerabdrücke des Verhafteten. Da war also wohl auch noch was im Busch. Der Fall wurde immer interessanter.

Die ersten Verhöre Ballners hatten nichts erbracht. Der Mann blieb ruhig, kalt und glatt. »Stellen Sie mir keine Fragen nach Dingen, die in meinen Intimbereich gehören! Wenn Sie Fakten haben, dann legen Sie sie auf den Tisch, und ich werde dazu Stellung nehmen.«

Das hätte Anderegger zwar gekonnt; die Bescheinigungen der Banken, aus denen Ballners betrügerische Manipulationen klar ersichtlich waren, und der noch keineswegs durchforschte, aber zweifellos gravierende Inhalt des Geheimtresors wogen schon schwer genug, doch damit herauszurücken hielt er noch für verfrüht. Erst wollte er auch den schriftlichen Bericht der Gerichtsmediziner in Händen haben.

Ihn bekam er am Nachmittag. Er sagte kurz und bündig: »Mord oder Selbstmord durch eine übergroße Dosis des Pflanzengiftes Digitalis. Der Hausarzt, der auch den Totenschein ausgestellt hat, bestreitet, dem Patienten gegen seine gelegentlich auftretenden, verhältnismäßig harmlosen Herzrhythmusstörungen etwas anderes als das in seinem Fall schon seit Jahren bewährte Isoptin verordnet zu haben.«

Also Mord; aber den zu beweisen würde nicht leicht sein.

Kurz vor Dienstschluß rief er den Dechiffrierer an. »Haben Sie schon einen Eindruck, was das ist?«

»Zweifellos eine Art Tagebuch. Die Chiffriermethode ist zwar nicht ganz dumm und wohl nur benutzt, um den Inhalt vor Neugierigen zu schützen. Ich denke, wir werden schon morgen vormittag mit dem zügigen Entziffern beginnen können.«

Mar 65 17 34. Die Karte mit der rätselhaften Nummer stand noch immer ans Telefon gelehnt auf dem Schreibtisch in Floraths Hotelzimmer.

Er sah sie morgens, mittags und abends und verbiß sich immer mehr in die Idee, daß hinter dieser Nummer ein Geheimnis stecke, das mit dem Schicksal Udos in unmittelbarem Zusammenhang gestanden hatte.

Konnte es eine Marburger Autonummer sein? Er hatte sofort nach seinem vergeblichen Anruf an das dortige Verkehrsamt geschrieben und dann auch unverzüglich die gewünschte Auskunft erhalten: Die Nummer gehörte einer Autowerkstatt.

Als Axel und Erika wieder einmal nach München gekommen waren und Werner in eine Diskothek entführt hatten, traf er sich mit Winfrid. Er hatte ihm über den Fortgang der kriminalistischen Untersuchungen berichtet und ihm anschließend wohl zum zehntenmal die Karte mit der Nummer unter die Nase gehalten.

»Die Nummer sagt mir nichts.«

»Also gut, packen wir die Geschichte mal andersherum an! Gab es im Leben Udos so etwas wie ein Geheimnis? Vielleicht Beziehungen zu einer anderen Frau? Gab es überhaupt etwas, das Ihnen rätselhaft erschienen ist?«

Winfrid schüttelte den Kopf. »Also wenn ich ihm jetzt mit aller Gewalt so etwas wie ein Geheimnis anhängen wollte, dann blieben nur seine gelegentlichen Wochenendfahrten. Dann flog er meist samstags irgendwohin...«

»Wohin?«

»Ja, wohin? Ich habe darüber nie nachgedacht. Und dann kam er immer schon am Sonntagabend zurück.«

»Hm, sieht ja nach einer intimen Beziehung aus.«

»Der Gedanke liegt so nahe, daß ich mich heute fragen müßte, ob ich mir darüber nie Gedanken gemacht habe. Und ob sich seine Frau darüber nie Gedanken gemacht hat oder ob wir alle mit Blindheit geschlagen waren.«

»Richtig!«

»Ja, sehen Sie, es gibt Gedanken, die man nicht einmal zu denken wagt!«

»Gewiß hat seine Frau sich dann sonntags gelegentlich etwas vernachlässigt gefühlt, und auch mir hat Udo mitunter gefehlt, er war schließlich mein Freund. Aber geht es nicht jedem manchmal so, daß einem die Decke auf den Kopf fällt und man hinausrennt – egal wohin –, nur um den Kopf ein bißchen durchzulüften? – Ob Sie es nun nachempfinden können oder nicht: Es gab einfach keinen Grund, über diese gelegentlichen Wochenendausflüge nachzudenken, obwohl...«

Florath horchte auf: »Obwohl?«

»...obwohl er im letzten halben Jahr etwas öfter als sonst verschwand und manchmal nach solchen Reisen etwas bedrückt wirkte. Kann sein, daß ich mir das aber nur eingebildet habe.«

»Hat Ihnen Udo eigentlich nie etwas über seine Familie erzählt? Hat er nie seinen Vater oder seine Mutter erwähnt oder Geschwister?«

»Nein.«

»Ist Ihnen das denn nicht aufgefallen?«

»Nein. Aber wenn Sie mich so direkt fragen: Ich habe wohl stillschweigend angenommen, daß er keinerlei Verwandte mehr hat. Gedanken habe ich mir darüber allerdings nie gemacht.«

»Solche, wenn auch noch so kurze Wochenendreisen sind doch zumindest merkwürdig, um nicht zu sagen auffällig. Gewiß, Sie haben sie damals zur Kenntnis genommen – das kann ich verstehen –, aber rückschauend... Meinen Sie nicht doch, daß er dahinter etwas zu verbergen suchte, und sei es auch noch so harmlos gewesen? Etwas, das sogar mit dieser geheimnisvollen Nummer zu tun hatte? Es könnte doch auch die Nummer eines Strafgefangenen sein, den er ab und zu besucht hat.«

Winfrid lachte. »Sie sehen Gespenster! Das hätte er mir nicht verheimlicht, und wenn es sein eigener Vater oder Bruder gewesen wäre. Ich kann einfach nicht glauben, daß er vor mir irgendein Geheimnis gehabt hat.«

Florath gab noch nicht auf. »Sind Sie da so ganz sicher? Wenn ich zum Beispiel an die von ihm veranlaßte, besonders eingehende Untersuchung Werners denke... Gut, das war eine verständliche väterliche Fürsorge. Und doch steckte dahinter ein Geheimnis, das er nicht einmal mir anvertraut hat. Deswegen der verschlossene Brief an den Arzt, den er um eine ganz spezielle Blutuntersuchung ersucht hat. Um was für eine Untersuchung es sich da gehandelt hat, weiß ich nicht. Ich weiß nur, daß sie inzwischen in einem amerikanischen Speziallabor mit einem guten Ergebnis abgeschlossen werden konnte.«

»Das überrascht mich zwar etwas, und es war sicher übertrieben. Aber der Junge war doch sein Ein und Alles.«

»Das kann ich verstehen. Vielleicht sind das auch alles nur Hirngespinste«, sagte Florath nach langem Schweigen. »Aber mit dem Professor werde ich mich doch zu gegebener Zeit über dieses Thema unterhalten.«

»Nun?« fragte Anderegger seinen Dechiffrierer am nächsten Vormittag, als der ihm ein sauber getipptes Manuskript vorlegte. »Das ist schneller gegangen, als ich zu hoffen gewagt habe. Sind auch keine Geheimzeichen unklar geblieben?«

Der junge Beamte schüttelte den Kopf. »Besonders interessant waren natürlich die Angaben von Tag, Monat und Jahr. Sie waren deshalb auch ganz raffiniert verschlüsselt. Aber da es nur einunddreißig Tage und zwölf Monate gibt und da sich der gesamte Zeitraum auch einigermaßen eingrenzen ließ, fanden wir schon bald einige Anhaltspunkte. Jedes Datum bestand aus sechs Zahlen, das hieß je zwei für Tag, Monat und Jahr. Der Januar konnte aber sowohl richtig mit 01, aber auch mit verdrehten Zahlen, also mit 10 angegeben sein. Außerdem mußten wir damit rechnen, daß als Zahl immer nur die Differenz von zehn eingetragen sei. In welcher Weise verschlüsselt worden war, konnten wir anhand eines Ereignisses feststellen, dessen Datum wir ungefähr kannten: des Mordes an dem alten Prinzen. Damit hatten wir den Schlüssel. Die angegebenen Daten dürften also stimmen und recht wertvolle Hinweise auf Verbrechen geben, die bisher unaufgeklärt bleiben mußten. Fraglich blieb uns ein kleines hochstehendes Rechteck am Schluß einiger Fälle. Wir vermuteten schließlich, daß es das Symbol eines Sarges sein sollte, und drei von den acht gefundenen Vierecken stimmen tatsächlich mit drei bekannten Mordfällen an Witwen überein... Auch die vielen Abkürzungen waren schnell durchschaut. Es war für uns manchmal eine Art Silben- oder Zahlenrätsel... Die vorliegende Entzifferung enthält kaum Fehler. Und wenn es trotzdem noch welche gibt, werden sie sich in Kürze herausstellen. Die Chiffriermethode war zwar recht gut, wenn sie vor neugierigen Laien schützen sollte, denen das Buch zufällig in die Hände gefallen wäre, aber vor der Polizei hätte sie nicht bestehen können. Eine ganz andere Frage ist es natürlich, wozu ein solcher Verbrecher ein Tagebuch führt, das doch leicht zum Verräter werden konnte.«

»Klar«, sagte Anderegger, »daß es anfangs nicht eine Aufzeichnung seiner Verbrechen werden sollte, sondern eine Art Buchführung, die bei dem regen Briefwechsel wohl auch nötig war, um die vielen Bekanntschaften auseinanderhalten zu können.«

»Er registrierte tatsächlich die Anfangsbuchstaben von Vor- und Zuname, Alter, ermitteltes oder geschätztes Vermögen, Charaktereigenschaften – Fotos fanden wir erstaunlicherweise nicht.«

»Zweifellos steckt hinter dem Ganzen auch ein Stück Eitelkeit«, warf Anderegger ein, während er die Entzifferung langsam durchblätterte. »Es gibt Tausende und Abertausende von Menschen, harmlosen, unauffälligen Menschen, die sich und ihren Lebenslauf für durchaus aufzeichnenswert halten. – Hundertundachtzig Seiten – eine schöne Fleißarbeit! Herzlichen Dank! Jetzt müssen unsere Spürhunde es Tag für Tag durchgehen und die echten Kriminalfälle herauszufinden suchen.« Er rief noch in derselben Stunde seinen Münchener Kollegen Trenker an, um ihm über den wertvollen Fund zu berichten. »Machen Sie sich für ein paar Tage frei«, sagte er gutgelaunt, »und lassen Sie uns das gesamte Material gemeinsam unter die Lupe nehmen! Im Prater blühn wieder die Bäume, im Sievering grünt schon der Wein, und im Grinzing können wir zwei alten Hasen sogar bei einem Gespritzten wertvolle Erfahrungen austauschen.«

»Ja, ja«, sagte Trenker lachend, »es geht doch nichts über die Wiener Gemütlichkeit!«

Die beiden erfahrenen Beamten saßen schon am selben Abend zusammen.

»Das reicht, ihn zu überführen. Daß er beim Anblick Ihrer Funde, vor allem des Tagebuchs, nicht zusammenbricht, halte ich für undenkbar«, sagte Trenker, »und darauf müssen wir unsere Taktik für das morgige Verhör aufbauen! Dabei wird sich sicher auch noch manches aufklären, was bis heute unklar ist.«

»Könnte er nicht auch den entsetzlichen Bombenanschlag verübt haben?« fragte Anderegger.

Trenker zuckte leicht zusammen. Der Gedanke war ihm körperlich unangenehm. Das würde doch bedeuten, daß in dem Fall des Malers

Udo von Kling ein Fehlurteil zustande gekommen war...

Jetzt nur keine voreiligen oder ungenügend durchdachten Äußerungen an die Presse!

Die beiden Kriminalbeamten hatten sich schon um acht Uhr morgens im Wiener Justizgebäude eingefunden, fest entschlossen, den falschen Prinzen mit Hilfe des vorliegenden Beweismaterials zu einem schnellen Geständnis zu bringen.

Doch schon sein Auftritt ließ sie ahnen, daß das nicht ganz leicht sein würde.

Er sagte statt jeder Begrüßung: »Endlich an der Zeit, daß Sie mich hier rauslassen. Irrtümer sind überall möglich, aber genug ist genug!«

»Wem sagen Sie das?« antwortete Anderegger gelassen.

»Alsdann!«

»Wir mußten die Leiche Ihres Adoptivvaters exhumieren lassen«, begann Anderegger das Verhör wie einen privaten Plausch. »Tut mir leid. Ich habe den alten Herrn gekannt. Total verarmter Adel, und nicht einmal mehr das, nachdem der Adel mit all seinen Vorrechten 1919 abgeschafft und sogar das Führen der Titel bei Strafe verboten worden ist. Später war man dann etwas milder gestimmt: Adelstitel gibt's nicht mehr, aber wenn einer den Baron oder Grafen oder Prinzen einfach als Bestandteil des Namens führen will, soll er's in Gottes Namen!«

»Exhumiert?« Der Prinz richtete sich erschreckt auf. Sein Blick wanderte blitzschnell zwischen den beiden Beamten hin und her. »Wie konnte man nur! Die Ruhe des ehrenwerten alten Herrn... Ich bin empört!«

»Es geschah ja auch nur, um sicher zu sein, daß der vertrottelte alte Hausarzt sich bei der Diagnose nicht geirrt hat.«

»Was heißt das?«

»Daß es sich tatsächlich nur um ein in diesem Alter gar nicht so seltenes, schlichtes Herzversagen gehandelt hat und nicht etwa um... Mord.« Anderegger sprach das Wort so aus, als sei Mord eine Kleinkinderkrankheit.

Trenker traute seinen Augen nicht. Nein, diese Österreicher! Gleich wird er ihn mit tausend Entschuldigungen per Polizeiauto ins

Schloß zurückbringen lassen!

»Lächerlich!« sagte der Prinz.

»Das dachte ich auch. Aber um der Wahrheit die Ehre zu geben, Ihr Adoptivvater ist an einer Überdosis Digitalis gestorben – und nicht, wie der dümmliche Hausarzt auf den Totenschein geschrieben hat, an Herzversagen.«

Der Prinz zuckte in eiskalter Gelassenheit die Schultern. »Mag sein, daß sich in seiner Hausapotheke auch dieses Zeug befand. Sie enthielt in der Tat eine Unmenge von Medikamenten für alle möglichen Krankheiten und Zipperlein; man kennt das ja bei alten Leuten. Aber deshalb gleich an einen Selbstmord zu denken...«

Dieser ausgekochte Hund! dachte Trenker.

Anderegger tat erstaunt. »Sagte ich Selbstmord? Digitalis ist zwar ein bewährtes Herzmittel, aber ein äußerst gefährliches Medikament.«

»Das heißt, daß mein Vater davon in der bekannten schrecklichen Erstickungsangst versehentlich eine zu große Dosis genommen hat.«

»Nein, das war unmöglich, denn Digitalis gibt es nur auf Rezept, und der Hausarzt hat ihm gegen seine nur seltenen, verhältnismäßig harmlosen Herzrhythmusstörungen nie etwas anderes verschrieben als Isoptin. Wie wir inzwischen festgestellt haben, befand sich das tödliche Gift überhaupt nicht unter seinen Medikamenten. Schlicht gesagt«, Anderegger machte eine Pause, die wie der beklemmende Trommelwirbel vor einer lebensgefährlichen Zirkusattraktion war, »es ist ihm beigebracht worden. Er ist ermordet worden.«

»Unmöglich!« schrie der Prinz mit hochrotem Kopf. »Der alte Herr war sehr beliebt. Er hatte nur Freunde.«

»...und einen Erben«, hängte Anderegger gelassen dran. »Ihn halten wir für den Mörder.«

Der Prinz war plötzlich fahl geworden. »Das ist ja heller Wahnsinn! Der Alte und ich waren ein Herz und eine Seele.«

»Ja, ja...« Es klang reichlich pomadig. »So schien es in der Tat.«

»Jeder, der uns kennt, wird Ihnen das bestätigen.«

»Ja, mein Gott, weshalb haben Sie ihn denn dann umgebracht?« fragte Anderegger wie ein neugieriges Kind.

»Ich? Aus welchem Grunde sollte ich?«

Jetzt platzte dem Bayern der Kragen. »Dafür könnten wir Ihnen eine stattliche Anzahl von Gründen nennen!« fauchte er ihn an. »Aber wozu die Mühe! Die kennen Sie doch selber!«

Anderegger dachte: Gleich schlägt er ihn zusammen!

Statt dessen zog Trenker ein in Cellophan geschweißtes goldenes Feuerzeug aus der Tasche und knallte es auf den Tisch. »Ihr Feuerzeug!«

Der Prinz starrte darauf nieder wie auf ein giftiges Insekt. »Wieso?« Er wollte einem ersten Impuls nachgeben und danach greifen. Dann zuckte er zurück und sah Trenker fragend an.

»Erkennen Sie es denn nicht wieder?«

»Ich habe so ein Ding vor vielen Jahren mal bei einem Strichjungen gesehen, aber...«

Trenker nickte. »Stimmt genau! Vor acht Jahren wurde in einem Vorort von München die reiche, achtundsiebzigjährige Witwe Gandert erdrosselt auf ihrem Sofa aufgefunden. Raubmord. Vom Täter keine Spur außer ein paar halbverwaschenen Fingerabdrücken auf einem Sektglas.«

Der Prinz preßte die Lippen zu einem schmalen Spalt zusammen, sagte aber kein Wort.

»Sie erinnern sich doch? Die ganze Presse war voll davon.«

»Die Spalten der Skandalpresse interessieren mich nicht.«

»Sie sorgen lieber selber für Stoff.«

»Und was geht mich diese uralte Geschichte an?«

»Erst später fanden wir zwischen Sitz und Lehne des Sofas dieses Feuerzeug. Es war dem Mörder offenbar entglitten, und er hatte es in der Aufregung wohl vergessen.«

»Ich habe nie ein solches Feuerzeug besessen, aber ich erinnere mich, wie gesagt, es bei irgendeinem dreckigen Stricher gesehen zu haben. Das – oder ein ähnliches.«

»Aha, dann brauchen wir uns doch nur den Stricher zu greifen, und wir hätten den Raubmörder! Sie würden ihn doch sicher wiedererkennen?«

»Fraglich.«

»Haben Sie ihm das Feuerzeug nicht abgekauft?«

»Ich habe es nie in der Hand gehabt. Solchen Angeberkram trage ich ebenso wenig wie einen gewissen goldprotzigen Schweizer Armbandwecker, das Statussymbol der Zuhälter.«

»Verständlich, verständlich. Ich frage mich nur, wie dann Ihre Fingerabdrücke – und nur Ihre – auf dieses Feuerzeug kommen konnten.«

»Meine Fingerabdrücke? Unmöglich!«

»Unsere Spurensicherer sind da allerdings anderer Meinung.«

Der Prinz griff in seiner Verwirrtheit nach dem Feuerzeug.

Doch Trenker nahm es an sich und steckte es lächelnd wieder ein. »Ein kostbares Stück, das dem Mörder den Hals brechen kann. Haben Sie es nachher nicht vermißt?«

Der Prinz schwieg wütend. Auf seiner Stirn erschienen Schweißperlen.

Das Thema schien vorerst beendet.

Anderegger griff sich einen Schnellhefter und blätterte lässig darin herum. »Uns liegt hier eine Anzeige der ehemaligen Opernsängerin Ariane Schenk aus Caracas vor. Darin werden Sie unter Beifügung von Bankbescheinigungen und Bankakten beschuldigt, sie unter Mißbrauch einer Generalvollmacht in wenigen Wochen um ihr gesamtes Vermögen in Millionenhöhe betrogen zu haben.«

Der Prinz rutschte nervös auf seinem Stuhl herum. »Ach, die schwanzgeile Alte! Die Nymphomanin, die 's jeden Tag fünfmal brauchte! – Die ist ja irre! Das soll sie mir erst mal beweisen!«

»Nichts einfacher als das«, sagte Anderegger und schob ihm den Schnellhefter zu. »Das sind die Berichte der Banken über Ihre Geldtransaktionen.«

Der andere warf nur einen flüchtigen Blick auf die Bankberichte und sagte dann: »All diese Transaktionen habe ich in ihrem Auftrag durchgeführt.«

»Und daß Sie sich dann mit dem ganzen Vermögen nach Wien abgesetzt, mit dem Alten einen juristisch einwandfreien Adoptions- und Lehnvertrag abgeschlossen und das halbverfallene Schloß wieder auf Hochglanz gebracht haben, geschah das auch im Auftrag der Sängerin, Prinz Lignerone? Wie grausam für Sie, daß der Schloßherr schon sechs Monate später das Zeitliche segnen und in die Grube fahren mußte – aus der ihn unsere Gerichtsmediziner leider wenig später herausholen und sezieren mußten. Den erschütternden Befund kennen Sie.« Anderegger griff nach unten in seinen Schreibtisch und stellte eine braune Medizinflasche auf den Tisch. »Digitalis, 150 Milliliter, genug, um zwanzig Menschen umzubringen, in Puerto Rico vor vier Jahren gekauft, wahrscheinlich mit einem gefälschten Rezept, und nur noch halbvoll. – Nur noch halbvoll!«

Der Prinz biß sich auf die Lippen und starrte Anderegger fassungslos an.

Wieder ein Griff in den Schreibtisch. Ein Schlüsselbund. Anderegger wies auf die Tresorschlüssel. »Meisterhaft getarnt, der Tresor! Drei Tage haben meine besten Männer ihn gesucht.«

Der Prinz hatte alle Farbe verloren und starrte nur auf das, was sich ihm nun bot.

»Und das?« Anderegger legte ihm das Tagebuch vor. »Das ist der geistige Schlüssel zu Ihrer Verbrecherlaufbahn. Das ist der Schlüssel zu allem, ein Selbstgeständnis, wie wir es uns detail- und aufschlußreicher nicht hätten wünschen können. Es hat uns eine Unmenge schwieriger Forschungsarbeit erspart, wird unsere Männer aber trotzdem noch monatelang beschäftigen.« Er legte nun langsam ein Stück nach dem andern auf den Tisch. »Hier ist sogar die Titelmeldung über Ihren Mord an der Witwe Gandert – daß Sie sich die aufgehoben haben, ist schon krankhaft. Sie sehen, wir sind recht gut unterrichtet.«

Der Mann war aufgesprungen, hatte sich, bleich bis in die Lippen, eine Weile fassungslos über den Schreibtisch gebeugt und war dann schwer auf seinen Stuhl zurückgesunken.

»Aber wenn Sie meinen Leuten mit weiteren Aufklärungen zur Hand gehen wollen...«, fuhr Anderegger fort.

»Nein!« schrie der Prinz. »Nicht eine Silbe! Hören Sie auf, hören Sie auf!«

Anderegger gab einem Beamten einen Wink: »Abführen!« Als der Prinz schon in der Tür stand, sagte Anderegger: »Übrigens, es gibt Sachen, die man nur mit Glacéhandschuhen anfassen sollte.«

Der Prinz wandte sich um: »Meinen Sie mich?«

»Nicht direkt, sondern die Flasche mit dem Digitalis: Sie enthielt eine ganze Sammlung Ihrer Fingerabdrücke. Nur Ihrer Fingerabdrükke!«

Am nächsten Morgen meldete ein Aufsichtsbeamter des Untersuchungsgefängnisses: »Der Inhaftierte hat sich diese Nacht in seiner Zelle erhängt.«

Während die Abendzeitungen unter den auflagensteigernden Schlagzeilen »Tagebuch eines Witwenmörders. Selbstmord im Gefängnis. Wer legte die Bombe im Münchener Operettentheater?« längstvergessene Mordberichte erneut ans Tageslicht zerrten und dazu das bis dahin einzig greifbare Porträt eines sympathischen Frauenverführers und Witwenkillers zeigten, zu dem die Abteilung Heiratsschwindler zur Überraschung aller das von Rechtsanwalt Kranzler eingesandte Foto desselben Mannes beisteuern konnte, saßen Trenker und Anderegger mit einem Stab ihrer hellsten Beamten über den vervielfältigten Tagebuchblättern des synthetischen Prinzen, der sich ihrer Wut – Sancta Justitia sei's geklagt! – mit einer Schlinge um den Hals hatte entziehen können.

Trenker war über den Gang der Ereignisse mehr als verstimmt. »Das wäre bei uns nicht passiert! Den hätten wir die letzte Nacht in Ketten gepackt!«

Und dann der Hinweis auf die Bombe im Operettenhaus! Das hatte sich doch die Wiener Journaille glatt aus den Fingern gesogen! Nicht ein Wort hatte er darüber verloren! Dem Florath würde das ja nur wieder Wasser auf die Mühle geben und alle Gegner von Indizienbeweisen erneut auf den Plan rufen...

Was da aus den Tagbuchblättern trotz aller »Geheimzeichen« herauszulesen war, war mehr als genug.

Und immer waren Witwen die Opfer gewesen, die sich dem Casanova gleich blindlings um den Hals und ins Bett geworfen hatten.

»Wenn alte Scheunen brennen, brennen sie gleich lichterloh!« fluchte Trenker.

Die Wiener Kollegen fanden seine Ausdrucksweise zwar »ein bisserl drastisch«, aber Anderegger gab ihm zwinkernd recht.

Der Hinweis auf das Bombenattentat hatte seinen Ursprung nicht bei der Polizei; das war einem naseweisen Journalisten eingefallen.

Nun ging's los. »Raus mit der Sprache!« wurde die Polizei aufgefordert. »Wie war das mit München? Warum spielt ihr hier die Dummen? Wollt ihr uns verschaukeln? – Presseleute können verdammt böse werden, wenn man der von ihnen vertretenen Öffentlichkeit etwas vorenthalten will…«

Aber die Polizei wollte das doch gar nicht. Man war nur noch nicht so weit.

Anderegger fing an zu kochen – was bei einem Wiener schon was heißt. Und Trenker erging sich in den unflätigsten Ausdrücken gegen die »Pressepest«. Doch was half's: Man war noch nicht so weit!

Man hatte mit dem Tagebuch ganz ordentlich, wie sich's gehört, von vorn angefangen, sorgfältig Seite für Seite studiert, alle Fälle, die unter dem betreffenden Datum passiert waren, unter die Lupe genommen und war infolgedessen noch längst nicht bei dem Bombenattentat.

Wohl oder übel warf man das Steuer herum, begann mit dem Datum des Bombenattentats und wurde fündig. Aufs raffinierteste verschlüsselt, angedeutet, hinter Tarnwörtern versteckt fanden sechs Spürnasen mit heißen Köpfen in stundenlangem Palavern, Deuten, Mißdeuten und Umdeuten schließlich, was sie wissen wollten, und manches, was sie nicht einmal gesucht hatten.

Nur auf eine Frage fanden sie keine Antwort: Wozu dieses schreckliche und gemeinste aller Verbrechen?

Der ausstehende Testbericht des Münchener Professors hatte Werner kaum interessiert. Auch im Internat hatte man die Schüler von Zeit zu Zeit mit allen möglichen Untersuchungen gequält, ohne daß dabei jemals etwas Besonderes herausgekommen war. Die freudige Erregung oder Erleichterung, mit der Dr. Florath ihm das Ergebnis mitgeteilt hatte, war ihm deshalb auch etwas übertrieben vorgekommen. Er wußte ohnehin, daß er gesund war, und hatte deshalb auch keinen Grund gesehen, darüber ein großes Freudengeschrei anzustimmen oder darüber zu palavern. Zum Feiern gab es also ganz gewiß keinen Grund.

Anders Florath. Mit einer Mischung aus Verantwortungsgefühl und Freundespflicht gegenüber dem toten Vater rief er eines Tages in München an. »Herr Professor, ist es indiskret, wenn ich Sie bitte, mir zu sagen, um welche befürchtete Erbkrankheit es sich im Falle des jungen Kling gehandelt hat?«

Der Professor war aufgeschlossen. »Ihnen als einem Vertrauensmann des Verstorbenen kann ich die Krankheit bedenkenlos nennen: Sie hat den wissenschaftlichen Namen Huntingtonsche Chorea. Huntington war der erste, der sie beschrieben und ihren Charakter als Erbkrankheit erkannt hat. Rein medizinisch bestehen auch keine Bedenken, dem Sohn reinen Wein einzuschenken, denn der Test hat zweifelsfrei gezeigt, daß er die Krankheit nicht geerbt hat, also auch nicht weitergeben kann. Aber – und dieses Aber wollen wir nicht aus dem Auge verlieren – es gibt da doch einiges zu bedenken. Ich will versuchen, Ihnen das zu erklären. An dieser schrecklichen Krankheit des zentralen Nervensystems erkranken etwa zwei bis drei von tausend Menschen. Sie hat eine besonders heimtückische Eigenschaft: Sie ist nicht eines Tages plötzlich da, weil man sich ›angesteckt‹ hat, sondern man kommt mit ihr schon auf die Welt, man hat sie schon bei der Geburt im Blut. Und da schläft sie, normalerweise dreißig bis fünfzig Jahre – unbemerkt, einer der hinterlistigsten Todfeinde ihres Wirts. In Ausnahmefällen bricht sie aber auch schon sehr viel früher aus!... In dieser Zeit schleppt man sie mit sich herum und steckt ahnungslos auch andere an, macht sie anfällig für diesen Feind... Da, auf einmal, bricht sie aus, unheilbar und unbesiegbar bis auf den heutigen Tag, und zerstört den Menschen, der sie so lange mit sich herumgetragen hat. Seine Leidenszeit beginnt und damit die Verkürzung seiner Lebenserwartung auf etwa die Hälfte. Choreakranke leben, wenn die Krankheit erst einmal ausgebrochen ist, meist nur noch zehn oder zwölf Jahre. Eine bittere Wahrheit. Bitter nicht nur für den Kranken, sondern auch für uns Ärzte, die dem körperlichen und geistigen Verfall eines solchen Menschen hilflos zusehen müssen... Selbst heute weiß keiner, der aus einer solchen erblich belasteten Familie stammt und den grauenhaften Verlauf der Krankheit vielleicht schon bei einem der Eltern oder Geschwister miterlebt hat, ob es ihn und wann es ihn treffen wird. Ein solcher Mensch, der weiß, was eines Tages auf ihn zukommen kann, durchlebt ein Leben voll geheimer Angst... Sie werden denken: Wie gut, daß es jetzt diesen segensreichen Test gibt! Werner ist nicht betroffen!... Und doch wird mancher Arzt und mancher Patient trotz eines glücklichen Testergebnisses seine Zweifel haben. Und hier beginnt meine Sorge: Muß man den jungen Mann diesem unbewußt dämmernden Zweifel aussetzen? Ist hier nicht eine gnädige Lüge besser als die Wahrheit? Ich denke ja. Und deshalb lehne ich es auch ab, ihn mit der ganzen Wahrheit zu konfrontieren, denn noch liegt sein Leben vor ihm, und je unbeschwerter er es angeht, um so besser für ihn ... Die Vorsorge des Vaters zeigt, daß er über den dramatischen Verlauf der Krankheit eingehend unterrichtet war. Es liegt auf der Hand, daß jede Familie – besonders aber eine Familie von so altem Adel – alles tut, um diesen Makel vor der Welt zu verbergen. Die Kranken werden – ähnlich wie Geisteskranke – fast ausnahmslos in einer Spezialklinik untergebracht, wo sie bis an ihr Lebensende gut versorgt und gut versteckt dahinvegetieren ...«

»Mindestens ein Mitglied der Familie von Kling müßte demnach in einer solchen Anstalt untergebracht worden und dort wahrscheinlich gestorben sein«, sagte Florath.

Der Professor bejahte.

»Dann aber«, fuhr Florath fort, »könnte es doch auch sein, daß Udo von Kling diesen Kranken ab und zu heimlich besucht hat.«

»Möglich. Kennt man denn seine Reiseziele?«

»Er hat über diese Reisen und alles, was damit zusammenhängt, jede Auskunft verweigert.«

»Wäre das nicht schon ein gewisser Hinweis?«

»Schwer zu sagen. Die Polizei hat damals nur feststellen können, daß Herr von Kling öfter von der Insel Mallorca, vielleicht auch von einer nahen spanischen Stadt wie Barcelona oder Valencia kam.«

»Auf Mallorca befindet sich in idealer Abgeschlossenheit ein angesehenes Sanatorium, das Geisteskranke, also wahrscheinlich auch solche Fälle, aufnimmt. Ich glaube, es heißt Santa Margerita. Wollen Sie es dort nicht einmal mit einer Anfrage versuchen?«

Florath sprach schon am nächsten Vormittag mit der spanischen Botschaft. »Gibt es auf der Insel Mallorca eine Klinik Santa Margerita?«

Man wies ihn an die Behörde in Palma.

Dort wußte man Bescheid: Ja, das Sanatorium existiere schon seit dreißig Jahren. Leiter sei der aus Deutschland stammende Nervenarzt Professor Dr. Jungnickel.

Telefon 0034 71 65 17 34.

Florath schrieb die Nummer auf. Als er die sechs letzten Zahlen vor sich sah, zuckte er zusammen: 65 1734, das war doch die geheimnisvolle Nummer aus Udos Telefonverzeichnis.

Und »Mar«? Das konnte Margerita heißen.

Wenige Minuten später hatte er die Verbindung. Ein bißchen verrauscht und verzerrt, aber es ging.

Professor Jungnickel war sehr freundlich, bedauerte aber, über Patienten keinerlei Auskünfte geben zu können.

Nein, auch nicht einem Rechtsanwalt oder Testamentsvollstrecker, und schon gar nicht am Telefon. Er als Rechtsanwalt müsse das doch im Hinblick auf die Spezialaufgabe der Klinik und den besonderen Charakter der darin behandelten Erkrankungen verstehen.

Er verstand es nur zu gut.

Und wenn er unter Vorlage der nötigen Ausweise in der Klinik erscheine?

Dann sei vieles möglich, was über die normale ärztliche Schweigepflicht nicht hinausgehe.

»Danke sehr. Ich werde mir erlauben, Sie im Lauf der nächsten Wochen um einen Termin zu bitten.«

»Aber bitte schriftlich und unter genauer Angabe, um welchen Patienten es sich handelt.«

Das war zunächst einmal eine Abfuhr, änderte jedoch nichts an Floraths Entschluß, das letzte Rätsel um Udos unverständliches Verhalten während seines Mordprozesses zu klären.

Florath stand in diesen Tagen vor einem Problem, das ihm von Tag zu Tag mehr Sorgen machte: War es eigentlich richtig, daß er ohne Werners Wissen nach Mallorca flog, um bei dem Leiter des Sanatoriums Fragen zu stellen, die Werners Familie betrafen?

Konnte er es anderseits wagen, ihn zu einem Gespräch mitzunehmen, das ihn womöglich besser über die Erbkrankheit seiner Familie unterrichtete, als Professor Enders für zweckmäßig hielt?

Dazu kam der Riesenwirbel, der mit der Verhaftung eines sogenannten Prinzen begonnen hatte und sich immer mehr um das Schicksal seiner Eltern und damit auch um ihn verdichtete.

Zu allem Überfluß tauchte plötzlich ein total verkommener Brasilianer auf, der sich als den langjährigen Liebhaber der Operndiva Ariane Schenk bezeichnete, Werners Mutter als seine uneheliche Tochter und Werner als seinen rechtmäßigen Enkel. Dazu verkaufte er den sensationslüsternen Reportern die aufregendsten Histörchen über seine wilden Jahre mit der Nymphomanin.

Werner beobachtete das alles wie eine spannende Komödie, teils neugierig, teils amüsiert. Als Florath ihn einmal besorgt fragte, ob er die anrüchigen Geschichten aus dem Leben seiner Großmutter etwa glaube, sagte er zu seinem Erstaunen lächelnd und fast bewundernd: »Warum denn nicht? Das ist damals ja noch toller zugegangen als in den modernen Pornoheftchen.« Und zutrauen, ach ja, zutrauen würde er das der damals zweifellos verführerisch-reizvollen Großmutter schon.

Was Florath veranlaßte, heimlich die Hände über dem Kopf zusammenzuschlagen, und den Verdacht in ihm weckte, Werner habe es wohl auch faustdick hinter den Ohren.

Ariane blieb von all dem Rummel um ihre verflossenen Jahre und verblichenen Verehrer ungerührt. Als die Wiener Polizei sie eines Tages bat, zur Beantwortung einiger Fragen und zur Klärung ihrer Ansprüche auf das mit ihrem Geld gekaufte Schlößchen für ein paar Tage nach Wien zu kommen, bat sie Florath und Werner, sie zu begleiten. Florath sagte mit einer Ausrede ab und war damit frei zu dem Flug nach Mallorca.

»Aber du kommst doch mit!« sagte sie zu Werner. Das war keine Frage und keine Bitte, das war ein Kommando.

»Aber nur, wenn ich dich künftig Oma nennen darf, denn sonst denken die schamlosen Wiener noch, du wärst mein Verhältnis.«

»Mein was?« Ariane tat oder war empört.

»Ach Oma, bei deinem märchenhaft guten Ruf!«

»Was weißt denn du schon von meinem Ruf?«

»Alles, was in den Zeitungen stand. Und damit hast du mir maßlos imponiert.«

Ariane richtete sich auf: »Ach! Habe ich? Du Lausejunge solltest lieber die ›Welt‹ lesen – da stehen solche Schweinereien niemals drin.«

»Liest du sie denn?«

»Mir schaden die andern Blätter ja nicht; ich stehe jetzt jenseits von

Gut und Böse.«

»Eigentlich schade, denn ich wollte meinen Freund Axel einladen; das ist nämlich ein ganz Schlimmer.«

»Wie alt ist er denn?«

»So wie ich.«

»Dann lad ihn in Gottes Namen ein, aber wenn die in Grinzing beim Heurigen singen: ›So küßt nur eine Wienerin, in diesem Kuß liegt alles drin‹, dann schalte deine Mikrophone ab!«

Werner versprach der Oma alles, was sie wollte. Dann rief er in Fürth an: »Axel, macht die Firma pleite, wenn dein Geist einmal für ein paar Tage nicht über ihr leuchtet?«

»Im Gegenteil!«

»Also dann: Wir sind von einer Schloßherrin nach Wien eingeladen. Schnür dein Bündel!«

»Mann, du spinnst! Als ob der Alte mich ließe – bei dem Zeug, das jetzt über dich und deine ganze Sippschaft in der Presse steht.«

»Eine Einladung auf ein Fürstenschloß nach Wien – weißt du überhaupt, was das heißt?«

»Und ob!«

»Also frag nicht weiter, sondern komm mit!«

»Wer ist denn die Schloßherrin?«

»Die weltberühmte Opernsängerin Ariane Schenk.«

»Das alte Wrack?«

»Alt, aber lustig.«

»Also gut, ich brenne durch!«

»Wie mir gemeldet wurde, wollen Sie eine alte Operndiva in eine Schloßherrin verzaubern«, sagte Ariane, als sie das Büro des Wiener Polizeidirektors betrat. Sie war dabei von zwei gut aussehenden Jungmännern flankiert, die ihr selbst die liebenswürdigsten Lästermäuler nicht mehr anzudichten gewagt hätten.

»Wie Sie wissen«, begann Polizeidirektor Anderegger den dienstlichen Teil des Gesprächs, »haben wir den Prinzen...«

»...diesen Saukerl!«

»...unschädlich gemacht.«

»...und er sich endlich auch!«

»Das Genick haben ihm dabei vor allem seine eigenen Tagebuchaufzeichnungen gebrochen.«

»Was?« Ariane erbleichte. »Tagebuchaufzeichnungen? Hoffentlich haben Sie nicht die Absicht, diese Schweinereien zu veröffentlichen!« Sie redete sich schon bei dem Gedanken an eine solche Gefahr in Rage. »Was dieser Schweinkerl sich da an Intimitäten aus seinen dreckigen Fingern gesogen hat, da müßte ja gleich die Sittenpolizei einschreiten und das Manuskript dem Feuer übergeben!«

Werner und Axel spitzten die Ohren. Was war denn da an neuen interessanten Offenbarungen aus Arianes wildbewegtem Liebesleben in Sicht?

Anderegger machte erstaunte Augen. Sollte den Argusaugen seiner Spürhunde doch noch etwas entgangen sein? »Ich glaube, wir reden da von zwei verschiedenen Tagebüchern, denn das Tagebuch, das wir in seinem Geheimtresor gefunden haben, enthielt lediglich die Aufzeichnungen über seine Verbrechen und ihr finanzielles Ergebnis.«

Ariane atmete auf.

»Ja, und dabei sind wir auf Eintragungen gestoßen«, fuhr Anderegger fort, »die beweisen, daß er auch den entsetzlichen Bombenanschlag auf Ihre Tochter verübt hat. Während jedoch in allen aufgezeichneten Fällen der Zweck des Verbrechens klar zutage tritt, stehen wir und unsere Münchener Kollegen in diesem Fall vor einem Rätsel. Sollte Haß oder gar Rache ihn zu einer so abscheulichen Tat getrieben haben? Wir sehen da nicht durch.«

»Ich habe derartige Vermutungen während der letzten Tage auch in der Presse gelesen, aber sie schienen mir zu weit hergeholt. Es wurde ja nicht nur meine Tochter getroffen, sondern das ganze Theater. Mir kam das immer so vor wie die Tat eines Irren, der einer Dame eine Bombe in ihren Koffer schmuggelt, um einen Tunnel zu sprengen. Den Gedanken an einen Zusammenhang halte ich für absurd.«

»Zwischen Ihrer Tochter und ihm sollen doch erhebliche Spannungen bestanden haben.«

»Unsinn! Sie haben im ganzen Leben keine zehn Worte miteinander gesprochen. Meine Tochter hat ihn von der ersten Stunde an abgelehnt und sich leidenschaftlich gegen unsere Leibes… Verzeihung: Liebesgemeinschaft…«

Werner und Axel kicherten, Anderegger konnte sich ein Lächeln nicht verkneifen.

Ariane lächelte selber. »Ich wollte sagen: Lebensgemeinschaft... Also sie hat sich jedenfalls dagegen gestemmt und mich wegen diesem Kerl mit Vorwürfen überschüttet, die jedes weitere Zusammenleben mit ihr unmöglich machten. Darüber ist es dann ja auch zu dem schweren Bruch zwischen uns gekommen.«

»Hat es Zeiten gegeben, in denen Sie daran gedacht haben, sich von diesem Mann zu trennen?«

»Nein, dazu haben wir uns in all den Jahren zu wenig auf der Pelle gelegen, wie man in Berlin so sagt. Wir waren oft zusammen – aber wenn ich es recht überlege: Er kam eigentlich immer nur auf Stippvisite.«

»Auf was?«

»Ja, wie man so sagt, auf einen Sprung: mal vierzehn Tage, mal drei Wochen – das war aber schon viel –, dann mußte er angeblich wieder auf Vortragsreisen über Astrologie.«

»Was, auf diesen Allerweltsschwindel sind Sie hereingefallen?«

»Ach wissen Sie, die Sterne lügen nicht.«

»Die können ihr Maul ja auch nicht auftun. Aber die Astrolügner besorgen's dafür um so besser.«

»Meinen Sie das wirklich? Ich bin nämlich eine ›Jungfrau‹...«

»...und er war der zugehörige Stier«, sagte Werner trocken.

Ariane sah ihn zustimmend an. »Auf Ehre, so war's! Und wenn er mir das Horoskop stellte... Also da war alles drin. Da gingen alle meine geheimsten Wünsche und Träume in Erfüllung.«

»War ja auch wohl 'n strammer Feger!« flüsterte Axel.

Die Alte überhörte es.

»In diesen Wochen haben Sie dann glücklich zusammengelebt?« fragte Anderegger.

»Ja, was denn sonst? Eine Jungfrau und ein Stier – wir waren immer sehr glücklich... Bis er wieder auf Vortragsreise mußte. Er war ja viel auf seinen sogenannten Vortragsreisen. Und ich dumme Gans habe das geglaubt.«

»Ach ja, Liebe macht blind«, sagte Werner altklug.

»Blind? – Wenn's das bloß wäre: Sie macht auch saudumm.«

»Haben Sie ein Testament zu seinen Gunsten gemacht?« fragte Anderegger.

»Ich bitte Sie! Wie wir uns verstanden, hätte ihm in einem solchen Falle ohnehin alles gehört, denn er hatte doch Bankvollmacht. Er brauchte dann nur zur Bank zu gehen...«

»Ich verstehe. – Und wenn nun Ihre Tochter und ihr Ehemann und der Junge plötzlich verunglückt wären, an wen wäre dann deren Vermögen gefallen? Beide Erwachsene hatten doch inzwischen enorm verdient.«

»Also da bin ich überfragt. Wer denkt denn bloß an so was?«

»Zum Beispiel wir – dazu sind wir da.«

Ariane besah sich den schmucken Beamten in aller Gelassenheit von oben bis unten. Nur dazu? Die arme Ehefrau! »Na ja, schade«, sagte sie zum Erstaunen der andern leicht sinnesverwirrt, »aber das muß wohl so sein... Übrigens, wie kommt man zum Schloß?«

»Wenn Sie mir erlauben – ich würde Sie und die jungen Herren mit Freude hinfahren...«

Das Sanatorium Santa Margerita lag etwa 80 Kilometer von Palma entfernt, in einer kargen, trist wirkenden, einsamen Landschaft an der Nordküste der Insel, nach Süden hin von einer niedrigen kilometerlangen, aus Feldsteinen und Lehm roh gefügten, stellenweise zerbrochenen Mauer mehr symbolisch als schützend umrahmt.

Das große, etwa zwei Meter hohe kunstvoll geschmiedete Eisentor bildete den Abschluß der Zufahrt, die kurz vorher von der gut ausgebauten Straße abzweigte.

Florath zog die laut scheppernde Schelle. Ein alter Mann schlurfte heran und öffnete ihm das ohnehin nur angelehnte Tor.

Das Sanatorium, ein Komplex aus Flachbauten, dehnte sich dicht an der Küste entlang, von außen mehr einer Strafanstalt oder einer Kaserne als einem Aufenthaltsort für Kranke gleichend.

Wie eine Isolierstation für Lepröse, dachte Florath, während er dem Alten zu dem etwas höheren Verwaltungsgebäude folgte.

Wenn er geglaubt hatte, hier Kranken zu begegnen, sah er sich enttäuscht. Es war, als sei der ganze Gebäudekomplex völlig unbewohnt. Nur ganz leise, wie vom leichten Sommerwind herangeweht, kam der kehlige Gesang einer Frauenstimme.

Ein friedliches Bild, das nirgendwo den Gedanken aufkommen ließ, daß dies eine Schutzburg unheilbar Kranker sei, eine geschlossene Schutzburg Todgeweihter...

Florath war darauf gefaßt, zu einem Arzt von kühler, formeller Höflichkeit geführt zu werden, der nicht bereit sein würde, ihm mehr zu sagen, als ihm seine »ärztliche Schweigepflicht« erlaubte, ein dehnbarer Begriff.

Statt dessen kam ihm schon beim Betreten des Gebäudes ein elastischer Mann von etwa fünfzig Jahren entgegen, der ihn herzlich begrüßte und in sein wohnlich eingerichtetes Sprechzimmer führte. »Darf ich Ihnen eine Tasse Tee anbieten? Oder einen erfrischenden Orangensalat?«

Florath dankte, zog ein paar Dokumente aus der Tasche und legte sie ihm vor.

Der Professor warf nur einen flüchtigen Blick darauf und gab sie ihm sofort zurück. »Es handelt sich also um den dreizehnjährigen Richard und seine Mutter.« Er zog eine breite Schublade mit Hängeordnern heraus, entnahm ihr eine Akte und legte sie vor sich auf den Tisch.

Florath schüttelte den Kopf. »Ich glaube, Sie verwechseln...«

»Sie schrieben mir doch, daß Sie als Rechtsanwalt der Familie von Kling...«

»Ganz recht, aber...«

Der Arzt schlug die Akte auf, sah Florath ein paar Sekunden überrascht an und sagte, indem er die erste Seite überflog: »Der kleine Richard...«

Florath wurde ungeduldig. »Verzeihen Sie, aber ich glaube wirklich, Sie verwechseln hier...«

Der Arzt winkte ein wenig unwillig ab. »Darf ich fortfahren?«

Florath verschränkte die Arme und lehnte sich zurück.

»Richard von Kling wurde uns von seiner Mutter zwei Tage vor seinem dreizehnten Geburtstag anvertraut. Er war ein besonders schmerzlicher Sonderfall, denn die Chorea tritt äußerst selten in so jungen Lebensjahren in Erscheinung. Ich hatte einen solchen Fall noch nie erlebt... Da der Junge einen völlig gesunden Eindruck machte, geistig auffallend regsam war und wir auch nicht das geringste Anzeichen der vom behandelnden Arzt geschilderten Krankheit zu erkennen vermochten, sträubten wir uns zunächst, den Jungen zu übernehmen. Wir baten die Mutter, ein paar Tage in Palma zu bleiben und uns den Jungen zur Beobachtung zu überlassen, weil wir glaubten, es handle sich um eine altersbedingte kleine nervöse Fehlentwicklung, die nach kurzer Zeit abklingen würde. Die Mutter atmete erleichtert auf. Doch in dem Augenblick, in dem sie sich von dem Jungen verabschieden wollte, brach das Übel so unzweideutig aus dem Jungen heraus, daß wir unsern Irrtum erschreckt korrigieren mußten... Es war ein Fall, der nicht nur mir, sondern dem ganzen Personal sehr nahe ging.«

Der Professor machte eine kurze Pause, als fiele es ihm schwer, weiter zu berichten. »Die Krankheit verlief in einem solchen Tempo, der körperliche und geistige Verfall lief so dramatisch ab, daß wir...« Er sah von seiner Akte auf. »Es hat uns alle tief ergriffen. Schon acht Monate später starb er, ein seelisches Wrack.«

Florath war blaß geworden. »Um Himmels willen, entschuldigen Sie meine Ungeduld! – Aber das habe ich ja nicht ahnen können, welche Tragödie in der Familie meines Freundes sich hier abgespielt hat!«

»Schon gut!« Der Professor blätterte in seiner Akte weiter. »Etwa acht Jahre später kam die Mutter wieder, diesmal in Begleitung ihres erwachsenen zweiten Sohnes, der Kunstgeschichte studiert hatte und – ich glaube als Inspizient – an einem Münchener Theater tätig war. Der Sohn brachte uns seine Mutter... Sie war damals etwa achtundvierzig und wußte genau, was ihr bevorstand, denn sie hatte, ohne von ihren Eltern gewarnt worden zu sein, die verheerende Erbkrankheit in die alte, angesehene Adelsfamilie gebracht. Als die Krankheit ausbrach – die Frau war damals fünfunddreißig –, begann sie ihren verzweifelten Widerstand gegen das drohende Unheil. Sechs Jahre lang kämpfte sie verzweifelt gegen die unbarmherzig fortschreitende Erbkrankheit und zog sich immer mehr von den andern zurück, wohl merkend, wie auch ihre geistigen Kräfte nachließen. Trotzdem hatte sie es verstanden, sich und ihre Bekannten über ihren wahren Zustand zu täuschen. Berge von Porzellan waren darüber in ihrer eigenen Wohnung zu Bruch gegangen, bis es bei einer Geburtstagsfeier passierte und sie durch eine unbeherrschbare Bewegung ihrer Arme eine der kostbaren antiken Vasen des Gastgebers von ihrem Sockel herunterstieß. Ein Unglück, eine kleine Ungeschicklichkeit, die jedem einmal passieren kann – so glaubten alle. Doch sie wußte es besser... Nach einem letzten schweren Unfall dieser Art nahm sie Abschied von der Welt der andern. Sie rief ihren Sohn Udo an und bat ihn, sie demselben Sanatorium anzuvertrauen, das auch Richard bis zu seinem Ende betreut hatte. Er brachte sie zu uns... Im letzten Jahr mußten wir einen besonders schnellen Verfall ihrer geistigen Fähigkeiten registrieren. Sie litt zunehmend an gefährlichen Gleichgewichtsstörungen, vergaß, was sie ein paar Sekunden vorher gesagt hatte, ihr Gehör und ihre Sehkraft ließen immer mehr nach, und sie erkannte während der letzten Monate nicht einmal mehr ihren Sohn, wenn er sich über ein knapp bemessenes Wochenende von seiner Arbeit und seiner Familie weggestohlen hatte.«

Der Arzt schloß die Akte, stand auf und hängte sie zurück zu den andern. »Sie wissen, daß diese Krankheit zwar durch Vererbung weitergegeben wird. Sie kann sowohl vom Vater wie von der Mutter übertragen werden. Wenn ein Elternteil die Krankheit in sich trägt, ist die Gefahr, daß es die Krankheit erbt, für jedes Kind fünfzig Prozent! Zwei oder drei Kinder können sie hintereinander erben – und dann bleiben vielleicht zwei weitere Kinder verschont... Udo von Kling schien ein solcher Glücksfall zu sein, doch der Hausarzt hatte ihn schon bei Beginn der Pubertät über die Krankheit und ihr mögliches Auftreten aufgeklärt. Herr von Kling lebte also schon vom siebzehnten Lebensjahr an in der ständigen Angst, daß die Krankheit bei ihm durchbrechen könne. Deshalb auch sein fast unbegreiflicher Arbeitseifer, diese Wut, sich abzulenken. Und es sah wahrhaftig bis zuletzt so aus, als hätte das Schicksal ihn verschont.«

»Heißt das...« Florath stockte der Atem.

Der Arzt nickte. »Schon drei Monate vor dem Ausbruch der Krankheit sah ich die ersten, nur dem Facharzt sofort erkennbaren Zeichen, als er sich eine Zigarette anzündete und die Hand mit dem Zündholz zweimal ruckartig zur Seite fuhr. Ich sagte nichts, aber ich wußte: Er hatte es gemerkt und versucht, die unbeherrschbare Zappelbewegung zu überspielen.«

»Er wußte demnach, was ihn erwartete.«

»Nach den jahrzehntelangen Erfahrungen in der Familie zweifellos.«

»Gibt es denn immer noch kein Mittel gegen die Erbkrankheit?«

»Nachdem die Genforscher entdeckt haben, daß ein fehlerhaftes Gen und nicht etwa ein Bazillus oder Virus der Feind ist, darf man hoffen, schon bald ein Mittel dagegen entwickeln zu können. Vorerst müssen wir froh sein, daß es wenigstens einen Bluttest gibt, der uns mit Sicherheit...«

»Ich weiß. Sein Sohn hat ihn hinter sich: Er ist gesund.«

»Er und alle kommenden Generationen. – Das letzte Mal war Udo von Kling zur Beerdigung seiner Mutter hier. Er war damals auffallend bedrückt, stiller, als ich ihn je erlebt hatte. Das war nicht nur der verständliche Schmerz um den längst erwarteten Verlust der Mutter. Das war mehr und machte mich stutzig. Er ging wie ein schwer angeschlagener Mann und hielt lange meine Hand. Er sagte nicht: ›Auf Wiedersehen‹, er sagte: ›Ich gehe jetzt einen schweren, aber kurzen Weg!‹ Mir war klar, was das hieß, und ich konnte seinen Entschluß verstehen. ›Was die Welt bisher nicht erfahren hat‹, fuhr er fort, ›soll sie auch künftig nicht erfahren. Wenn mein Junge gesund ist, wird unser Familienname wieder ebenso fleckenlos dastehen wie vor zwei Generationen.‹«

Während der Arzt Florath langsam zu dem hohen Eisentor begleitete, sagte er wie beiläufig: »Sie wundern sich gewiß, daß Ihnen keiner unserer Patienten begegnet ist. Das ist immer so, wenn wir einen Besucher erwarten. Dann bleiben unsere Patienten unter sich. Auch Angehörige treffen nur mit ihren Kranken zusammen. Wer zu uns kommt, kommt in eine Welt, die allen andern verschlossen bleibt.«

Florath flog schon am selben Abend zurück. Die Schleier um Udo von Kling hatten sich wie Nebelschwaden verflüchtigt. Was auch ihn zeitweise irritiert und an Udos Verhalten hatte zweifeln lassen, war auf tragische Weise verständlich geworden. Nun konnte er auch Trenker mit neuem Mut entgegentreten.

Der naseweise Journalist hatte also recht gehabt: Auch das entsetzliche Bombenattentat ging auf das Konto des falschen Prinzen.

Trenker und Anderegger nahmen es mit unterschiedlichen Gefühlen zur Kenntnis. Und nun kam auch noch Rechtsanwalt Dr. Florath mit seiner streng vertraulichen Enthüllung über Krankheit und Freitod des vermeintlichen Mörders.

»Wenn der Professor doch damals nur nicht so eisern jede Auskunft verweigert hätte!« sagte Trenker.

»Was hätte das schon für einen Einfluß auf den Gang der Dinge gehabt?« argumentierte Florath. »Seine Aussage hätte zur Rechtsfindung nichts beigetragen, wohl aber das seit Jahrzehnten ängstlich gehütete Geheimnis der schwergeprüften Familie bloßlegen können.«

»Er hat leider zugegeben, daß er die Adresse geschrieben hat.«

»Er wußte doch gar nicht, was man ihm da anlasten wollte. Außerdem war die Handschrift außerordentlich geschickt gefälscht. Ich darf nur an das eigenartige a erinnern, das es eigentlich gar nicht gibt...«

»...und das doch bei unsern Ermittlungen jeder als a gelesen hat«, ergänzte Trenker. Daß der angesehene Beamte sich in seiner Rolle nicht wohl fühlte, war ihm anzusehen.

»Sie haben mir versprochen, schon mit Rücksicht auf den Sohn...«

»Auf was wollen Sie hinaus?« fragte Trenker.

»Auf etwas, das eigentlich selbstverständlich ist, nach dem Fehlurteil, durch das dem Ansehen eines auf der ganzen Welt hochgeschätzten Malers aufs schwerste geschadet wurde.«

»Seinem Ansehen als Mensch, nicht als Künstler. Keiner bedauert das mehr als ich... Als Maler war er trotz des Fehlurteils unumstritten. Aber Sie als Jurist träumen doch nicht im Ernst von einem neuen Prozeß?«

»Nein, aber von einer Rehabilitierung in aller Form.«

»Mit Recht. Ich könnte in einer großen Presseveranstaltung erklären, daß durch das schriftlich vorliegende Geständnis des wahren Täters auch die letzten Zweifel an der Schuld Ihres Mandanten hinweggefegt worden sind. Sein Selbstmord...«

Florath zuckte zusammen: »Sein Freitod!«

»Verzeihung! Sein Freitod im Gefängnis war also nicht das Geständnis einer Schuld, sondern die Verzweiflungstat eines durch den ganzen Prozeß tief verwundeten Genies. Ich stelle Ihnen deshalb anheim, in dieser Presseveranstaltung als sein Anwalt das Wort zu ergreifen. – Damit werden wir zwar das Geschrei gegen Indizienbeweise neu beleben, aber solange es Gerichtsurteile gibt, wird es auch Fehlurteile geben, und nicht nur aufgrund von Indizienbeweisen, sondern auch von falschen Zeugenaussagen und sachlich falschen Gutachten. Indizienbeweise sind oft nur unsere einzigen Waffen im Kampf gegen das Verbrechen. Und deshalb sind unsere Fachwissenschaftler auch unablässig dabei, diese Waffe zu schärfen und zu verfeinern.« Er streckte Florath die Hand entgegen: »Einverstanden?«

Florath schlug ohne Zögern ein: »Ja, einverstanden!«

Der Name Udo von Kling strahlte wieder im alten Glanz, und damit wuchs raketenhaft die Nachfrage nach seinen Bildern.

Für Winfrid Grund genug, eines der zwölf verhängten Bilder nach dem andern hervorzuholen, die farblichen »Entgleisungen« durch einen hervorragenden Kopisten beseitigen zu lassen und die Gemälde unter Hinweis auf die »Nervenkrankheit« des Professors als »unvollendet« auf den Markt zu werfen.

Sie erzielten – gerade wegen dieses Tatbestandes – ungeahnte Höchstpreise und gaben den Kunstkritikern in aller Welt genügend Stoff zu neuen Besprechungen und Würdigungen des Klingschen Gesamtwerkes.

Was Winfrid dunkel geahnt hatte, war ihm durch ein vertrauliches Gespräch mit Florath zur bestürzenden Gewißheit geworden...

Wie mußte der unvergeßliche Freund unter der immer deutlicher hervortretenden unheimlichen Krankheit gelitten haben! War nicht jedes dieser Bilder das Ende eines verlorenen Kampfes gegen das heranziehende Unheil gewesen?

Das letzte Bild, ein begonnenes Gemälde des spielenden Werner, stellte er als unverkäuflich in seine Galerie. Sich von ihm zu trennen war ihm unmöglich...

Wer ist eigentlich der Romanautor Hans-Ulrich Horster?

Die Autorennamen Hans-Ulrich Horster, Klaus Hellborn und Adrian Hülsen sind Pseudonyme des Schriftstellers Eduard Rhein. Er schrieb außer den erfolgreichen populärwissenschaftlichen Ullstein-Büchern »Wunder der Wellen« und »Du und die Elektrizität« für Eduard Künneke das Libretto und die Verse zur Operette »Traumland«, erfand das weltbekannte »Füllschriftverfahren« für Schallplatten und während des Krieges ein Radargerät zur Abwehr feindlicher Bomber.

1958 erhielt er für seine Verdienste um die Entwicklung des Ultrakurzwellenrundfunks das »Große Bundesverdienstkreuz«, 1965 für seine segensreiche »Suchkind-Aktion« das »Ehrenkreuz des Roten Kreuzes«, 1973 für die Förderung des Rundfunks in Deutschland während der ersten fünfzig Jahre die »Hans-Bredow-Medaille« und im Juni 1985 als höchste Auszeichnung den »Stern zum Bundesverdienstkreuz«.

Rhein studierte Physik, Biologie und Medizin, war fünfzehn Jahre als Redakteur des Ullstein-Verlages tätig und Mitarbeiter sämtlicher Zeitungen und Zeitschriften dieses Hauses.

1946 schuf er dann HÖRZU und leitete die Zeitschrift zwanzig Jahre als Chefredakteur. Für die HÖRZU-Kinder schrieb er jedes Jahr ein Mecki-Buch. Sie sind in riesigen Auflagen erschienen und auch jetzt wieder im Handel.

Seine vor dem Kriege erschienenen Zukunftsromane »Das mechanische Hirn« (1927, Eden-Verlag) und »Die Jagd nach der Stimme« (1928, Verlag Ullstein) sind im Buchhandel nicht mehr erhältlich.